ARKANA

W0076160

Buch

In ihren ungewöhnlich klaren und präzisen Trancebotschaften beantwortet das Medium Varda Hasselmann zentrale Lebensfragen. Die Quelle ihrer Durchsagen ist eine weise, liebevolle Energie jenseits der physischen Welt. Die in diesem Buch gesammelten Antworten decken ein breites Spektrum von tagespolitischen Problemen bis hin zu Fragen der spirituellen Praxis ab. Die Auseinandersetzung mit diesen Fragen und Antworten fördert ein tieferes Verständnis für die Gesetzmäßigkeiten der menschlichen Existenz.

Autoren

Dr. Varda Hasselmann, geboren 1946, bereitete sich nach dem Studium der Literaturwissenschaft und Mittelalter-Kunde zunächst auf eine vielversprechende Universitätskarriere vor. Kurz vor der Habilitation erkannte sie jedoch, daß ihr Lebensweg in eine ganz andere Richtung führte, als sie selbst geplant hatte. Das innere Bedürfnis, ihre mediale Begabung zu fördern und zu ihrem Beruf zu machen, wurde übermächtig. Seit 1983 arbeitet sie als Trance-Medium in Seminaren und zahlreichen Vorträgen und hat gemeinsam mit Frank Schmolke die Bücher *Welten der Seele* und *Archetypen der Seele* mit der medial empfangenen Seelen-Lehre veröffentlicht.

Frank Schmolke, geboren 1944, war nach dem Studium der Germanistik, Anglistik und Kunstgeschichte zunächst Studienrat. Er beschäftigte sich zugleich mit spirituellen Themen, machte zahlreiche medizinische und psychologische Ausbildungen und ist heute Heilpraktiker und Homöopath. Als »Energiepartner« von Varda Hasselmann, mit der ihn eine dreißigjährige Freundschaft verbindet, ist er mit seinen strukturierenden Fragen und seinem Wissensdurst der Motor der medialen Zusammenarbeit.

Bei Arkana sind von Varda Hasselmann und Frank Schmolke bereits erschienen:

Archetypen der Seele (12223, 21516 und 21929)
Welten der Seele (12196)
Die Seelenfamilie (21529)
Wege der Seele (21625)
Die sieben Archetypen der Angst (21890)

sowie von Varda Hasselmann:

Die Seele der Papaya (21522)

und von Frank Schmolke:

Seelen-Elixiere (21749)

VARDA HASSELMANN
FRANK SCHMOLKE

WEISHEIT DER SEELE

Trancebotschaften über
den Sinn der Existenz

Durchsagen aus der kausalen Welt III

ARKANA
GOLDMANN

Originalausgabe

»Archetypen der Seele«® und »Seelenfamilie«®
sind international geschützte Marken.
Sie dürfen für Publikationen und Veranstaltungen Dritter
nicht verwendet werden.

Verlagsgruppe Random House FSC-DEU-0100
Das für dieses Buch verwendete FSC®-zertifizierte Papier
Holmen Book Cream liefert Holmen Paper, Hallstavik, Schweden.

7. Auflage
Originalausgabe November 1995
© 1995 Arkana, München,
in der Verlagsgruppe Random House GmbH
Umschlaggestaltung: Design Team München
Umschlagmotiv: Stock Market/Robert Essel
Lektorat: Olivia Baerend
Redaktion: Christine Schrödl
Satz: Barbara Rabus
Druck und Bindung: GGP Media GmbH, Pößneck
Printed in Germany
ISBN 978-3-442-12262-2

www.arkana-verlag.de

Des Menschen Seele gleicht dem Wasser.
Vom Himmel kommt es,
Zum Himmel steigt es.
Und wieder nieder
Zur Erde muß es
Ewig wechselnd ...

J. W. VON GOETHE

Alleine bin ich! Allein, allein!
Allein durcheile ich die kosmischen Einsamkeiten.
Siehe, ich öffne die Pforten des Himmels
und sende die Geburten zur Erde.
Ich bin das Gestern, das Heute und das Morgen.
In meinen zahlreichen Geburten
Bin ich die göttliche und geheimnisvolle Seele,
Die einst sich die Götter schuf
Und deren Essenz die Gottheiten des Himmels nährt.
Ich bin das Heute der unzähligen Generationen.
Ich habe mich selbst gestaltet.
Meine Formen hüte ich verborgen in mir.
Ich bin derjenige, den niemand kennt.
Ich bin der Unbewegliche.
In meiner Hand ruht das Schicksal der Gegenwart.
Ich bin es, der die Millionen Jahre betrachtet ...

Ägyptisches Totenbuch

Seitdem wir vom Baum der Erkenntnis gegessen
haben, ist das Paradies verriegelt und der Cherub
hinter uns. Wir müssen die Reise um die Welt
machen und sehen, ob es vielleicht von hinten
irgendwo wieder offen ist.

H. VON KLEIST
Über das Marionettentheater

Inhalt

Zur Einführung

Liebe Leserin, lieber Leser,

mit diesem dritten Band von Trance-Durchsagen in der Reihe *Durchsagen aus der kausalen Welt* stellen wir Ihnen ein weiteres Mal Texte vor, von denen wir inzwischen aus vielen Zuschriften wissen, daß sie für ältere Seelen tröstlich und Einsicht stiftend zugleich sein können in einer Weise, wie es wohl nur eine transpersonale Wesenheit, nicht aber ein menschliches Wesen vermitteln kann.

Es sind Vardas Fähigkeiten als Trance-Medium, die mich immer wieder anrühren und in Staunen versetzen. Wir arbeiten nun seit fünf Jahren regelmäßig mit der »Quelle« zusammen und haben inzwischen eine gewisse Intimität im Umgang mit dieser Schicht des »Göttlichen« oder, wie die »Quelle« es lieber ausdrückt, des »Allganzen« erlangt. Man kann sagen, daß sie ein Teil unseres Alltags geworden ist, ohne die Qualität des Wunderbaren und letztlich Unbegreiflichen zu verlieren.

In unserem ersten Buch *Welten der Seele* haben wir mit Hilfe von Durchsagen erst einmal eine geistige Landkarte des Bereiches der drei Welten abgesteckt, den man im eigentlichen Sinne als den Bereich der Seele oder des Seelischen bezeichnen kann. Es war die Rede von der Seele und ihrer Seelenfamilie im Körper, in der astralen und in der kausalen Welt. Die »Quelle« wurde vorgestellt als eine wiedervereinigte Seelenfamilie auf der Kausalebene, die aus den Seelenessenzen von Weisen und Gelehrten zusammengesetzt ist und die daher von sich selbst als »wir« spricht. Sie alle haben erst vor einiger Zeit den Inkarnationszyklus auf diesem Planeten hinter sich gebracht und erinnern sich trotz ihrer jetzigen Angstfreiheit und Körperlosigkeit an unseren Seinszustand noch gut genug, um sich in unsere Lage versetzen und uns helfen zu können. Sie wollen auch helfen, weil sie

9

so ihre eigene weitere Entfaltung und damit die Rückkehr in höhere Schichten des Allganzen vorantreiben können.

Im darauf folgenden Buch *Archetypen der Seele* haben wir die äußerst präzise Struktur der inkarnierten Seele beschrieben, und wir dürfen inzwischen sagen, daß wir diese Struktur an vielen hundert Teilnehmern unserer Seminare überprüft und in überwältigender Weise als wahr befunden haben. Diese Bestätigung durch Überprüfung in der menschlich erfaßbaren Wirklichkeit hat sehr große Bedeutung für unsere Arbeit. Zum einen möchten wir nicht noch irgendeine irgendwie plausible Theorie verbreiten, womöglich gar mit dem Schimmer unangreifbarer Heiligkeit und Erhabenheit über jede Kritik: Das würde unseren eigenen Ansprüchen, die unserem Seelenalter entsprechen, nicht mehr genügen. Und zum anderen gibt es natürlich in diesen Durchsagen Bereiche, die sich – im Moment jedenfalls – menschlicher Überprüfung entziehen, aber doch dadurch glaubwürdiger werden, daß sie auf überprüfbaren Zusammenhängen aufbauen und die »Quelle« sich ganz allgemein als glaubwürdig erwiesen hat.

Wie entstanden die Texte?

In dem vorliegenden Buch veröffentlichen wir nun eine Sammlung von Trance-Botschaften, die in sehr verschiedenen Situationen entstanden sind. Bis vor einigen Jahren haben wir ja auch Durchsagen zu persönlichen Problemen gemacht, dabei einen weiten Bereich menschlichen Seins kennengelernt und erfahren, wie unsere Lehrer und Freunde in der kausalen Welt mit solchen Problemen umgehen. Dies war eine Zeit eindrucksvollen Lernens für uns beide, hat es uns doch den Einblick in eine ganz neue Weltsicht eröffnet.

Die erste Gruppe von Durchsagen behandelt urmenschliche Fragen zu Schwangerschaft, Geburt, Tod, Sexualität, zum Alleinsein und Beziehungsleben. Wir haben hier spezifische private Angaben so weit verfremdet, daß lebende Personen nicht erkannt werden können, ohne daß der Sinn des Textes verändert wurde.

Eine zweite Gruppe von Durchsagen entstand in unseren Seminaren oder öffentlichen Vorträgen und beantwortet Fragen allgemeiner Bedeutung, die von Teilnehmern gestellt und von der Gruppe ausgewählt wurden. Als Beispiel seien genannt: »Welchen Sinn hat der Krieg in Jugoslawien?« oder »Ist Gentechnologie schädlich?«

Eine dritte Gruppe von Durchsagen entstand durch direkte Anregung der »Quelle«, etwa der Text zu den »vier Gesetzen der Lebendigkeit« oder zum »Einssein und Zweisein«. Gelegentlich regt die »Quelle« also Themen auch selbst an, wenn sie offensichtlich den Eindruck hat, daß wir über ein bestimmtes, von uns nicht wahrgenommenes Thema Bescheid wissen sollten.

Eine weitere Gruppe (Kapitel V) ist das Ergebnis unserer *Seelenfamilien-Seminare*, das heißt, es sind Durchsagen für Menschen, die ihre Seelenstruktur (Matrix) in zwei einführenden Seminaren kennengelernt haben und nun bereit sind, etwas über die Zusammensetzung und Aufgabenstellung ihrer ganz persönlichen Seelenfamilie zu erfahren.

Und schließlich gab es Fragen, die ich selbst gern stellen wollte und deren Beantwortung auch für unsere weitere Arbeit oft wichtig war. Varda stellt sehr selten Fragen an die »Quelle« und wenn, dann nur solche ganz privater Natur. Aber auch dann ist es seltsam für sie, die sehr persönlichen Antworten einer nichtkörperlichen Wesenheit zu ihren eigenen Fragen aus ihrem eigenen Mund zu hören.

Für unsere Arbeit ist es sehr wichtig, daß wir zu zweit sind. Varda als Medium hat eine große weibliche Fähigkeit zu empfangen, aber sie hat weniger Interesse, nach irgend etwas Abstraktem zu fragen. Meine mehr männliche Sehnsucht, zu wissen, zu verstehen und zu strukturieren, ist nötig, damit ihre Fähigkeit auch optimal genutzt werden kann. Dabei spüren wir immer deutlicher, daß sich unsere Arbeit nicht, wie zu Anfang, auf die Hilfe für den einzelnen Menschen beziehen soll, sondern daß wir eine größere Allgemeinheit mit grundsätzlichen Aussagen erreichen wollen und sollen.

Im Laufe der Jahre haben wir festgestellt, daß die »Quelle« uns ein ganzes in sich stimmiges System einer Weltsicht und Beschreibung vor allem auch der nichtsichtbaren Welt vermitteln möchte. Dabei macht sie jetzt immer häufiger klare terminologische Unterscheidungen: *Wirklichkeit* nennt sie die uns durch unsere körperlichen Sinne zugängliche Welt unserer sichtbaren, tastbaren, hörbaren »objektiven«, das heißt bisher meßbaren Umgebung; *Realität* hingegen die Welt, die darüber hinaus existiert, aus der wir kommen, in die wir gehen und die uns nur über den Weg nach innen subjektiv erfahrbar ist. Ob jemand diese Welt als real akzeptiert, hängt also davon ab, ob er sie als real erfahren hat, und diese Erfahrungen nehmen mit steigendem Seelenalter ganz natürlicherweise zu.

Das Konzept des *Seelenalters* ist wohl von weitestreichender Bedeutung und die Voraussetzung für das Verstehen der anderen Begriffe. Statistische Untersuchungen zeigen, daß ein erheblicher Teil der Bevölkerung daran glaubt, daß es ein Leben nach dem Tod und vielleicht auch vor der körperlichen Existenz gibt. Wir gehen mit der »Quelle« einen entscheidenden Schritt weiter. Wenn es diese früheren und künftigen Leben gibt, dann haben sie auch einen Sinn und eine Struktur. Der Sinn liegt entscheidend beschlossen in der Entfaltung der Seele nach beschreibbaren Gesetzmäßigkeiten. Dazu wird in diesem Band Grundsätzliches in der Durchsage über die Entfaltungsschritte der Seele gesagt.

Aber schon in unserem Buch *Archetypen der Seele* wurden die fünf Seelenzyklen vorgestellt: *Die Säugling-Seele, die Kind-Seele, die Junge Seele, die Reife Seele und die Alte Seele.* Jeder dieser Zyklen kennt wieder sieben genau beschreibbare Stufen, und jede Stufe – insgesamt also fünfunddreißig – ist durch eine Entfaltungsaufgabe gekennzeichnet. Jede Entfaltungsaufgabe kann ein bis vier Leben in Anspruch nehmen, und die Seele kann den Übergang zur nächsten Stufe erst vollziehen, wenn sie diese

Lernaufgabe in einem ganz praktischen Sinn abgeschlossen hat. Dies halte ich inzwischen für eine zumindest teilweise beobachtbare und überprüfbare Tatsache, denn wir haben am Beispiel vieler Menschen wahrgenommen, daß mit dem Kennenlernen der eigenen Entfaltungsaufgabe eine erhellende und tief berührende Erfahrung verbunden sein kann.

Es macht mich besonders glücklich, daß wir in diesem Buch die Entfaltungsaufgaben der Reifen und der Alten Seele veröffentlichen können. Sie beschreiben in knappen, aber sehr intensiven Sätzen den Weg, den die Seele in den letzten etwa zweitausend Jahren ihres Inkarnationszyklus durchschreitet. Im Grunde ist dies eine ganz ungeheure und fast unfaßbare Sache, und wir bemerken in den Gruppen immer eine große Betroffenheit und ein tiefes Angerührtsein, wenn wir diese Entfaltungsaufgaben vorlesen. Es war für Varda besonders anstrengend, sie zu ermitteln. Wir haben uns auf die Entfaltungsaufgaben der Reifen und Alten Seelen beschränkt, weil nur diese unsere Seminare besuchen, und auf diesen Bereich menschlicher Entwicklung konzentriert sich unsere Erfahrung. Da wir das Seelenalter ermitteln, können wir sagen: Es besuchen Menschen ab der dritten Stufe der Reifen Seele bis zur dritten Stufe der Alten Seele unsere Kurse, selten sind Alt 4 oder Alt 5 unter den Teilnehmern. Wir selbst sind beide auf Stufe Alt 3, und die Entfaltungsaufgabe für diese Stufe lautet: *Präzise Innenschau mit aktiver Außenwirkung verbinden.* Genau dies tun wir mit diesem Buch.

Im übrigen scheint mir, daß die zunehmende Akzeptanz der Hypothese von den vielen Leben zu einem tiefgreifenden *Paradigmenwechsel* führen wird. Ich benutze bewußt den Begriff »Hypothese«, und mir scheint, die Vorstellung, daß es nur ein einziges Leben im Körper gibt, ist ebenfalls nur eine Hypothese, jedoch eine, die uns kulturell vertraut ist und daher lange einen unreflektierten, aber unbegründeten Vorrang genossen hat. Ist uns Wahrheit in einem absoluten Sinne schon nicht zugänglich, so erscheint es angemessen, von zwei Hypothesen diejenige vorzuziehen, die einen höheren Erklärungswert der inneren und äußeren Wirklichkeit bietet und die, so möchte ich mit Nachdruck hinzufügen, den Menschen zu tieferer Liebesfähigkeit anderen und sich selbst gegenüber anleitet. Die Hypothese der Seelenalter im oben erläuterten Sinne scheint diese Voraussetzungen zu erfüllen.

Statt einer längeren theoretischen Erörterung hier einfach zwei Beispiele: Unsere Gesellschaft geht heute so selbstverständlich davon aus, daß für alle anderen Gesellschaften auf diesem Planeten die parlamentarische Demokratie die einzig wahre und beste Form gesellschaftlichen Zusammenlebens ist. Demokratie in diesem Sinne setzt aber eine relativ hohe Fähigkeit des einzelnen zur Verantwortung voraus. Die Fähigkeit zur Verantwortung ist jedoch vom Seelenalter abhängig. Ist es da sinnvoll oder gar liebevoll, von allen etwas zu verlangen, was für viele vielleicht eine Überforderung ist? Bis vor kurzem war das ja selbst in den meisten Ländern Europas gar nicht möglich! Durch diese Hypothese der vielen Leben können auch vor allem alte Menschen von der oft so belastenden Vorstellung erleichtert werden, daß dieses eine Leben nun alles gewesen sein soll und danach nur noch Himmel oder Hölle offenstehen. Die Erfahrung der Seele im jeweils neuen Körper geht aber weiter; sie hat einen Sinn, und sie ist innerhalb eines vorgegebenen Rahmens von der Seele selbst gelenkt. Sie hat ein Ende und ist beschreibbar als ein Weg zur Liebe und zum Allganzen zurück.

Die Texte sind Teile einer »Offenbarung«

Beim Verfassen dieses Vorworts habe ich nach einem Oberbegriff gesucht, um unsere Texte charakterisieren zu können, und es kam eigentlich nur der Begriff »Offenbarung« in Frage. Dies scheint mir das einzig passende Wort zu sein, um das Wesentliche dieser Texte zu bezeichnen. Das bedarf der Erläuterung. Die *Brockhaus-Enzyklopädie* (Ausgabe 1971) definiert »Offenbarung« wie folgt:

»Die auf Gott zurückgeführte Enthüllung einer religiösen, ihrem Wesen nach verborgenen Wirklichkeit. Offenbarung wird erfahren sowohl als religiöses Erlebnis wie auch als Kundgabe einer Lehre (über Gottes Wesen, Wirken, Willen) ... Eines der wichtigsten Themen christlicher Religionsphilosophie ist das Verhältnis von Offenbarung und Vernunft ... Gott teilt sich mittelbar in der Schöpfung allen Menschen mit, unmittelbar jedoch durch sein Wort auch an erwählte Menschen ...«

In diesem Zitat sind wesentliche Probleme unserer Arbeit angesprochen. Allerdings sehen wir diese traditionellen Aussagen – ohne sie abwerten zu wollen – in einem neuen Licht. Ich möchte nun der Reihe nach einige wichtige Begriffe des obigen Zitats in unserem Sinne erläutern. Diese Begriffe sind: 1. *»Gott«*, 2. *»verborgene Wirklichkeit«*, 3. *»Kundgabe einer Lehre«*, 4. *»Offenbarung und Vernunft«* und 5. *»erwählte Menschen«*.

1. Gott

Die »Quelle« lehrt und die Erfahrung zeigt, daß die Gottesvorstellung eines Menschen und einer Kultur im wesentlichen vom Seelenalter abhängig ist. Die Säugling-Seele fühlt sich mit animistischen Religionen wohl, die Kind-Seele mit vielen Göttern, von denen jeder für einen bestimmten Lebensbereich zuständig ist – in der christlichen Religion übernehmen die Heiligen diese Funktion –, die Junge Seele zieht ihrer inneren Struktur entsprechend strenge monotheistische Gottesvorstellungen vor, wie sie vielleicht am reinsten der Islam verkörpert. Reife und Alte Seelen entwickeln zunehmend individuelle und abstrakte Vorstellungen in diesem Bereich. Die großen Religionen – vielleicht mit Ausnahme des Islam – machen jedenfalls in ihrer konkreten Glaubenspraxis Angebote an verschiedene Seelenalter, um sich einer Breitenwirkung zu versichern. Die katholische Kirche zum Beispiel kommt in Europa und Nordamerika zunehmend unter den Druck von Wertvorstellungen Reifer Seelen, und ihre Führung gibt – im Moment jedenfalls – deutlich zu erkennen, daß sie an Vorstellungen der Jungen Seele festhalten möchte.

Die in einer Gesellschaft vorherrschende Gottesvorstellung wird nun in einer geradezu extrem demokratisch anmutenden Weise von der Mehrheit bestimmt, genauer: vom Seelenalter der Mehrheit. Das geschieht einfach dadurch, daß die Seele eines jeden einzelnen automatisch ihre Kraft in die Gemeinschaft hinein entfaltet. Deutschland hat etwa fünfzig Prozent Junge Seelen und knapp dreißig Prozent Reife Seelen. Diese Kombination bestimmt unser kulturelles Klima. Junge Seelen in den ersten Stufen tendieren zu fundamentalistischen Haltungen. Seelen auf der sechsten und siebten Stufe des Jungseelen-Zyklus glauben sich so sehr am Ziel angekommen, daß sie auch noch die Rolle einer übergeordneten Instanz zu leugnen versuchen und einen Agnostizismus praktizieren. Erst Reife Seelen wenden sich wieder einem differenzierteren, liebevolleren und weniger personalisierten Gottesbegriff zu. Es ist hier nicht der Ort, dies im einzelnen zu erläutern. Ich verweise auf die entsprechenden Kapitel in *Archetypen der Seele*.

Wenn man einmal diese Aussagen als Hypothese über die Realität und Wirklichkeit gelten läßt, wird plötzlich einsichtig, warum in unserer Gesellschaft bestimmte Einstellungen – etwa den etablierten Kirchen gegenüber – herrschen und welche Art Auseinandersetzungen – zum Beispiel Umweltfragen – bei uns typisch sind. Nach dieser Hypothese gibt es also nicht die *eine* richtige Gottesvorstellung, sondern es gibt eine dem jeweiligen Seelenalter angemessene. Dazu ein Beispiel: Ein dreijähriges Kind glaubt an den Weihnachtsmann. Die meisten von uns würden das wohl verstehen und billigen. Aber wenn ein Dreißigjähriger ernsthaft an den Weihnachtsmann glaubte, würden wir uns doch fragen, was mit dem Mann los ist. Es wäre nun ganz unsinnig, sich zu streiten, ob es den Weihnachtsmann gibt oder nicht. Der Weihnachtsmann ist allerdings für einen Dreijährigen nach unserer Lebenserfahrung eine sinnvolle symbolische Einkleidung für das, was Erwachsene abstrakter unter dem Fest der Liebe verstehen. Er ist also eine einem bestimmten Entfaltungspunkt angemessene Vorstellung. Und es wäre wahrscheinlich recht lieblos, diesem Kind mit logischen Argumenten seine »falsche« Vorstellung ausreden zu wollen.

Ein weiterer wichtiger Punkt wird hier zudem deutlich. Erst Reife und Alte Seelen sind bereit zu einer solchen Relativierung der Gottesvorstellung. Reife definiert die »Quelle« als die Fähigkeit der Distanz zu sich selbst. Die Junge Seele ist ja jung und erscheint den älteren Seelen ein wenig naiv, weil Distanzlosigkeit zu sich selbst – und damit eine oft kraftvolle aber auch bedrängende Einsträngigkeit – mit diesem Entfaltungszustand verbunden ist.

Ich möchte hier mit ganz besonderem Nachdruck darauf hinweisen, daß keine dieser Entwicklungsstufen besser als eine andere ist. Alle Menschen durchlaufen alle Stufen, die einen haben nur früher angefangen auf ihrem Weg. Oder um noch einmal zu unserer Analogie zurückzukehren: Das dreijährige Kind ist in seinem menschlichen Wert nicht besser oder schlechter als der Dreißigjährige – allerdings sind seine Fähigkeiten und Interessen sehr verschieden. Das zu verstehen, anzuerkennen und in die Tat umzusetzen ist ein Akt der Liebe.

Diese Ausführungen waren nötig, damit wir uns nun mit zureichender Genauigkeit dem Begriff »Gott« nähern können. Es ist wichtig zu begreifen, daß wir kollektiv viele Jahrhunderte einer typischen Jungseelen-Vorstellung vom Allganzen gehuldigt haben, und das hatte seine Richtigkeit, da erst seit einiger Zeit die Anzahl der Reifen Seelen so gewichtig wurde, daß sich hier eine historische Verschiebung anbahnen kann. Entscheidende historische Veränderungen scheinen ihre wesentliche Ursache in Veränderungen des kollektiven Seelenalters zu haben.

Man könnte also sagen, daß wir uns kollektiv auf eine reifere Vorstellung des Göttlichen zubewegen. Diese kann und wird nicht endgültig oder in einem absoluten Sinne wahr sein, aber sie wird unserem kollektiven Entwicklungszustand angemessen sein. Und die immer noch sehr große Zahl jüngerer Seelen wird das als verunsichernd und »gottlos« empfinden und dafür ihre guten Gründe haben.

In der Durchsage »Gibt es einen persönlichen Gott?« werden entscheidende Hinweise gegeben, wie eine reifere Gottesvorstellung aussehen könnte. Wenn ich es einmal für mich formulieren sollte, würde ich am liebsten von einer Stufenvorstellung sprechen – nicht unähnlich der der Neuplatoniker. Das Allganze kann verstanden werden als eine Schichtung verschiedener Schwingungsintensitäten und -qualitäten von Energien. Wir selbst sind ein Teil davon, und die kausale Ebene, der die »Quelle« angehört, ist eine höhere Schwingungsebene und verfügt daher spürbar und verstehbar über mehr Liebe und größeres Verstehen. Aber darüber sind Schichten, die auch die kausale Welt nur vage ahnt (siehe die Durchsage zu den Engeln im Sinne der »Quelle«). Es ist wichtig zu verstehen, daß es sich bei dem Schichtenmodell nur um eine menschliche Vorstellungsweise handelt, die eine uns angemessene Annäherung an etwas erlaubt, das sich letztlich unserem Verständnis entzieht. So betont die »Quelle« immer wieder, daß sie nichts Besseres darstellt als wir und daß unser Bedürfnis, Dinge hierarchisch geordnet verstehen zu wollen, eher ein Faktor unserer Wahrnehmungsweise als ein Abbild der Realität ist.

Was Menschen traditionell als Kontakt mit dem Göttlichen beschrieben und erlebt haben, stellt sich uns jetzt präziser als Kontakt zur eigenen Seele, zur Seelenfamilie und zur kausalen Welt dar. Dies hat einerseits etwas Ernüchterndes, so wie es ernüchternd ist, wenn man feststellt, daß die eigenen Eltern, in denen man lange etwas Übermächtiges gesehen hat, auch nur Menschen mit Fehlern und Ängsten sind; aber man gewinnt auch etwas Konkretes. Das alles ist natürlich für mich nur gültig, wenn ich es auch so erlebe und es für mich so stimmt. Es folgt auch aus dieser Sehweise, daß der Mensch nur mit den Stufen des Allganzen persönlichen Kontakt haben kann, die ihm vergleichsweise nahe sind. Diese Kontakte sind aber auch sehr real. Es muß nicht gleich Gott sein in seiner umfassenden und überwältigenden Vorstellungsform und kann dennoch tief berührend und wahr sein. Gott ist in der menschlichen Vorstellung so riesig, so unendlich, daß der Mensch sich »IHM« gegenüber sehr klein und unbedeutend vorkommen muß und ein Kontakt mit »IHM« immer etwas Übermenschliches, ja Größenwahnsinniges an sich hat. Dadurch wird der real mögliche Kontakt zur Seele, Seelenfamilie und der kausalen Ebene eher erschwert; auf den realen Kontakt, nicht auf die distanzierende und überwältigende Bewunderung und die Gefühle von Unbedeutendheit kommt es aber gerade an. Dies eben ist mit Reife gemeint.

Wir bieten einige konkrete Beispiele für Seelenfamilienkontakte, die zum Beispiel im Traum stattfinden. Auch etwa das Pfingstereignis oder das Phänomen des Schamanismus kann mit Hilfe der Lehre der »Quelle« auf eine neue und, wie wir meinen, tiefere Weise verstanden werden. Wir haben also keinerlei Interesse, religiöse Erfahrungen leugnen zu wollen, vielmehr ist es unser Bedürfnis, sie neu, tiefer und reifer zu verstehen. Die »Quelle« hat einmal gesagt, daß viele Menschen in den Kulturen des Westens an einen seelischen Entwicklungspunkt gelangt sind, wo ihnen eingekleidete Wahrheiten nicht mehr genügen. Sicher braucht der Mensch immer Formen der Vorstellung, aber es ist doch ein Unterschied, ob er die kausale Ebene als innere Erfahrung identifizieren und auch einen verbalen oder emotionalen und relativ angstfreien Kontakt mit ihr herstellen kann, oder ob er sich eine Einkleidung kreiert, die einen bärtigen, strafenden und belohnenden Vater zum Inhalt hat, dem er auch noch einen wesentlichen Teil seiner Eigenverantwortung zuweisen muß, weil sein Entwicklungsstand es ihm so vorgibt.

Ich möchte nicht mißverstanden werden. Ich möchte nicht zu verstehen geben, daß ich eine uralte Menschheitsthematik mal eben in wenigen Worten zu »lösen« versuche. Vielmehr versuche ich – so gut ich es im Moment kann –, einen zusammenhängenden Überblick über das zu geben, was uns bisher enthüllt wurde und was ich so, wie ich es darstelle, glaube verstanden zu haben. Diese Einleitung ist nur als Hilfe gedacht. Schönheit, Klarheit und Wahrheit der Texte müssen letztlich für sich selbst sprechen.

2. Verborgene Wirklichkeit

Am eindrucksvollsten stellt sich mir die Thematik der *verborgenen Wirklichkeit* an Hand der Matrix dar. Wir benutzen den Begriff »Matrix« in zwei Bedeutungen. Einmal ist die *persönliche Matrix* eines Menschen gemeint, das heißt, die Seelenstruktur in diesem Leben, in der eine Seele aus den vorhandenen Archetypen eine Wahl getroffen hat. Die persönliche Matrix also beschreibt die Struktur, die eine Seele sich aus den in *Archetypen der Seele* umfangreich vorgestellten Grundenergien auswählt mit der Absicht, so den nächsten Schritt der Entfaltung zu ermöglichen. Matrix in einem allgemeinen Sinne nennen wir aber auch den Inhalt und die Struktur aller Archetypen, so wie sie in unserem Buch vorgestellt werden. Es handelt sich bei der Matrix im allgemeinen Sinne um sieben Ebenen mit jeweils wieder sieben Wahlmöglichkeiten. Ich möchte hier erst einmal beispielhaft die wichtigste Ebene, die der *essentiellen Seelenrolle* vorstellen. Sie ist die wichtigste, da die Seelenrolle im Gegensatz zu den anderen Archetypen über alle Inkarnationen gleichbleibt, also den Kern der seelischen Identität darstellt und daher von uns gelegentlich auch kurz »Essenz« genannt wird. Die sieben Essenzen sind: Heiler*, Künstler, Krieger, Gelehrter, Weiser, Priester und König. Dies sind nicht Berufs- oder Standesbezeichnungen, sondern emotional und intellektuell anschauliche Begriffe, die eine Grundenergie repräsentieren sollen, die eigentlich nur »ist«, aber keinen Namen im menschlichen Sinne hat.

Ich kann nun rein mental kaum vermitteln, wohl aber aus Erfahrung berichten, wie nachhaltig wirksam die Erfahrung der Menschen in unseren Gruppen immer wieder ist, wenn sie ihre

---

* In unseren beiden zuvor erschienenen Büchern »Helfer« genannt.

Essenz wahrzunehmen anfangen. Es entsteht eine gänzlich selbsttätige Wirkung, die einfach dadurch zustande kommt, daß mir mehr und mehr Episoden aus der Vergangenheit einfallen oder jetzt im Moment durch Selbstbeobachtung auffallen, in denen sich diese einfache und doch tiefgehende Grundwahrheit meiner Existenz immer wieder enthüllt, und zwar sowohl im positiven Pol der Liebe als auch im negativen Pol der Angst.

Nehmen wir ein Beispiel: Der Weise ist über seine essentielle Seelenrolle in besonderem Maße mit Kommunikation befaßt. Es fällt immer wieder in den Gruppen auf, daß die Weisen nicht einfach eine Mitteilung machen, sondern erst einmal die Aufmerksamkeit auf sich lenken möchten und eine humorvolle Bemerkung machen – alles lacht und entspannt sich –, und dann kommt eine »weise« Bemerkung, etwa eine kurze Zusammenfassung des gerade diskutierten Problems. Der Weise (konkretes Beispiel etwa Peter Ustinov) kann nicht anders – er ist ausdrucksvoll. Er sammelt weise Sätze, die er wie einen wertvollen Schatz hütet und an andere weitergibt. Im negativen Pol – das heißt, wenn er Angst bekommt, daß ihn niemand hören will – wird er auf unangenehme Art redselig, sucht sich »Opfer«, denen er etwas erzählen kann, und läßt sie nicht mehr los.

Dies alles wird jemandem, der gehört hat, daß er Weiser ist, mehr und mehr an sich selbst auffallen, denn die Matrix lenkt seine Aufmerksamkeit in diese Richtung. Es entsteht also eine heilsame selbsttätige und selbstgesteuerte Wirkung, die im wesentlichen auf präziserer Selbstwahrnehmung beruht und nicht auf Tadel oder Ermunterung von außen.

Eine zweite Schicht der Matrix ist die der *Hauptmerkmale der Angst*. Jeder Mensch muß sich als Teil seines Seelenmusters auf eine der sieben Grundängste fixieren. Allerdings hat Angst im Gegensatz zu Liebe die Tendenz, indirekt zu wirken, das heißt, sie wird an einem äußerlichen *Hauptmerkmal* deutlich. Ein Beispiel: Ein Mensch, der sich und vor allem auch andere häufig unter Druck setzt, weil er wieder einmal nicht das erhalten hat, was ihm angeblich zusteht, kann das Hauptmerkmal *Gier* haben.

Die dahinter verborgene Angst ist zu beschreiben als das bedrohliche Gefühl, Mangel leiden zu müssen. Dieses Gefühl fixiert sich durch bestimmte Kindheitserlebnisse und wird erst im Laufe des Lebens – falls überhaupt – bewußt. Typisch für den Gierigen in diesem Sinne ist ein qualvolles Gefühl von Scham über die eigenen gierigen Antriebe; die verdrängte Form dieser Angst tut daher so, als ob man gar nichts benötigt; also täuscht der Mensch, ohne es bewußt zu wollen, eine asketische Bedürfnislosigkeit vor, hat aber die Tendenz, anderen, die sich etwas gönnen, Vorhaltungen zu machen. Wir erleben es immer wieder, daß selbst erfahrene Therapeuten einen neuen Zugang zu sich selbst gewinnen, wenn sie ihr Hauptmerkmal kennenlernen. Hier seien der Vollständigkeit halber die weiteren Hauptmerkmale der Angst aufgezählt, als da sind: Selbstverleugnung, Selbstsabotage, Ungeduld, Märtyrertum, Starrsinn und Hochmut.

Auf einer dritten Schicht der Matrix geht es um die sieben *Entwicklungsziele*, von denen sich die Seele eines für die jeweils neue Inkarnation aussuchen muß. Diese Ziele sind: Akzeptieren und Ablehnen, Beschleunigen und Verzögern, Herrschen und Unterordnen und Stillstehen. Es würde zu weit führen, diese Ziele hier zu erläutern, aber ich möchte darauf hinweisen, daß sechs dieser Ziele deutlich in dualen Paaren angeordnet sind. Dieses Prinzip der Dualität gilt für die gesamte Matrix und wird später noch zu besprechen sein.

Zur Matrix gehören weiterhin die Schichten des *Modus*, der *Mentalität*, des *Reaktionsmusters* (die beiden dominierenden Körperzentren) und die Schicht des *Seelenalters* (siehe Glossar).

Es wird deutlich, daß sich in der nichteinsichtbaren Realität eine Ganzheit offensichtlich automatisch und gesetzmäßig in sieben Teilaspekte zerlegt. Die »Quelle« hat uns versichert, daß auch die kausale Welt und die noch umfassenderen Schichten der Realität eine Siebener-Struktur aufweisen. Zum Beispiel die sieben Arten der »Engel« (in dem von der »Quelle« definierten Sinne, der der gängigen Auffassung deutlich widerspricht). Die *sieben Grundenergien*, die wir immer mit Zahlen bezeichnen, um deutlich zu machen, daß sie eine Gültigkeit weit über die Essenz, die Grundangst oder das Entwicklungsziel hinaus haben, drücken eine sehr tiefe Wahrheit über die Realität aus, der man sich aber über die konkrete Anschauung der Seelenstruktur so weit nähern kann, wie es dem Menschen möglich ist. Die Anschauung der Seele wird auf diese Weise sehr konkret die Vermittlung zur Schau weiterer Dimensionen des Allganzen. Es gibt dann da einen Punkt, wo Worte keinen Sinn mehr ergeben.

Warum erwähne ich dies alles unter dem Aspekt »Verborgene Wirklichkeit«? Weil ich es kaum fassen kann, daß eine solch grundsätzliche Wahrheit über uns Menschen so lange verborgen bleiben konnte. Weil ich es kaum fassen kann, daß etwas so Einfaches, Klares und beobachtbar Wahres den Menschen noch nicht aufgefallen ist. Es bedurfte der Hilfe transpersonaler Energien, um diese wichtige Wahrheit über die menschliche Seele zu enthüllen. Wir Menschen waren offensichtlich von uns aus dazu nicht in der Lage: Eine *verborgene Wirklichkeit* im Sinne einer nichtsichtbaren Realität, die uns an das Allganze zurückbindet, wurde enthüllt.

3. Die Kundgabe einer Lehre

Und diese mitgeteilte Struktur der Seele ist die *Kundgabe einer Lehre*, das heißt, es handelt sich nicht um irgendwelche Bruchstücke von Aussagen über dies und jenes, die vielleicht ganz einleuchtend sind. Vielmehr wird eine Struktur der seelischen Realität enthüllt, die von geradezu atemberaubender Präzision ist und eine innere Klarheit aufzeigt, wie sie sonst nur im mathematischen oder naturwissenschaftlichen Bereich bekannt ist. Es ist das erste Mal in der uns überschaubaren Geschichte der Menschheit möglich, mit einer solchen Präzision über die Struktur der Seele eines bestimmten Menschen zu sprechen, ihn damit als einmaliges Individuum in einer einfach beschreibbaren und doch tiefen und angemessenen Weise zu verstehen. Die Matrix fördert nach unserer Beobachtung die Liebesfähigkeit des Menschen, erst zu sich selbst und dann zu anderen, schon einfach deshalb, weil die Matrix überwältigend klarmacht, daß und wie ein jeder anders ist, und daß es offensichtlich so erwählt wurde aus guten Gründen, daß es so sein muß und gut so ist. Den einzigen deutlichen Anklang an die Matrix in der Geschichte haben wir – abgesehen von den uns schwer verständlichen sieben Strahlen der Alice Bailey – im indischen Kastensystem gefunden, das eine Schichtung aufweist, die in Teilen den Essenzen entspricht. Hier wurde allerdings eine wohl auch schon damals offenbarte Realität seelischer Art in eine biologisch-soziale Wirklichkeit uminterpretiert, da ihr ursprünglicher Sinn nicht mehr verstanden wurde oder nicht mehr erwünscht war.

Die Matrix ist nur der Kern der Lehre. Andere Aspekte findet der Leser in diesem Band in reichem Maße, und er möge sich sein eigenes Urteil bilden. Aber fast noch wichtiger ist für die »Quelle« die Lehre von der Seelenfamilie. Jeder von uns Menschen hat eine Seele, aber jede Seele ist nur Fragment eines größeren Ganzen, eben der *Seelenfamilie*. Auch diese Familie hat wieder eine präzise Struktur, deren Erläuterung hier aber zu weit führen würde. So viel sei gesagt: Eine Familie umfaßt etwa eintausend fragmentierte Einzelseelen. Jede Familie enthält Seelen, die zwei bis vier der oben erwähnten Essenzen vertreten. Jede Familie wählt sich für alle Inkarnationen – und das dauert, um einmal einen ganz groben Anhalt zu geben, etwa zehntausend Jahre –, eine gemeinsame Aufgabe, die jeder Mensch in jedem Alter auf seine Weise verfolgt. Diese Aufgaben – so ist inzwischen mein Eindruck – sind die seelische Voraussetzung für die Entwicklung dessen, was wir Kultur oder Zivilisation nennen.

Aber das wichtigste ist: Niemand ist wirklich allein, egal in welcher Situation. Der Kontakt zur Seelenfamilie kann immer hergestellt werden, und meistens teilt sich die Familie tröstend oder beratend durch Träume mit. Einige konkrete Beispiele werden in diesem Buch (Kapitel V) angeführt und von der »Quelle«

24

erläutert. Ein Buch zur Seelenfamilie ist in Vorbereitung und soll in nicht allzu ferner Zukunft veröffentlicht werden.

Ein letzter Aspekt der Lehre, der hier erörtert werden soll, sind drei abstrakte Gesetzmäßigkeiten der Wirklichkeit: Die Gesetze der *Pulsation*, der *Polarität* und der *Dualität*. Alles Materielle pulsiert, vom Atom bis zur Galaxie, in unterschiedlichen Formen und Rhythmen. Unser Herz pulsiert genauso wie unsere Lungen, und wenn wir nicht mehr pulsieren, sind wir tot. Aber auch Kollektive unterliegen dieser Gesetzmäßigkeit. Unter Hitler waren Fremde verhaßt und wurden ermordet oder vertrieben; heute – in einer kollektiven Gegenbewegung – werden Fremde besonders respektiert. Unter Hitler war der Krieg ein Werkzeug der Selbstbehauptung und des Selbstwertes, heute ist es der Frieden.

Unter *Polarität* versteht die »Quelle« die Pulsation der Energie in einem bestimmten Bereich zwischen den Polen *Liebe* (hohe Schwingung, Weite) und *Angst* (niedrige Schwingung, Enge). Jeder Archetyp zum Beispiel hat zwei Pole, und jeder Mensch kann das Pulsieren innerhalb des Polaritätsbereiches an sich selbst beobachten. Ein Beispiel: Das Entwicklungsziel *Akzeptieren* hat im positiven Pol der Liebe eine gütig-warme und zugewandte Ausstrahlung, die als sehr angenehm erlebt wird. Aber dieser Mensch wird sich immer wieder in Situationen finden, wo er äußerlich ja sagt, aber es innerlich nicht einlösen kann. Er möchte gern akzeptieren, kann es aber nicht. Er hat dann eine Ausstrahlung von angstvoller Freundlichkeit und unangenehmer Liebenswürdigkeit, die in der Regel mit Unbehagen registriert wird.

Die »Quelle« bemüht sich offensichtlich besonders, uns immer wieder das Gesetz der *Dualität* nahezubringen. Dieses Gesetz bezieht sich ebenfalls auf alles, was körperliche Gestalt annimmt. Wenn sich die menschliche Seele verkörpern will, kann sie nicht einfach ein Mensch werden, sondern muß sich entscheiden, ob sie ein weiblicher oder männlicher Mensch werden will, je nachdem, in welchem Körper sie ihre Entfaltungsmöglichkeiten eher erfüllen kann.

Oder um einen ganz anderen Bereich anzusprechen: Physiker beobachteten, daß sich das Licht wie eine Welle verhält und physikalisch so beschrieben werden kann. Aber andererseits besteht das Licht auch aus kleinsten Körperchen, Korpuskeln, die sich jedoch in ihrem Verhalten physikalisch anders beschreiben lassen als Wellen. Was ist das Licht denn nun, Korpuskel oder Welle? Diese Frage ist falsch gestellt. (Ebenso könnte man fragen: Was ist der Mensch denn nun, Mann oder Frau?) Heute weiß man, daß beides stimmt, und spricht deshalb von der dualen Natur des Lichts.

Dieses Gesetz der Dualität hat weitreichende Auswirkungen, die wir im Moment nur vage ahnen können. So leben wir im Moment in einer Gesellschaft, die sich mit einer gewissen Naivität immer wieder geradezu magisch zu versichern versucht, daß man – wenn man nur guten Willens ist – einen ewigen Frieden erreichen kann. Das Gesetz der Dualität wird aber dafür sorgen – ob es uns paßt oder nicht –, daß auch Gewalt wieder und wieder auftauchen wird, wenn im Moment bei uns im wesentlichen auch nur als Ersatzhandlung: Man kann kaum seinen Fernseher anschalten, ohne in der nächsten Minute mit irgendeiner Grausamkeit konfrontiert zu werden.

Die Dualität hat die Menschen offensichtlich schon immer beschäftigt. Der frühgriechische Philosoph Heraklit, der viel über Dualität und ihre Aufhebung im Einen nachgedacht hat, hat es mehrfach auszudrücken versucht: »*Der Gott ist Tag-Nacht, Winter-Sommer, Krieg-Frieden, Sättigung-Hunger*« oder: »*Meer: das reinste und zugleich das besudelste Wasser, für Fische trinkbar und wohltuend, für Menschen nicht trinkbar und tödlich*« (zitiert nach Kirk, *Die vorsokratischen Philosophen*). Homer hatte in der Ilias sehnsuchtsvoll geäußert, daß es den Menschen besser ginge, wenn nicht immer Streit, vor allem auch zwischen den Menschen und Göttern, herrschen würde. Heraklit meint dazu ganz trokken, daß dieser Zustand dem Tod gleichkäme und alles Lebendige sich auch streiten muß.

Und in dem ältesten überlieferten Evangelium lesen wir: »*Sie sprachen zu ihm: Werden wir, indem wir klein sind, eingehen in das Reich? Jesus sprach zu ihnen: Wenn ihr die zwei (zu) eins macht und wenn ihr macht das Innere wie das Äußere und das Äußere wie das Innere und das Obere wie das Untere, und wo ihr macht das Männliche und das Weibliche zu einem einzigen, damit nicht das Männliche männlich und das Weibliche weiblich ist, ... dann werdet ihr eingehen in (das Reich).«* (Thomas-Evangelium 22, zitiert nach Aland, *Synopsis Quattuor Evangeliorum*). Die Überwindung der Dualität weist – wie bei Heraklit – auf einen Zustand jenseits des Körperlichen. Dieser Zustand, den Jesus *»das Reich Gottes«* nannte und der ihm in seiner letzten Inkarnation und als letztes im Körper befindliches Mitglied seiner Seelenfamilie unmittelbar bevorstand, muß ihn ahnungsvoll zutiefst beschäftigt haben.

Wir haben noch Schwierigkeiten, Polarität und Dualität klar zu unterscheiden. Einerseits ist es deutlich, daß die Dualität Mann – Frau sich nicht als Polarität im Sinne eines positiven, liebevollen Pols und eines negativen, angstvollen beschreiben läßt. Der Mann ist nicht grundsätzlich liebevoller oder angstvoller als die Frau und umgekehrt, auch wenn zum Beispiel der Mann in seinem Schmerz und seiner Wut anfängt, das Weibliche als das Negative zu sehen, also eine Polarität wahrnimmt, wo eigentlich eine Dualität ist. Aber beim Paar Krieg – Frieden ist das schon nicht mehr so deutlich, weil uns Krieg grundsätzlich angst macht. Wir werden dies im Laufe der Zeit wahrscheinlich weiter klären können, indem wir immer wieder an geeigneten Punkten die »Quelle« befragen.

Jedenfalls ist deutlich, daß viele Gedankensysteme eine *Gut/Böse*-Grundstruktur haben. Wenige Beispiele mögen genügen: Augustinus, der vielleicht einflußreichste Kirchenvater, hat am Ende der Antike und zu Beginn eines sich verfestigenden Christentums über den *Gottesstaat* und den *Staat dieser Welt* geschrieben und damit eine bis in die Gegenwart andauernde Nachwirkung erzielt. Ich verstehe seine Sehweise als eine Polarisierung der Seele-Körper-Dualität. *Marx* wollte den »bösen«

Kapitalismus gegen den »guten« Sozialismus setzen. Je brutaler das »Gute« durchgesetzt wird, um so kraftvoller wird das »Böse«. Das heißt, der Impuls, die Angst abzuschaffen, kommt aus der Angst und vergrößert sie nur. Die Geschichte der Menschheit ist voll solcher Versuche, das »Böse« – wie immer es jeweils auch definiert sein mag – abzuschaffen. Bisher hat es nicht funktioniert: Die Dualität, die Polarität und die Pulsation kann niemand beseitigen. Aber man kann diese Gesetzmäßigkeiten beobachten und immer tiefer verstehen lernen. Man kann – vom Seelenalter abhängig – lernen, mit ihnen zu gehen, statt gegen sie zu kämpfen, obwohl auch dieses Kämpfen – das niemals zum Sieg führen kann – zu einer wichtigen und sinnvollen Erfahrung führt.

Vor Jahren sprach ich mit einem amerikanischen Physikprofessor über Energie im seelischen Bereich. Ich wurde schroff zurückgewiesen. Energie sei in der Physik ein klar definierter Begriff und habe nichts mit Seele zu tun. Einerseits konnte ich den Mann verstehen, andererseits hat mich die Frage nie losgelassen, wo da dennoch die Verbindung sein könnte. Die Begriffe »Pulsation«, »Polarität« und »Dualität« sind sicherlich auch und vielleicht gerade für einen Physiker nicht nur sinnvoll, sondern noch grundsätzlich wichtiger, als man heute ahnt, so daß hier vielleicht doch eine Brücke zwischen dem Seelischen und der modernen Physik zu schlagen wäre.

Soviel zu den Aspekten der *Lehre*. Es ist offensichtlich, daß es hier auch für uns noch viel zu lernen und zu begreifen gibt. Über das *religiöse Erlebnis*, das in der Lexikondefinition parallel zur *Lehre* genannt wird, möchte ich im Moment nicht weiter sprechen. Es ist mir aber deutlich, daß ein tiefgehendes Erlebnis einerseits einfach da ist, aus dem Menschen herausstrahlt und eigentlich nicht beschrieben werden kann; andererseits fühlen sich Menschen je nach ihrer Matrixstruktur mehr oder weniger aufgefordert, diese Erlebnisse mitzuteilen. Für das gegenseitige Verstehen und auch für das angestrebte Einordnen der Erfahrung kann aber die angesprochene Lehre der »Quelle« wichtige

Hilfen geben (siehe die Durchsage »Das Heilige«). Vielleicht ist mancher aber auch durch die Lektüre der Botschaften in diesem Buch in einer Weise angerührt, die er sonst nicht oder nur selten kennt, vor allem wenn die Texte laut vorgelesen werden. Jeder kann sich, wenn er möchte, neben den vermittelten Inhalten auch der Energie dieser Mitteilung öffnen und so seinen eigenen energetischen Kontakt zur »Quelle« herstellen.

4. Vernunft und Offenbarung

Speziell unsere christliche Tradition hat sich viel mit dem Verhältnis von *Vernunft und Offenbarung* beschäftigt. Mir scheint, daß die Lehre der »Quelle« die Vernunft in besonderem Maße befriedigen kann, da sie sehr spezifisch ist, klare Strukturen zur Verfügung stellt und eine relativ große Möglichkeit der Überprüfung durch Beobachtung ermöglicht. Gleichzeitig werden die Dimensionen jenseits menschlicher Vernunft nicht geleugnet. Die Grenze dessen, was am Allganzen »vernünftig« beschrieben und verstanden werden kann, wird aber etwas in Richtung auf das »Göttliche« hin ausgeweitet und der Kontakt mit dieser Schicht des »Göttlichen« so konkret und damit so real und natürlich wie möglich dargestellt. Die »Quelle« sagt ganz klar: Unterwürfige Anbetung verhindert den Kontakt, Liebe stellt ihn her (siehe Durchsage zu Sai Baba). Ich muß mich nicht kleinmachen, um mit meiner Seele, meiner Seelenfamilie oder der kausalen Welt zu kommunizieren. Tatsache ist hingegen, daß ein Kontakt sich nur herstellt, wenn *ich* mich dafür öffnen kann, denn diese Instanzen sind immer bereit. Das merken wir persönlich ganz konkret daran, daß die »Quelle« zu jeder Tages- und Nachtzeit zur Verfügung steht: Sie schläft nicht. Und sie ist in Indien ebenso verfügbar wie in Amerika. Aber wir als begrenzte Menschen bekommen Probleme, wenn wir anfangen, uns damit allzu schnell parallel zu setzen und auch möglichst immer verfügbar sein zu wollen. Wir werden dann einfach krank und müssen eine Ruhepause einlegen. Diese Erfahrung war für uns sehr wichtig. Es geht also darum, die eigene Begrenztheit zu verstehen und zu akzeptieren, ohne sich deswegen minderwertig vorzukommen. Unsere Begrenztheit hat ihren Sinn und ihre Funktion, ebenso die Unbegrenztheit einer »Quelle« aus der kausalen Welt. Ich möchte aber auch sagen, daß Kontakt dieser Art etwas zutiefst Freudiges, Befriedigendes und Tröstliches sein kann, uns Menschen not tut und von uns mehr und natürlicher genutzt werden sollte – und zwar sowohl auf der Ebene der intellektuell-spirituellen Kommunikation als auch auf der der emotional-ekstatischen Kommunion. Wenn wir dazu beitragen könnten, würden wir uns sehr freuen.

5. Erwählte Menschen

Wir sind als Autoren in einer ganz eigentümlichen Situation, denn unsere Bücher sind nicht *von* uns, sondern *durch* uns. Wir sind – wie die »Quelle« es einmal genannt hat – in der Rolle von *Botschaftern*. Das bedeutet, daß wir grundsätzlich alles, was wir veröffentlichen, als Mitteilungen einer dritten Instanz, die wir so gut wie möglich empfangen und umgesetzt haben, einer weiteren Öffentlichkeit zur Verfügung stellen.

Das bedeutet zum Beispiel, daß diese Durchsagen durchaus nicht immer unsere persönliche Meinung als Menschen in diesen Körpern vertreten, und daß wir nicht so tun möchten, als ob wir alles, was wir vermittelt bekommen, auch als die Menschen, die wir nun einmal sind, gänzlich verstehen können. Das bedeutet nicht, daß wir uns aus der Verantwortung stehlen wollen, aber wir bitten den Leser, sich klarzumachen, daß unsere Rolle die von Vermittlern ist, die selber eine innere und äußere Auseinandersetzung mit diesen Texten betreiben und auch individuell zu ganz persönlichen Meinungen kommen. Wir verstehen gut, wenn unsere Zuhörer und Leser sich jeweils eine individuelle Meinung zu diesen Texten bilden wollen und bilden müssen.

Wir sehen im Laufe dieser Arbeit immer klarer, wofür wir Verantwortung tragen und wofür nicht. Wir sind für die korrekte Übermittlung verantwortlich, nicht aber für den Inhalt.

Die Tätigkeit, die wir hier ausüben, lernt man nicht durch einen Beruf. Es gibt dafür keine »Ausbildung«, und wir haben sie niemals bewußt angestrebt. Zu unserer Überraschung finden wir uns in diesen Rollen von Vermittlern wieder, die wir bejahen und auszufüllen suchen, weil darin auch eine uns vorher nicht bewußte Aufgabe unserer Seelen und Seelenfamilien enthalten ist. Das heißt aber nicht, daß uns das alles selbstverständlich ist. Vielmehr ist es eher eine dauernde Suche nach dem, was jeweils nach unserem Erkenntnisstand angemessen ist, und wir sind uns unserer grundsätzlichen Begrenztheit als Menschen mehr denn je bewußt, sehen unsere Aufgabe aber auch klarer als jemals zuvor.

Die »Quelle« selbst bevorzugt den Begriff *Zusammenspiel*« für unsere gemeinsame Arbeit. Jeder von uns dreien fügt seine Fähigkeiten zum Ganzen dazu, damit diese Botschaft viele Menschen erreichen kann. Die »Quelle« betont dabei immer wieder, daß es gut ist, wenn uns diese Arbeit Freude macht, und daß wir nicht mehr tun sollten, als unsere Gesundheit verträgt. Man will uns fordern, aber nicht überfordern. Die Quelle ist unser Lehrer, aber wir sind auch verpflichtet, klar zu sagen, wenn uns etwas zuviel wird, wenn sie unsere Begrenztheit vielleicht einmal falsch eingeschätzt hat. Es ist ein gegenseitiger Lernprozeß. Um es ganz konkret zu machen: Die Entgrenzung, die nötig ist, um Durchsagen zu machen, ist körperlich sehr belastend. Das hängt damit zusammen, daß das Dritte Auge und das Scheitelchakra extrem aktiv sind, die übrigen körperlichen Energiezentren aber notwendigerweise energetisch unterversorgt werden. Dies schwächt körperlich, und jedes erfahrene Medium kennt solche Phänomene.

»Erwähltheit« ist ein schwieriger Begriff. Er klingt sehr danach, daß man etwas ganz Besonderes ist und anders sein will als andere Menschen. Er riecht nach Hochmut und Abgehobenheit.

Auch hier – ähnlich wie bei den anderen Begriffen – möchte ich den wesentlichen Kern erhalten, aber die herkömmliche Überhöhung ein wenig relativieren. Wir kommen uns einerseits durchaus normal vor mit unseren Ängsten und täglichen Problemen. Andererseits wäre es umgekehrte Arroganz und falsche Bescheidenheit, so zu tun, als ob wir nicht wirklich etwas Besonderes anzubieten hätten. Wir versuchen zwischen diesen Extremen einen für uns stimmigen Weg zu finden. Das ist eine immer neue Herausforderung, und auch hier ist es gut, daß wir zu zweit sind und einer den anderen immer wieder auf den Boden herunterholen kann, wenn er einmal abhebt. Ein Baum, der hohe Zweige entwickeln will, braucht dazu tiefe Wurzeln. Die Beschäftigung mit unseren Ängsten und Beschränktheiten ist eine absolut notwendige Voraussetzung für den erfolgreichen Kontakt mit den nichtkörperlichen Dimensionen. Dualität und Polarität wollen auch hier beachtet und ernstgenommen werden, das heißt, wir dürfen und müssen auch mal Fehler machen.

Ich denke in diesen Tagen viel an die Geschichte von Jona, die mir eine sehr echte und immer wieder erlebbare Situation des Menschen gegenüber seinem innerlich wahrgenommenen Auftrag beschreibt. Da hat einer den starken Impuls, sich auf den Marktplatz einer fremden Stadt zu stellen, um den Menschen etwas Wichtiges zu sagen, und gleichzeitig muß er nicht nur große Angst vor den Reaktionen dieser ihm unbekannten Menschen gehabt haben, sondern auch den Gedanken, was das wohl für eine Versuchung und für eine Überheblichkeit seinerseits sein könnte. Jedenfalls versucht er zu fliehen, das heißt, die innere Stimme in sich abzuwürgen. Es geht nur nicht. Und der Prozeß im Bauch des Fisches – für mich die Auseinandersetzung mit dieser inneren Stimme – ist schmerzhaft. Ob er Ninive dann wirklich gerettet hat, kann er nicht einmal sicher überprüfen, denn das prophezeite Unheil ist ja nicht eingetreten, und vielleicht wäre es ohne sein Zutun ebenfalls nicht eingetreten. Die »Quelle« hat einmal gesagt, wir beiden hätten es da leichter als manche vor uns, denn wir würden ja weithin verstehen, was wir vermitteln, und ich füge hinzu: Ich bin so froh, daß man die Matrix und manches andere konkret überprüfen kann. Der Streß wäre sonst noch größer.

Statt *»erwählt«* würde ich lieber *»ausgewählt«* sagen, und das gilt für beide Seiten. Die kausalen Energien brauchen menschliche Partner, um Menschen in einer bestimmten Form erreichen zu können, und menschliche Seelen stellen sich in seelischer Absprache mit den kausalen Energien zur Verfügung, weil sie aufgrund energetischer Vorgaben wie zum Beispiel ihrer Vorleben, ihrer Seelenfamilienaufgabe und ihrer Matrixstruktur für ein bestimmtes Projekt geeignet sind und damit auch ihre eigene Entwicklung sinnvoll weiterführen können. Ich denke hierbei gern daran, daß man im einen Leben der Präsident der Vereinigten Staaten und im nächsten eine einfache Hausfrau sein kann. Und vielleicht treibt diese Hausfrau ihre seelische Entwicklung entscheidender voran, als es dem Präsidenten möglich war. Die Menschen haben immer wieder zu definieren versucht, was Glück ist oder was man unter einem sinnvollen Leben versteht. Mir scheint, Glück – nicht im oberflächlichen Sinn als Annehmlichkeit verstanden – bedeutet, den Plan, den die Seele sich vor der Inkarnation mit Hilfe weiser Energien aus guten Gründen zurechtgelegt hat, auch im Körper tatsächlich zu erfüllen. Denn dies ist der direkteste Weg zurück zum Allganzen und berührt die tiefste Sehnsucht der Seele.

Danksagung

Soweit mein Versuch, eine Einleitung in unser Buch zu geben. Varda hat zudem einen kurzen Vorspann für jedes Kapitel geschrieben, was jeweils eine weitere Verständnishilfe bieten soll. Außerdem befindet sich am Ende des Buches ein *Glossar*, in dem noch einmal die zentralen Begriffe der Lehre erläutert werden. Wir möchten empfehlen, einmal den Versuch zu machen, in geeignetem Rahmen die Durchsagen laut vorzulesen. Sie gewinnen dann eine noch größere Kraft und Intensität, und die Energie der »Quelle« wird deutlicher spürbar.

Wir möchten allen Teilnehmern an unseren Seminaren danken, die uns die Möglichkeit gegeben haben, ein zunächst theoretisches Gebilde immer wieder mehr an eine menschlich-konkrete Wirklichkeit anzubinden und damit seine Gültigkeit für uns überhaupt erst herzustellen.

München, im August 1995   *Frank Schmolke*

Wenn Sie Interesse an unseren Veranstaltungen haben, schicken wir Ihnen gern unser aktuelles Programm zu. Bitte bedenken Sie aber: Wir können leider keine Einzelsitzungen anbieten oder fernmündlich Fragen beantworten. Wir sind ganz auf unsere Seminare und die Erstellung weiterer Bücher konzentriert.

> Dr. Varda Hasselmann
> und Frank Schmolke
> Postfach 70 08 11
> D–81308 München

Eine Auswahl unveröffentlichter Texte der Quelle finden Sie auf unserer Website www.septana.de

I.

Wir leben, um lieben zu lernen

Wir Menschen sind, biologisch betrachtet, Säugetiere mit bestimmten, der Evolution unterworfenen typischen Verhaltensmustern. Was ist das Wesen des Menschen? Welchen Sinn hat sein Leben? Die uralte Frage, wie wir uns von anderen Lebewesen unterscheiden, ist bereits Teil der Antwort. Denn soweit wir wissen, kann nur der Mensch über sich selbst und seine Existenz reflektieren. Es ist uns eine Distanzierungsfähigkeit gegeben, die es uns ermöglicht, unsere Kulturen, Religionen und technischen Errungenschaften, unsere Sprachen und Sitten und auch unsere Taten als Ausdrucksformen zu begreifen, die wir uns selbst erschaffen und für die wir auch eine gewisse Verantwortung tragen. Wir können Geschichte machen und sie als solche beschreiben. Da wir die Dimension von Zeit als Grundlage unserer Lebensform erkennen können, ist es uns möglich, Vergangenheit, Gegenwart und Zukunft als verschieden wahrzunehmen. Wir vermögen über unsere Träume zu sprechen, unsere Gefühle auszudrücken und die Bedingungen unserer Wirklichkeit im Rahmen des Möglichen zu beeinflussen. Und wir sind in der Lage nachzudenken. Menschen sind sich überdies prinzipiell ihrer Sterblichkeit bewußt, und sie leiden daran. Rührt dies vielleicht daher, daß sie von ihrer eigentlichen Unvergänglichkeit eine unauslöschliche innere Gewißheit haben?

Der Mensch ahnt von Anbeginn seiner Geschichte, daß er mit einer anders gearteten existentiellen Dimension in Verbindung steht – mit einer unsterblichen, individuellen Seele, die andere Bedürfnisse hat als sein Fleisch. Dies wird bereits aus den Grabbeigaben der frühesten menschlichen Wesen deutlich. Gewiß könnte man die universelle Vorstellung, es gebe Existenzformen jenseits des körperlichen Todes, als abergläubischen Kollektivnarzißmus abtun. Angeblich können wir es nicht ertragen, sang- und klanglos zu vergehen, weil wir uns zu wichtig vorkommen.

Doch ist es die Sehnsucht, außer der eigenen Nachkommenschaft weitere Zeichen der persönlichen Existenz in der Welt zu hinterlassen, die unsere vielfältigen Zivilisationen hervorgebracht hat. In unseren Taten und verwirklichten Träumen überleben wir. Wir wissen von keiner Kultur, keiner menschlichen Gemeinschaft, die ganz ohne irgendeine Art religiöser Anschauung existiert hat – Ersatzreligionen eingeschlossen. Der Mensch lebt nicht vom Brot allein!

Die transzendente Dimension ergänzt also notwendig die materielle. Die seelische Seinsweise gehört untrennbar zu der animalischen. Damit soll nicht gesagt sein, daß Tiere keine Seele haben. Doch scheint sie anderer Art zu sein. Die Individualseele des Menschen unterscheidet sich von der Kollektivseele der übrigen Lebewesen. Aber mit dieser Aussage verlassen wir bereits die Scheinsicherheit unserer mental getroffenen Erkenntnisse und begeben uns auf das Gebiet metaphysischen Gedankenguts.

Die nun folgenden Vorschläge, die Bedingungen unserer Existenz als Menschen auf der Erde einmal unter ganz anderen Gesichtspunkten zu betrachten, sind revolutionär insofern, als sie Teilaspekte einer neuartigen Weltsicht darlegen. Die Sinnfrage »Wozu leben wir?« erhält durch die Botschaft der »Quelle« bislang nie gehörte Antworten, da sie aus der übergeordneten Perspektive einer transzendenten Existenzform, mit den Worten einer transpersonalen Wesenheit, gegeben werden.

Vieles, was die Weisheit der Seele uns anhand der Texte, die dieses Buch enthält, vermittelt, wird ein inneres Echo im Leser hervorrufen, manches ihn vielleicht auch provokativ und ketzerisch anmuten. Aber warum nicht ein wenig metaphysisch spekulieren oder mit Hypothesen spielen?

Alle Aussagen unserer »Quelle« beruhen auf folgenden Axiomen:

1. Die Seele ist Teil der realen Existenz des Menschen. Sie hat eine individuelle und eine kollektive Ausprägung (das Seelenfragment und die Seelenfamilie). Sie überdauert das Einzel-

leben und ist der dual ergänzende Aspekt seiner materiellen Seinsform.

2. Jede Seele kehrt in unterschiedlicher menschlicher Gestalt so oft ins physische Leben zurück, bis sie erfahren hat, was sie erfahren will und muß. Der Erfahrungsweg jeder Seele unterliegt einer definierbaren Struktur. Die übergeordnete Gesamtaufgabe der Seelenfamilie prägt auch die seelischen Ziele jeder Einzelinkarnation.

3. Nichts ist sinnlos. Alles hat Sinn. Die entscheidende Frage lautet nicht: »Warum?«, sondern: »Wozu?«

4. Der Zweck der menschlichen Existenz ist es, Formen und Möglichkeiten der Liebe in der physischen Welt zu erkunden, die es in den anderen Bewußtseinswelten nicht gibt.

Es ist das Anliegen der »Quelle«, jeden, der bereit ist, etwas Neues zu hören und zu bedenken, auf eine verständliche, verständnisreiche und einsichtsvolle Art mit einer Weltanschauung und inneren Gesetzmäßigkeit in Kontakt zu bringen, die nach Ansicht dieser außerirdischen Informationsquelle unsere lebendige, wenn auch endliche Wirklichkeit auf der Erde und unsere ewige kosmische Realität gleichermaßen prägen.

Die Erläuterung der Entfaltungsaufgaben, an denen sich unsere Seele auf ihrem Weg der Erkenntnis orientiert, führt uns zunächst in unsere geistigen, körperlichen und seelischen Lernschritte ein – in das Curriculum unserer »Inkarnationsschule«. Mit jedem Leben wachsen Einsicht, Verantwortungsbewußtsein und Liebesfähigkeit auf selbstverständliche und natürliche Weise. Und jeder ohne Ausnahme erreicht die letzte Stufe der Entfaltung.

Wenn dabei stets von der Seele, ihrer Weisheit und ihren Bedürfnissen die Rede ist, heißt dies keineswegs, daß der Körper, der diese Seele zeitweilig beherbergt, von geringerer Bedeutung sei. Im Gegenteil: Nur mit seiner Hilfe können die nötigen Erfahrungen gemacht werden. Von den Beziehungen zwischen Seele und Körper und unserer animalischen Seite handelt der zweite größere Abschnitt des ersten Kapitels.

Und wie funktioniert nun »Leben«? Was unterscheidet einen toten Körper von einem lebendigen, einen beseelten von einem unbeseelten? Die Erläuterung der vier Gesetze der Lebendigkeit geben bewegende Hinweise, die unser Wissen über die Geheimnisse der materiellen Existenz bereichern.

Die anschließende Serie von Einzeldurchsagen befaßt sich mit dem Thema der Vergänglichkeit. Existenz ist nun einmal mit Alterungsprozessen, mit Krankheit und Tod unauflösbar verknüpft. Wir nähern uns der Frage nach der Sinnhaftigkeit solcher unangenehmer irdischer Erscheinungen mit Hilfe einer Reihe individueller Beratungen, in denen persönliche Probleme mit der »Quelle« besprochen wurden.

Die Entfaltungsschritte der Seele

Frage: Wir haben gehört, daß der Sinn unserer Existenz auf dieser Erde im Lernen besteht. Aber wie lernen wir? Worin bestehen die Aufgaben? Warum braucht die Seele so viel Zeit dazu, wenn sie doch an sich vollkommen ist? Und warum ist das Lernen oft so schmerzhaft und schwierig?

Quelle: Ihr kommt aus dem Ganzen und sucht das Ganze, um nach einer Vereinzelung durch Erlebnisse und Einsicht bereichert wieder in ihm aufzugehen. Einen Teil des Erfahrungsweges in menschlicher Gestalt zurückzulegen ist eine besonders mutige Entscheidung, der sich keineswegs jedes beseelte Wesen im Kosmos unterzieht. Jede Stufe der seelischen Entfaltung in einem menschlichen Körper ist verbunden mit einer Aufgabe, die für diese Stufe charakteristisch ist. Sie stellt den Entwicklungsanreiz dar und will bewältigt werden, bevor der nächste Schritt auf die darauffolgende Entfaltungsstufe getan werden kann.

Menschsein heißt, in einer Gemeinschaft sein Werk zu tun,

was immer es sei. Es bedeutet, sich auf mannigfache Weise innerhalb dieser Gemeinschaft in Erfahrungen hineinzubegeben. Die Aufgaben, die jede Stufe kennzeichnen, betreffen alle Aspekte der jeweiligen Seinsweise. Das bedeutet, sie betreffen körperliche, seelische und geistige Bereiche. Es geht also nicht nur darum, etwas zu begreifen oder zu erledigen oder hinter sich zu bringen, sondern in erster Linie darum, eine bestimmte umfassende Erfahrung mit allem, was dazugehört, zu erleben. Aus diesem Grunde werden für die Bewältigung eines einzigen geistig-seelisch-körperlichen Lernschritts oft mehrere Existenzen in der physischen Welt benötigt, denn nicht selten vollzieht sich die Erfassung und Erfüllung dieser Aufgabe in aufeinanderfolgenden Stufen. Zum Beispiel kann eine solche Aufgabe zunächst einmal geistig erfaßt werden in ihrer Notwendigkeit und Bedeutung. Im darauffolgenden Leben wird sie körperlich und aktiv erfahren, im dritten vielleicht erst seelisch integriert und verarbeitet. Das wäre der idealtypische Vorgang, aber es ist nicht ausgeschlossen, diese drei Schritte auch innerhalb einer einzigen Inkarnation zu vollziehen. Trotzdem sind in der Regel zwei Leben unter verschiedenen Bedingungen notwendig, um alles entsprechend zu begreifen. Jeder dieser Schritte kann selbstverständlich in jedem einzelnen Leben auch wiederholt werden, um die Erfahrungen zu vertiefen und alle Dimensionen abzudecken, die sich durch eine solche Aufgabe eröffnen. Da grundsätzlich Kontakte mit anderen Seelen die Voraussetzung bilden, um eine Aufgabe subjektiv als notwendig zu empfinden, sie mit Leben zu erfüllen und auch zu verarbeiten, können diese spezifischen Entfaltungsschritte nur im Körper und während eines Aufenthalts in der physischen Welt vollzogen werden, denn in der astralen Welt geht es nicht um die Bewältigung von Aufgaben, sondern einerseits um Planung und andererseits um Auswertung.

Alles hingegen, was mit der erlebenden Ausführung als solcher zu tun hat, ist auf die Reibung zwischen solchen inkarnierten Seelen angewiesen, die in aller Regel nichts davon wissen, daß sie miteinander etwas zu gestalten haben. Diese Ungebro-

41

chenheit im Wollen und Können ist eine entscheidende Voraussetzung dafür, daß nicht alle Absicht als unverbindlich entkräftet wird. Die Inkarnationsaufgabe ist kein spielerischer Akt, den ein Mensch jederzeit abbrechen kann. Wichtig ist vielmehr, daß eine ernsthafte Auseinandersetzung mit den vielfältigen Möglichkeiten der Durchführung, die eine solche stufengemäße Aufgabe erfordert, stattfindet.

Wir betonen stets, daß alles selbstgewählt ist, und in einem weiteren Sinne ist dies auch hier der Fall. Und doch müssen wir dieses Thema der Entfaltungsaufgaben mit einer diesbezüglichen Einschränkung versehen, denn es ist der heranreifenden Seele nicht überlassen und unterliegt nicht ihren Wünschen oder ihrem »freien Willen«, ob sie sich diesen Aufgaben stellen möchte oder nicht. Sie kann es bewußt tun oder unbewußt vollziehen, das entspricht der Bandbreite ihrer Möglichkeiten. Doch wird sie sich aus einem selbstverständlichen Bedürfnis stets so lange auf der jeweiligen Stufe der Entfaltung aufhalten, bis sie die Befriedigung erlebt, einen entsprechenden Anteil ihrer Sinnforschung im inkarnierten Zustand vollständig erfaßt zu haben.

Diese Aufgaben sind für alle beseelten Wesen in allen physischen Welten gleich, und doch gestalten sie sich – je nachdem, wie die Bedingungen in einer spezifischen physischen Welt beschaffen sind – unterschiedlich. Strukturell betrachtet sind sie identisch. Um die besonderen Umstände auf anderen physischen Ebenen, die andersartig materialisierte, aber ebenfalls beseelte Wesen betreffen, wollen wir uns hier nicht kümmern. Wichtig ist, daß keine dieser Aufgaben vom inkarnierten Individuum allein, ohne das Mitwirken anderer Menschen oder nur durch mentale Einsicht oder nur durch seelische Arbeit, die sich von der seelischen Gemeinschaft abspaltet, erfüllt werden kann. Alle Aufgaben beziehen sich auf das Gefüge von Bindungen, in denen ein inkarniertes Wesen sich befindet. Es geht auf vielen verschiedenen Ebenen um Beziehungen – auf seelischer Ebene, auf biologischer Ebene, auf sozialer und auf kultureller Ebene.

Die Aufgaben dienen dazu, dem Fragment seine beglückend bergende und geborgene Eingebundenheit einerseits und auch die als bedrohlich empfundene existentielle Abhängigkeit vom Mitmenschen andererseits erfahrbar zu machen.

Während der ersten drei großen Zyklen seelischen Wachstums (bei den Säugling-Seelen, Kind-Seelen und frühen Jungen Seelen), das heißt während gut der ersten Hälfte der Inkarnationen, werden diese Aufgaben sich vielfach nicht auf innere Prozesse beziehen, sondern auf die Bewältigung der Erfordernisse, die ein Leben in einem menschlichen Körper überhaupt mit sich bringt. Erst im späten Jungen, Reifen und sodann im Alten Zyklus wird es vorwiegend um eine innere Auseinandersetzung mit anderen Menschen gehen. Am Ende steht die Begegnung mit dem inneren Du, das sich als Bewußtsein und Psyche der seelischen Absicht beigesellt. In jedem Fall geht es um die Bewältigung der Ängste, die aus der Spannung zwischen Vereinzelung und Verbundenheit entstehen. Wir können dies auch als den rein seelischen Aspekt der großen Dynamik zwischen Distanz und Nähe bezeichnen.

Wir möchten euch, um einen Einblick in die Vielfalt und in die aufeinander aufbauende Struktur der Entfaltungsaufgaben zu vermitteln, einen Überblick über die Lernschritte des Reifen und des Alten Seelenzyklus geben.

Inkarnierte Seelen lernen auf der Entfaltungsstufe

Reif 1: Freiheit in Abhängigkeit erfahren.
Reif 2: Anderen und sich selbst Unrecht vergeben.
Reif 3: Einem schlechten Herrn treu dienen.
Reif 4: Aus Liebe auf Wesentliches verzichten.
Reif 5: Schicksal und Leben anderen anvertrauen.
Reif 6: Die Trennung von Unschuld und Schuld aufheben.
Reif 7: Möglichkeiten und Grenzen des Wollens erkennen.

Alt 1: Aus innerer Überzeugung gegen die geltende Moral handeln.

Alt 2: Sich selbst aufrichtige Bewunderung zollen und dafür auf die Bewunderung anderer verzichten.

Alt 3: Präzise Innenschau mit einer aktiven Außenwirkung verbinden.

Alt 4: Das Wohl der Gemeinschaft mit dem eigenen Wohl verbinden.

Alt 5: Unbeirrbar einen Weg verfolgen, ohne das Ziel zu kennen.

Alt 6: Durch Sein wirken und auf Tun verzichten.

Alt 7: Empfangen, ohne zu schenken, und schenken, ohne zu empfangen.

Diese Entfaltungsaufgaben, die auf den einzelnen Stufen der seelischen Entwicklung bewältigt und gestaltet werden müssen, sind so komplex, so vielfältig aspektiert und so reichhaltig in ihren Ausformungen, daß es grundsätzlich weder möglich noch sinnvoll ist, die auf eine Formel gebrachten Aussagen für die jeweiligen Stufen zu erläutern oder in irgendeiner Weise zu kommentieren. Vielmehr ist jeder einzelne, der für sich erkennt, daß er sich auf einer dieser Stufen der Entfaltung befindet, aufgefordert, sich auch mit dem Mysterium, das in dieser Formel, in dieser Formulierung enthalten ist, auseinanderzusetzen. Es handelt sich dabei um das Rätsel seines Lebens und zugleich um dessen Auflösung.

Es ist auch nicht möglich oder sinnvoll, ein historisches Beispiel für eine solche Entfaltungsaufgabe zu bieten, denn diese Aufgabe nimmt meistens nicht nur eine einzige körperliche Existenz, sondern mindestens zwei in Anspruch. Und um verstehen zu können, wie eine derartige Entfaltungsaufgabe sich in der leiblichen Manifestation darstellt, müßte gerade in dem Zyklus der Reifen Seele in der Regel eine dreifache Inkarnationsfolge enthüllt werden, nicht eine einzige Existenz, die sich mit einem Namen benennen lassen könnte.

Entfaltungsaufgaben werden gedanklich und real, passiv und aktiv, als Opfer und als Täter, bewußt und unbewußt, in Liebe und in Angst, absichtlich und unabsichtlich, beobachtend oder tätig gestaltet. Sie werden erlebt, erlitten oder auch für andere bereitgestellt. Auf die Auseinandersetzung mit der in der Formel beschlossenen Thematik kommt es an. Und jeder wählt für sich persönlich, in jedem einzelnen Leben, in jedem einzelnen Jahr seines Lebens, wie er sich dieser Thematik nähern oder ihr begegnen will. Es gibt keine Vorschriften, es gibt nur einen unbedingten Anspruch der Seele, diese Thematik zu bearbeiten. Jeder Anlaß, jede Gelegenheit, jede Herausforderung ist ihr dafür recht.

Da alle Entfaltungsaufgaben erhebliche Schwierigkeiten in ihrer Bewältigung enthalten, die während eines Abschnitts von zwei, drei oder vier Leben die wichtigste Herausforderung, die härteste Prüfung darstellen, aber nicht etwa ständig präsent sind oder unablässig ein ganzes Leben von sechzig, siebzig oder achtzig Jahren prägen, wird es nicht einmal in jeder Einzelinkarnation offensichtlich werden, worin diese Schwierigkeit, diese Herausforderung besteht. Jede Bearbeitung einer stufengemäßen Entfaltungsaufgabe steuert unaufhaltsam auf einen Höhepunkt hin, der früher oder später, im ersten oder erst im vierten Leben auffindbar ist. Eine solche Kulmination wird in Vernetzung mit den vielfältigen anderen Vorhaben, den Entwicklungszielen des Seelenmusters, den Lebensaufgaben, den Berufungen einer einzelnen Inkarnation abgestimmt.

Und nicht zuletzt hängt der Kulminationspunkt in der Bearbeitung von Entfaltungsaufgaben auf der jeweiligen Stufe, im jeweiligen Seelenzyklus, von der Kooperation mit anderen Seelen, vornehmlich den eigenen Seelengeschwistern, ab. Denn in aller Regel handelt es sich bei den härtesten Prüfungen, die mit den Entfaltungsaufgaben verbunden sind, um Absprachen aus Liebe, die in der astralen Welt getroffen werden, von den inkarnierten, manifestierten Persönlichkeiten jedoch nicht als solche empfunden werden. Lebendige Menschen erfahren die Absprachen oft als grausam, willkürlich und unerklärlich. Dennoch werden sie auf einer tieferen, unbewußten Ebene des Erlebens als merkwürdig sinnhaft empfunden, erfüllt von einer Sinnhaftigkeit, die von den Kräften des Verstandes nicht durchdrungen werden kann, die jedoch auf eine leise Art unablässig präsent ist. Kein fremder Mensch kann sie wirklich begreifen. Sie ist und bleibt für andere rätselhaft, erfüllt dadurch aber eine geheimnisvolle Wirksamkeit. Sie zeugt von einer Beharrlichkeit und Ausdauer, die es den betreffenden, miteinander in der Bewältigung dieser Entfaltungsaufgaben verwobenen Seelen ermöglicht, sie zu Ende zu führen, anstatt sich ihnen zu entziehen.

Ebenso wie die Entwicklungsziele ganze Lebensgeschichten bis in kleinste Verästelungen ihrer Gestaltung prägen, verhält es sich auch mit den Entfaltungsaufgaben. Sie prägen die seelische Bewußtheit und Zielsetzung, erreichen jedoch nur selten das individuelle Bewußtsein. Jeder Mensch gestaltet scheinbar unabsichtlich und doch in seelischer Absichtlichkeit absolut sinnvoll seine Tage und Lebenssituationen im Dienste dieser Aufgaben. Das ist es, was gemeint ist, wenn manche sagen: Jeder erschafft sich seine eigene Realität. Auch wenn der Sinn euch verborgen bleibt – er existiert.

Wir möchten euch nun für die Dynamik der Entfaltungsaufgaben ein einziges Beispiel geben, das alle anderen Stufen der Entfaltung mit ihren Aufgaben exemplarisch beleuchten kann: Auf der ersten Stufe des Reifen Zyklus ist ein inkarnierter Mensch gehalten, »Freiheit in der Abhängigkeit« zu erleben. So wird er sich schon mit seiner Zeugung und seiner Geburt eine Situation kreieren, in der diese Thematik eine gewichtige Rolle spielt, zum Beispiel darin, ob die Zeugung freiwillig oder unter Zwang vonstatten ging. Ob die Schwangerschaft, die seinen Körper heranreifen läßt, als Abhängigkeit oder als Freiheit erlebt wurde. Ob die Geburt des Kindes Mutter oder Vater in einer als unangenehm empfundenen Abhängigkeit fesselt oder sie in eine neue Freiheit entläßt. Selbstverständlich ist jede Mutter abhängig von ihrem Kind, und jedes Kind ist abhängig von der Mutter.

Aber in dem Maße, wie diese Abhängigkeit in das Bewußtsein der Beteiligten dringt, und ob sie auch als beglückend und befreiend erlebt werden kann oder nicht, wird diese Thematik der Entfaltungsaufgabe in die Manifestation des Leibes und des Geistes eingebracht.

Wenn ein Mensch auf der Entfaltungsstufe »Reif 1« nun während seiner Kindheit und Jugend eine bedrückende Abhängigkeit erlebt hat, wird er sich unablässig mit der Frage beschäftigen, wie er in dieser Abhängigkeit wenigstens eine innere persönliche Freiheit erkämpfen oder entwickeln kann. Er wird unter dem Mangel an Freiheit leiden und die Abhängigkeit mehr oder weniger bewußt als schmerzhaft erleben. Er wird sich Freiräume schaffen, im Äußeren oder im Inneren, die ihm Luft zum Leben geben. Und da die Stufe »Reif 1« die erste Möglichkeit, die erste Gelegenheit für eine Seele auf der Inkarnationsreise darstellt, sich wahrhaft ihrer inneren Dimension zuzuwenden, wird gerade diese Spannung zwischen Abhängigkeit und Freiheit ein hervorragender Anlaß zur Auseinandersetzung sein, dem niemand ausweichen kann. Nun kommt ein solchermaßen sich und die Welt erlebender Mensch ins heiratsfähige Alter und erfährt gewiß die Sehnsucht, endlich frei zu sein von den Eltern, von Unfreiheit und Abhängigkeit, von der gesamten familiären Situation in besonderem Maße. Euch erscheint es nun seltsam – und doch habt ihr die Unausweichlichkeit dieser Gesetzmäßigkeit bereits oft beobachtet –, daß gerade jemand, der nach Freiheit strebt, sich unbewußt einen Lebenspartner wählt, mit dem er wiederum in eine viele Jahre dauernde neue Abhängigkeit gerät. Er findet sich in einer Situation wieder, die ihm erneut seine Entfaltungsaufgabe vor Augen führt und ihn nicht aus ihren Wachstumsverpflichtungen entläßt. Aber die Abhängigkeiten und Freiheiten, die mit einer Ehe verbunden sein können, erscheinen dem Betreffenden nunmehr frei gewählt, auch wenn sie es nicht sind, und erhalten dadurch einen neuen Herausforderungscharakter. Ob dieses Individuum sich später aus einer solchen Partnerschaft löst oder auch bis zu seinem Tode in ihr verharrt – es wird sich stets und ständig mit der Thematik von Abhängigkeit und Freiheit befassen. Die nächste Partnerschaft wird vielleicht nicht mit einer Eheschließung verknüpft werden und sich damit einer neuen Gestaltung des Themas »Freiheit und Abhängigkeit« öffnen können. Oder die langjährige Ehe wird dadurch verändert, daß der Mensch auf der Stufe »Reif 1« sich die Freiheit nimmt, anderen Partnern heimlich oder offen zu begegnen. Er wird unter diesen Umständen die sexuelle Freiheit anders erleben und anders mit seinem Gewissen verarbeiten, als wenn er sich zuvor scheiden läßt.

Bis ins hohe Alter wird ein Mensch im Reifen Zyklus auf seiner ersten Entfaltungsstufe die Thematik von »Abhängigkeit und Freiheit«, »Freiheit in Abhängigkeit« erleben. Nach seiner Lebensmitte wird er stets befürchten, anderen Menschen zur Last zu fallen, und sich gleichzeitig danach sehnen, von eben diesen Mitmenschen freiwillig versorgt zu werden. Er möchte stets seine Freiheit und Unabhängigkeit bewahren, scheut sich vor jeder auch nur geringfügigen Abhängigkeit und wird sie doch erleben müssen, um zu erkennen, worin seine eigentliche Freiheit besteht. Menschen auf dieser Stufe der Entfaltung empfinden jeweils nachdrücklich, daß es schwierig oder gar unmöglich ist, Abhängigkeit zu vermeiden. Am Ende dieser Epoche wird diese Möglichkeit dennoch eintreten, und zwar jeweils im Anschluß an die Kulminationsphase, die diese beiden so widersprüchlich erscheinenden Bereiche von Abhängigkeit und Freiheit in einer Weise verbindet, daß sie gleichzeitig und freudig erlebt werden können. Die entscheidende Leistung am Ende jeder Entfaltungsepoche, die eigentliche Bewältigung der Entfaltungsaufgabe, besteht darin, zu der Erkenntnis zu gelangen, daß Liebe die Gegensätze auflöst, während Angst sie schürt. Der Mensch gelangt zu der Erkenntnis, daß es möglich ist, nicht zwischen den quälenden Widersprüchen zu leiden, sondern seine Energie oder Einstellung so zu verändern, daß die Widersprüche sich neutralisieren. Dann kann man in einer Situation verharren, auch wenn sie schmerzhaft ist. Die Spannung löst sich dadurch, daß ein Mensch sich in aufmerksamer Liebe seiner Aufgabe widmet, worin immer sie bestehen mag.

Wenn ihr die Erläuterungen, die in diesem Beispiel enthalten sind, auf die anderen Entfaltungsaufgaben übertragt und den Reichtum an Möglichkeiten spekulativ erfahrt, der in ihnen enthalten ist, werdet ihr das Prinzip als solches besser begreifen können, ohne euch in den Einzelheiten, die so vielfältig sind wie die Sterne am Himmel, verlieren zu müssen. Denn die Möglichkeiten der Gestaltung und Bearbeitung einer Entfaltungsaufgabe sind aufs engste verknüpft mit dem jeweiligen Seelenmuster eines inkarnierten Menschen, mit den Aufgaben seiner Seelenfamilie, mit den Bedingungen, die er an seinem Inkarnationsort und in seiner Inkarnationszeit vorfindet. Sie können nicht verallgemeinert werden. Um dieses Beispiel von der Aufgabe, Freiheit in Abhängigkeit zu erleben, noch ein wenig weiterzuführen, könnte zum Beispiel eine zweite Inkarnation der Erfahrung gewidmet sein, sich mit einer wesentlichen Körperbehinderung auseinanderzusetzen und trotzdem alle innere Freiheit in Anspruch zu nehmen, die nur irgend möglich ist. In einem dritten Leben könnte dann ein langjähriger Gefängnisaufenthalt eine zentrale Rolle spielen. Stets geht es dabei um eine äußere Abhängigkeit und um das Erlangen einer inneren Freiheit unter scheinbar widrigen Bedingungen. Ein letztes Leben auf dieser Stufe könnte sodann einer spiegelbildlichen Erfahrung gewidmet werden, zum Beispiel, alle äußere Freiheiten zu besitzen, sich aber in einer psychischen Abhängigkeit zu befinden, die zwar die Thematik des ersten Lebens wieder aufnimmt, sie aber anders und gereifter gestaltet.

Jeder Mensch, der sich bewußt mit der Entfaltungsaufgabe seiner seelischen Entwicklungsstufe befassen möchte, ist aufgerufen, die großen und spektakulären Ereignisse und die dramatischen Herausforderungen seines Lebens ebenso zu untersuchen wie die kleinen, unauffälligen und wie selbstverständlich erscheinenden Bedingungen, unter denen er seinen Alltag verbringt.

Von der Kostbarkeit des Leibes

Frage: **Wozu braucht die Seele überhaupt einen Körper? Geht es ihr in der Astralwelt nicht viel besser? Wie bedingen sich Leib und Seele gegenseitig?**

Quelle: Wenn eine Seele fühlt, daß sie bereit ist, sich zu inkarnieren, beginnt sie verantwortlich und unterstützt von freundlichen Energien einen Plan zu entwerfen. Dieser Inkarnationsplan ist zwar nicht bis in alle Einzelheiten ausgearbeitet und festgelegt, jedoch muß er dieser individuellen Seele einen verläßlichen Rahmen bieten, innerhalb dessen gewährleistet ist, daß die Inkarnation mit größtmöglicher Sinnhaftigkeit gefüllt wird. Er dient dazu, daß die Seele, die den Körper bewohnen wird, ihre Ziele erreichen kann, genau die Ziele, die sie sich für die nächste Einkörperung gesetzt hat. Und diese Ziele sind recht präzise zu beschreiben. Sie sind nicht austauschbar oder in irgendeiner Weise beliebig. Sie sind abhängig von dem Anliegen der gesamten Seelenfamilie, der diese Seele angehört, von dem Entwicklungsziel, das das nun folgende Leben bestimmen soll, sowie von der Entfaltungsaufgabe, die bewältigt werden muß. Sie wird außerdem bestimmt von der Interaktion mit anderen Seelen, die vernetzt miteinander ihre selbstgewählten Aufgaben, ihre Lernschritte, ihre Vorstellungen von Liebe und Angst erproben wollen – kurzum: den Seelenplan in die gelebte Wirklichkeit überführen wollen.

Da wir nun zu euch immer und immer wieder von der Seele sprechen, mag es euch so erscheinen, als sei die Seele wichtiger als der Körper. Aber solange ihr euch in dem Zyklus immer wiederkehrender Einkörperungen befindet, ist der Körper mit den Bedingungen, denen er unterliegt, von so eminenter Bedeutung, daß er in seiner Wichtigkeit gar nicht hoch genug geschätzt werden kann. Er wird im übrigen stets seine eigenen Möglichkeiten entfalten, euch immer wieder daran zu erinnern, daß die Seele im Weltlichen nichts ist ohne den Körper. Er stellt ihre Manifestation dar und entfaltet damit ihre Wirksamkeit. Auch die Nicht-inkarnierten, diejenigen, die sich in den Zwischenwelten der astralen Heimat aufhalten, erleiden einen Mangel an Energie, wenn die irdische Körperlichkeit nicht geachtet, nicht gepflegt, nicht bejaht wird. Viele haben versucht, euch darauf hinzuweisen, daß der Körper ein Heiligtum ist. Aber viele haben aus mangelnder Einsicht auch behauptet, der Körper sei ein böses Hindernis auf dem Weg zu Gott. Er müsse gepeinigt werden, kasteit werden, bestraft werden, weil er die Seele gefangen hält.

Der Körper ist kein Gefängnis, der Körper ist ein kostbarer Schrein. Und mit diesem kostbaren Kunstwerk solltet ihr behutsam umgehen. Es will bewundert und verehrt werden, denn auch die Seele wird durch Verletzungen und Mißhandlungen des Leibes geschädigt, wenn sie ohne übergeordnete Notwendigkeit und außerhalb des Plans vorgenommen werden. Wir sprechen also nicht von jenen Schädigungen des Körpers, die aufgrund von notwendigen Lernprozessen eintreten, sondern von der mutwilligen Mißachtung jenes Wunderwerks. Wir sprechen von Mißverständnissen und schlechter Behandlung aus Unkenntnis der Zusammenhänge, aber auch von kulturell bedingten Verformungen, die den natürlich gewachsenen Körper entstellen, um ihm eine Form zu geben, die willkürlich und gewaltsam ist. Das kann zum Beispiel eine künstliche Verlängerung des Halses durch metallene Ringe, eine Beschneidung, aber auch die Entstellung der Füße durch falsches Schuhwerk sein. Jede eurer irdischen Kulturen hat ihre eigenen Methoden hervorgebracht, um den natürlichen Energiefluß, der den menschlichen Körper zu einem klingenden, schwingenden Instrument der kosmischen Musik macht, zu behindern. Und gewiß hat jede einzelne Epoche und jede einzelne Kultur dafür ihre Gründe gehabt. Denn ihr werdet verstehen, daß bestimmte geistige und kulturelle Entwicklungen, die ihren eigenen Wert haben, nicht ermöglicht werden können ohne eine bewußte und mutwillige oder auch unbewußte, unwillkürliche Umleitung oder Schwächung dieser Körperenergie.

Sprechen wir jedoch nun von der Phase, die der Wahl des Körpers durch die Seele vorangeht. Abhängig von der essentiellen Seelenrolle (der seelischen Kernenergie: Heiler, Künstler, Krieger, Gelehrter, Weiser, Priester oder König) und von dem zu lebenden Seelenmuster (der Matrix) sucht sich die Seele einen Körper, der ihr ermöglicht, das Angestrebte zu verwirklichen. So wird eine Krieger-Seele, die eine weibliche Inkarnation anstrebt und zum Beispiel das Entwicklungsziel »Herrschen« gewählt hat, einen kräftigeren, deutlich auffälligeren und imposanteren Körper benötigen als dieselbe Seele in einer anderen Inkarnation, in der sie sich als männlicher Mensch mit dem Ziel »Akzeptieren« verkörpert. Dafür wird ein Körper benötigt, der den Mitmenschen wenig angst macht, sie nicht physisch bedrängt, ein ansprechendes, gefälliges Äußeres verleiht und eine Aura, die das essentielle Kriegertum ein wenig zurücknimmt.

Des weiteren ist die Wahl des Körpers (und damit der Eltern und der genetischen Ausstattung, die sie bieten können) bedingt durch das bereits erreichte Seelenalter. Eine Junge Seele braucht einen vitalen, gesunden, energetisch hochgeladenen Körper, der ihr ermöglicht, sich den Gefahren und Herausforderungen des Lebens mutig zu stellen, sich den Unbilden der Natur auszusetzen, kämpferische Kräfte gerade auch im Bereich der Physis zu entwickeln, nicht nur im Bereich der Psyche. Eine Junge Seele muß sich prügeln und verteidigen können, und zwar in einem weiblichen Körper ebenso wie in einem männlichen. Sie muß angreifen und durchhalten können, sonst wird sie die Ziele ihres Erkenntniswillens nicht erreichen können. Eine Reife oder Alte Seele hingegen braucht, um ihre Belange zu fördern, einen Körper, der zarter, weicher und damit auch empfindlich oder kränklich ist. Denn wie soll ein Mensch mit einer älteren Seele die Erfahrungen von Vergänglichkeit, Zerbrechlichkeit und Durchlässigkeit machen, wenn sein Körper vor Kraft und Gesundheit strotzt und er nicht genötigt ist, auch nur einen Gedanken an seine fragile sterbliche Hülle zu verschwenden, bevor sein Tag gekommen ist?

Jedoch sind die Lernziele der Reifen und Alten Seele nicht nur an eine Sensibilität ihres Körpers geknüpft. Auch ihre Fähigkeit, mit nichtinkarnierten oder räumlich weit entfernten Seelengeschwistern Kontakte zu pflegen, sich entgrenzen zu können, sich in Liebe, Angst oder Stille aufzulösen, ist von Existenz zu Existenz im Zunehmen begriffen. All dies kann nur geschehen, wenn der animalische Leib und seine Psyche ein zunehmendes Bewußtsein von ihren Grenzen entwickeln. Denn Begrenzungen können nur überschritten oder transzendiert werden, wenn sie zuvor wahrgenommen wurden. Wenn jemand also beobachtet, daß er sich alles mögliche nicht zumuten darf, daß ihm zum Beispiel Zugluft immer über die Maßen schadet und er sich dafür schämt, daß er so albern sensibel ist – was bedeutet das? Er wird mit einer solchen körperlich-seelischen Konstitution bereits durch einen heftigen Schnupfen und bei geringfügigem Fieber einen Dämmerzustand der Entgrenzung erreichen, in dem ihm seine Seelengeschwister auf deutliche und wunderbare Weise Nachrichten übermitteln können. Um in dieser Weise erreichbar zu werden, würde eine Kind-Seele oder eine Junge Seele eine schwere Krankheit oder ein Koma benötigen.

Wenn wir nun zu euch auf diese Weise sprechen, dann möchten wir euch damit klarmachen, daß ihr – so wie ihr beeinflußt seid durch die Jungseelen-Mentalität eures Planeten und einen Zeitgeist, der Gesundheit überaus hoch besetzt oder Jugend als den einzig erstrebenswerten Zustand bezeichnet – als gereifte, existenzerfahrene Seelen keineswegs auf dem richtigen Weg seid, wenn ihr euch immer bemüht, eine eiserne Kondition zu behalten, wenn ihr euch schämt, einmal krank zu sein, oder glaubt, mit eurem Körper grundsätzlich etwas falsch zu machen, wenn ihr entdeckt, daß er überempfindlich ist, zu diffusen Krankheitszuständen neigt oder euch immer wieder an eure physischen Grenzen erinnert.

Nein, gerade in dieser späten Phase eurer physischen Manifestation werdet ihr erst lernen, das Wunderwerk eures Körpers auch wirklich zu bewundern. Ihr werdet in seine Feinmaschine-

53

rie, in seine erstaunliche Konstruktion, in seine Elektronik und Energetik und die ganzheitlichen Funktionen einen Einblick gewinnen, der euch in früheren Inkarnationen versagt blieb. Und wenn ihr euch darüber hinaus einmal klarmacht, daß Kind-Seelen oder gar Säugling-Seelen ihren Körper nicht lieben können, weil sie ihn als solchen gar nicht wahrnehmen, sondern oft nur benutzen, wie man einen alten Lappen benutzt, um eine Pfütze aufzuwischen, werdet ihr mehr Einsicht über euer Zusammenleben gewinnen. Erkennt also, daß eine Kind-Seele sich ihres Körpers bedient, ohne sich ihres Körpers bewußt zu sein. Dann werdet ihr schnell begreifen, daß Seelen, die noch nicht lange auf dem Planeten Erde inkarniert sind und ihre Physis erst wenig kennen, auch die Leiblichkeit ihrer Mitmenschen nicht lieben können und sie deshalb bedenkenlos zerstören, so als seien die Körper anderer Menschen ebenfalls alte Lappen, mit denen man eine Pfütze aufwischt.

Erst das Bewußtsein von der Fragilität, Vergänglichkeit und Kostbarkeit eines Leibes ermöglicht euch, euch selbst zu lieben. Die Leiblichkeit ist das erste, was ihr zu lieben lernt: Eure Körperkraft, eure Gesundheit, eure Zartheit, eure Schönheit, die Lebendigkeit, die diesen Körper erfüllt. Und anschließend könnt ihr, wie im selben Atemzug, nachdem ihr also eure eigene Körperlichkeit eingeatmet habt, mit dem Ausatmen auch die Körperlichkeit eurer Mitmenschen zu lieben beginnen. Ihr werdet euch selbst zunächst mit ihnen, den anderen, vergleichen. Ihr werdet euch fragen: »Warum bin ich nicht so wie sie?« Ihr werdet beginnen zu leiden unter eurer Zartheit und Verletzlichkeit, aber gerade das ist es, was euch ermöglicht, euren Körper nicht zu hassen, sondern auf seine Signale zu achten und seinen Impulsen nachzugeben, denn ihr werdet nach und nach mit dem Heranreifen eurer Seele entdecken, daß diese Signale Antworten des Körpers auf innere Dimensionen sind. Wie sollte eine jüngere Seele ihren Zielen und Aufgaben gerecht werden, wenn sie ihren jeweiligen Körper und den ihrer Mitmenschen als etwas Heiliges, Unantastbares betrachten würde? Sie könnte ja niemals die

Unbekümmertheit des zweiten Seelenalters, der Kind-Seele, entwickeln oder die vitale kriegerisch-aggressive Energie ausleben, die dem dritten Seelenalter, der Jungen Seele, gemäß ist.

Alle, die unseren Lehren zu folgen vermögen, sind selbst durch diese Erkenntnisstadien hindurchgewandert. Nur deshalb wißt ihr inzwischen, was weh tut, was ihr vermeiden müßt, worauf ihr achten könnt. Vielen Jüngeren hingegen scheint alles verächtlich, was schwach ist und sich nicht wehren kann. Eure gereifte, gealterte Seele braucht mit jeder erneuten Verkörperung ein noch feineres Instrument, einen immer sensibleren physischen Ausdruck.

Mit zunehmendem Seelenalter hat jeder von euch auch mehr und mehr Seelengeschwister, die ihren Inkarnationsweg bereits abgeschlossen haben. Sie müssen aber trotzdem ihre Energie auch in euch, den gereiften und noch im Inkarnationszyklus befindlichen Seelen, verwirklichen. Denn das, was euren Körper belebt, ist keineswegs nur die individuelle Seele; er wird auch von den Kräften und Bedürfnissen der seelischen Gemeinschaft getragen. Deshalb ist euer energetischer Radius – eure Aura, euer Energiekörper – im Vergleich zu Seelen, die noch nicht so oft auf dem Planeten geweilt haben, von größerer Leuchtkraft, wenn auch von geringerer Dichte. Ihr könnt euch eine Reife oder Alte Seele vorstellen wie einen Mond, der einen mehr oder minder großen Hof um sich bildet. Wir vergleichen euch mit einem Mond, weil ihr die Seelenkraft einer großen Anzahl anderer Seelen reflektiert, die wie eine Sonne Strahlen aus der astralen Welt auf diesen Mond projizieren. Und die Atmosphäre um den Mond herum, die den großen Hof bildet, entsteht durch all die vernetzten Seelenpartikel, die der einzelnen Seele ihre besondere, unverwechselbare und unersetzliche Qualität verleihen.

Wenn zuweilen gesagt wurde, daß der Mensch im wesentlichen ein Tier sei, halten wir dies nicht für richtig. Aber wenn ihr euch damit anfreunden könnt, daß ihr einen durchaus animalischen Teil in eure Seelenhaftigkeit integrieren müßt, um zu leben und zu erleben, und daß euch die vier Gesetze der Lebendigkeit nicht zugänglich wären, wenn ihr diesen animalischen Aspekt eures Seins nicht in Anspruch nehmen könntet, dann würdet ihr das entscheidende Faktum eurer Manifestation leugnen. Denn Seelen seid ihr immer, auch in der astralen Welt. Seelen wart ihr schon vor eurer ersten Verkörperung, und ihr werdet es nach eurer letzten Inkarnation bleiben. Eure Körper unterliegen aber nicht nur seelischen Gesetzmäßigkeiten, sondern auch, und das darf nicht unterschlagen werden, einer biologischen Gesetzmäßigkeit. Ihr seid beseelte animalische Wesen. Diese animalische Wesenhaftigkeit, die euch zu einem guten Teil prägt, ist Ausdruck anderer Notwendigkeiten als derjenigen der Seele, über die wir gesprochen haben. Zum Beispiel kennt die Seele keine Angst. Als biologische Wesen aber müßt ihr ängstlich, als biologische Wesen müßt ihr selbstsüchtig sein, dürft ihr für euer Überleben mit allen Mitteln kämpfen. Diese Dimension eures Seins ist absolut wirklich! Erst im Wechselspiel und im Zusammenwirken mit den seelischen Belangen macht sie den ganzen Menschen in seiner dualen Existenzform aus.

Wozu dann also die ganze Bemühung eurer Seele um Liebe, wozu der Aufwand, die Planung, die Schmerzen und die Auswertung, wenn ihr nicht auch das bejaht, was zu einer Inkarnation nötig ist? Nötig ist es nun einmal, einen animalischen Körper, eine Ansammlung von lebenden Zellen mit Lebenskraft und Sinn und Seele zu erfüllen, um euch diese Zellen dienstbar zu machen. Lebendigkeit bedeutet für eine Menschenseele, dieses biologische Wunderwerk zu erhöhen und zu schmücken durch eine seelische Dimension, die das Zellgefüge mit Sinn beschenkt – einem Sinn, der anders unter keinen Umständen gegeben wäre.

Die vier Gesetze der Lebendigkeit

Frage: Ihr habt ganz nebenbei davon gesprochen, daß es vier Gesetze der Lebendigkeit gibt. Davon haben wir noch nie gehört! Bitte sprecht darüber.

Quelle: Wer Mensch ist, ist lebendig. Wer lebendig ist, besitzt einen Seelenplan, eine seelische Matrix. Wer einen Seelenplan entworfen und eine Matrix gewählt hat, unterliegt der Gesetzmäßigkeit aller Lebendigkeit. Deshalb ist der Vorgang der Inkarnation untrennbar verbunden mit den vier Bereichen der Lebendigkeit oder – wie wir es anders ausdrücken könnten – den vier Grundgesetzen allen Lebens. Wir meinen die vier Gesetze, die für eine Seele gelten, die sich in einem menschlichen Körper heimisch macht. Wir sprechen hier nicht über die Lebendigkeit von Tieren und Pflanzen, von einer molekularen Lebendigkeit, sondern ausschließlich über die Lebendigkeit einer inkarnierten Menschenseele.

Diese Gesetze sind zu beschreiben als das Gesetz der *Wirkung*, das Gesetz des *Seins*, das Gesetz des *Handelns* und das Gesetz der *Erfahrung*. Es gibt keine Hierarchie innerhalb dieser Gesetze, denn ganz gleich, welches von ihnen ihr als Ausgangspunkt irgendwelcher Überlegungen oder Spekulation nehmt, die anderen drei sind mit ihm so eng verknüpft, daß es zu keiner Trennung kommen kann.

Gewiß könnte man damit beginnen zu sagen: Das Sein ist der Ursprung, und die anderen Bereiche ergeben sich aus dem Sein. Aber was ist, das bewirkt auch. Was bewirkt, muß handeln. Was ist, erlebt immer. Und so könntet ihr umgekehrt auch sagen: Erfahrung ist alles. Sein ist eine Erfahrung. Wirken ist eine Erfahrung, und Handeln ist auch untrennbar mit aller Erfahrung verbunden. Keine Seele kann sich inkarnieren, ohne zu handeln. Sie kann nicht sein, ohne zu handeln. Also wäre es ebensogut möglich, das Handeln an den Anfang der körperlichen Existenz zu setzen. Aber wer handelt, bewirkt auch stets. Deshalb könnte es ein ebenso guter Denkansatz sein, Wirkung an den Beginn aller Lebendigkeit zu stellen.

1. Das Gesetz der Wirkung

Schon wenn sich Ei und Same miteinander verbinden, ist die erste Form von Wirkung vollzogen: die Wirkung auf den Organismus und die Psyche der Mutter, aber auch die Wirkung auf die neue Zellstruktur. Und eine energetische Wirkung auf die Welt ist in jedem Fall vorhanden, selbst wenn dieser Embryo nie geboren wird oder auch nur das Stadium erreicht, in dem eine Seele sich fest mit ihrem entstehenden Kleid verbindet. Denn die Seele bewegt sich energetisch um die den Körper erzeugenden Ei- und Samenzellen und hat sie von Anfang an im Visier. Die Beseelung ist ja – wie ihr seit langem erkannt habt – kein Zufall, sondern das Ereignis einer nach euren zeitlichen Maßstäben langen und sinnerfüllten Planung.

Wer ist, erlebt. Wer handelt, erlebt. Wer bewirkt, erlebt. Erfahrung ist objektiv, Erleben subjektiv. Wir möchten nun aber zunächst eure Erkenntnisfähigkeit auf die strukturellen Beziehungen zu den energetischen Zahlenallegorien lenken, indem wir euch darauf hinweisen, daß die 5 und die 2 – also die archetypischen Energien des Weisen und des Künstlers, die der Expressionsebene angehören – die am stärksten bewirkenden Energien sind. Sie bewirken nicht, indem sie handeln, sondern indem sie Verbindungen herstellen. Sowohl der Künstler als Archetyp als auch der Weise als Archetyp definieren sich durch das andere oder den anderen. Bewirken heißt, eine Wirkung zu erzielen, und dies kann immer nur über das andere und den anderen geschehen. Gestaltung und Mitteilung sind die Werkzeuge, um eine Veränderung, eine Beeinflussung oder eben, wie wir es nennen, Wirkung zu erzielen, um eine Wirkung auszuüben.

2. Das Gesetz des Seins

Das zweite Gesetz der Lebendigkeit betrifft das Sein oder die Existenz. Wir möchten an dieser Stelle eine terminologische Trennung zwischen Sein und Existenz vornehmen, denn auch wir existieren, doch »sind« wir nicht wie ihr in dem Sinne, wie wir das Gesetz für euch beschreiben wollen.

Wenn wir also von inkarnierten Menschen und von Lebendigkeit sprechen, werden wir das Wort »existieren« oder »Existenz« vermeiden oder mit einer gewissen Einschränkung verwenden. Wir ziehen dafür den Begriff des »Seins« vor, doch ist er sprachlich nicht ausreichend vermittelbar, wenn wir nicht in eine philosophische Fachsprache verfallen wollen, die uns diesem Thema nicht angemessen erscheint, denn es geht hier auf der Inspirationsebene um die Energien 6 und 1 (Priester und Heiler), und diese Energien lieben mentale, philosophische Spekulationen nicht. Sie empfinden und erfühlen, sie spüren und lauschen nach innen. Um das reine Sein mit einem Vergleich zu erläutern, beschreiben wir es daher als die Fähigkeit, den Puls des Lebens zu ertasten, seinen Herzschlag zu vernehmen und nicht simultan handeln, erleben oder wirken zu wollen.

Wir wissen nun, daß die Empfindungsfähigkeit für das Sein getrübt wird, wenn zugleich das Wollen eine Rolle spielt. Denn selbstverständlich ist das Sein stets mit den anderen Gesetzmäßigkeiten verknüpft und unablässig gekoppelt an das Handeln, das Erfahren und das Wirken. Es zu wollen, verhindert jedoch die Wahrnehmung des Seins. Wer ist, kann nicht anders, als zu atmen. Seine Verdauung funktioniert, sein Herz pumpt, seine Sinne nehmen wahr, seine Nerven arbeiten und sein Gehirn funktioniert. Die Konzentration auf einen bestimmten Vorgang beeinträchtigt jedoch die Empfindung reinen Seins, und jede Absicht verlagert einen Menschen vom Sein auf eine der anderen Ebenen und verlagert den Schwerpunkt seiner Lebendigkeit auf eine andere Gesetzmäßigkeit. Die Energiefrequenzen 6 und 1, die archetypischen Positionen von Priester und Heiler, spinnen die zarten Fäden zwischen dem Existentiellen und dem Seienden, zwischen den übergeordneten Bereichen der universellen Erscheinungsformen und den besonderen der menschlichen Erscheinungsform, die wir wiederum Lebendigkeit nennen.

Wir kommen heute nicht um einige terminologische Feinheiten herum, wenn wir uns verständlich machen wollen, und deshalb unterscheiden wir noch zwischen Leben und Lebendigkeit. Euch mag es zwar oft scheinen, daß ein junger Hund lebendiger ist als ihr, wir jedoch möchten aus Gründen der Klarheit sagen: Ein Hund lebt auf seine Weise, mit seinen kollektiv geprägten Ausdrucksformen. Ihr aber seid lebendig, weil ihr mit eurer spezifischen Form von Energie beseelt seid, die eine Vereinzelung zur Voraussetzung hat, und dieses Phänomen nennen wir »Lebendigkeit«. Seelenmuster in ihrer Dynamik und in ihrer fast unbegrenzten Unterschiedlichkeit machen die vielen vereinzelten Formen von Lebendigkeit aus. Um es euch noch klarer zu machen, rufen wir euch ins Bewußtsein, daß jeder, der hier bei euch heute anwesend ist, über eine andere, ureigene Form von Lebendigkeit verfügt, aber ihr alle lebt. Diese Lebendigkeit unterscheidet euch von jedem anderen lebenden Menschen auf der Erde. Die einzigartige, charakteristische Art von Lebendigkeit, die jede inkarnierte Menschenseele besitzt, drückt sich auf vielerlei Ebenen aus: auf der genetischen Ebene, auf der Ebene der Papillarlinien in den Fingerabdrücken, auf der Ebene der Stimme usw. Viele dieser Bereiche sind von euren Wissenschaftlern noch gar nicht erforscht, und die Feinheiten sind noch nicht ausreichend entdeckt, werden aber mit ansteigendem Seelenalter eine größere Rolle spielen. Denn das unaufhaltsam zunehmende Seelenalter motiviert das menschliche Kollektiv, die Unterschiedlichkeiten mehr zu betonen als die Gemeinsamkeiten. Junge Seelen leben aus der Gemeinsamkeit, Reife und Alte Seelen leben aus der Unterschiedlichkeit. Alle finden in ihren entsprechenden Sehnsüchten die Beruhigung, die es ihnen ermöglicht, so zu leben, wie sie es aufgrund ihres Seelenalters tun müssen.

3. Das Gesetz des Handelns

Das dritte Gesetz der Lebendigkeit betrifft das Handeln. Wer lebendig ist, will handeln und muß handeln. Er kann sich diesem Impuls nicht entziehen. Jede Bewegung des Körpers, jede Überlegung des Denkapparats, jede Entscheidung ist dem Handlungsbereich zuzuordnen. Wer tot ist, handelt nicht mehr. Handeln ist ein aktiver Prozeß, der mit und ohne Absicht, bewußt oder unbewußt vollzogen werden kann. Wer im Schlaf seine Position wechselt, handelt. Wer im Traum einen Menschen erschlägt, handelt. Wer Nahrung zu sich nimmt oder ausscheidet, handelt. Das Tun ebenso wie das Nichttun sind Entscheidungen, das heißt Handlungen, auf der mentalen Ebene. Wer arbeitet oder nicht arbeitet, handelt. Das sind Vollzüge auf der körperlichen Ebene. Wer sich bewegt oder ruht, handelt ebenfalls.

Wir haben an anderer Stelle darüber gesprochen, daß die existentielle Dimension der physischen Welt für eine eingekörperte Seele stets die Notwendigkeit der Entscheidung in der Zeit beinhaltet. Deshalb gibt es unter dem dritten Gesetz der Lebendigkeit keine Mikrosekunde, in der nicht gehandelt würde. Jeder Impuls des vegetativen Nervensystems, jede Enzymbildung oder peristaltische Bewegung ist Handeln und zugleich eine Entscheidung, auch wenn der Mensch, so wie er konstruiert ist, diese Entscheidung nur in Ausnahmefällen willentlich beeinflussen kann. Nicht zu handeln oder nicht zu entscheiden ist also unmöglich. Es bleibt ausgeschlossen, solange eine Seele einen Körper mit Lebendigkeit erfüllt.

Die dualen Grundenergien, die dem Reich des Handelns und Entscheidens zugeordnet sind, betreffen den König und den Krieger, die Frequenzen 7 und 3. Und ihr erinnert euch gewiß daran, daß diese beiden archetypischen Grundenergien mit der Tat und der Verantwortung in besonderem Maße betraut sind. Deshalb ist das dritte Gesetz der Lebendigkeit ebenfalls mit besonderer Verantwortlichkeit verknüpft. Das dritte Gesetz verbindet existentielle Lebendigkeit mit existentieller Verantwortung. Jeder, der lebendig ist, trägt auch Verantwortung. Erst der Tod entbindet eine inkarnierte Seele von ihrer grundsätzlichen Verantwortlichkeit für alles, was sie tut oder nicht tut, für jeden ihrer Handlungsimpulse, sei er bewußt oder unbewußt, beabsichtigt oder unbeabsichtigt.

Durch die vier Gesetze der Lebendigkeit erfahrt ihr eindrücklich und umfassend, daß keine der sieben archetypischen Energien in irgendeiner Weise ausgesperrt werden kann, geringwertig oder gar überflüssig ist. Wir sprechen jetzt nur von den Gesetzen der Lebendigkeit, nicht von den Gesetzmäßigkeiten, die in der astralen Welt die Existenz der Seelen bestimmen. Die Verantwortlichkeit, die mit Lebendigsein verknüpft ist, ist eine andere. Niemand kann von irgendeinem anderen von seiner Verantwortlichkeit entbunden werden. Aber auch umgekehrt gibt es niemanden auf eurem Planeten, der in irgendeiner Weise für andere eine seelische Verantwortlichkeit übernehmen oder einen Teil seiner eigenen Verantwortlichkeit abgeben könnte. Verantwortlichkeit ist eine statische Angelegenheit. Sie besteht schlechthin. Sie kann weder gemindert noch vergrößert werden, mag jedoch mehr oder weniger stark empfunden sein.

Wenn also in manchen geistigen Zirkeln und unter der Last mancher Weltanschauung die Verantwortlichkeit für die Mitmenschen oder den Planeten einen hohen ideologischen Wert erhält, einigen Seelen Verantwortlichkeit abgesprochen wird oder sie von anderen in hohem Maße übernommen zu werden scheint, ist dies ein rührender Trugschluß, den wir nicht verachten oder geißeln wollen, der jedoch an den Gesetzmäßigkeiten der Lebendigkeit und besonders am dritten Gesetz des Handelns vorbeizugehen versucht. Selbstverantwortung und Fremdverantwortung sind nicht voneinander trennbar. Die Trennung erfolgt nur aufgrund mentaler Konzepte. Wenn ein Mensch scheinbar keine Selbstverantwortung oder Fremdverantwortung übernehmen mag, ist dies eine Frage seiner Einstellung, nicht seiner Realität. Es ist seine subjektive Wirklichkeit, nicht seine objektive Realität, die sich darin ausdrückt.

Wenn eine Mutter zum Beispiel ihre Kinder vernachlässigt und keine Verantwortung für die Wesen übernehmen mag, die sie in die Welt gesetzt hat, so handelt es sich aus subjektiver, ideologischer oder sozialer Hinsicht in der Tat um eine Verantwortungslosigkeit – vor allem aus der Perspektive der beteiligten Mitmenschen. Unter existentieller Betrachtungsweise ist ihr scheinbares Handeln oder Nichthandeln jedoch anders zu verstehen. Eine solche Mutter gehorcht einem ihr selbst unbegreiflichen und auch von anderen nur mangelhaft und mühsam erklärbaren Handlungsimpuls, der ihr von einem übergeordneten größeren und bedeutenderen Zusammenhang diktiert wird. Aus diesem Grund nützen Ermahnungen und Bestrafungen nur wenig, denn sie überdecken die unbewußte Sinnhaftigkeit, die einem solchen Impuls Gehorchenden innewohnt, die jedoch aus dem Blickwinkel inkarnierter Seelen nur selten erkennbar und verständlich ist. Den menschlich-sozialen Gesetzgebungen entsprechend, ist solches Handeln eine schlimme Sache; den Gesetzmäßigkeiten der Lebendigkeit folgend, ist es neutral zu werten.

4. Das Gesetz der Erfahrung

Das vierte Gesetz der Lebendigkeit beschreibt den Bereich der Erfahrung und des Erlebens. Jedes Wirken erzeugt Erfahrung. Jedes Handeln führt zu Erleben. Sein ist Erfahrung an sich. Erfahrung beschreibt die Fähigkeit jeder lebendigen Seele (das bedeutet: jedes beseelten Körpers, und dabei schließen wir Hirngeschädigte und sogar Hirntote nicht aus), einen Lern- und Speicherungsprozeß zu erfahren, in dem ein zeitlich-räumliches und damit lineares, subjektives Erleben wieder zurückgeführt werden kann in ein statisches, ewig gültiges Sammelbecken von Erfahrung, in das alles hineinfließt, was jemals dem Gesetz körperlicher Lebendigkeit unterworfen war. Jeder Mensch – und wir grenzen den Begriff »Mensch« in diesem Kontext ein auf den Körper, der noch von einer Seele erfüllt ist, und schließen jeden

Körper aus, der zwar noch über der Erde ist, jedoch schon von seiner Seele verlassen wurde; das kann zum Beispiel eine im Eis eingefrorene Leiche sein oder die in einem Bleikeller oder durch Einbalsamierung konservierte Mumie, deren Verbindung zu ihrer sie vorübergehend erfüllenden Seele jedoch schon unterbrochen ist – jeder Mensch also lernt ununterbrochen und macht Erfahrungen.

Es ist nicht nötig, aber doch auch keineswegs überflüssig oder unangenehm, diese Erfahrungen mit dem kognitiven Verstand oder dem einordnenden Gefühl zu erleben, zu erfassen und zu verarbeiten. Es ist allerdings nicht unabdingbar, die Erfahrungen und das Erleben in das Bewußtsein, das ihr Tagesbewußtsein nennt, zu integrieren, denn Lernen ist unabhängig davon, daß ihr eure Lernschritte begreift. Wir sagten, ein Hirntoter lernt immer noch, doch sein körperliches Bewußtsein ist nicht mehr funktionstüchtig. Seine individuelle seelische Bewußtheit hingegen bleibt aktiv, bis die letzte Verbindung zwischen Seele und Körper durchtrennt ist.

Die archetypische Energie, die dieses Gesetz der Erfahrung kennzeichnet, ist die Energie 4, das Bild des Gelehrten, der lernt und erfährt, der lehrt und erlebt und der die gesamte seelische Konstruktion verankert im Tatsächlichen, im Pragmatischen und Irdischen, im Alltäglichen, aber auch in der daraus abgeleiteten Theorie. Wir würden gern Gewißheit und Theorie, die beiden Pole des Gelehrtentums und der Energie 4, in dem Sinne erläutern, daß *erworbene Gewißheit* die Erfahrung unter dem vierten Gesetz der Lebendigkeit wieder rückbindet an alles, was ist, handelt und wirkt, während *Theorie* die Seiten-, Neben- und Unteraspekte von subjektivem Erleben, Begreifen, Bewußtmachen, Einordnen, Postulieren und Spekulieren beschreibt, die auch und sehr wesentlich zu dieser Ebene der Erfahrung gehören. Eure linke Gehirnhälfte ist auch aus spiritueller Sicht keineswegs überflüssig. Sie dient wichtigen Zwecken und erlaubt euch erst, das rechtshirnige Konzept der Sinnhaftigkeit, das über den Gesetzen der Lebendigkeit wacht und schwebt, wenigstens ansatzweise zu erfassen.

Die Gelehrtenenergie vornehmlich und vorzüglich ist es, die die Leistung der Sinnzuschreibung und die theoretische Vorstellung eines oft unbegreiflichen Sinnzusammenhangs vollbringt. Es ist evident, daß die Seele keinen Körper befahren und ihn damit zum Menschen machen kann, ohne diesen Körper auch an der Gelehrtenenergie der Erfahrung zu beteiligen. Jede Erfahrung ist als solche sinnhaft. Sie ist weder nützlich noch unnütz, weder gut noch böse, weder hilfreich noch zerstörerisch. Das vierte Gesetz der Erfahrung ist ein Gesetz der Neutralität. Es nimmt die Dualität in seine Mitte hinein, verschmilzt alle Pole und scheinbaren Widersprüche – dies jedoch wieder nur aus einer übergeordneten Perspektive betrachtet, wie an dem Beispiel des Handelns der Mutter deutlich gemacht, denn selbstverständlich ist es für einen inkarnierten Menschen in seiner fragmentarischen Erscheinungsform und für sein subjektives Erleben wichtig und notwendig und bedeutsam, seine Erlebnisse zu sortieren, sie zu unterscheiden und sie in ihren pragmatischen Erfahrungsrahmen einzuordnen. Aber Erfahrung an sich ist wertneutral, nicht dem Urteil des Erfahrenden unterworfen oder anderer Beteiligter, die das Erleben eines Menschen nur aus eigener, subjektiver Perspektive begutachten können.

Wer sein Seelenmuster, seine Matrix mit den ausgewählten archetypischen Energien erfährt und dadurch eine seelische Schwerpunktbildung in seiner aktuellen Inkarnation erkennt, fühlt sich zuweilen ein wenig eingeengt in seinem Selbstbild und reagiert besorgt auf eine scheinbare Begrenztheit seiner Persönlichkeit, weil er meint, nicht über alle Energien verfügen zu können. Die Angst vor einer energetischen Beschränktheit ist jedoch völlig unbegründet. Wir werden euch erklären warum: Jeder, der inkarniert ist, besitzt ein Seelenmuster, und jeder, der ein Seelenmuster besitzt, ist lebendig. Wer lebendig ist, unterliegt den vier Gesetzen der Lebendigkeit und ist somit wieder – unabhängig von seinem jeweils neu zusammengestellten Seelenmuster – angeschlossen an alle sieben Grundenergien, die ihn lenken, erfüllen und begleiten ohne irgendein Zutun, ohne daß er es bewußt erleben muß, ohne daß sie ihre Wirkung verlieren durch die individuelle Matrix eines Menschen und ohne daß sein Erleben in irgendeiner Form beeinträchtigt wird. Jeder ist sowohl ein Teil als auch das Ganze. Energetische Vervollständigung ist allerdings nicht auf der Ebene der Matrix gegeben, denn Vervollständigung braucht im inkarnierten Bereich das duale Pendant von Spezialisierung. Wohl aber ist Vollkommenheit im energetischen Sinne dadurch gewährleistet, daß erstens innerhalb einer Seelenfamilie durch die sieben verschiedenen »Wege« (Weg der Berührung, des Wissens, der Kraft, der Form, der Bemühung, der Stille und der Suche) alle sieben Grundenergien allen Seelen gleichermaßen zur Verfügung stehen und zweitens im Moment des Eintritts in Raum und Zeit mit dem Prozeß der Beseelung die vier Gesetze der Lebendigkeit automatisch in Kraft treten.

Die Vergänglichkeit des Irdischen: Krankheit, Alter, Tod

Von Vergänglichkeit mögen wir heutzutage nicht gern hören. Jeder bemüht sich, gesund zu bleiben und jung auszusehen. Alte und Sterbende werden abgeschoben, schwere Krankheiten hinter vorgehaltener Hand betuschelt, Krebs und Aids als Geißel der Menschheit betrachtet. In den USA gibt es Menschen, die die körperliche Unsterblichkeit allen Ernstes propagieren und dafür allerlei Vitamine einnehmen, neue Überzeugungen affirmieren, hungern und joggen, und wenn es dann doch schiefgegangen ist, ihre Leiche einfrieren lassen in der Hoffnung auf bessere Zeiten. Es ist so schwer zu akzeptieren, daß wir sterblich sind! Das Leben ist schön und kostbar – welchen Sinn kann dann der Tod haben? Am liebsten wären wir bis zum letzten Stündlein topfit, um dann leidlos tot umzufallen, wenn es gar nicht anders geht. Das Leben eines erkrankten, todgeweihten Individuums um Minuten oder Stunden verlängert zu haben, erfüllt nicht wenige Ärzte mit

Stolz. Sie wähnen sich im besten Sinne als Herrscher über Leben und Tod. Wer sich selbst das Leben nimmt, erntet hingegen nur selten Verständnis.

Wir hören im folgenden Abschnitt, welchen Sinn das Phänomen des Alterns hat, was Krankheiten im Lebensplan des einzelnen bewirken können, was notwendig ist für das persönliche Wachstum und was überflüssig ist, aber trotzdem nicht sinnlos. Die Seele mit ihrem Lebensplan und ihrer Matrix bestimmt auf geheimnisvolle Weise, wie lange dieses Leben zu dauern hat, wann es Zeit zum Sterben ist und wie die Todesart sein soll. Die »Quelle« sagt uns auch, was ein Sterbender wirklich braucht und wie ein Mensch nach dem Tod sein vergangenes Leben neu betrachten kann.

Frage: Sind solche unangenehmen Erscheinungen wie Alter und Krankheit notwendig oder eigentlich überflüssig, wie manche behaupten?

Quelle: Wir stellen fest: Es ist für euch nicht leicht, euch vorzustellen, daß Krankheiten, körperliches Leiden und Siechtum zum Menschsein gehören müssen. Und wir erwarten von euch auch nicht, daß euch diese Einsicht leichtfällt. Wir möchten euch nur helfen, die Bedeutung und den Sinn solch irdischer Phänomene besser zu verstehen. Vielleicht könnt ihr sie dann auch besser akzeptieren. Wir wissen jedoch sehr wohl, daß das Aufbegehren gegen die Schrecken körperlicher Existenzformen ebenso zum Menschsein gehört wie das Streben nach Glück.

Wenn ein Körper aus guten seelischen Gründen erkrankt oder ein Glied verliert oder durch eine Operation eines Organs verlustig geht, ist dies in der Regel eine Hilfe für den betreffenden Menschen, sich seiner Seele und seiner inneren Wahrheit ein wenig bewußter zu werden. Wir möchten euch im übrigen darauf hinweisen, daß fehlende Organe oder amputierte Gliedmaßen in der Aura und im Energiekörper weiterhin erhalten bleiben, daß also nichts Wesentliches fehlt und daß die Seele sich auch weiterhin dieser fehlenden Körperteile zur Erweiterung ihrer Erfahrung bedient. Denn ihr selbst fehlt ja nichts außer ihrer physischen Teilmanifestation. Auch wenn dies für den betreffenden Menschen schmerzhaft, quälend und behindernd ist, so läßt sich doch die Seele von einer solchen Beeinträchtigung nicht wirklich angst machen. Sie weiß, was sie tut. Sie weiß, was sie braucht. Sie weiß, was sie will. Obwohl es euch erschreckt (und das können wir durchaus verstehen), möchten wir euch sagen: Es ist nicht schlimm, wenn es euch nicht immer gutgeht. Wenn gesagt wird: »Akzeptiere, was dir widerfährt, und du wirst es leichter ertragen können«, ist dies nicht nur leeres Gerede. Hadere hingegen mit deinem Schicksal, und es wird dir schwer auf den Schultern lasten.

Wir wollen jedoch nicht nur von Krankheit, Beeinträchtigung und Behinderung reden, sondern auch von Gesundheit, denn wir haben euch aufgefordert, euren Körper zu pflegen, zu achten und zu lieben. Ein Körper lebt in den meisten Fällen so lange, bis er seine Aufgaben erfüllt und seine Ziele erreicht hat. Das kann in recht jungem Alter der Fall sein, und es kann hundert Jahre dauern. Menschen werden alt, wenn sie Zeit brauchen, um ihre seelische Wirkung zu entfalten, und dabei ist es natürlich viel angenehmer, in einem gepflegten und weitgehend gesunden Körper alt zu werden, als in einem vernachlässigten und hinfälligen! Wenn nun eine Seele im Laufe vieler Inkarnationen ihren Körper zu lieben gelernt hat, wird sie ihn auch länger bewohnen wollen. Es ist also nicht falsch anzunehmen, daß Liebe, Respekt, Achtung und Pflege für den Körper eine lebensverlängernde Wirkung haben, jedoch nur in dem Maße, wie die Seele diesen Körper benötigt, und für die Belange, die sie geplant hat. Keine Maßnahme der Hygiene, der Medizin, der Technik oder der Meditation kann ein Leben verlängern, das in seiner aktuellen Sinnhaftigkeit abgeschlossen ist.

Es wurde festgestellt, daß das durchschnittliche Lebensalter in der Zeit und in dem Raum, den ihr bewohnt, im Ansteigen begriffen ist, daß also viel mehr Menschen als noch hundert Jahre zuvor ein hohes Lebensalter erreichen. Auch das hat seinen Grund, denn es ist sehr häufig gerade dann der Fall, wenn in bestimmten Ländern oder Gegenden eurer Erde sich Reife und Alte Seelen in großer Zahl inkarnieren. Ältere Seelen leben oft (nicht immer) länger, weil sie häufig unter der Zerbrechlichkeit ihres Körpers leiden und deshalb auch vorsichtiger mit ihm umgehen. Sie setzen ihr kostbares Leben nicht freiwillig aufs Spiel! Außerdem sind sie durch viele Inkarnationen gewitzt und haben die Erfahrung gemacht, wie man sich schützen kann; andererseits brauchen diese Seelen oftmals länger, um ihre Ziele zu erreichen und ihre Vorhaben auszuführen, und benötigen dafür ein längeres Leben. Dies gilt vornehmlich für die Reifen und die frühen Alten Seelen. Die späten Alten Seelen wählen hingegen oft Existenzen, die recht kurz oder sogar von schweren körperlichen Beeinträchtigungen geprägt sind.

Stellt euch nun einen Menschen vor, der alles Erdenkliche für sich getan hat, mit einem gesunden Körper auf die Welt gekommen ist, gut essen und sich gut pflegen konnte, täglich alle möglichen gymnastischen Übungen machte, alle Vitamine und Cremes dieser Welt an sich ausprobiert hat – einen Menschen also, dem es wirklich gutgeht und der vor Lebensfreude und Lebensmut überströmt, dessen Seele aber gerade in diesem wunderbaren Zustand auch ihre Befriedigung erreicht hat und mehr nicht will. Ein solcher Mensch wird vielleicht, ohne daß dieses aus unserer Sicht verkehrt, traurig oder gar zu verurteilen wäre, im für seine Seele geeigneten Augenblick mit dem Flugzeug abstürzen, von einer Lawine begraben werden oder ertrinken – einfach deshalb, weil alles, was seine Seele sich vorgenommen hatte, erreicht wurde und kein einziger seelischer Grund mehr besteht, um diesen Körper am Leben zu erhalten.

Und denkt euch auch eine achtundneunzigjährige Greisin, die schon zwölf Jahre bettlägerig in einem Pflegeheim vor sich hinvegetiert, eine Frau, die nach euren Maßstäben nichts mehr vom Leben hat, die keine Freuden mehr kennt, keine Kontakte hat, nicht einmal mehr fernsehen kann und in allem und jedem versorgt werden muß. Und trotzdem lebt und lebt und lebt sie noch weiter, den Angehörigen und Pflegern ein Rätsel. Dieses Weiterleben ist keineswegs, wie ihr vielleicht vermuten könntet, nur ein Ausdruck von Starrsinn, einer mangelnden Bereitschaft, das Leben loszulassen, sondern es wird von einer seelischen Sinnhaftigkeit getragen, die einem Außenstehenden selten erkennbar oder zugänglich ist. Denn es mag sein, daß diese alte Frau das Entwicklungsziel »Verzögern« gewählt hat oder auch das Ziel »Stillstehen« und daß sie, um all die Eindrücke, Erlebnisse, Schmerzen und Beziehungen aus ihrem Leben und auch aus früheren körperlichen Existenzen zu verarbeiten, nun so viele Jahre vor sich hin dämmern muß, in einem Zustand, der euch zwar in keiner Weise erstrebenswert erscheint, der aber von ihrer Seele benötigt wird, um alles ohne die sonst üblichen Ablenkungen und Störungen zu verarbeiten und zu verdauen, bevor der alte Körper verlassen werden kann und eine neue Inkarnation ins Auge gefaßt wird.

Die Seele hat einen Körper, und der Mensch ist ein sinnvolles Zusammenspiel von allem, was an seiner Menschwerdung beteiligt ist. Die physische Dimension der Seele beugt sich willig den Bedingungen von Dualität und Pulsation. Erlaubt Körper, Geist, Psyche und Seele zu pulsieren, anstatt einen einzigen, angeblich gesunden Zustand immer aufrechterhalten zu wollen. Viele reden sich ein: »Ich bin gar nicht krank; ich bin gesund. Nicht ich bin krank; die Gesellschaft ist krank!« Dieser Wunsch, immer gesund zu sein, diese Überzeugung, daß eigentlich nichts fehlt, ist ein Hindernis auf dem Weg zu einer wahren und überzeugenden Gesundung. Wir bitten euch, unsere Worte zu überprüfen. Nur wer sich selbst eingesteht, daß ihm wirklich etwas fehlt, wenn er sich nicht wohl fühlt, wird eine Chance haben, wieder gesund zu werden. Erst wer sich das Recht zugestehen kann, krank zu sein, und das Recht, alle Möglichkeiten in Anspruch zu nehmen, wieder gesund zu werden, vielleicht sogar zum allerersten Mal in diesem Leben richtig gesund zu sein, kann die heilsame Pulsation von Stärke und Schwäche fühlen. Betrachtet mit aller Aufrichtigkeit eure persönliche Beurteilung von Krankheit. Die Zusammenhänge von Krankheit und Schande, von Krankheit und Unwertsein, von Krankheit und Versagthaben, spielen eine große Rolle, und deshalb fällt es vielen so schwer, sich wirklich krank zu fühlen, wirklich krank zu sein, Krankheit zu bejahen. Ein vorübergehendes Unwohlsein sollte jeden Menschen ein oder mehrmals im Jahr erfassen.

Krankheit ist keine Schande. Natürlich wissen wir, daß ihr Angst davor habt. Aber Krankheit ist eine Grundbedingung des Menschseins. Wer sich nicht gestattet, krank zu sein, leugnet damit eine seiner fundamentalen Wachstumsmöglichkeiten. Er verzichtet auf die Erfahrung von Heilsein und Nichtheilsein, die jeder Mensch machen kann und machen muß. Krankheit ist kein Fehler. Die irrige Einstellung zum irdischen Phänomen »Krankheit« und zu dem Wert, der im Kranksein liegt, behindert oft eine gesunde seelische Entwicklung.

Frage: **Mein Arzt hat mir mitgeteilt, daß ich Krebs habe. Nun gehe ich in mich und frage mich, was ich falsch gemacht habe. Ich vermeide jetzt alle Situationen, die mich aufregen. Kann ich mit meinem jetzigen Weg der Selbsterkenntnis eine Operation von meinem Gebärmutterhalskrebs vermeiden? Meine Seelenrolle ist »Krieger«.**

Quelle: Du kannst eine Operation vermeiden, wenn du lernst, dich deiner Angst wirklich zu stellen, anstatt sie zu bekämpfen. Damit meinen wir, daß es für dich gewiß nicht sinnvoll sein kann, dich zu schützen und alle Situationen zu vermeiden, die in dir Angst auslösen und dich in Zweifel stürzen, ob du angesichts deiner Erkrankung das Richtige tust oder ob du dich damit, ohne es zu wollen, in eine noch schwierigere Situation hineinmanövrierst. Lasse vor allem die Zweifel zu. Glaube nicht, daß du nur dann mit deinen Maßnahmen der Selbsterforschung das Gewünschte erreichen kannst, wenn du niemals irre wirst an deinem Weg, wenn du niemals den festen Glauben verlierst, daß es für dich das Richtige ist. Beachte alle Zweifel, die hochkommen, und dränge sie nicht fort. Du hast Angst um dein Leben! Und auch wenn deine Psyche Mittel findet, dir diese Angst als unbegründet darzustellen, meinen wir, daß die Verdrängung dir eher Kraft raubt, als daß sie dir Kraft schenkt.

Deine Erkrankung ist noch nicht so weit fortgeschritten, daß eine Operation unumgänglich wird. Du hast jetzt ein breites Betätigungsfeld. Und du willst auch daran wachsen, daß du die besten Kräfte deiner Seelenrolle »Krieger« freigibst für einen Kampf um dein Leben und für deine Gesundheit, der sich wirklich lohnt. Dafür mußt du viele andere kleine Kämpfe, die nicht lohnend sind, aufgeben. Kämpfe nicht gegen die Krankheit! Du mußt lernen, dir ein einziges großes Ziel zu setzen und nicht an allen Fronten deine Abwehr zu schwächen. Wichtig ist es also für dich zu erkennen, an welchen Fronten du noch deine inneren Soldaten stehen lassen sollst und wo es nicht mehr notwendig ist, daß du sie opferst und dadurch deine Hauptstoßkraft schwächst. Erkenne außerdem, daß du selbst bestimmen kannst, wo deine Fronten sind. Es gibt für dich nur sehr wenige äußere Feinde, und vieles von dem, was du jetzt als bedrohlich empfindest und wogegen du glaubst, dich wehren zu müssen, wird sich herausstellen als ein unbedeutender Angriff auf dich, deine Person und dein Menschsein. Überprüfe also genau, wo du deine Kräfte einsetzen willst, und konzentriere sie auf ein Ziel. Konzentriere sie darauf, deine Situation so zu gestalten, daß deine Seele wachsen kann, anstatt daß der Tumor wachsen muß.

Zusätzlich zu den Maßnahmen, die du bereits ins Auge gefaßt oder ergriffen hast, möchten wir dir einen Rat erteilen: Glaube nicht, daß du um so erfolgreicher sein wirst, je mehr du tust. Du bist ein Mensch mit starken Aktivkräften, aber deine Aktivitäten können für dich auch zu einer bösen Falle werden. Tue wenig, und tue das Wenige richtig! Lasse dich nicht von deiner Angst,

nicht gesund werden zu können, verleiten, möglichst vieles und
viel Verschiedenes für deine Gesundheit zu tun. Auch in dieser
Hinsicht darfst du nicht an allen Fronten zugleich kämpfen.
Laufe also nicht von hier nach dort, sondern wähle einige Methoden, von denen du dich überzeugt hast, daß sie dir guttun,
und widme dich ihnen mit Beharrlichkeit. Beobachte dich selbst,
und lasse dich nicht verführen von den vielen Möglichkeiten, die
dir von allen Seiten empfohlen oder geboten werden und die
deine Energie zerstreuen könnten, denn gerade die Konzentration ist für dich von nachhaltiger Bedeutung. Nicht das übermä-
ßige Handeln, sondern das überlegte, ruhige Richten deiner
Energie auf deinen wunden Punkt wird dir am meisten helfen.
Wir raten dir, dich möglichst jeden Tag eine Stunde lang zu
Bett zu legen und deine Vorstellungskraft auf das erkrankte Organ zu richten. Du kannst lernen, deine Energie so zu bündeln,
daß du den Gebärmutterhals mit einer energetischen Wärme erfüllst, sozusagen dir vorstellst, wie sich diese Zone deines Körpers ein bis zwei Grad erwärmt, gleichzeitig entspannt und dadurch die erkrankten Zellen beruhigt, sie davon überzeugt, daß
sie es nicht nötig haben, sich zu verändern und sich auszubreiten.
Für diesen Vorgang ist es wichtig, daß du dich so hinlegst, daß
dein Körper sich sehr geborgen und sehr warm anfühlt. Decke
dich also gut zu, und mache es dir richtig bequem. Bewege dich
möglichst wenig, und lasse dich dann in Phantasien fallen, die
diese Wärme in deiner Gebärmutter produzieren. Du kannst dir
selbst die Vorstellungen kreieren. Und wenn du es wünschst,
kannst du deine Phantasie auch darauf richten, daß du eine Art
orgastisches Gefühl in deinem Unterleib produzierst. Entspanne
dich also, entspanne dein Becken, entspanne deinen Rücken, lege
die Hände auf deinen Unterleib, lasse sie dort ruhen, und produ-
ziere – so gut du es kannst – mental die Lustgefühle, die deinem
unteren Körperbereich wohltun. Wärme, Entspannung, Freude
und Lust werden dir helfen, dich zu konzentrieren und den Heilungsprozeß voranschreiten zu lassen. Wir sagen dir das deshalb,
weil wir spüren, daß die Angst in deinem kranken Organ häufig

dazu führt, daß du es zusammenziehst und verkrampfst und gerade dadurch deine Möglichkeiten beschränkst, das Zellwachstum aufzuhalten.

Um auf gute Weise mit deiner Situation umzugehen, genügt es, wenn du dir klarmachst, daß jeder Mensch das Recht auf Angst hat. Du mußt auch als erfahrener Krieger nicht immer tapfer, mutig und entschlossen sein. Diese Fähigkeiten sind dir ohnehin zu eigen. Du solltest nicht mehr tun, als deine Energie verträgt. Du darfst Angst haben. Angst ist menschlich. Und manchmal ist Angst sogar lebensrettend. Wenn Angst aus dem Instinkt kommt, ist sie nicht immer das Ergebnis einer falschen Betrachtungsweise. Die Lehren der modernen Esoterik werden oft falsch verstanden als eine Anleitung, wie man alle Angst hinter sich lassen und angstfrei durchs Leben gehen kann. Ein rechtes Verständnis der Geheimnisse des Lebens liegt aber darin zu erkennen, daß Angst ebenso zum Leben gehört wie Freiheit. Du hast dich oft und lange genug, auch in vergangenen Existenzen, versucht zu überzeugen, daß Angst für dich ein Merkmal des Versagens und der Schande sei. Das hat dich im Leben ein wenig zu stark gemacht und dich dazu verleitet, immer dann allen Mut zusammenzunehmen und dich nicht unterkriegen zu lassen, wenn du dich von einer natürlichen lebensrettenden Angst ergriffen fühltest. In deinem Fall will Angst dir Signale geben und dich dorthin führen, wo du Hilfe finden kannst. Deshalb beobachte sie, und verdränge sie nicht.

Wir empfehlen dir eine Behandlung, die dich von belastenden Giftstoffen befreit und dir die Ausscheidung erleichtert. Aber wir meinen, daß du keine allzu umfangreichen medikamentösen Experimente starten solltest. Was deine Abwehrkraft verstärkt, ist vor allem eine gute Entgiftung, eventuell kombiniert mit Darmspülungen. Du wirst dich dann leichter und kräftiger fühlen. Dein Blut wird befreit sein von Schlacken, die den Heilungsprozeß behindern. Und ein Arzt oder Heilpraktiker kann dir dabei helfen, wenn du ihm von Anbeginn klarmachen kannst, daß du keine gezielte Krebstherapie wünschst, sondern nur eine

Unterstützung deiner Selbstheilungskräfte. Viele Ärzte und Heilpraktiker setzen ihren Stolz und ihre Machtphantasien daran, Krebskranke zu heilen. Und die Angst vor Enttäuschung und Frustration bewegt sie oft, allzuviel zu unternehmen, anstatt nur das anzustreben, was das jeweilige Individuum wirklich benötigt. Deshalb gib acht, daß du nicht mit Maßnahmen belastet wirst, die eher ermüden als helfen. Bearbeite dein System nicht an zu vielen Fronten auf einmal.

Nimm morgens und mittags vor deiner Mahlzeit eine kleine Portion Rohkost zu dir, die nur aus einem einzigen Obst am Morgen und aus einem einzigen Gemüse am Mittag besteht. Verzichte auf gemischte Rohkost. Iß keine Rohkost mehr nach dem Mittagessen. Kaue gut, und spüre der Wirkung der rohen Speisen in dir nach. Verzichte auf Schweinefleisch, es sei denn, du wirst von einem echten Gelüst geplagt; dann solltest du es dir nicht versagen. Nimm die Abendmahlzeiten nicht allzu spät ein, und nimm auch nicht allzuviel Eiweiß zu dir. Lege deinen Schwerpunkt auf kleine, eher häufige Mahlzeiten, um deinen Organismus nicht mit allzuviel Verdauungsarbeit zu belasten. Meide alles, was dir schwer verdaulich erscheint. Und beobachte die Wirkung der Speisen und Getränke, die du zu dir nimmst. Es kommt jetzt mehr als je darauf an, daß du selbst für dich herausfindest, was dir bekommt und was dir nicht bekommt. Ernährungsprinzipien oder ernährungsphilosophische Vorschriften können dir jetzt die eigene Beobachtung nicht ersetzen. Übertreibe nichts, vermeide Extreme. Und vertraue auf dein Schutzwesen. Ein Mensch stirbt nur dann an einer solchen Krankheit, wenn sein Leben wirklich keinen Sinn mehr hat. Du kannst diesen Sinn finden. Schutzwesen haben allerdings niemals die Funktion, einen Menschen vor einer Krankheit zu bewahren, die für ihn gut und nötig ist. Deshalb erwarte nicht zuviel. Aber erwarte auch nicht zu wenig.

✳

Frage: Mein Mann ist schon lange nierenkrank und braucht seit vierzehn Jahren eine Dialyse. Wie kann ich ihm intensiver helfen? Ich bete täglich für ihn. Mein Hauptmerkmal ist »Märtyrertum«.

Quelle: Du fragst uns, wie du deinem Mann besser helfen kannst, und hinter dieser Frage steckt die Frage: Was kann ich *tun*, um ihm besser zu helfen? Wir aber können deine Frage nur so beantworten, als hättest du gefragt: Was kann ich *lassen*, um ihm besser zu helfen? Wir möchten dir sagen, daß es ein Unterlassen ist, was euch beiden neue Impulse geben wird und euch beide stärken kann. Du selbst definierst dich sehr stark als jemand, der vor allem dadurch, daß er sich um andere sorgt und anderen behilflich ist, seinen Wert erhält. Wenn wir also behaupten, nicht das Tun, sondern das Unterlassen ist es, was euch wirklich helfen kann, meinen wir damit zuerst: Lasse deine ewige Sorge fahren. Du sorgst dich soviel und ziehst aus dieser Sorge einen Großteil deines Lebensgefühls und deines Selbstwerts. Aber Sorge ist nicht dasselbe wie Liebe. Du könntest viel besser lieben, wenn du dich weniger sorgen würdest. Unterlasse also die Sorge, und wende dich der unbesorgten Liebe zu.

Wir wissen, daß dir die Lösung der Verbindung von Sorge und Liebe zunächst einmal undenkbar, unmöglich scheinen muß. Und dennoch schlagen wir dir diese Lösung vor, weil wir wissen: Das kann euch allen wirklich helfen. Du hast seit deiner Jugend Sorgen und Sorgetragen mit Lieben in eins gesetzt und manchmal auch verwechselt. Dein Mann hat das Recht auf seine eigene Sorge. Du aber versuchst immer, ihm diese Sorge abzunehmen. Dadurch hinderst du ihn auf subtile Weise daran, sich seinen eigenen Lernaufgaben zu stellen. Dein Mann hat von Anfang an unter einer Schwäche im partnerschaftlichen Bereich, im Bereich von Beziehungen, gelitten und hat sich deshalb einen Menschen gesucht, der ihm wie du einen Teil der Arbeit abnimmt. Doch es ist wichtig, daß er diesen Teil, auch jetzt noch im Alter, selbst wieder übernimmt. Und du hast dich schon früh verstanden als jemand, der einem anderen Menschen Sorgen und Schmerzen und Kümmernisse und Nöte abnehmen kann. Du hast ihm viel abgenommen. Nun gib das, was du zuviel genommen hast, zurück, denn vor lauter Sorge um andere hast du dir nicht genügend Gedanken um dich selbst gemacht. Willst du also deinem Mann wahrhaft helfen, erkenne zunächst, daß es sich um *seine* Krankheit, um *seine* Nieren, um *sein* Leben, um *seine* Existenz handelt und daß er deshalb auch aufgerufen ist, sich selbst damit auseinanderzusetzen, und von dir nur die anteilnehmende Liebe, nicht aber das Übernehmen als Erleichterung in Anspruch nehmen kann. Du wirst sehen: Wenn du beginnst zu trennen zwischen seinem Los und deinem Los, zwischen seinem Leben und deinem Leben, kannst du ihn mehr lieben! Du wirst erkennen, daß er deine Liebe auch besser spüren kann als je zuvor. Dadurch kann dein Mann auf seine Weise etwas Neues und Heilendes über Beziehung erfahren.

Und für dich selbst wird die Lösung dieser bislang selbstverständlichen Verknüpfung zwischen seiner Sorge und deiner Sorge, zwischen seiner Existenz und deiner Existenz eine Erleichterung bringen, die dich erlöst von einer übergroßen Verantwortlichkeit, von dem Gefühl, daß du es in der Hand hast, ob es deinem Mann gut oder weniger gut geht. Denn wisse, du hast es nicht in der Hand! Auch er hat es nicht ganz in der Hand, aber immerhin mehr als du. Und vieles von dem, was ihm geschieht, was sein Schicksal ist, ist eine Herausforderung, die zu bewältigen er ganz persönlich aufgerufen ist und die ihm nicht aus falsch verstandener Sorge und Anteilnahme abgenommen werden darf, wenn er sein Lernziel in diesem Leben erreichen will. Wenn du dich also von dieser übergroßen Bürde der Verantwortung sanft befreist, wirst du erleben, daß du viel fröhlicher, viel positiver, viel liebevoller und zugewandter sein kannst und neue Formen der Liebe entwickelst. Und darin besteht deine eigene Aufgabe: die Liebe loszulösen von der Sorge und sie in ihrer reinen Form nach und nach zu erkennen. Es wäre also besser, um deine Frage noch einmal auf einen bestimmten Punkt zu bringen, wenn dein

Mann selbst für seine Gesundheit beten wollte, als daß du für ihn betest. Wichtig ist, daß du für dich Hilfe und Unterstützung in Anspruch nimmst. Solange du für ihn betest, ist ja für ihn gesorgt, und er muß nicht selbst eine Antwort finden. Verstehst du nun auch, woran du ihn hinderst? Verstehst du nun, wohin dein Weg dich führen kann? Lasse die Sorge fahren, wende dich in deinem eigenen Interesse an die Instanzen, die dich unterstützen können, so wie wir bereit sind, dich mit unseren Worten auf deinem Weg zur Selbstwerdung zu unterstützen.

✳

Frage: **Mein Sohn ist das jüngste von drei Kindern und hatte im Alter von neun Monaten einen Sturz. Er war ängstlich in der Schule, kam nicht recht mit und war lange Bettnässer. Heute als Erwachsener wechselt er häufig den Arbeitsplatz. Seine Freundin ist gelähmt und sitzt im Rollstuhl. Diese Beziehung besteht seit fünf Jahren. Wie kann ich ihm helfen? Habe ich ihn vielleicht durch zu viele gutgemeinte Ratschläge gekränkt?**

Quelle: Eure Leben, eure Schicksale, eure Aufgaben sind alle eng miteinander verzahnt. Dein Sohn hat von dir gelernt, wie glücklich er dich macht, wenn er dir erlaubt, für ihn Sorge zu tragen, dein Sorgenkind zu sein, dir die Verantwortung für ihn und sein Fortkommen in diesem Leben zu überlassen. Er hat außerdem von dir gelernt, daß das höchste Glück auf Erden darin besteht, für einen anderen Menschen zu sorgen, seine Nöte auf die eigenen Schultern zu bürden und einen hohen Selbstwertgewinn daraus zu ziehen, daß ein anderer Mensch, ein Partner oder ein Kind, noch viel hilfloser, schwächer, problembelasteter ist als man selbst.

Wenn du uns also fragst, wie du deinen Sohn gekränkt hast, dann sagen wir dir: Nicht indem du ihm allzu viele Ratschläge gegeben hast, sondern indem du ihm aus deiner eigenen Unsicherheit heraus ein Vorbild übermittelt hast, das ihn schwach macht, das ihn krank macht. Damit hast du ihn tatsächlich gekränkt. Und hier liegt auch, wie du jetzt schon verstanden hast, die Möglichkeit zur Gesundung eurer Beziehung und sogar zur Reifung all der wenig entwickelten Persönlichkeitsanteile, unter denen dein Sohn leidet. Er kann so lange keine persönliche Stabilität in Arbeit und Privatleben entwickeln, wie er unbewußt spürt, daß er dir um so lieber ist, je mehr Sorgen du dir über ihn machen kannst. Ganz unmittelbar und automatisch wird er immer wieder eine Situation herbeiführen, die erneut eure Beziehung im alten Sinne festigt. Denn was hast du dann noch, um deine Liebe zu ihm zu spüren, wenn er dir keine Sorgen mehr macht? Wenn er in seinem Beruf glücklich und ausgefüllt ist und eine andere Frau für sich in Anspruch nimmt, die ihrerseits bereit ist, sich um ihn Sorgen zu machen?

Dieses beängstigende Vakuum in eurem Leben hat er bislang vermeiden können, indem er eine Partnerin gewählt hat, um die er jetzt sich selbst all die Sorgen machen kann, die du dir um ihn gemacht hast. Grundsätzlich ist jedoch die Beziehung zwischen ihm und seiner Lebensgefährtin eine vielversprechende, wenn beide beginnen zu verstehen, daß es nicht die gegenseitige Sorge, sondern die gegenseitige Liebe ist, die sie zusammenführen kann und zusammenhält. Willst du deinem Sohn helfen, so entlasse ihn aus deiner Fürsorge, und liebe ihn ganz unabhängig davon gleich stark, ob er jetzt beständig ist oder unbeständig, gesund oder krank, erfolgreich oder arbeitslos. Lasse ihn seine eigenen Lebenskrisen leben, die er so lange schon aufgeschoben hatte, sie vor sich herschob, weil du und auch seine Freundin sie immer wieder aufgehalten haben. Erst diese Krise wird ihn, der so sensibel und doch auch so stark ist, zu seinen eigenen Erkenntnissen über Abhängigkeit und Liebe führen.

Wir tragen dir viel an, doch tun wir dies in dem Bewußtsein, daß du durchaus in der Lage sein wirst, zu verstehen und auch zu erfüllen, was dich weiterführen kann und was eine Liebe ohne den dominanten Anteil an Sorge bedeutet. Denn du bemühst dich ja seit so vielen Jahren herauszufinden, was Liebe wirklich ist. Also verliere nicht den Mut. Du kannst beiden geliebten Menschen wirklich behilflich sein, wenn du verstehst, was ihnen wirklich hilft. Lasse sie ihr eigenes Leben leben, und verstehe, daß du ebenso wertvoll oder sogar noch wertvoller bist, wenn du sie liebst ohne diesen Anteil an übermäßiger Sorge, die ihnen die Möglichkeit nimmt, ganz für sich selbst zu sorgen, unabhängig zu sein und an ihren eigenen Schwierigkeiten und Problemen zu wachsen.

✳

Frage: **Ich leide seit vielen Jahren unter schrecklichem Rheuma. Die neuesten medizinischen Untersuchungsergebnisse waren für mich so niederschmetternd, daß ich zunächst nur mit Depressionen darauf reagiert habe. Braucht man zur Aktivierung der Selbstheilungskräfte eine besondere Befähigung, oder kann ich das auch selbst erlernen? Und wird es mir gelingen, noch mal in diesem Leben ohne Schmerzen leben zu können?**

Quelle: Die Selbstheilungskräfte des menschlichen Körpers sind immer aktiv, sie sind immer vorhanden. Dazu muß nichts getan werden. Sie sind jeden Tag wirksam, und das einzige, was ein Mensch vermag, ist, sie zu behindern. Diese Behinderung kann jedoch wieder aufgehoben werden. Verstehe, was wir meinen: Nicht ein Akt der Selbstheilung muß mühsam herbeigeführt werden, sondern lediglich das Hindernis sollte aus dem Weg geräumt werden, dann findet Heilung statt. Wir möchten dir damit sagen, daß es für dich noch lange nicht soweit ist, Abschied zu nehmen. Du hast noch einiges zu erleben und vieles zu erledigen. Dein Leben hat erst vor kurzer Zeit durch eine Therapie eine Gestalt angenommen, die der inneren Wahrheit deiner Existenz entspricht. Nun möchte deine Seele vieles noch spüren und genießen. Allerdings, und damit möchten wir auch eine Erklärung geben für deinen augenblicklich depressiven Zustand, erfolgt diese Umstimmung auf seelischer Ebene nicht ganz ohne Schwierigkeiten auf der körperlichen. Wir möchten dich vergleichen mit einem Kind, das bis zum zehnten Lebensjahr in einer festen Windelwickelung bis zum Hals wie eine Steckpuppe eingeschnürt war. Nun haben sich diese Bande gelöst, zum ersten Mal regst du deine Glieder, und die ungewohnten Bewegungen der befreiten Körperteile machen zunächst einmal rechte Schmerzen. Du bist auch wie ein Schmetterling, der nach langer Verpuppung zum ersten Mal seine Flügel entfaltet und noch etwas unsicher ist, ob das Fliegen wirklich so schön ist, wie die Stimmen in seinen Zellen behaupten. Nun lasse dir Zeit, und vor allem sorge dich nicht. Sorge dich nicht, sondern vertraue darauf, daß dein Werden genügend Aktivkräfte in sich birgt, um das Notwendige zu bewirken. Du wirst, auch wenn es dir unmöglich erscheint, noch einmal ohne Schmerzen leben.

Frage: **Meine Mutter leidet an Multipler Sklerose, und vor kurzem hat man dieselbe Krankheit auch bei mir festgestellt. Es ist aber keine Erbkrankheit. Ich kann mir das nicht erklären. Warum ist das so? Wie kann ich meiner Mutter helfen?**

Quelle: Deiner Mutter kannst du nicht helfen, und deiner Mutter solltest du auch nicht helfen. Du hast die gleiche Erkrankung wie deine Mutter, aber du bist nicht identisch mit ihr. Irgend etwas in dir ist jedoch der Überzeugung, daß du ihr deine Liebe nur dadurch zeigst, daß du aus lauter Mitleid dein Schicksal nicht von ihrem abtrennst. Daß du eine vergleichbare Störung in deinem Organismus registrierst, hat mehr mit deinem Verhältnis zu deiner Mutter zu tun und ihrem Verhältnis zu dir, als du bisher in Betracht gezogen hast. Nun denke vor allem daran, nicht aus lauter Mitgefühl mit ihr dieselben Symptome fortzuschreiben. Denn was dich krank macht, ist ein enger Symbiosewunsch, der ursprünglich nicht von dir, sondern von deiner Mutter ausgeht. Sie ist ein einsamer Mensch, und sie fühlt sich geborgen und sicher erst dann, wenn ein anderer, in diesem Fall du, ihre Tochter, genauso ist wie sie. Dann erst kann sie sich spüren.

Du aber bist anders als sie, und du kannst unterscheiden lernen zwischen der Liebe zu deiner Mutter und einer Identität mit deiner Mutter. Diese beiden Bereiche schließen sich aus. Du kannst sie erst lieben – und gewiß wird ihr das auch indirekt helfen –, wenn du dich aus der Identitätsumklammerung löst. Und du kannst dich erst lieben, wenn du dir gestattest, ganz anders zu sein als sie und darum auch nicht mehr ihre Krankheit zu teilen. Die Krankheit hat Spiegelfunktion. Sie kommt nicht aus dir, sie ist dir auch nicht aufgezwungen, sondern sie entspricht der Dynamik eurer Beziehung, und wenn diese Beziehung sich ändert, wird auch dein Zustand sich ändern.

Frage: **Meine zwanzigjährige Tochter ist vor gut einem Jahr an Brustkrebs operiert worden, und kurze Zeit später hat man Metastasen entdeckt. Ich habe daraufhin eine Ärztin konsultiert, die eine homöopathische Behandlung empfohlen hat. Ich möchte wissen, ob diese Therapie Erfolg haben wird.**

Quelle: Deine Tochter leidet darunter, daß sie sich mit ihrem fraulichen Körper nicht wirklich identifizieren kann. Sie ist eine Krieger-Seele. Es wäre ihr lieber, als Mann durch die Welt zu gehen und keine Brüste zu haben. Denn dann, glaubt sie, hätte sie weniger Probleme mit der Welt. Und weil ihr Verhältnis zu den weiblichen Attributen ihres Körpers gestört ist, versucht ihre Psyche, diese Teile abzustoßen, und da wird auch keine homöopathische Behandlung nützen, die methodisch nur daran ansetzt, daß dieses Symptom, das sich in der Brust manifestiert, verschwindet. Vielmehr könnte ihr ein Mittel helfen, das ihre Weiblichkeit unterstützt und bewußter macht und sie davon abhält, Verhärtungen zu bilden, die ein hilfloser Versuch sind, die Brust nicht anzuerkennen. Das ist der eine Bereich. Aber es gibt noch andere Zugänge zu diesem Problem, und sie liegen ebenfalls darin, daß deine Tochter mit ihrem psychischen Frauenbild Probleme hat. Sie hat starke maskuline Eigenschaften, die ihr in vieler Hinsicht sehr zugute kommen, aber sie nimmt diese Eigenschaften nach innen. Sie sehnt sich danach aufzufallen und leidet doch darunter, wenn sie auffällt. Sie möchte sehr gern zielgerichtet auf ihr Leben losgehen und ist oft vollkommen verwirrt. Sie steht vor allem in einer deutlichen Konkurrenz zu dir, doch nur Teile davon sind ins Bewußtsein gehoben. Sie weiß, daß sie nicht der gleiche Frauentyp werden will und kann, wie du es bist, und spürt gleichzeitig, daß sie dir gar nicht so unähnlich ist, wie es scheinen mag.

Wie viele Heranwachsende wollte sie möglichst ganz anders werden als ihre Eltern. Dabei hat sie jedoch ihre eigentliche authentische Persönlichkeitsstruktur außer acht gelassen. Wenn sie gegen das rebelliert, was in ihr ist, weil sie es bei anderen nicht gut ertragen kann, rebelliert sie gegen ihren innersten Wesenskern. Ihr vertragt euch deshalb nicht gut, weil ihr euch ähnlicher seid, als euch lieb ist – nicht weil ihr euch fremd seid! Nur die Reaktionen sind verschieden, nicht die Wesensstruktur.

Du möchtest nun wissen, was du dazu beitragen kannst, daß es deiner Tochter gutgeht, daß sie mit ihrem Leben gut zurechtkommt und auch daß ihr euch ein wenig besser verständigen könnt. Obgleich du angesichts der langjährigen Konflikte und Belastungen in mancher Hinsicht resigniert bist und dich in die Position geflüchtet hast, daß es nun einmal keinen Zweck hat, etwas anderes zu erwarten, leidest du doch darunter. Deine Schuldgefühle werden ständig dadurch aktiviert, daß du erleben mußt, wie hilflos du dich gegenüber deiner Tochter fühlst und wie hilflos du auch eurer kommunikativen Situation gegenüberstehst. Hilflosigkeit ist dir selbst ein Greuel, und doch sagen wir dir: Wenn du nicht ein wenig hilfloser wirst und lernst, dieses Gefühl zu ertragen, mit ihm zu leben, anstatt es zu kompensieren, wirst du weder dir noch deiner Tochter wirklich Gutes tun können.

Es geht wirklich nicht allein darum, daß du für deine Tochter sorgst. Beginne für dich selbst zu sorgen und den Wert der Hilflosigkeit, den Wert des Nichts-tun-Könnens zu erkennen. Hilflosigkeit und Ohnmacht, das Gefühl, nicht handeln zu können, nicht aktiv sein zu können, nicht entschlossen ein Problem anpacken zu können, zuzulassen ist der geheime Schlüssel zu deinem Wohlbefinden und vor allem auch zu einer verbesserten Gesundheit. Daß diese veränderte Haltung auch einen sehr positiven Effekt haben wird auf die Gesundheit deiner Tochter und auf ihre Entwicklung, ist eine willkommene Zutat. Doch bitten wir dich in diesem Fall, nicht primär an deine Tochter zu denken. Du bist es seit deiner Jugend gewöhnt, immer für andere mitdenken zu müssen. Du weißt selbst, daß du dazu neigst, überverantwortlich zu handeln.

Diese Überverantwortlichkeit, mit der du deine Liebe ausdrückst, schlägt auf dich zurück, denn du übernimmst für alle Verantwortung und vergißt doch, die rechte Verantwortung für dich selbst zu tragen. Du trägst viel Verantwortung, doch wo bleibt deine Verantwortung für dich selbst? Wie du bemerkt hast, hat sich dein Wohlbefinden durch das viele verantwortliche Handeln nicht etwa gesteigert, sondern es hat sich verflüchtigt. Wenn du dir nun gestatten könntest, dich häufiger einmal wirklich schwach zu fühlen und den Signalen deines Körpers nachzugeben, dann könnte deine Tochter beginnen, sich stärker zu fühlen und in ihre eigene Persönlichkeit hineinwachsen. Jetzt rebelliert sie, weil sie sich entmachtet fühlt, und das kann sie mit ihrer eher maskulinen Struktur nicht vertragen. Sie muß Dinge heimlich machen, weil sie sie nicht offen tun kann. Sie kommt gegen dich nicht recht an, spürt aber, daß sie es eigentlich müßte. Sie ist krebskrank, weil sie keinen anderen Ausweg sieht.

Du also tust niemandem etwas Gutes, wenn du gegen deine Schwächen ankämpfst. Früher einmal war das eine Notlösung, aber gerade du hättest es in jungen Jahren sehr nötig gehabt, schwach sein zu dürfen, um die Hilfe, die Stärke anderer in Anspruch zu nehmen. Deine Mutter, die eigentlich diese Aufgabe gehabt hätte, stand dir nicht zur Verfügung. Sie hat sich in ihre eigene Schwäche geflüchtet. Du hast also etwas, was du dringend nötig gehabt hättest, nicht bekommen zur rechten Zeit, und deshalb kannst du dich gar nicht mehr daran erinnern, wie wunderbar es sein kann, wie heilsam und wohltuend, wie gesundend, wenn sich ein Mensch liebevoll und aufmerksam um dich kümmert, sich mit dir befaßt, dir den Freiraum einräumt, wirklich einmal darniederzuliegen.

Wir kommen noch einmal auf deine Tochter zu sprechen. Natürlich sind alle Maßnahmen, die du für sie eingeleitet hast, gut und richtig. Es ist gut, keine weiteren Operationen anzustreben, es ist gut, mit Akupunktur und Homöopathie diese Phänomene zu behandeln, aber es reicht nicht aus. Hast du sie auch um ihre Meinung dazu gebeten? Deine Tochter braucht Gelegenheit, stärker zu werden, sich stark fühlen zu können, ihrer inneren Struktur nach außen Ausdruck zu verleihen, anstatt sie durch physische Verknotungen zu manifestieren. Sie braucht auch Gelegenheit, weibliche Handlungsweisen und Verhaltensweisen besser zu entwickeln. Sie braucht Gelegenheit zu pflegen, sie braucht Gelegenheit, zu umhegen und fürsorglich zu sein. Nur darfst du das von ihr nicht fordern. Du kannst nur an ihre Weiblichkeit appellieren, an ihre femininen Instinkte, die auch in ihr vorhanden sind. Ihre Brust ist zum Nähren da. Wenn du dir vorstellst, daß du von deiner Tochter genährt werden kannst, anstatt daß nur du immer für sie da bist, um sie zu nähren, dich um sie zu kümmern, deine Fürsorge über sie zu ergießen, bis sie darin ertrinkt, wird es euch beiden wesentlich besser gehen. Ihre Brust wird es nicht nötig haben, sich mit Knoten zu belasten, sie wird sich entspannen können. Deine Gesundheit und die Gesundheit deiner Tochter hängen aufs engste miteinander zusammen. Es ist in Ordnung, wenn du deine Tochter nicht immer sympathisch findest. Sie wird dir aber ein bißchen sympathischer werden, wenn du ihr erlaubst, sich um dich zu kümmern. Nicht in der Weise, wie es deine Mutter mit dir getan hat, sondern in kleinen Dosen, in homöopathischen Dosen sozusagen, mit Bewußtheit, nicht mit Unbewußtheit, wie es deine Mutter getan hat, mit Liebe, nicht mit Verweigerung, wie du es gelernt hast. Gib deiner Tochter mehr Raum, weiblich zu sein. Gib deiner Tochter auch mehr Raum, ihre männliche Kraft zu zeigen, für dich zu sorgen.

✳

Frage: **Ich habe ein paar Muttermale. Muß ich damit zum Hautarzt gehen, habe ich vielleicht Hautkrebs, oder neige ich dazu? Muß ich das beobachten?**

Quelle: Du vermeidest es grundsätzlich, zum Arzt zu gehen, weil du glaubst, dich solchen Autoritäten gegenüber nicht behaupten zu können. Du meinst, sie würden dich allzu stark beeinflussen. Du hast Angst, daß du dich einem tyrannischen Urteil ausliefern mußt, wenn du von irgend jemandem irgendeine Diagnose bekommst. Du suchst deshalb Ärzte nicht gern auf, weil du ihnen eine allzu große Macht und ein viel zu großes Wissen zuschreibst. Du glaubst jedoch, daß du nicht hingehst, weil du ihnen nicht vertraust. Das ist ein Irrtum. Auf dich und deine Urteilskraft vertraust du viel zuwenig.

Wir bitten dich, verlasse dich auf deine Fähigkeit, nein zu sagen. Und vertraue darauf, daß du stark genug bist und klug genug, um eine eigene Entscheidung zu treffen. Gewiß ist es nicht gut, daß du dich mit unnötigen Zweifeln und Sorgen herumplagst. Du wirst sie so lange mit dir tragen, bis du mehrere Fachleute zu deinem Hautproblem gefragt hast.

Muttermale haben etwas mit Muttersein zu tun. Nicht von ungefähr haben sie diesen Namen. Du hast keinen Hautkrebs, aber deine Muttermale müssen von Zeit zu Zeit auf ihre Gefährlichkeit hin überprüft werden, vor allem damit du ruhig bist. Du hast eine sehr zarte Haut, du bist rothaarig. In deinen Genen ist eine hohe Empfindsamkeit angelegt. Deshalb solltest gerade du mit jeglicher Sonneneinstrahlung sehr vorsichtig sein, zum Wohl deiner Seele.

Vorsichtig sein heißt, immer dann zum Arzt zu gehen, wenn du ahnst, daß es unvorsichtig sein könnte, das zu unterlassen. Deine Wahrnehmung wird dir den Schlüssel geben. Gestatte doch, daß man dich beruhigt, und wisse, daß es durchaus möglich ist, eine latente Gefährdung zu überprüfen und zu überwachen, ohne daß du dir allzu große Sorgen machen mußt. Du bist es nicht gewöhnt, viel Hilfe anzunehmen. Du bist oft zu stolz darauf, daß du alles ganz allein mit dir abmachst. Du kannst lernen, dich von dieser übergroßen Verantwortung ein wenig zu entlasten und in all den Fällen, in denen es angemessen ist, Menschen zu Rate zu ziehen, die in einigen Bereichen doch eine Menge mehr wissen als du. Deine Angst vor dem Unberechenbaren macht sich gern fest an Dingen, die du gar nicht berechnen lassen möchtest, denn diese Angst braucht ja einen Gegenstand, um gefühlt und gelebt zu werden. Gewöhne dir also an, dir prinzipiell mehr Sicherheit zu schaffen.

Frage: **Ich weiß, daß man im Alter vergeßlich wird, und ich bin nicht mehr ganz jung. Aber ich vergesse sehr viel und wundere mich, daß ich so unkonzentriert bin. Ich spüre, daß noch mehr dahinter steckt, als das Alter. Ist das wahr?**

Quelle: Deine Psyche diktiert dir: Vergiß! Deine Psyche sendet ständig Signale aus, die dich dazu veranlassen, das, was du dir von deinen Mitmenschen antun läßt, zu ignorieren. Du willst den Mantel des Vergessens und des scheinbaren Verzeihens darüberbreiten, im Kleinen wie im Großen. Wenn du nun immer versuchst, das wirklich Wichtige zu vergessen, nämlich deine Schmerzen, dein Leid, deine Demütigungen, deine Entwürdigung, dann wirst du auch das weniger Wichtige vergessen: kleine Aufgaben, Dinge, die du dir vorgenommen hast, Gegenstände, die du irgendwo hingelegt hast. Wenn du also weniger vergeßlich sein möchtest, dann hole zunächst jene Aspekte deines Erlebens aus dem Dunkel der Vergessenheit, um die es sich wirklich lohnt. Ignoriere nicht länger, was dir weh tut! Es ist nicht edle Großmut, sondern Ausdruck deiner Angst, das zu tun.

Wenn du nun merkst, daß du wieder einmal etwas vergessen hast, kommst du dir wertlos und gedemütigt vor. Du bestrafst dich selbst und gehst mit dir ebenso um, wie du anderen Leuten erlaubst, es zu tun: Du verachtest dich. Ein Mensch, der wichtige oder scheinbar wichtige Dinge vergißt, fühlt sich ohnehin unzulänglich und merkwürdig, ganz entwertet, besonders wenn er dieses Vergessen als Schuld empfindet. Er bezieht die entsprechenden Vorwürfe anderer auf sich als Mensch und als ganze Person. Aber der andere Aspekt, den wir genannt haben, ist letztlich entscheidend. Verdränge nicht länger dein Leid. Du wirst, wenn du die Schleier der Vergangenheit lüftest, nach und nach, vorsichtig und behutsam wie eine Archäologin, auf immer neue Schichten stoßen, die dem scheinbaren Vergessen anheimgefallen sind, auf Erlebnisse und Lebensspuren, die außerordentlich wertvoll sind. Sie kommen ans Licht, du kannst sie betrachten und auswerten. Und wie eine Archäologin mußt du sehr geduldig mit einem feinen Staubpinsel und mit viel Sachkenntnis vorgehen. Besser ist es noch, wenn du dich dazu bereitfinden kannst, nicht allein an der Ausgrabung deiner vergangenen Schmerzen zu arbeiten, sondern dafür kompetente Hilfe in Anspruch zu nehmen. Dann wird dir viel Wichtiges wieder einfallen. Du wirst daraus deine Konsequenzen ziehen, und deine Vergeßlichkeit wird bald vergessen sein.

Frage: **Als meine Großmutter starb, war ich gerade nicht bei ihr im Krankenhaus. Am Morgen hatte ich noch mit ihr gesprochen. Mir tut das so leid, und ich denke immer mit Schmerz daran, wie sie sich wohl gefühlt hat, als sie so mutterseelenallein gestorben ist. Und ich wüßte gern, wie es ihr jetzt geht.**

Quelle: Wenn ein Mensch in Frieden eines natürlichen Todes stirbt, ist er nicht darauf angewiesen, daß alle, die ihn lieben, körperlich anwesend sind, daß sie an seinem Bett stehen und sich mit ihm befassen. Wenn ein Mensch in Frieden eines natürlichen Todes sterben will, braucht er in den Stunden vor seinem Energiewechsel viel Zeit, viel Ruhe, viel Besinnlichkeit, um sich wirklich seinen Gedanken, die nur noch wie Wolkenfetzen an ihm vorbeiziehen, widmen zu können, um noch an dieses und jenes zu denken und um Abschied zu nehmen – nicht nur von Menschen, sondern auch von Wünschen und Illusionen. Man muß Abschied nehmen auch von einem Körper, der ausgedient hat, der lange gedient hat und den man liebgewonnen hat, auch wenn er zuletzt nicht mehr alles leisten konnte, was man von ihm erwartete. Deine Großmutter hat dich nicht so sehr vermißt, wie du aus Unkenntnis befürchtest.

Ein Sterbender besitzt eine äußerst verfeinerte Energiewahrnehmung. Und deine Großmutter hat sehr deutlich gespürt, daß du sie liebst. Sie war dadurch nicht einsam. Aber gerade das Alleinsein, das ihr durch deine körperliche Abwesenheit gewährt wurde, diente ihr dazu, ganz bei sich zu sein, nicht abgelenkt zu werden durch Gespräche, durch die eigene emotionale Anteilnahme an deiner Trauer. Denn häufig ist es für einen Menschen, der sterben will, eine Qual und ein Hindernis, von den Verwandten und Liebenden betrauert zu werden. Es ist für ihn um so schwieriger, die Energieform zu wechseln, und es macht das Sterben unnötig hart, wenn ein Sterbender die Menschen, die um sein Lager stehen, noch trösten muß.

Deine Großmutter hatte dadurch, daß du nicht bei ihr warst, sie sich aber von dir in Gedanken begleitet und geliebt fühlte, einen leichten Übergang aus ihrem Körper in die entkörperte Gestalt. Und sie hat es dir auch dankbar vermerkt, daß du dich instinktiv zurückgehalten hast. Sie hat keinen Moment daran gezweifelt, ob du sie absichtlich allein läßt, weil du zuwenig Liebe für sie hast oder nicht. Wenn sie direkt zu dir sprechen könnte, würde sie dir sagen wollen: »Die Schuldgefühle, die du hast, trennen uns. Die Schuldgefühle, die du hast, sind überflüssig. Sie trennen uns, weil Schuld und freudige Liebe nicht unter einem Dach wohnen können. Gönne deinem Herzen Frieden. Du hast das Beste für mich getan, weil du mir erlaubt hast, allein mit mir selbst zu sterben.«

Deine Großmutter ist jetzt schon über ein Jahr lang dort auf dem zweiten Territorium der Astralwelt, wo die Seelen sich aufhalten, die zwischenzeitlich keinen Körper bewohnen. Sie war mit ihrer Energie in den ersten Wochen und Monaten nach ihrem Tod häufiger um dich, als sie es jetzt sein möchte. Sie hat dafür gesorgt, daß du mit ihr verbunden bleibst. Und sie hat dir nicht selten im Traum Botschaften zukommen lassen, die dir jene schweren Tage erleichtert haben. Das wird auch noch eine Weile so bleiben, aber nach eurer Zeitrechnung nicht länger als drei bis vier Jahre. Und diese Kontakte werden seltener.

Wenn du also erwartest, daß deine Großmutter in der Gestalt, die sie jetzt bekleidet, Schutzaufgaben für dich wahrnimmt, sozusagen wie eine Seele von der Wach- und Schließgesellschaft, immer anwesend und immer mit offenen Augen für alles, was dich bedrohen könnte, verlangst du zuviel von ihr. Aber sie wird eine liebende Achtsamkeit auf dich lenken, wenn du sie wirklich brauchst und wenn du sie dann rufst. Doch solltest du das nur tun, wenn du wirklich in großer Not bist. Sie kann dir dann Signale geben, und sie kann dich in Maßen beschützen. Aber sie ist nicht dein Schutzengel. Du kannst dich im übrigen sehr wohl selbst schützen, und es gibt für dich auch noch andere, die diese Aufgabe versehen: die Mitglieder deiner Seelenfamilie. Die Seele, die auf der Erde in diesem Leben deine Großmutter war und die jetzt, in der astralen Welt, weder Frau noch Mann, noch eine Verwandte ist, hat nicht die Pflicht, dich vor Unheil zu bewahren. Wenn sie es tut, geschieht es aus Liebe. Seelengeschwister, die in allen Zeiten ein Teil deiner selbst sind, haben hingegen die Aufgabe, dich zu begleiten und zu schützen. Aber verstehe auch, daß Schutz niemals bedeuten kann, dich von wichtigen Erfahrungen fernzuhalten.

Frage: Unsere Mutter ist vor vierundzwanzig Jahren verstorben. Meine Schwester und ich möchten gern wissen, ob sie noch Hilfe von uns braucht.

Quelle: Einige Zeit, nachdem eure Mutter gestorben war, hat sie begonnen zu erkennen, daß sie viel zuviel Hilfe von euch in Anspruch genommen hat. Es war ihr zu Lebzeiten nicht möglich, das zu sehen, aber nachdem sie ihren geschundenen Körper verlassen hatte und einige Zeit auf ihre Ganzwerdung verwendet hat, ist die Erkenntnis zu ihr gekommen, auch mit Hilfe anderer, die ihr die Augen geöffnet haben, daß sie euch Töchter in mancher Hinsicht mißbraucht hat, daß sie von euch Töchtern verlangt hat, ihr solltet die Mutter spielen für sie, daß sie immer mehr Verantwortlichkeit an euch abgegeben und eure Hilfe in einer Weise gefordert hat, die ihr nicht leisten konntet, aber dennoch leisten mußtet. Und weil sie zu dieser Erkenntnis gelangt ist und sich klargemacht hat, daß es damit nun genug ist, wird sie von sich aus gewiß nicht mehr an eure Hilfe appellieren.

Dort, wo sie jetzt als Seele existiert, bekommt sie Hilfe genug, aber Hilfe anderer Art. Ganz im Gegenteil zu dem, was ihr aus alter Gewohnheit vermutet oder auch befürchtet, betrachtet sie jetzt mit Anteilnahme und Kümmernis, wie sie euch so nachhaltig geprägt hat. Ihr könnt euch noch heute, mehr als zwanzig Jahre nach ihrem Tod, kaum etwas anderes vorstellen, als daß ihr immer noch benötigt werdet, daß sie euch immer noch braucht, daß ihr immer noch Hilfe leisten müßtet. Und wenn sie euch erreichen könnte, würde sie euch sagen: »Ich möchte nichts mehr von euch, aber ich wünsche mir, daß ihr lernt, mehr für euch selbst dazusein. Das konnte ich euch nicht beibringen.«

Nun ist sie schon sehr lange verstorben, und ihre Energie ist schwach geworden, ihre Bindung an die Blutsverwandten, die sie zurückgelassen hat, ist nicht mehr kraftvoll genug, um euch jederzeit telepathisch erreichen zu können. Dennoch verfügt sie über zarte energetische Impulse, die ihr empfangen könnt, wenn ihr es wünscht. Deine Schwester hat schon häufiger als du den

Weg gewählt, sich in die Stille zurückzuziehen, und ist deshalb leichter zugänglich für mentale Einsichten, die inspirativ zu ihr kommen. So ist sie für deine Mutter noch erreichbar. Du jedoch wirst erst dann erreichbar sein, wenn du dir Zeiten der Stille und der Schwäche gestattest. Wir raten dir jedoch nicht, mit Meditationen verbissen zu experimentieren. Wenn ein meditativer Zustand spontan zu dir kommt, dann gib ihm nach. Aber du bist eine Person, die einen starken Bewegungsdrang hat, und für dich ist es geradezu schädlich und es macht dich nervös, wenn du stillsitzen sollst, um zu meditieren. Also, das ist es nicht. Aber liegen und dösen – liegen, ohne aktiv zu sein, ohne zu lesen, ohne fernzusehen –, das wird dir in mehr als einer Hinsicht guttun. Ausruhen, schlappmachen – damit wirst du eine Energie zur Verfügung stellen, die dich für die Impulskräfte deiner Mutter erreichbar macht.

Aber auch ihr beide seid nicht mehr auf die Hilfe eurer Mutter angewiesen. Ihr sehnt euch noch danach, denn ihr habt zuwenig davon bekommen. Hilfe könnt ihr jetzt woanders erlangen, von lebenden Menschen. Nehmt sie in Anspruch, ohne sie zu fordern, laßt sie an euch heran, dann werdet ihr den Wunsch eurer Mutter am besten erfüllen können. Sie hat schon lange wirklich von Herzen bereut, daß sie euch nicht das gegeben hat, was ihr gebraucht hättet: viel Zärtlichkeit, viel Nähe, viele Umarmungen, viel stilles Lächeln. Das hättet ihr beide nötig gehabt, um zu dem vorzudringen, was ihr seid – zarte, verletzliche, sensible Menschen, die nur deshalb wenig verletzlich und sensibel wirken, weil die robuste körperliche Statur den Menschen um euch herum am schnellsten ins Auge fällt.

Menschen fühlen weniger, als daß sie über die Augen empfangen. Sie machen sich ihr Bild, und dieses Bild ist oft ganz falsch. Ihr Töchter habt versucht, eine jede auf ihre Art, dem Bild, das andere von euch hatten, zu entsprechen. Eure Mutter hat vermutet, daß ihr stark seid und für sie dasein könnt, und sie hat diese vermeintliche Stärke in Anspruch genommen. Aber jetzt ist es anders. Sie braucht euch wirklich nicht mehr. Und wenn ihr für sie noch irgend etwas tun wollt, dann nur dadurch, daß ihr Abstand nehmt davon, ihr weiterhin helfen zu wollen, und euch empfänglich macht für die Hilfe, die sie euch schicken kann. Eure Mutter hat vieles wiedergutzumachen. Aber sie kann es an euch nicht mehr direkt ausgleichen. Sobald sie sich wieder in einem Körper befindet, wird sie vieles aus dem gelernt haben, was sie in ihrem letzten Leben nicht recht gemacht hat. Sie hat viele Einsichten gewonnen, und sie wird sich noch einmal mit Töchtern befassen und an diesen Töchtern das versuchen wiedergutzumachen, was sie an euch durch den Mißbrauch eurer Kräfte versäumt hat. Verzeiht ihr, dann tut ihr etwas Gutes für sie, und steht auch dazu, daß nicht alles in Ordnung war. Verzeihen heißt nicht, alles zu überdecken. Verzeihen bedeutet nicht, so zu tun, als ob nichts gewesen wäre. Verzeihen heißt, den Schmerz annehmen und hindurchgehen, anstatt sich an ihm festzuhalten.

Frage: **Ist es wahr, daß Selbstmord eine Sünde ist? Wird man dafür gestraft? Ich habe auch gehört, daß Selbstmörder die Lebenden noch lange heimsuchen.**

Quelle: Wenn ein Mensch sich absichtlich getötet hat und seine Seele nicht mehr seinen Körper bewohnt, dann ist es nicht von erstrangiger Bedeutung, wie sie diesen Körper verlassen hat. Es ist wohl wichtig, aber nicht entscheidend. Vor allem aber ist es nicht von Bedeutung in bezug auf die Qualität der Kontakte, die eine Seele im entkörperten Zustand mit Seelen, die eingekörpert sind, pflegen kann. Das legen wir euch ans Herz! Und noch wichtiger ist es, folgendes zu beachten: Ob ein Mensch von eigener Hand gewaltsam gestorben ist oder nicht, sagt nichts über seine seelische Qualität aus. Es sagt gar nichts über seine Liebesfähigkeit aus. Ein Mensch kann sich das Leben nehmen aus Liebe zu sich selbst und aus Liebe zu seinen Angehörigen. Und sollte er wünschen, von der astralen Dimension in irgendeiner Weise

Kontakt mit den Zurückgebliebenen zu pflegen, wird dieser Kontakt von Liebe geprägt sein. Die Motivation ist alles. Ein Mensch kann ermordet worden sein und in der Stunde seines Todes furchtbar gelitten haben und mag sich trotz allem selbst sehr nahegewesen sein. Er kann dann in der astralen Welt den Schmerz verarbeiten, er kann seine Einsichten daraus ziehen. Es bedeutet nicht, daß seine Seele die Hinterbliebenen mit dieser Qual, diesem Schmerz heimsucht, nicht einmal seinen Mörder. Dieser wird allerhöchstens von seinen eigenen Schuldgefühlen geplagt.

Wenn nun ein Mensch sich das Leben nimmt, so kann dies aus vielerlei Gründen geschehen. Wir unterscheiden zwei entscheidende Dimensionen. Die erste ist die Erkenntnis, daß er seinen Lebensplan nicht mehr in der Weise erfüllen kann, wie seine Seele es sich im entkörperten Zustand vorgenommen hatte. Das kann zum Beispiel passieren bei kollektiven Unglücken, in Kriegssituationen oder bei kollektiver Verfolgung. Wenn also ein Mensch, eine Seele, den Plan gefaßt hatte, bestimmte Dinge zu tun, zu lernen und zu bewirken, die nur unter bestimmten Umständen möglich sind, dann wird er sich eher das Leben nehmen, als sein Leben weiterhin wirklich sinnentleert (weil nicht zielgerecht und lerngerecht) zu verbringen.

Ein anderer Mensch hingegen hat ebenfalls ein Ziel, seine Seele hat einen Plan, aber er bildet sich nur ein, daß er diesen Plan nicht verwirklichen kann. Die Umstände scheinen so geartet, daß er nicht mehr ein noch aus weiß, daß seine Angst so groß ist vor den Folgen seines Tun oder seines Unterlassens, daß er aus lauter Angst zu versagen, aus Angst, seinen Lebensplan nicht erfüllen zu können, obgleich er erfüllbar wäre, sich das Leben nimmt. Auch diese Resignation ist eine bedeutsame seelische Erfahrung. Verzweiflung ist eine niedere, eine schwere, eine traurige Energie. Sie kann durch die Liebe der Mitmenschen aufgehellt werden. Wenn hingegen ein Mensch sich das Leben nimmt, weil er wirklich keinen Sinn mehr findet und auch kein Sinn mehr da ist, dann hebt ihn die Entscheidung zu sterben energetisch empor.

Die Selbsttötung entspricht der menschlichen Entscheidungsfreiheit.

Du willst nun wissen, ob eine entkörperte Seele, deren Leib eines gewaltsamen, selbstauferlegten Todes gestorben ist, andere, die noch am Leben sind, dazu verführen kann, sich selbst das Leben zu nehmen. Wir sagen: Niemand kann in irgendeiner Situation dazu verführt werden, etwas zu tun, was er nicht tun will, es sei denn, er weist eine innere Bereitschaft auf. Erst dann kann Verlockung eintreten, erst dann kann Verlockung überhaupt ihre Wirkung entfalten. Wenn nun ein Mensch schon selbst wirklich das Bedürfnis hat, sich aus irgendeinem Grund, vielleicht aus einem der zwei genannten Gründe, das Leben zu nehmen, dann kann es sogar (auch wenn es euch angst macht, so etwas zu hören) von Vorteil sein, wenn eine Seele, die mit ihrer Entscheidung zur Selbsttötung positive Erfahrungen gemacht hat, eine andere dazu ermuntert, es ihr gleichzutun. Aber ihr könnt gewiß sein, daß dies nur dann geschieht und geschehen kann, falls es von gutem Nutzen ist für beide. Es geschieht nur, wenn die Energie- und Liebesschwingung dadurch angehoben wird. Es kann ein Akt der Liebe sein, einem unglücklichen Menschen energetisch die Hand zu reichen und ihn in die nichtkörperlichen Dimensionen hinüberzuziehen, um ihm einen echten Gefallen zu tun.

Nun gibt es jedoch auch andere ängstliche Seelen, die unglücklich sind und ihr Unglück teilen möchten. Sie bevölkern das erste Territorium der astralen Welt, wo besonders viel Angst und Unsicherheit herrschen. Oft handelt es sich nicht einmal um menschliche Seelen. Und sie wenden sich in ihrer Not an jene, die ebenfalls verzweifelt sind, an die Angstgepeinigten, an die Vereinsamten, an Elende, die nirgends Hilfe erfahren, und sie können ihnen das eine oder andere einflüstern. Aber auch hier, wir wiederholen es, kann nichts und niemals etwas bewirkt werden, wenn keine innere Bereitschaft zum Hören dieser Stimmen vorhanden ist. Wer nicht aus dem Leben scheiden will, kann durch keine Kraft, die in der außerkörperlichen Welt wirkt, dazu verleitet oder verlockt werden, sich das Leben zu nehmen. Seid beruhigt, seid gewiß, daß es für alle Energien stets einen Resonanzkörper geben muß, damit sie wirksam werden. Anders ist es nicht möglich, in Liebe nicht und auch nicht in Verzweiflung.

Diese Frage wurde gestellt aus einer heimlichen Angst, und sie wird von vielen geteilt. Viele Menschen bangen um ihre Unversehrbarkeit, wenn sie sich Energien öffnen, die nicht dem Körperlichen verhaftet sind. Wenn wir euch mitteilen, wie es sich wirklich damit verhält, möchten wir euch diese Angst nehmen. Wir sind niemals interessiert daran, euch mit der Wahrheit mehr angst zu machen, als ihr ohnehin schon habt. Wir möchten euch beruhigen, ohne euch zu besänftigen. Wir möchten euch aufklären, anstatt euch Unwahrheiten zu erzählen, nur damit ihr ruhig werdet. Klarheit beruhigt, Klarheit macht offen. Sie öffnet die Augen und die Herzen. Nichts ist unangenehmer für alle, also auch für uns, als sich einem Gewirr von Spekulationen gegenüberzusehen, die die geistigen, spirituellen, seelischen Dimensionen, die jenseitigen, die astralen und kausalen Welten betreffen.

Wir möchten vermeiden, daß ihr ängstlich spekuliert, im dunkeln tappt oder euch zwischen Hoffnung, Sehnsucht und Höllenängsten hin und her bewegt. Jenseits von Raum und Zeit, wo wir uns aufhalten und wo eure Seelen sich zwischen den irdischen Leben bewegen, ist nichts schrecklich! Jeder bekommt hier, was er wirklich braucht, um seine Kraft zu spüren, seine Erfahrungen auszuwerten, sich entscheiden zu können für ein neues Leben oder einen neuen Lernschritt. Und der eine braucht dies, der andere braucht das. Die Notwendigkeit ist ausschlaggebend. Darauf aufbauend werden alle weiteren Entscheidungen getroffen. Deshalb seid ruhig. Fürchtet euch nicht vor dem Leben, und fürchtet euch nicht vor dem Sterben. Vor allem aber solltet ihr, wenn es nur irgend geht, alle Bedenken ablegen, die die Welten betreffen, in denen ihr jetzt nicht weilt. Richtet eure Aufmerksamkeit auf den Moment, in dem ihr existiert. Wenn ihr im Körper existiert, dann seid im Körper, und widmet euch den Aufgaben, die jetzt anstehen. Wenn ihr eines Tages keinen Körper mehr haben werdet, stehen andere Aufgaben ins Haus. Dann werdet ihr dort sein, wo ihr seid. Das genügt. Die Übergänge sind nicht fließend, sie sind recht abrupt. Aber alles ist dergestalt bereitet, damit ihr den Wechsel gut verkraften könnt.

＊

Frage: **Mein Mann hat sich das Leben genommen. Wir waren lange verheiratet, und unsere Ehe war nicht sehr glücklich. Ich möchte gern wissen, ob ich irgendwie an dem Tod meines Mannes schuld bin.**

Quelle: Ein Mensch wie du, der selbst hilflos ist, ist nicht in der Lage, anderen zu helfen. Und wenn es um die Dinge von Leben und Tod geht, gibt es ohnehin kaum eine Möglichkeit, einem anderen Menschen wirkliche Hilfe zu leisten. Denn nicht nur entscheidet die Seele selbst, wann sie sterben möchte, auch wenn es ihr nicht bewußt ist – jedem Menschen sollte von der Gesellschaft diese Freiheit gelassen werden, über den eigenen Tod zu entscheiden. Das kann auf aktive oder passive Weise geschehen. Deine Frage nach irgendeiner Schuld an seinem Nicht-mehr-leben-Wollen wollen wir mit aller Klarheit beantworten: Von Schuld kann nicht die Rede sein. Dein Mann hat sich sehr lange und aus verschiedensten Gründen davon abhalten lassen, sein Leben abzuschließen, ein Leben, das ihm immer mehr eine Last als eine Freude war. Er hat sich schon seit vielen Jahren nach einem Ende seiner Existenz gesehnt, und das war auch der Grund, warum er so häufig und gern geschlafen hat, denn immer dann, wenn er schlief, konnte er sich in der Illusion wiegen, nicht mehr zu sein. Fast alle Stunden des Wachseins waren ihm eine Qual. Aber er war auch ein Mensch, der sehr gern gebraucht werden wollte, und dieses Gebrauchtwerden hat ihm gestattet, sich noch eine Weile am Leben zu erhalten. Er hat sich eine Lebenssituation geschaffen, in der Menschen von ihm abhängig waren, und diese Abhängigkeit der anderen hat ihm einen Lebenssinn und eine Lebensberechtigung gegeben. Hätte er nicht geheiratet und Kinder in die Welt gesetzt, wäre er schon mit knapp dreißig Jahren aus dem Leben geschieden. Aber seine Sehnsucht, doch noch etwas vom Leben mitzunehmen, hat ihn dazu bewogen, sich Verantwortlichkeiten zu schaffen. Er wollte so gern gebraucht werden, und als er spürte, daß er nicht mehr gebraucht wurde, war es für ihn klar, daß seine Existenz ihre Aufgaben erfüllt hat. Er fühlte sich nun frei zu gehen. Das heißt nicht, daß er mit Freuden gegangen ist. Aber er hat die Entscheidung gefaßt, jetzt nur noch für sich selbst und seine eigenen Bedürfnisse dazusein. Und sein Bedürfnis war es zu sterben.

Als seine Familie ihm signalisierte, daß sie ohne ihn leben konnte – und sogar besser ohne ihn –, ergab sich für ihn ein großer Schmerz und dennoch auch eine große Erleichterung. Ihr wart zwei Eheleute, die eine Gemeinschaft von Hilflosen bildeten. Ihr habt euch aneinander festgehalten, aber es war nicht viel Substanz da, die euch Halt gegeben hätte. Dadurch, daß er dich abhängig halten wollte in den Dingen der äußeren Welt, hat er dir nicht gestattet, selbständig zu werden und deine Ängste langsam abzubauen. Und dadurch, daß du auch ihn abhängig gemacht hast von deiner Stärke, von deinem Immer-da-Sein, von deiner Autorität in Fragen der Menschlichkeit, blieb ihm nichts anderes übrig, als dir dieses Feld zu überlassen und sich selbst auf einem Niveau zu halten, das ihn angewiesen machte auf deinen Rat und deine moralische Unterstützung. So habt ihr euch gegenseitig aneinander festgehalten, und jeder hat versucht, den anderen zu stützen. Dadurch ist keiner von beiden wirklich dazu gekommen, auf eigenen Füßen zu stehen. Es war alles wohlgemeint und wenig verstanden, aber das war nun einmal die Konstellation, die dich heute noch beschäftigt. Du merkst jetzt in deinem Alter, daß du große Fähigkeiten von Selbständigkeit und Entscheidungsfreiheit besitzt, die dir nie bewußt geworden sind, und du weißt, daß du seit seinem Tod mehr Fortschritte in deiner Persönlichkeitsentwicklung gemacht hast als in allen Jahren zuvor. Dies hat die Seele deines Ehemannes dir ermöglicht. Wir wünschen dir sehr, daß du auch die nächsten Jahre noch mit einem Prozeß der Reifung verbringen kannst, einer Reifung, die spät kommt, aber nicht zu spät. Du kannst auch jetzt noch zu einem Lebensgefühl gelangen, das dich befreit von den Wünschen nach Abhängigkeit, aber auch von der Angst vor Abhängigkeit.

Du hast so große Sorge, wieder abhängig zu werden, daß du dir jetzt schon deine Tage und besonders auch deine Nächte vergiftest mit dieser Angst. Aber wir sagen dir, wer so viele Jahre abhängig war, muß nicht die letzten Jahre auch noch in Abhängigkeit verbringen. Du hast die Freiheit, und wir meinen das ganz ernst: Du hast die Freiheit, unabhängig zu sein, in vielen kleinen und in manchen großen Dingen. Aber du mußt dich unabhängig machen, das ist dein Beitrag, das ist es, was du dir in deinen letzten Jahren noch zur Aufgabe machen kannst. Sage dir immer wieder: »Ich bin unabhängig! Ich bin niemandem Rechenschaft schuldig! Ich bin nicht abhängig von Hilfe, ich bin frei in meiner Entscheidung, Liebe zu suchen und Hilfe anzunehmen, abhängig nicht von der Gunst anderer, sondern nur von meiner eigenen Entscheidung und von meinem eigenen Wunsch.« Und du bist dir jetzt auch im klaren darüber, daß du so viel Liebe und so viel Zuwendung und Zärtlichkeit bekommen kannst von den Menschen, die um dich herum sind, wie du haben möchtest, wie du nur immer annehmen kannst. Viel mehr Menschen, als du bereit bist, dir einzugestehen, sind willens, dich zu besuchen und dich bei sich zu sehen. Glaube nicht, daß du zur Last fällst. Es ist deine Angst, zur Last zu fallen, die manchen lästig ist, nicht deine Person.

Wenn du dich entspannst und deine Angst beiseite schiebst, bist du ein Mensch, der eine angenehme und aufbauende Gesellschaft darstellt. Mache dir das klar, und flüchte dich nicht in falsche Bescheidenheit. Deine Bescheidenheit kommt fast ausschließlich aus Angst, und andere spüren das und fühlen sich betreten. Sei also ein wenig klarer in deinen Wünschen und auch in deinem Neinsagen. Falsche Bescheidenheit paßt nicht zu einer

Frau in deinen Jahren. Horche genau in dich hinein, ob du das, was du anderen unterstellst, wirklich meinst, oder ob es aus deiner Angst entspringt. Und dann frage lieber: »Werde ich dir jetzt zuviel?«, als daß du unterstellst: »Jetzt werde ich dir zuviel.« Das Fragen ist dir abhanden gekommen, weil du immer Angst hast vor einer negativen Antwort. Aber diese Antwort wird nicht so häufig kommen, wie du es befürchtest. Und wenn du nicht fragst, schneidest du dich ab von den Schönheiten und der Wärme des Lebens. Es ist gut, daß du jetzt nicht mehr abhängig bist, denn eine Abhängigkeit schafft Probleme. Aber Nähe solltest du suchen, denn warum willst du aus diesem Leben scheiden, ohne all das bekommen zu haben, was du so nötig brauchst? Es ist vorhanden, auch für dich. Du brauchst nicht vergeblich darauf zu warten oder darum zu kämpfen. Das ist nicht nötig. Die Seele deines Mannes hat dich rechtzeitig verlassen, damit du deiner Seele noch Flügel wachsen lassen kannst.

II.

Spiritualität und Sexualität

Was hat das Thema »Sexualität« in einem Buch über die Seele zu suchen? Haben wir nicht gelernt, daß Keuschheit in Gedanken, Worten und Taten eine wesentliche Vorbedingung für unser Seelenheil ist? Diese Ansicht vertreten nicht nur viele Christen, sondern auch die Priester der meisten anderen großen Religionen. Selbst die Tempelhure der Antike sollte ihres Amtes nur walten, wenn gewährleistet war, daß sie es lediglich zum Ruhme ihrer Gottheit und für das Ansehen des Tempels tat. Immer wieder gab es allerdings im Verlauf der Religionsgeschichte ekstatische Gegenbewegungen, orgiastische Kulte, tantrische Experimente. Doch mönchische Enthaltsamkeit hat weiterhin im Bewußtsein der Priesterschaft einen hohen ethischen Wert, selbst wenn kaum jemand sie wirklich über längere Zeit hinweg praktiziert.

Sexualität ist eine wesentliche Dimension unseres Lebens, die ja erst durch die Verkörperung der Seele Bedeutung gewinnt und ihr unersetzliche neuartige Erfahrungen beschert: Zeugung, Geburt, Pubertät, Mann- oder Frausein, Partnerschaft, Elternschaft, aber auch eine Menge Beziehungprobleme und Schwierigkeiten in der geschlechtlichen Selbstdefinition. Homosexualität und Bisexualität als mögliche Basis zwischenmenschlicher Beziehungen im Gefüge von Nähe und Distanz werden durch die Kommentare der körperlosen, geschlechtslosen »Quelle« in ein neues Licht getaucht. Menschliche Sexualität gestattet es, die schmerzhafte Fragmentierung unserer Seelen in einzelnen Körpern zeitweilig zu überwinden.

»Die Menschwerdung der Seele« ist das Thema des abschließenden Unterkapitels. Die Fragen und Antworten beschäftigen sich auf ganz unorthodoxe Weise mit dem Thema Schwangerschaft und Schwangerschaftsabbruch. Wie verhält es sich dabei mit Sünde, Schuld und Karma? Immer wieder erleben wir, daß die »Quelle« individuelle und ganz persönliche, liebevolle Ant-

worten gibt, ohne darüber die allgemeingültigen Aussagen zu vernachlässigen.

Von der »Quelle« hören wir, daß die Seele des Menschen nicht umsonst in Körpern inkarniert, die sich ohne Sexualität und die Fähigkeit zur Lust nicht fortpflanzen können. Nur so ist ihr die Möglichkeit gegeben, wesentliche, hochinteressante Erfahrungen zu machen, die ihr in keiner anderen Existenzwelt geboten werden. Die Seele besitzt kein Geschlecht, auch nicht zwischen den Leben. Geschlechtlichkeit ist ihr neu und nur während einer Inkarnation erfahrbar. Sie lernt, sich in ihr zurechtzufinden und alle dadurch verfügbaren Möglichkeiten auszukosten. Und wenn sie dies im Laufe zahlreicher Leben getan hat, nähert sie sich nach und nach wieder der Nichtgeschlechtlichkeit. Sie beginnt, die männlichen und weiblichen Energien in sich zu vereinen, ohne ihre körperliche Identität als Mann oder Frau aufzugeben. Alte Seelen sind oft der Fortpflanzung müde. Sie haben so viele Kinder gezeugt! Und die Liebe, auch mit ihren sexuellen Ausdrucksformen, hat so viele Dimensionen, die noch ausgekostet werden könnten, solange man auf der Erde weilt. In diesem Sinne lehrt uns die »Quelle«, diese unverzichtbare Seite unseres Seins anders und besser zu verstehen.

Frage: **Wir sind sexuelle Wesen. Aber für die meisten Religionen ist diese Tatsache von Übel. Eine solche Haltung führt zu viel Leid. Hat Sexualität über die Fortpflanzung hinaus eine Funktion, speziell für unsere seelische Entwicklung?**

Quelle: Sexualität dient, wie ihr wißt, der Fortpflanzung, und ist, wie ihr wißt, ein Aspekt eurer animalischen Seite. Diese animalische Existenzform, die euch einen Körper zur Verfügung stellt und eure Seele darin bindet, ist von großer Wichtigkeit und sollte nicht als nebensächlich oder niedrig betrachtet werden. Bei allem, was wir euch über die seelischen Funktionen von Sexualität sagen können, wünschen wir uns, daß dieses von euch berücksichtig wird. Niemand sollte also dem bei euch verbreiteten Irrtum verfallen, eine von animalischen und biologischen Notwendigkeiten befreite Sexualität für etwas Besseres, Reineres oder Höheres zu halten.

Ihr seid nicht nur Seele, und ihr seid nicht nur Körper. Ihr seid beides zusammen, und beides fordert sein Recht, zu gleichen Teilen und in gleicher Gewichtung. Nachdem ein Körper beseelt wurde, wird die Seele weiterhin in jedem Stadium ihrer Entwicklung, in allen Zyklen ihrer Entfaltung, von zwei grundsätzlichen Bedürfnissen getragen. Sie möchte den ungewohnten Gegebenheiten der Fleischwerdung gerecht werden, und das bedeutet im Hinblick auf die Sexualität zum einen, daß sie sich anderen Körpern nähern möchte, andere Körper hervorbringen möchte, kurzum einem anderen Menschen und einer Seele, die in einem anderen Menschen verkörpert ist, so nahe kommen will, wie es in inkarniertem Zustand nur irgend möglich ist. Dies ist die ewige Sehnsucht nach Verbundenheit. Zum anderen bewahrt die inkarnierte Seele stets auch den Wunsch und das Bedürfnis, sich mit nichtkörperlichen Erscheinungsweisen, mit ihrer eigentlichen Heimat, mit den nichtverkörperten Seelengeschwistern, mit all dem, was zwar nicht materialisiert ist, ihr aber wohlvertraut bleibt, zu verbinden. Das nennen wir die Sehnsucht nach Entgrenzung.

Wenn wir nun den sexuellen Akt und besonders die von einem Orgasmus gekrönte sexuelle Vereinigung aus unserer entkörperten Perspektive betrachten, so sehen wir, daß beide Bedürfnisse in diesem einen Vorgang gestillt werden. Der Orgasmus stellt die größtmögliche Nähe zu einem anderen eingekörperten Individuum her, ganz gleich, mit welchen Mitteln er erreicht wurde. Der Orgasmus entgrenzt aber zugleich die Erscheinungsform des Individuums in energetischer Hinsicht so sehr und so stark, daß dieses Individuum sich öffnen kann und auch erreichbar wird in einer Weise, wie es sonst nicht geschieht. Die Sehnsucht, sich zu verlieren, und die Sehnsucht zu verschmelzen, sich also in einem anderen zu finden, ist in diesem Moment gleichermaßen stark, und die Erfüllung geht mit dieser Sehnsucht einher. Nun werdet ihr denken: »Das mag vielleicht das eine oder das andere Mal der Fall sein. Es ist aber nur möglich, wenn ein Mensch sich einem anderen voll Liebe und reinen Herzens hingibt.« Wir hingegen behaupten: Nein, jedesmal, wenn ein Orgasmus ausgelöst wird, ganz gleich unter welchen Umständen, unabhängig von der Motivation, nicht gebunden an die Gegebenheiten, ist das Erleben von Nähe und Entgrenzung vorhanden.

Sexualität besteht allerdings nicht nur aus Orgasmen. Sie ist eine Erscheinung, die auf die physische Welt begrenzt ist und im astralen Bereich nicht existiert. Sexualität umfaßt nicht nur die körperliche Vereinigung, sondern auch jegliche Vorstellung, jegliche Prägung, jegliche Phantasie, die in irgendeiner Weise erotische, sexuelle oder begehrliche Aspekte enthält. Sexualität findet im Hirn ebenso konkret und greifbar statt wie in den Genitalien. Sie erfaßt die Vergangenheit ebenso wie die Zukunft. Sie übergreift den Raum, denn sie kann sich auch an einer Erinnerung oder an einer Person entzünden, die räumlich sehr weit entfernt ist. Sexualität ist ein Energiespender, der jedem von euch jederzeit zur Verfügung steht und der nicht einmal eines geliebten Objekts bedarf.

Wenn ihr uns also nach den seelischen Funktionen von Sexualität fragt, möchten wir als erstes zu bedenken geben, daß alle inkarnierten Seelen auf ihre Weise ein ungemein großes Interesse an Sexualität empfinden, ob sie es sich eingestehen oder nicht, und zwar gerade deshalb, weil es sich dabei um eine Erfahrung handelt, die nur im Körper gemacht werden kann und die zugleich die Seele rückbindet an ihre nichtkörperlichen Existenzformen. Die Lust, die ihr im Rahmen sexueller Phantasien oder sexueller Betätigung empfinden könnt, ist aus dieser Dualität abgeleitet. Lust bedeutet, auf allen Ebenen angerührt zu sein, auf allen Ebenen eins zu sein und doch das Nicht-Einssein zu empfinden. Lust bedeutet, die Kontrolle zu verlieren und doch noch zu wissen, was man tut. Lust bedeutet, die Fragmentierung, die ihr gewählt habt und der ihr euch auch in jedem Augenblick eurer Einkörperung mutig stellt, für wenige Sekunden zu transzendieren. Und das ist der Grund, warum ihr alle in elementarster Form sexuelle Wesen seid und an Sexualität Interesse habt, ganz gleich, ob ihr sie genital vollzieht oder nicht.

✳

Frage: **Warum werten denn fast alle Religionen tradionellerweise die Sexualität ab und suchen sie zu vermeiden, wo doch Religion gerade auch auf Entgrenzung gerichtet ist?**

Quelle: Jene Religionen oder Formen der Religiosität, die die Sexualität beschränken, meiden, stigmatisieren oder transzendieren wollen, richten sich vor allem an Seelen, die sich in ihrem Entfaltungszyklus am Übergang von der Kind-Seele zur Jungen Seele oder im Jungen Zyklus befinden. Sie kommen damit den betreffenden Menschen sehr entgegen und bieten ihnen mit dem Verzichtsangebot eine Möglichkeit, sich aus einer unbewußt sehr starken Bindung an die animalische Seite, an die Fortpflanzungsfähigkeit, zu befreien. Wenn der Mensch eine Zeitlang auf irgend etwas, was ihm besonders wichtig erscheint, verzichtet hat, dann wird er einen neuen Abstand dazu gewinnen und sich mit dem Phänomen als solchem besser beschäftigen können. Es verhält sich so, daß das Gewicht der sexuellen Erfahrung sich vom Stadium der Säugling-Seele bis etwa in die Mitte des Jungen Zyklus ein wenig auf die biologischen Funktionen verlagert. Im Reifen Zyklus wird dann ein Gleichgewicht von Fortpflanzungswunsch und energetischem Lustgewinn erlangt, und gegen Ende des Inkarnations-Zyklus verlagert sich Sexualität auf die Sehnsucht nach spiritueller Entgrenzung. Aber es handelt sich dabei nicht um wesentliche Unterschiede, nicht um ein Entweder-Oder. Die Wahrnehmung des Partners und der eigenen Empfindungen ist es, die sich ändert. Wir können es auch so ausdrücken: Enthaltsamkeit fördert die Lustfähigkeit.

Dies gilt für den Einzelfall, aber auch für eine Periode von Jahren. Wenn in vielen religiösen Gemeinschaften so großer Wert auf die Enthaltsamkeit gelegt wird, dann ist es bedeutsam zu begreifen, daß die Lustfähigkeit dadurch nicht verschwindet, sondern sich auf andere Bereiche des Erlebens konzentriert. Wenn jedoch eine sexuelle Enthaltsamkeit zu lange betrieben wird, entsteht eine Enttäuschung, die sich ebenso auf die religiösen Aspekte wie auf die körperlichen ausbreitet. Durch allzu lange Keuschheit wird kein spiritueller Gewinn erzielt. Spiritualität stagniert und versauert ebensosehr, wie die körperlichen Funktionen stagnieren und versauern, wenn ein Mensch sich zu heftig oder zu lange von seiner animalischen Seite abtrennt.

Frage: **Warum gibt es immer wieder die Neigung, diese animalische Seite in der Sexualität abzulehnen?**

Quelle: Die animalische Seite der Sexualität ist nicht selten mit Gewalt und daher mit Angst befrachtet. Um ihre sexuellen Bedürfnisse zu befriedigen, sind Menschen zu Handlungen und Haltungen fähig, die sie sonst an sich und anderen zutiefst verachten würden, die sie bedrohlich finden, die sie an sich selbst nicht begreifen. Das macht angst. Sich von Sexualität fernzuhalten macht wenigstens vorübergehend weniger angst. Wenn Menschen freiwillig auf Sexualität verzichten oder wenn sie andere dazu zwingen, glauben sie, dieses Gewaltpotential binden zu können. Damit versuchen sie, Angst zu reduzieren.

Wer lange Zeit keusch lebt, begibt sich damit in einen inneren Raum, in dem man gar nicht mehr recht angerührt werden kann, auch emotional nicht. Und wir kommen damit noch zu einem wichtigen Aspekt von Sexualität, und das ist die Erfahrung von Nähe. Wir haben bereits angedeutet, daß Sexualität gerade auch im animalisch-körperlichen Bereich zwei Menschen extrem nahe zusammenführt. Ein Gegengewicht besteht darin, daß zwei

Menschen sich zwar körperlich-genital vereinen können und dennoch eine unendliche seelische Entfernung voneinander verspüren mögen. Das macht sie aggressiv. Nähe und Nicht-Nähe sind Erfahrungen, die im Rahmen von Sexualität in ganz spezieller Weise ermöglicht werden. Die Tendenz, die jedoch nur einige wenige gesellschaftliche Gruppen tatsächlich erfaßt, sich der animalischen Seiten ihrer Existenz zu entledigen und andere, angeblich spirituellere Lebensformen zu preisen und aufzuwerten, ist die Auswirkung einer großen angstvollen Vermeidungsstrategie. Die Vorstellung, daß ein Mensch vermeiden sollte, sich an andere Menschen zu verlieren, um dafür seinen Weg zu Gott zu finden, indem er seine Sexualität nicht lebt, ist aus der Angst vor den überwältigenden Energien verständlich. Aber die Rechnung geht nicht auf. Gewiß vermeiden Menschen auf diese Weise, sich aufzulösen, sich den Ängsten, die jede Entgrenzungserfahrung auslöst, zu stellen. Das ist wahr. Alles scheint besser als dieser Verlust. Die eigene Identität aufgeben zu müssen, sei es nur für Sekunden, ist für Inkarnierte bedrohlich. Sie klammern sich an ihre mühsam erworbene fragmentierte Persönlichkeit. Aber Gott als Liebender ist keine Alternative zu einem göttlichen Liebhaber.

Sexuelle Energie und seelische Entwicklung

Frage: **Sexualität ist ein Energiespender. Wie wirkt sich diese besondere Energieform auf unsere seelische Entwicklung aus?**

Quelle: Es handelt sich um eine hochexplosive Mischung: Sexualität ist Energie auf der Aktionsebene, die vorwiegend mit der Energiezahl 3 (Krieger) beschrieben werden kann, wenn es sich um die animalische Seite eurer Existenz handelt, und um Energie auf der Inspirationsebene, die vorwiegend mit der Energie 6 (Priester) umschrieben wird, außerdem um eine Energie auf der Expressionsebene, die wiederum mit der Energiezahl 2 (Künstler) in Kontakt ist. Die 4 (Gelehrter) spielt in der Sexualität keine Rolle, denn Sexualität ist niemals neutral. Künstlerische, priesterliche und kriegerische Energien vereinen sich. Da ihr sonst gewohnt seid, euch mit nur einer einzigen starken Energieform auseinanderzusetzen, ist es für euch überwältigend, drei geballte Energieformen zu erfahren, die euch erfassen, durcheinanderwirbeln und in Bereiche tragen, die euch nicht vertraut sind. Sexualität entsteht in einer Verbindung von Ausdruckswillen, Auflösungssehnsüchten und Phantasie.

Für die eigentliche Entwicklung einer Seele (im Sinne der reinen Bewältigung von Entfaltungsaufgaben und der Notwendigkeit, die seelische Folgerichtigkeit nach und nach aufzurollen) hat Sexualität keine entscheidene Funktion. Es wäre also – allerdings nur theoretisch und nicht in bezug auf die irdische Inkarnationserfahrung – denkbar, daß eine Seele sich entfaltet und an ihr natürliches Entwicklungsziel gelangt, ohne sich jemals mit Sexualität und ihren Implikationen auseinandergesetzt zu haben, und das ist in anderen Manifestationsbereichen, auf anderen Planeten, auf denen Sexualität nicht existiert, auch der Fall. Doch ihr auf der Erde seid damit in zentraler Weise befaßt. Für den Menschen ist ein solches Konstrukt unvorstellbar, denn er kann sich der sexuellen Energie in ihrer Ballungsform nicht entziehen. Und selbst wenn eine in einem menschlichen Körper inkarnierte Seele ein ganzes Leben lang ihre Sexualität weder wahrnimmt noch auslebt, so wird sie doch in einem der nächsten Leben eine Gegenbewegung einleiten und all das nachholen, worauf sie in dem enthaltsamen Leben verzichten mußte. Es handelt sich also bei diesen sexuellen Energien nicht so sehr um vorantreibende, die seelische Entwicklung fördernde Energien, sondern vielmehr um solche, die Vitalität und Aktivität, Erfahrung und Begegnung und Wirkung, das heißt, Leben unter den Gesetzen der Lebendigkeit, an sich erst möglich machen.

Wir möchten die Frage nach der Energie mit einer Gegenfrage beantworten, um euch klarzumachen, worum es sich handelt.

Ihr könnt fragen: Welche Funktion haben Winde und Stürme für die Entwicklung des Planeten? Wir antworten: Für seine Entwicklung haben sie keine Funktion, aber sehr viele Funktionen im Hinblick auf seinen Fortbestand und seine Existenz. Was passiert, ist Erfrischung und Austausch. Winde bieten die Möglichkeit des Wandels, das heißt, stagnierende Energie zu ersetzen, ohne daß die alte verlorengeht. Es handelt sich demnach bei Sexualität eher um energetische Umwälzungsprozesse, auch im Sinne der Fortpflanzung und des Fortbestands, als um etwas Neues, was einen Menschen seelisch vorantreibt in eine Richtung, die seine Entwicklung beschleunigt oder in irgendeiner Weise verändert.

Wenn wir aber von der reinen sexuellen Energie absehen und die Auswirkungen dieser Energie betrachten, die sich zum Beispiel in den Phänomenen von Nähe und Entgrenzung manifestieren, ist es etwas anderes. Dann kann wohl mit Fug und Recht gesagt werden, daß jede Begegnung, die Nähe hervorbringt, der Seele eine neue Möglichkeit eröffnet, sich zu entfalten, und daß jedes Erlebnis von Entgrenzung und Transzendierung der Vereinzelung und des Abgetrenntseins vom Ganzen der Seele Perspektiven eröffnet, die sie sonst nicht gewinnen könnte, und ihr Ziele zeigt, denen sie nachstreben will. Insgesamt wird also ihre Entwicklung durch Sexualität gefördert, weil sie eine Vision entwickeln kann, die ihr ohne die Auswirkungen sexueller Energie nicht zugänglich wäre. Unterschieden werden muß deshalb zwischen der reinen sexuellen Energie als solcher und den Wirkungen, die diese Energie in ihrer Manifestation zeigt.

Sexualität und Beziehungen

Frage: **In diesem Zusammenhang wäre es gut, auch etwas über Sexualität und Beziehung zu erfahren. Sexualität scheint ja häufig eine Verbindung zwischen Menschen einzuleiten und ihr so**

einen Anfangsschub zu geben. In der Folge wirft sie aber häufig auch Probleme auf. Können wir dazu noch etwas hören?

Quelle: Inkarnierte, fragmentierte Seelen sind in mancher Hinsicht wie bockige Kleinkinder. Sie haben ein gewisses Empfinden von ihrer existentiellen Isolation und beharren deshalb gern auch auf ihrem Alleinsein und ihrer Isolation, wenn sie sich erst einmal auf diesen Weg eingelassen haben. Sexualität nun, die Erscheinungsform bestimmter Energien, die sich nur in der körperlichen Welt manifestiert, behindert eine solche trotzige Haltung und veranlaßt die vereinzelten, fragmentierten Seelen, in irgendeiner Weise wieder zusammenzukommen. Und Sexualität veranlaßt sie auch, eine neue Form von Liebe zu erleben, die ihnen vollkommen unbekannt bleiben mußte, solange sie sich nur auf der Astralebene aufhielten. Denn eine Seele in der astralen Welt kann vor ihrer ersten Inkarnation ausschließlich ihre rund tausend Seelengeschwister lieben, also die Angehörigen der eigenen Seelenfamilie. Der höchste Sinn und Zweck eines ganzen langen Inkarnationszyklus ist also ein Zugewinn an Liebesfähigkeit. Sexualität befähigt die Seele, ein Wesen zu lieben, das nicht seiner eigenen Seelenfamilie entstammt. Damit läßt sie einer anderen Seele, ebenso wie sich selbst, eine Erfahrung zukommen, die vollkommen neu ist und auf der Astralebene nicht möglich war.

Wenn nun zwei Menschen sich begegnen und eine sexuelle Attraktion zueinander verspüren, dann handelt es sich in aller Regel um Menschen, die nicht derselben Seelenfamilie entstammen, denn Seelengeschwister lieben sich sowieso. Es gibt keinen Grund, die Funktionen von Sexualität einzuschalten, um diese Liebe zu gestalten oder zu erhöhen. In aller Regel fühlen sich Menschen also von jenen angezogen und sexualisiert, die ihnen fremd sind. Ausnahmen sind möglich. Um diese Fremdheit zu überbrücken und eine neuartige Liebesleistung zu ermöglichen, wird Sexualität eingesetzt wie ein Steg, der zwei weit voneinander entfernte Ufer miteinander verbindet.

Nun werdet ihr euch gewiß fragen: Wie ist es denn möglich,

daß eine solche sexuelle Attraktivität auch wieder nachlassen kann? Wie kommt es, daß sich eine Liebe, die einst vorhanden war, in ein Nichts auflöst? Wie ist es möglich, daß das Glück, das zwei Menschen miteinander erlebt und gestaltet haben, ihnen rückblickend unangenehm, häßlich, falsch und kränkend vorkommt? Die Antwort liegt darin, daß die Energie, besonders auch die Liebesenergie, die durch die sexuelle Brücke zwischen zwei Individuen aufgebaut wird, in den astralen Bereich »hinaufgesogen« wird. Dies geschieht, wenn die Grenzen der aktuellen Möglichkeiten von Verschmelzung und Transzendenz, von Verbundenheit und Entgrenzung einmal erreicht sind. Eine Sättigung der Energien zweier Individuen hat stattgefunden, die weiteres nicht gestattet.

Wenn also zwei Menschen sich einige Jahre lang sehr lieb haben und sich sexuell alles geben, was sie zu geben imstande sind, wird die dadurch erzeugte Energie gespeichert und auf seelischer Ebene abgelagert. Wenn sie einen Punkt erreicht haben, wo Intensiveres nicht möglich ist, dann flacht sie ab, und die betreffenden Personen wenden sich anderen zu, um den Energiepegel wieder zu erhöhen und weiteres Liebeskapital anzusparen, so gut es ihnen möglich ist. Die sexuelle Beziehung, die soeben gelöst wurde, taucht dann in ein graues und oft unangenehmes Licht, um das Weiterwandern zu einer anderen Quelle der Energie reizvoll erscheinen zu lassen. Diese Vorgänge sind nur von der seelischen Warte her verständlich. Wir wissen, daß es euch sehr erschüttert festzustellen, daß ihr geliebt habt und zu lieben aufhört. Ihr seid eine Zeitlang wie wild auf einen anderen Menschen fixiert, und plötzlich ist diese Zeit vorbei. Diese Wildheit, diese Leidenschaft hat sich verflüchtigt. Ihr könnt das nicht begreifen, und es ist mit euren normalen Vorstellungsmitteln auch nicht zu begreifen. Aber wenn ihr die Vorstellung eines unendlich großen Energiereservoirs entwickelt, das ihr in der astralen Welt mit Liebeskraft und mit sexueller Erfahrung füllt, ändert sich etwas. Es wird euch nicht mehr so tief kränken und reuen, wenn ihr einen Sexualpartner hinter euch laßt oder lassen müßt.

Jeder Tropfen in diesem großen Liebesozean rechtfertigt eure Existenz als Menschen. Der ganze Inkarnationsweg dient dazu, mehr Liebesenergie zu erzeugen, damit der gesamte Kosmos davon einen Vorteil hat. Was einmal war, bleibt erhalten. Was ihr gefühlt habt, geht nicht verloren. Energie existiert fort. Immer wenn ihr euch einem anderen Menschen wirklich genähert und euch mit ihm zusammen in irgendeiner Form entgrenzt habt, dann habt ihr diese Energie gesteigert und erhöht. Sie wird euch selbst in mannigfacher Weise zugute kommen.

Frage: **Woran liegt es, daß ich solche Schwierigkeiten habe, mit meinem Freund intim zu werden? Ich habe unerklärliche Widerstände, und mein Freund hat ständig Kopfschmerzen.**

Quelle: Es liegt nicht an dir, und es liegt nicht an ihm, sondern an der Art der Beziehung, die ihr miteinander in stillschweigender und unbewußter Übereinkunft aufgebaut habt. Dein Freund hat deshalb so viele Kopfschmerzen, weil er sich allzusehr den Kopf zerbricht – über alles mögliche, was nicht ihn selbst betrifft, sondern dich und andere. Er ist nicht bei sich, weil er dir immerzu sehr zuvorkommend und aufmerksam entgegentritt und auch, weil er Tag und Nacht in dir und mit dir und bei dir ist. Mit seinen Gedanken, mit seinem Wunsch, deine Wünsche zu erfassen, entfremdet er sich zunehmend von sich selbst. Er kann nicht mehr unterscheiden zwischen dem, was er will und braucht, und dem, was du willst und brauchst. Das konnte er ohnehin noch nie sehr gut, es liegt an seiner Beziehung zur Mutter.

Du spürst instinktiv, daß du in gewisser Hinsicht nie allein bist, daß du immer und ununterbrochen zu zweit bist, und weil du ihn in dir spürst, empfindest du keinerlei Bedürfnis, dieses In-dir-Spüren auch noch körperlich zu vollziehen. Das wäre wirklich zuviel. Du deinerseits hast verlernt, dich ihm gegenüber in wirksamer Weise abzugrenzen, du hast verlernt, deine eigenen, unabhängigen Wünsche zu entwickeln und sie auch einzufordern. Alles, was du tust, ist defensiv. Es wäre wichtig, wieder aktiv zu werden, und es würde sich sehr lohnen, ein neues Bewußtsein in die Beziehung hineinzutragen, das bewirken kann, daß ihr wieder Brücken zueinander schlagen müßt, weil ihr nicht in ununterbrochener Verschmelzung miteinander steht.

Du verstehst das, was dir fehlt, noch nicht ganz richtig, und vor allem befürchtest du allzusehr, deinen Freund zu kränken, wenn du ihn ganz außerhalb der sexuellen Bereiche zurückweist – abweist mit seinem Wunsch, immer in dir und bei dir zu sein, sich von dir abhängig zu machen. Du fürchtest, ihn zu kränken. Dabei übersiehst du, daß du ihn noch viel mehr kränkst, wenn du seine Sexualität, das, was ihn zum Mann macht, ablehnst. Du tust es, und du mußt es tun, weil du die Ablehnung nicht dort vollziehst, wo sie hingehört! Du verwechselst diesen Selbstschutz mit einer globalen, totalen Zurückweisung des Menschen, der dein Freund ist. In der Tat aber würdest du ihn damit nicht nur liebevoll in seine Schranken verweisen, sondern auch auf sich selbst zurückverweisen, und das wäre für ihn und für dich gleichermaßen hilfreich.

Wir sind nicht der Meinung, daß grundsätzlich in jede Beziehung zwischen Mann und Frau eine spannungsreiche Sexualität gehört. Dennoch erkennen wir, daß euch mehr fehlt, als ihr zu fühlen wagt. Ihr spürt beide, daß euch die jetzige Form der Begegnung auf mancherlei Gebieten hilflos macht. Die Hilflosigkeit deines Freundes drückt sich aus in Selbstzweifeln, die zwar einerseits bewirken, daß du ihn stärkst und tröstest, andererseits jedoch verhindern, daß er sich aus eigener Kraft aufrichtet, anstatt sich abhängig zu fühlen und dir wie ein selbstloser Diener die Wünsche von den Augen abzulesen.

Du kommst dadurch in eine ebenfalls hilflose Haltung. Ein Teil deiner Stoßkraft, ein Teil deines gesunden Selbstempfindens wird dadurch blockiert, daß du allzu selten Gelegenheit hast, Wünsche zu äußern, Forderungen zu stellen. Du kommst gar nicht erst in die Verlegenheit, eigene Vorstellungen zu entwikkeln und sie auch durchzuführen. Du hast es bislang auch nicht bewußt gewünscht – aus lauter mißverstandener Liebe. Mit Aktivität, mit einem Teil aktiver Männlichkeit, der dir als Frau durchaus zu eigen ist, kannst du es lernen. Aber immer dann, wenn du versuchst, sie einzusetzen, entsteht in dir der Verdacht, daß du ihn seiner ohnehin zweifelhaft erscheinenden männlichen Rolle endgültig berauben könntest.

Wenn wir euch beiden einen Rat geben dürfen, dann diesen: Wechselt für eine längere Zeitspanne die Rollen! Es wird dir zunächst merkwürdig vorkommen, aber nichts hilft euch besser, als wenn ihr für einige Wochen oder Monate die Geschlechterrollen tauscht und du den männlich-aktiven Part übernimmst, nicht nur während eurer intimen Begegnungen, sondern vor allem auch während der übrigen Stunden, und er den weiblichpassiven, so daß du einüben kannst, zu fordern und zu wünschen, und zu deiner eigenen Potenz zurückfindest. Dann kann auch dein Freund sich in seiner besten psychischen Bestimmtheit erleben, die eine Reihe von günstigen weiblichen Komponenten erhält, die in einer Beziehung aufs schönste zum Tragen kommen können, wenn sie bewußt als solche erlebt und eingesetzt werden.

Das beinhaltet jedoch, daß dein Freund probehalber darauf verzichtet, sowohl deine Wünsche zu erraten, als auch sie zur Erfüllung anzubieten, sondern daß er sich in jeder Hinsicht passiv verhält, so daß du dich genötigt fühlst, deine ureigene Position wieder zu erkunden. Du bekommst dann einen Überblick über die Grenzen, in die er jetzt noch unmerklich, und ohne die Folgen abzusehen, ständig eindringt, so daß du dich in keine andere Verweigerung mehr flüchten kannst, als in die sexuelle, weil er doch so unendlich lieb zu dir ist.

Trefft eine Übereinkunft, die euch erlaubt, spielerisch mit den wechselnden Rollen umzugehen. Spielerisch bedeutet heiter und doch ernsthaft – im Bemühen, etwas gemeinsam zu machen, so wie ihr euch zu einem Brettspiel zusammensetzen würdet. Dann würdet ihr die einzelnen Züge auch nicht so machen wollen, daß immer der andere gewinnt, weil sonst der Sinn des Spiels aufgehoben wäre. Heiter und doch ernsthaft heißt, die einzelnen Spielbereiche gegeneinander abzugrenzen und dabei herauszufinden, wo der eine seine aggressive Potenz entfalten kann und wie der andere sich dazu verhält. Wir erinnern euch daran, daß eine solche Periode, in der ihr die Rollen tauscht, wirklich nur als Übergangszeit gemeint ist und nicht als endgültige Lösung. Denn nur weil euer Beziehungspendel unnatürlich stark nach der Seite der symbiotischen Verschmelzung ausgeschlagen ist, ist es jetzt notwendig, wieder mehr Trennung herbeizuführen, eine gemeinschaftliche Trennung, die bedeutet, daß ihr euch ohne die schreckliche Angst, den anderen zu verletzen und dadurch selbst verletzt zu werden, einander nähert und euch auch gegeneinander abgrenzt.

Wenn überhaupt eine Form erneuerter sexueller Attraktivität entstehen soll, kann sie sich nur entwickeln, wenn ihr darauf verzichtet, eure Ängste durch allzuviel Kuscheln zu bewältigen. Deshalb könnt ihr euch – aber nicht gleich am Anfang eures neuen Beziehungsspiels – darauf einigen, daß ihr nicht mehr als einmal oder zweimal in der Woche miteinander schmust, um überhaupt ein Begehren entstehen zu lassen, und auch das ist nur ein Experiment.

Wir wollen nicht, daß ihr euch voneinander entfernt, vielmehr wünschen wir euch, daß ihr in den Momenten, wo ihr euch nach dem Kuscheln sehnt, auch spüren lernt, was ihr damit gewohnheitsgemäß besänftigt und verdeckt. So können eure Begegnungen frei werden von unangemessener Belastung, und die sexuelle Anziehungskraft nimmt wieder zu.

Frage: Ich lebe seit einigen Jahren enthaltsam wie ein Mönch, weil ich große Angst vor einer neuen Beziehung habe. Ich bin sehr verletzlich und ziehe es vor, allein zu sein, anstatt mich wieder so tief kränken zu lassen. Aber mein Körper will sein Recht. Ich habe auch Sehnsucht nach Nähe. Was soll ich tun?

Quelle: Wenn du jemandem begegnest, der dir wirklich lieb ist und mit dem du eine Nähe pflegen oder aufbauen möchtest, scheue dich nicht, diese mögliche Partnerin darauf hinzuweisen, daß du recht empfindsam und verletzlich bist. Gerade dort, wo jeder Mensch verletzlich ist, bist du noch ein wenig verwundbarer als andere. Das wird deine Geliebte dazu aufrufen, in einem Moment von Nähe und Liebe auf dich zu achten, auf dich Rücksicht zu nehmen. Sei dir nicht zu gut, sei nicht zu stolz, um diese Rücksicht einzuklagen. Sei dir nicht zu gut, auch zu sagen, wann du dich nicht berücksichtigt fühlst. Du möchtest dich auflösen, du möchtest vieles fallenlassen, und ein intimes Beisammensein ist für dich eine der wenigen Möglichkeiten, in denen du deinen Panzer ganz ablegen kannst und dich ungeschützt darbieten möchtest. Später einmal wird dies anders sein, doch jetzt ist die sexuelle Begegnung die wichtigste, die entscheidendste Phase. Wenn du mit einer Frau zusammen bist, fühlst du dich innen und außen nackt, völlig ungeschützt.

Du darfst verlangen, daß deine Empfindsamkeit geachtet wird, daß du für deine Verletzlichkeit geliebt wirst. Und wann immer du spürst, daß deine Partnerin nicht genügend auf dich achtet, dann sprich darüber, und zwar ganz besonders in der ersten Phase der Verliebtheit und ganz besonders, nachdem ihr aus dem Bett wieder aufgestanden seid, nicht im Bett. Ein Mensch, der dir nahekommen will, muß erfahren, wie du Nähe möchtest und wann du sie nicht ertragen kannst. Du bist erwachsen, und du bist deshalb aufgerufen, die Signale zu geben. Du kannst und du darfst nicht erwarten, daß ein anderer Mensch ständig rätselt, was dir guttut und was dir weh tut. Du bist groß, du bist stark, du kannst um die Achtung, die dir entgegengebracht werden muß, kämpfen. Scheue dich nicht, dies zu tun.

✳

Frage: **Es gelingt mir nicht, eine Partnerschaft aufzubauen und aufrechtzuerhalten. Wo liegt die Ursache für meine vielen Trennungen? Ich wünsche mir einen Hinweis, was ich in Zukunft tun kann.**

Quelle: Du bist eine Frau, die viele Qualitäten aufzuweisen hat, aber du bist auch eine Frau, die vielen Männern angst macht. Wenn du lernst, lustvoll deine Schwächen zu genießen, dann wirst du erleben, daß du nicht mehr so angsterregend bist. Männer haben ihr eigenes Rollenverständnis, und das müssen sie auch haben. Sie wollen nicht stärker sein als du, sie wollen aber doch ebenso stark sein. Sie mögen sich nicht schwach fühlen. Das gilt für den Durchschnittsmann. Wenn du aber mit dir liebevoller umgehst und besser zurechtkommst und dich nicht immer so stark machen mußt gegen einen anderen Menschen, dann dürfte es dir nicht schwerfallen, einen Partner zu finden. Allerdings machen wir dich darauf aufmerksam, daß du diesen Partner nicht in allernächster Zeit gewinnen kannst. Du mußt erst mit der Lust an der Schwäche experimentieren. Achte dabei darauf, daß du dich nicht künstlich schwach machst, sondern nur dann Schwäche zeigst, wenn sie wirklich vorhanden ist. Künstliche Schwäche ist auch für einen Partner nicht angenehm, denn er spürt die Lüge, die dahintersteckt. Vertraue also auf deine Macht, und vertraue auf deine Weisheit. Sie sind sehr anziehend. Aber du brauchst sie nicht an die große Glocke zu hängen. Sei so klug und weise, daß du einen Mann nicht bevormundest, daß du ihm möglichst keine guten Ratschläge gibst. Wenn er dich fragt, ist es etwas anderes. Aber ungefragte Ratschläge sind auch Schläge, und keiner läßt sich gern schlagen.

Erlaube, daß dein Mann für dich da ist und sich um dich sorgt, anstatt daß du dich um ihn sorgst, dann wird eine partnerschaftliche Beziehung beglückend für dich sein. Du wirst Glück annehmen können, anstatt dafür zu sorgen, daß der andere stets glücklich ist. Du bist ja schon auf dem richtigen Weg, nur gehe etwas langsamer voran, und überrolle deinen Partner nicht, denn dann stehst du bald wieder allein auf der Straße, und das möchtest du doch gerade nicht. Gehe Hand in Hand mit einem Mann, und achte auf Gleichwertigkeit. Gleichwertigkeit ist dann vorhanden, wenn du nicht stärker und nicht schwächer bist als dein Partner. Du neigst dazu, dir Partner zu wählen, die anfangs sehr stark erscheinen und sich bald als Schwächlinge entpuppen, um deine künstliche Stärke aufrechterhalten zu können. Sieh, daß du das bisher auch nötig hattest, um dich stark zu fühlen. Je weniger stark du erscheinen mußt, um so weniger schwächlich müssen deine Partner sein. Bringe Stärke und Schwäche zum Ausgleich.

Da du ein gespaltenes Verhältnis zu deiner eigenen Kraft hast, glaubst du, Partner anziehen zu müssen, die dir nicht gefährlich werden können. Du strahlst deshalb aus: »Ich bin ganz harmlos.« Wenn aber jemand mit dir tiefer in Kontakt geraten ist, der selbst schwach ist und auf deine Harmlosigkeit spekuliert hat, die du vorsichtshalber auf ihn abgestrahlt hast, dann wird er sich plötzlich bedroht und in seiner Erwartung enttäuscht fühlen. Denn du kannst und du sollst auf Dauer nicht deine Kraft verbergen, sondern sie leben und auch darauf dringen, daß sie respektiert wird. Das kann aber der Partner, der auf den Lockruf »Harmlos, harmlos!« in deine Arme geeilt ist, nicht gut aushalten. Deshalb bitten wir dich, eine kleine, einfache und doch bewußtseinsfördernde Korrektur vorzunehmen.

Wenn du einen Mann kennenlernst, der dich interessiert, strahle aus: »Ich bin gefährlich, ich bin gefährlich!«, und dann wirst du Männer anziehen, die sich gern auf Gefahr, auf Auseinandersetzung, auf das Neue, auf das Abenteuer einlassen. Wir nennen es ein Abenteuer, mit dir zusammenzusein. Das ist spannend, das ist aufregend, das bringt jeden mit neuen Möglichkeiten in Kontakt. Gewöhne dich auch daran, daß du vielfach in einer Beziehung der führende, der dominante Teil sein wirst. Das bedeutet nicht, daß du dich mit Schwächlingen umgeben mußt. Verstehe, was wir meinen, wenn wir von dieser Doppelbotschaft sprechen. Es ist eine Form von Selbstsabotage, denn du bringst dich mit der Doppelbotschaft genau um das, was du brauchst und was du dir so dringend wünschst. Wenn es möglich ist, bitte den einen oder anderen ehemaligen Geliebten um eine Rückmeldung, wie er dich anfangs empfunden hat und wie sich ihm dein Wesen gegen Ende der Beziehung präsentierte. Versuche nicht, dich zu tarnen, versuche nicht, lieb und süß zu sein. Deine Kraft macht dich schön, dein Eigentliches willst du geliebt wissen, nicht die Maske, nicht das, was immer von dir gefordert wurde: Weichheit, Zartheit, Unterwürfigkeit und Verleugnung deiner kraftvollen Kreativität. Es ist für dein Seelenheil nicht notwendig, daß du für den Rest deines Lebens allein bleibst.

Männliche und weibliche Homosexualität

Frage: Ich möchte gern eine Antwort darauf haben, warum ich homosexuell veranlagt bin. Vor zwei Jahren habe ich eine schmerzvolle Erfahrung mit einem Mann gemacht, eine kurze Begegnung, aber merkwürdig intensiv. Ob sich da etwas erfüllen sollte? Warum bin ich so einsam? Ich bin jetzt über siebzig.

Quelle: Wenn eine Alte Seele – so wie du – in vielen Leben einmal Frau und einmal Mann war, weiß sie sehr gut um die Bedingungen von heterosexueller Partnerschaft. Sie hat allerlei Erfahrungen gemacht mit der Begrenztheit solcher Beziehungen. Alte Seelen neigen grundsätzlich mehr und mehr dazu, beide Geschlechter in sich zu vereinigen, um sich einer mehr bisexuellen Neigung hinzugeben, die allerdings in den meisten Gesellschaften nur inoffiziell ausgelebt wird. Nun ist es für dich noch ein wenig anders. Du hast dir gewählt, Männer lieben zu können und lieben zu wollen, weil du sonst mehreren Menschen, die in diesem aktuellen Leben einen männlichen Körper haben, nicht hättest begegnen können – begegnen auf einer intimen, ergreifenden Ebene der Nähe. Wenn eine Seele einen Körper besitzt, ist sie, um Nähe und Entgrenzung in der Sexualität zu erfahren und die Intimität zulassen zu können, die solches erlaubt, auf die Funktionen ihres Körpers angewiesen. Und körperliche Intimität, die Umarmungen, die Berührungen der Haut und das Eindringen des einen in den anderen sind unersetzliche Wege der Begegnung.

In diesem Zusammenhang steht auch die Berührung mit deinem Freund. In der Tat kanntet ihr euch aus einem früheren Leben. Seinerzeit bewohntet ihr gegengeschlechtliche Körper. Du warst eine Frau, er war ein Mann. Und ihr seid getrennt worden durch den Tod im ersten Jahr nach eurer Eheschließung, als du gerade ein Kind erwartetest. Durch den Tod deines Mannes, der dir nicht nur äußerst nahestand, sondern dir auch ein lange vermißtes Gefühl von Seligkeit und Geborgenheit gegeben hatte, standest du nun plötzlich ganz allein als Witwe mit einem kleinen Kind da. Du lebtest in einer Gesellschaft, in der Witwen an den Rand geschoben wurden und ihnen sogar die Schuld am Ableben des Ehemanns zugewiesen wurde. Dein Kind wurde dir genommen. Du hattest keine Rechte mehr und durftest keine Pflichten erfüllen. Dein Leben war sinnlos geworden. Und solange du lebtest – es währte noch acht Jahre –, hast du deinen Ehegefährten so schmerzlich, so unendlich bitter vermißt, daß du dann, als du ihm wiederbegegnet bist – in der astralen Welt –, mit ihm einen neuen Pakt geschlossen hast. Ihr habt beschlossen, euch wiederzubegegnen unter Umständen, die Ehe und Schwangerschaft unmöglich machen und auch eine Witwenschaft nicht zulassen, auf daß die damaligen Schmerzen und Qualen nicht wiederholt werden könnten. Diesem Freund also bist du wiederbegegnet, und da du eine Alte Seele bist, sind in dir im Zusammensein mit ihm allerlei unbewußte Erinnerungen aufgekommen. Er hat seine astrale Verabredung mit dir eingehalten, obgleich er in diesem Leben auch viel anderes zu tun und zu erledigen hatte. Nun ist mit dem Abschied von ihm der alte brennende und bohrende Schmerz wieder aufgelebt, der dich zuletzt über Jahre hinweg gepeinigt hatte, ein Schmerz, den du selbst schon als merkwürdig, überwältigend und unangemessen empfunden hast und der dich zu der Frage bewegt hat: Warum reagiere ich nach wenigen Wochen so überaus stark auf die Trennung von einem Menschen, der mir doch unter gewöhnlichen Umständen erst nach Jahren hätte soviel bedeuten können, daß ich jetzt so leiden muß?

Ihr mußtet euch begegnen, weil ihr es miteinander verabredet hattet. Dein Ehemann, der damals gestorben war, ohne dich damit kränken zu wollen, hat sich bereit erklärt, ein wenig dazu beizutragen, diese alte Wunde zu schließen. Damit war für seine Seele die Angelegenheit abgeschlossen. Für dich aber brachen die alten Wunden vorübergehend noch einmal auf, bevor sie jetzt endgültig vernarben können. Du hast ihm auch in diesem Leben wieder bittere Tränen nachgeweint und hast dich ebenso verlassen gefühlt wie damals. Aber die Realität deines jetzigen Lebens entspricht nicht mehr den Umständen deiner damaligen Existenz. Du bist jetzt ein anderer, und du lebst in einer anderen Situation. Du wirst von der Gesellschaft nicht verstoßen.

Du fragst auch nach deiner Einsamkeit. Du kannst dich schwer nach außen darstellen, dich anpreisen, dich attraktiv machen. Du hast Angst vor Versagen und vor Strafe und bleibst deshalb in der Liebe und in der Sexualität ein passiver Partner. Du hast sehr große Angst geliebt zu werden, denn in einer Partnerschaft würdest du mit den Zweifeln an deinem Wert mehr als zuvor konfrontiert werden. Du müßtest anerkennen, was du einem anderen Menschen wert bist! Das würde dich sehr erschüttern. Aber du bist auch ein Einsamer, weil du aufgrund deines Seelenalters nicht mehr alles mitmachen magst. Du bist im Hinblick auf energetische Schwingungen sehr wählerisch geworden. Und andere, die weniger fein schwingen als du, fühlen die Distanz, fühlen, daß sie nicht leicht mit dir auf eine Wellenlänge kommen. Du kannst dich vielleicht vorübergehend zu ihnen hinuntertransformieren, aber in einer längeren Partnerschaft wäre das widersinnig. Es wäre grotesk und paradox, wenn du deine feine hohe Schwingung mindern wolltest, nur um einem Partner zu gefallen. Wir können dir nicht versprechen, daß man sich um dich reißen wird, aber mit dem, was du zu bieten hast, könntest du ein Partner sein, der hohe Erwartungen erfüllt. So wie dich gibt es viele Seelen in fortgeschrittenem Reifegrad, die sich nicht mehr mit der Geschlechtertrennung zwischen Mann und Frau so ohne weiteres abfinden mögen, die nicht mehr bejahen können, daß Mannsein oder Frausein zwei verschiedene Dinge sein müssen.

Die Seele kennt kein Geschlecht. Geschlecht gibt es nur im Körper. Du versuchst wie viele andere, die Widersprüche in dir zu vereinen, deren Dauerhaftigkeit du als deine klare, wahre, unwandelbare Realität erkennst. Und darin bist du nicht allein. Aber du mußt dich als »Mensch mit Seele« zu erkennen geben! Wichtig ist, daß du dort suchst, wo du auch finden kannst. Aber noch wichtiger ist, dich dort zu zeigen, wo du gefunden werden kannst. Du wirst nicht den Rest deines Lebens allein sein. Das können wir dir versichern. Aber um Resonanz zu finden, mußt du die Klänge deiner Musik ertönen lassen.

Wenn du dich zeigst als der, der du bist, in deiner ganzen Lichtgestalt, dann können andere, die zu dir passen, dich auch sehen. Das ist die Voraussetzung für eine glückliche, bereichernde, wahrhaftige Beziehung. Auch du mußt darauf nicht verzichten. Wisse aber auch, daß für eine Alte Seele das Interesse an Sexualität, auch in einer homoerotischen Beziehung, nachlassen kann. Nun bist du allerdings sexuell betont, und deine Chakren brauchen die elementare Schöpferkraft, die mit Sexualität verbunden ist. Du hast einen großen und weiten Geist, der durch Sexualität sehr gut und stark geerdet werden kann. Deshalb ist es nicht günstig, wenn du allzu lange verzichtest. Aber bewerte die Sexualität auch nicht allzu hoch. Sie ist für dich beileibe nicht die einzige und nicht die größte Erfüllung.

✳

Frage: Mein Mann, der nach fünfundvierzigjähriger Ehe gestorben ist, hat mir kurz vor seinem Tod gestanden, daß er jahrzehntelang homosexuelle Beziehungen hatte. Ich bin seitdem sehr erschüttert und verwirrt. Ich möchte gern wissen, welche Rolle Homosexualität in seinem Leben gespielt hat und ob ich daran schuld bin, daß es so gekommen ist.

Quelle: Wir begreifen deine Verwirrung und möchten dir helfen, indem wir dich aufklären. Eure Phantasien und Wünsche in der Ehe waren stärker als die Realität ihrer Durchführung. Dein Mann hat dich betrogen, aber weniger mit seinem Körper als mit seiner Lebenslüge. Als er sich dir endlich offenbarte, konnte er nicht mehr deutlich unterscheiden zwischen dem, was tatsächlich geschehen war, und dem, was er sich gewünscht hätte. Es ist in den vielen Jahren vereinzelt zu Kontakten mit Knaben und Männern gekommen, die aber weder besonders befriedigend noch besonders aufregend für ihn waren, aber sie haben ihm eine Welt der Phantasien und Sehnsüchte eröffnet, die ihn ungeheuer beschäftigten und ihm gleichzeitig schwere Schuldgefühle verursachten. Da aber die Schuldgefühle ihn am Phantasieren hinderten, hat er sie weit weggeschoben und sich selbst dazu erzogen, sich im Geist alles zu gestatten, was seine Phantasie ihm nur ausmalen konnte. Wenn du glaubst, daß er all das, was er dir in den letzten Monaten berichtet hat, wirklich getan hat, tust du dir nichts Gutes. Seine Schuldgefühle haben sein Bedürfnis, tatsächlich etwas Böses getan zu haben, ins Unermeßliche gesteigert. Seine Verwirrung in den letzten Monaten hat sehr dazu beigetragen, daß er sich noch weitere Ereignisse aus seiner Phantasie ins Gedächtnis zurückholte und sie plötzlich als real empfand. Er hat sich aber nur selten getraut, im Urlaub oder auf Geschäftsreisen diesen Bedürfnissen nachzugeben, und auch dann haben sie nie der Größe und der Befriedigung seiner Phantasien entsprochen.

Du kannst dir vorstellen, daß die Homosexualität eine Veranlagung ist, aber auch eine Folge von Erziehung und Mutterbindung. Seine Eltern wurden früh geschieden, der Vater wurde in der Familie verteufelt, weil er an Frauen großes Interesse zeigte. Ein Junge, der mit einem so durch und durch negativen Vaterbild aufgewachsen ist, kann in sich selbst das Männliche nicht recht entwickeln, er hat kein gutes Vorbild. Er hat Angst davor, ein Mann zu sein, weil er die Befürchtung entwickelt, genauso zu werden, wie sein Vater ihm dargestellt wurde: ein unzuverlässiger Schweinehund und Schürzenjäger. Dieses Bild wollte er instinktiv und unbewußt in sich auslöschen und vermeiden. Dadurch ist es ihm nicht gelungen, echte männliche Qualitäten zu entwickeln. Gleichzeitig sehnte er sich unablässig danach, von einem Mann geliebt zu werden. Da sein Vater ihm diese Liebe nicht gab und auch nicht geben konnte, blieb sein ganzes Leben lang eine große Sehnsucht in ihm zurück, endlich von einem Mann in den Arm genommen zu werden, gestreichelt zu werden, eine Befriedigung des Herzens und des Körpers zu erleben, die ihm immer gefehlt hatte. Auch bei dir konnte er sie nicht finden.

So hat er in seiner Phantasie und in den wenigen homoerotischen Begegnungen etwas gesucht, was ihm seit seiner Kindheit nicht gewährt wurde. Das Weibliche in Gestalt der mütterlichen Gefährtin schien ihm Sicherheit und Geborgenheit zu gewährleisten. Gleichzeitig mußte er es hassen, da es ihn in Abhängigkeit gefangenhielt. Das Männliche konnte er aus sich selbst heraus nicht produzieren, da er nicht wußte, wie ein wirklicher Mann sich zu verhalten hat. Das hat ihn auch dazu bewogen, am Anfang eurer Ehe die männliche Rolle von sich abzuweisen. Du mußtest sie weitgehend übernehmen. Er war dazu nicht in der Lage, er fühlte sich außerstande, die Verantwortung seiner Rolle zu übernehmen. Doch auch ein Mensch wie er mit einer ungeklärten Sexualität wünscht sich eine Familie, ein Heim. Sei ihm nicht allzu gram, daß er dich betrogen hat. Wäre er aufrichtig gewesen, hättest du ihn sofort vor die Tür gesetzt.

✳

Frage: Ich bin schwul, habe aber seit vielen Jahren eine fast platonische Beziehung zu einer älteren Frau. Sie ist sehr eifersüchtig. Soll ich ihr zuliebe weiterhin mein Interesse an Männern leugnen? Ich habe meine Homosexualität noch nie ausgelebt.

Quelle: Deine Seele hat mit der Seele deiner Freundin eine Vereinbarung getroffen, daß ihr euch gemeinsam auf eine Situation einlassen wollt, die für beide gleichermaßen herausfordernd ist. Und diese Herausforderungen richten sich in erster Linie auf das persönliche Wachstum, das sich einstellen kann, wenn ein Mensch über seine Grenzen hinaus auf die Liebe zu einem anderen antwortet und bereit ist, diese Liebe über die Bedürfnisse der Angst zu stellen.

Das also ist der Rahmen, den ihr euch gesetzt habt; wir werden im Detail auf die Bedingungen eures Abkommens eingehen. Entscheidend ist für euch beide, zu wissen und zu erkennen, daß ihr einen großen Teil eures Vertrages bereits erfüllt habt. Aber die Bereicherung der vollständigen Erfüllung wurde noch nicht von euch in Anspruch genommen. Stecken wir noch einmal die Rahmenbedingungen eurer Liebe ab: Da ist also ein Mensch in einem männlichen Körper, und da ist ein Mensch mit einem weiblichen Körper, die aus individual-seelischen Gründen zu verschiedener Zeit auf die Welt gekommen sind und dennoch das Abkommen einhalten wollen, das sie in der astralen Welt miteinander getroffen haben. Dieses Abkommen beinhaltet vor allem, daß beide an ihrer Angst arbeiten und sich gemeinsam eine Situation schaffen wollen, wo diese Angst aufs äußerste gefordert ist. Beide fühlen sich in ihrer Freundschaft, die schon so lange währt und nicht erst in diesem Leben begann, bedroht.

Wir sagten, daß ihr einen Teil eures Abkommens eingehalten habt, und nun wäre es an der Zeit, daß ihr beide den Mut findet, euch auch dem Kern eures Vertrages zu stellen. Solange du selbst noch zögerst, diese Frau an die Grenzen ihres bisherigen Liebesverständnisses zu bringen, aus Angst, damit etwas auszulösen, was nicht wiedergutzumachen ist, wird das Zusammensein mit ihr langsam verwässern und eine angenehme und vertraute, aber doch in mancher Hinsicht oberflächliche Zweckgemeinschaft bleiben. Das eigentliche Abkommen wird also anvisiert in dem Moment, wo du deine Freundin damit konfrontierst, daß sie dich bisher nur ausschnitthaft geliebt hat, daß sie dir für ihre Liebe Bedingungen gestellt hat, die dich in einer wesentlichen Form deines Selbstausdrucks beschneiden. Und daß sie sich selbst beschneidet in dem Maße, wie sie sich vorgaukelt, daß sie dich als Mensch lieben kann, ohne dich als Mann zur Entfaltung kommen zu lassen. Sie glaubte bisher, es sei genug, dich wie jemanden zu lieben, der ihr in all den Jahren ans Herz gewachsen ist, und sie sieht nicht, daß erst dann wahre Liebe entsteht, wenn sie dich mit all deinen Facetten akzeptiert, ohne dich abzuweisen. Du wiederum wirst in gleichem Maße deine Liebe zu ihr auf die Probe stellen müssen, wenn du dich bereit findest, mehr als bisher und offener als bisher das zu tun, was für dich wichtig und notwendig ist, nämlich deinem Körper, deiner Psyche und deiner Seele eine Befriedigung zu gönnen, die du ihnen bislang versagt hast. Solange du dich ihr gegenüber und auch dir gegenüber verleugnest, solange diese Verleugnung nicht aus einer freien Entscheidung, sondern aus Angst vorgenommen wird, bist du nicht frei zu lieben, kannst du auch deine Freundin nicht frei lieben; du liebst sie voller Kompromisse, und in dir staut sich ein Groll auf, der auf Dauer die Beziehung vergiftet.

Angst hindert euch an der vollen Entfaltung eurer Persönlichkeiten, wenn auch auf verschiedene Weise. Du bist derjenige, der dazu berufen ist, eine Wende zu riskieren, und wir wollen nicht leugnen, daß es sich um ein echtes Risiko handelt. Doch wird es sich erweisen, daß eure Liebe über diese Krise hinaus tragfähig ist und daß du diese Frau als Mensch und als Freundin nicht verlieren mußt – so wie es deine Angst dir vorspiegelt –, wenn du offen und liebevoll mit dir und deinen Bedürfnissen umgehst. Mit dir liebevoll zu sein bedeutet gleichzeitig, mit ihr liebevoll zu sein, auch wenn es sich ihr zunächst anders darstellt. Sie zu konfrontieren mit ihrem Mangel an echter Akzeptanz wird ein hartes Stück Arbeit werden, und du wirst dich auseinandersetzen müssen mit der Rebellion, die ihr ängstliches Ego an dir austragen wird. Wir raten dir, diesen Abschnitt eurer gemeinsamen Seelenarbeit erst dann zum Tragen zu bringen, wenn du dich kräftig genug fühlst, sowohl für dich selbst einen Schritt weiterzugehen, als auch die Entfaltung deiner Freundin und vielhundertjährigen Geliebten einen Schritt voranzutreiben.

Du sehnst dich nach festen menschlichen Bindungen. Bestehe auf deinem Recht, dir Liebe dort zu holen, wo sie für dich zu finden ist. Glaube nicht, daß du dich zwischen Männern und Frauen endgültig entscheiden mußt. Diese Angst ist es, die dich lähmt und die dir die Zukunft in einem dunklen Licht erscheinen läßt. Du glaubst, bald eine endgültige Entscheidung treffen zu müssen und daß es für dich nur ein Entweder-Oder geben kann. Das ist nicht der Fall, und du wirst erleben, daß du in deinem Inneren flexibel genug bist, um dir von mehreren Menschen Zuneigung, Zuwendung, Sexualität und Lust zu verschaffen, ohne ein Leben der Lüge und des Verzichts zu führen. Noch einmal: Bestehe auf deinem Recht, all die Wärme zu empfangen und zu erhalten, die du brauchst. Und glaube nicht, daß du dafür nur auf Männer angewiesen bist. Du mußt vor allem Geduld aufbringen können. Geduld bedeutet, auch eine Krise mit deiner Freundin in Kauf zu nehmen, um dem anderen und dir selbst Gelegenheit zum Wachstum zu verschaffen. Eure Beziehung braucht eine Bedenkpause, eine Verschnaufpause. Sie braucht Gelegenheit zur Erneuerung. Und um sich zu erneuern, muß man sich oft ein wenig zurückziehen, die Gedanken klären, die Empfindungen und emotionalen Reaktionen sortieren, bevor man wieder bereit ist, sich auf einer neuen Basis zu nähern.

Es kommt nicht darauf an, in einer solchen Lage innerhalb weniger Tage die Verhältnisse wieder zu glätten und eine Harmonie wiederherzustellen, deren Durchbrechung gerade das ist, was von euch verlangt wird und dem ihr euch stellen solltet. Du wirst selbst wissen, daß du in Zukunft deine Gesundheit und deine Liebesfähigkeit, deine Gefühlsqualitäten und deine Aufrichtigkeit nicht aufrechterhalten kannst, wenn du so tust, als könntest du die Bedürfnisse deines Körpers und die Möglichkeiten der Erfahrung, die damit verbunden sind, hinausschieben oder ganz verleugnen. Tue dir das nicht an. Und es wird dir helfen zu wissen, daß du wirklich niemandem mit einem Verzicht nützt, weder dir noch ihr, noch irgendeinem anderen Menschen. Du brauchst deine Freundin nicht auf Kosten deiner menschlichen Integrität zu schonen. Traue ihr Wachstum zu, und mute ihr Wachstum zu. Glaube daran, daß sie sich entwikkeln kann, und mache ihr klar, daß ihre Gesundheit ebensosehr unter dem jetzigen Zustand leidet wie deine.

Nicht jedes Paar muß alles miteinander teilen. Wenn zwei Seelen etwas miteinander gestalten wollen, so werden sie Wege finden, um dieses zu tun. Sie sollten sich jedoch auch die Freiheit lassen, das, was sie einander nicht geben wollen und nicht geben können, bei anderen zu finden. Du wirst bei deiner Freundin natürlich auf großen Widerstand stoßen, wenn du ihr vorsichtig ihre eigenen verdrängten körperlichen Bedürfnisse klarmachst und ihre Angst, sich an ihrem Körper zu freuen. Sie hat vor Sexualität sehr große Furcht und hat sich auf einer oberflächlichen Ebene deshalb einen Partner gesucht, der sie in dieser Hinsicht nicht fundamental bedroht. Aber das ist noch nicht das Ende der Geschichte. Helft euch gegenseitig durch Verweigerung, im Lieben einen Schritt weiterzukommen und zu dem zu stehen, was ist, anstatt einen Zustand anzustreben, der euch beide zu Scheintoten macht.

Aus unserer Sicht, die nicht aus gesellschaftlichen Vorurteilen und Anschauungen erwächst und die keine Moral, sondern nur die Liebe kennt, ist es häufig so, daß ein Mensch erst dann bereit ist, sich gegen die vorherrschende Moral zu wenden und sich der gleichgeschlechtlichen Liebe zuzuwenden, wenn er etwas lernen und erfahren möchte, was außerhalb der von Angstgrenzen bestimmten Norm geschieht. Deine Seele hatte vor, Menschen zu begegnen und mit ihnen einen Grad von Intimität zu erreichen, den du sonst niemals erreicht hättest. Und es ist wichtig für dich,

dich mit der Not und der menschlichen Sehnsucht nach Kontakt auseinanderzusetzen, die du bei Partnern desselben Geschlechts bemerkst und der du dich in Zukunft mehr stellen wirst. Du bist als Mann nicht allein in deinem Wunsch nach einer warmen und geborgenen, befriedigenden Beziehung zu einem anderen Mann. Und du weißt, daß viele von denen, die dieselben sexuellen Neigungen haben wie du, sehr einsam sind, daß sie eine beglückende Erfahrung, wie du sie viele Jahre lang mit deiner Freundin machen konntest, noch nie gemacht haben und gar nicht kennen.

Du kannst also für manche ein Vorbild und eine Anregung darstellen, wie eine Situation zu bewältigen sei, die für die meisten nur Probleme aufwirft. Wir denken dabei vor allem an diejenigen, die sich aus einem Mißverständnis heraus für das Entweder-Oder entschieden haben, obwohl sie eigentlich nicht eindeutig homoerotisch ausgerichtet sind, sondern eine unbewußte Bisexualität in sich tragen, die zu dem Höchsten gehört, was ein Mensch in seiner sexuellen Entwicklung auf diesem Planeten erreichen kann. Diese Bisexualität entwickelt sich in eine Richtung, die auf anderen Planeten selbstverständlich ist und für alle Alten Seelen erstrebenswert wäre. Sie schränken sich in den meisten Fällen unbewußt und schmerzlich ein, wenn sie sich den Seelen, die ihnen in Liebe begegnen, nicht auch körperlich hingeben können, ohne Rücksicht darauf, welchen Geschlechts sie sind.

Hilf also jenen, die sich in einer vergleichbaren Lage befinden, durch dein Sein und durch dein Handeln, und zeige ihnen, daß es möglich ist, in einer menschlich befriedigenden Beziehung emotional zu geben und zu nehmen und doch sexuell frei zu sein. So wie es für dich möglich sein wird, ist es auch für andere möglich, doch wissen sie es noch nicht und verschließen sich ängstlich vor dem Potential, das in ihnen steckt. Sei stolz auf das, was du erreicht hast. Du hast dir eine Bindung geschaffen, die deine Neuorientierung verkraften kann. Empfinde das, was du bislang erkämpft hast, nicht als Mangel, sondern als Bereicherung. Und in dem Bewußtsein dieses Reichtums kannst du jetzt die Zinsen verprassen, indem du dir die Freuden gestattest, die ein guter Zins ermöglicht, ohne die Substanz anzugreifen.

✳

Frage: **Wir sind zwei Lehrerinnen, die seit Jahren zusammenleben und eine sehr enge, liebevolle Beziehung miteinander haben. Wir wünschen uns nun sehnsüchtig ein Kind. Soll eine von uns schwanger werden? Niemand gibt einem lesbischen Paar ein Kind zur Adoption oder Pflege. Was sollen wir tun? Müssen wir verzichten?**

Quelle: Ihr habt euch zu einer gemeinsamen Lebensarbeit zusammengefunden. Diese Arbeit gleicht einem Projekt, zu dem die beiden Menschen, die mit ihm beschäftigt sind, verschiedenartige Beiträge leisten. Dieses Projekt beinhaltet durchaus ein Kind, das Thema »Fortpflanzung«, eine besondere Art von Mutterschaft und eine besondere Art von Vaterschaft. Und wenn wir von einer ungewöhnlichen Vaterschaft sprechen, so meinen wir eine Vaterschaft, die aus der Welt der Seele ihre Zeugungskraft bezieht und nicht aus der Welt der Physis. Aber ihr seid nun einmal beide als Frauen inkarniert, und niemand kann schwanger werden allein durch einen seelischen Kontakt.

Ihr habt euch etwas Ungewöhnliches vorgenommen, als eure Seelen noch nicht in diesen Körpern weilten. Ihr wollt beweisen, daß die Beziehung zwischen Eltern und Kindern keineswegs, wie es noch während eurer Ausbildungszeit vertreten wurde, ausschließlich eine Frage der Biologie und des sozialen Umfeldes ist, also der Genetik und des Milieus. Ihr fühlt vielmehr, daß seelische Entfaltungspläne, Absprachen zwischen Seelen und karmischer Ausgleich außerordentlich wichtige und oftmals entscheidende Faktoren in der menschlichen Entwicklung darstellen – einer Entwicklung, die mit den beiden vorgenannten Faktoren nur unzureichend und auf Dauer sehr unzulänglich charakterisiert ist. Darin stimmen wir mit euch überein.

Eure Seelen also hatten sich zusammengetan, um etwas Neues und Ungewöhnliches zu bewirken, lange bevor eure Körper sich begegneten. Seelische Projekte sind niemals nur von Leichtigkeit und Widerstandslosigkeit getragen. Sie sind oft für alle Beteiligten große Herausforderungen, denn sie dienen dem Lernen und dem Wachstum. Zu diesem Projekt also gehört nicht nur eure Absicht und euer guter Wille, sondern auch die Vereinbarung mit einer anderen, einer dritten Seele. Sie muß bereit sein, gemeinsam mit euch an dieser Aufgabe zu arbeiten. Damit ist nicht nur die seelische Arbeit von euch beiden Frauen, sondern auch die schwierige Inkarnationsaufgabe des Kindes gemeint. Daran arbeitet seine Seele in voller Verantwortlichkeit mit, lange vor Zeugung und Geburt. Deshalb solltet ihr den seelischen Beitrag, den ein Kind leistet, keineswegs unterbewerten oder erst zur Kenntnis nehmen, wenn dieses Kind erwachsen ist.

Ihr fragt nun also, wie das geschehen kann. Nur eine von euch findet sich zu einer Mutterschaft bereit. Die Künstler-Seele wird die Mutter sein, die Krieger-Seele der Vater. Und nun gilt es, Mittel und Wege zu finden, die allen drei Seelen – der Vaterseele, der Mutterseele und der Seele des zukünftigen Kindes – so wenig Schwierigkeiten wie möglich in den Weg legen. Der seelische Vater hat hierbei eine ganz besondere Lernaufgabe, nämlich sich durch den physischen Samen eines fremden Mannes nicht entwertet zu fühlen, sondern sich in ganz besonderer Weise seines Wertes bewußt zu werden. Sie besteht darin, sich mutig und von der eigenen Bedeutung überzeugt einer solch ungewöhnlichen Situation zu stellen und diese Position auch überzeugend vor sich und vor anderen, wer immer es sei, zu vertreten.

Versucht es mit einer künstlichen Befruchtung. Sie kann mit oder ohne ärztliche Begleitung vorgenommen werden. Wenn du jetzt mit einem Mann schlafen würdest, wärst du bei allem guten Willen so verspannt und unglücklich, daß es kaum spontan zu einer Schwangerschaft kommen könnte. Du müßtest also manches Mal probieren, um den gewünschten Effekt zu erzielen. Das aber würde deine Psyche so sehr belasten, daß wir dir davon weitgehend abraten. Selbst wenn du den Tag und die Stunde genau berechnest, wird es doch schwierig, weil sich alles in dir gegen die Berührung durch einen Mann sträubt. Du strebst etwas Außergewöhnliches an. Nun gestatte dir und deiner Partnerin, dieses Ungewöhnliche auch soweit zu betreiben, daß ihr keinen Mann als Person zwischen euch treten laßt. Wir meinen das Wort von der seelischen Vaterschaft sehr ernst. Es ist nichts Beliebiges.

Ihr müßt auch versuchen zu vermeiden, daß die leibliche Mutter das Kind als das ihre betrachtet und der weibliche Vater das Gefühl entwickelt, beiseite stehen zu müssen, weil seine Rolle unklar ist.

Das geplante Lebensprojekt wird nur erfüllt, wenn der seelische Vater zu seiner vollverantwortlichen Vaterschaft steht und die seelische Mutter, die in diesem Fall zugleich die physische Mutter ist, den seelischen Vater in voller Weise an allem, was zu einer Zeugung gehört, beteiligt. Das kann sogar den Akt der Samenübertragung mit einbeziehen. Es erfordert allerdings noch ein Weilchen Bewußtseinsarbeit. So wie sich alle Liebenden, die sich ein Kind wünschen, auf den Akt der Zeugung freuen, so solltet auch ihr diesen Akt freihalten von allen störenden Faktoren, solange es irgend geht. Wenn sich jedoch herausstellt, daß eine Befruchtung ohne ärztliche Hilfe nicht möglich ist, könnt ihr immer noch in eine Klinik gehen, in der vollen liebenden Verantwortlichkeit für das, was geschehen wird.

Die Menschwerdung der Seele: Zeugung, Schwangerschaft und Geburt

Frage: Religionen und Gesellschaften in den meisten Nationen der Erde verurteilen die Abtreibung. Bei uns bestehen inzwischen viele Menschen auf dem Recht, über die Zahl ihrer Schwangerschaften frei zu entscheiden und abzutreiben, wenn es nötig ist.

Aber Frauen haben nun oft eine neue Angst, sich dadurch ein Karma zu schaffen, unter dem sie dann in den folgenden Leben leiden müssen. Was kann uns die »Quelle« dazu sagen?

Quelle: Wenn eine Seele die Verarbeitungsphase, die einer vorangegangenen Existenz folgt, abgeschlossen hat und nun ihren Planungsprozeß in Angriff nimmt, der sie auf eine weitere Inkarnation vorbereitet, sendet sie ihre Energie wie Suchstrahlen an viele Orte der Erde und zu vielen zeugungsfähigen Menschen, um herauszufinden, welche Gegebenheiten, welche Frequenzen und Schwingungen der Energie entsprechen, die sie selbst nunmehr gewonnen hat und die sie vervollkommnen möchte. Die Energie wird ausgesandt nicht wie ein einziger Strahl, sondern wie eine Anzahl von Suchlichtern, die kreisen und schweben, die alle Orte und Wesen, alle Geschichten und alle Gedanken erfassen können. Diese Energiestrahlen tasten ab und orientieren sich, bleiben oder wandern. Sie verweilen längere Zeit dort, wo sie Verwandtschaft, Entsprechung, Erwartung spüren.

Die Seele, die nach einer neuen Inkarnationsmöglichkeit sucht, tastet auch menschlichen Samen und menschliche Eizellen ab, erfüllt mit ihrer Energie bestimmte Personen, die ihren Vorstellungen entsprechen, und führt sie sozusagen zusammen, um eine Verschmelzung zu erproben, die ihren Vorstellungen entsprechen könnte. Das bedeutet nicht, daß die Seele, die noch auf der Suche nach der rechten Form ist, bei der Zeugung oder mit der Teilung der ersten Zelle sogleich in den neu entstehenden Körper hineinschlüpft und dort ihre Wohnstatt bezieht. Im Gegenteil: Sie wird die verschiedensten Zellklumpen abtasten und erproben, ob ihr Versuch erfolgreich war, eine Energieentsprechung zustande zu bringen und zu finden, die ihren Hoffnungen, Zwecken und Erwartungen entspricht. Und erst wenn sie sicher sein kann, daß es ihr weitgehend gelungen ist, das Rechte zu schaffen und zu gestalten, trifft sie die Entscheidung für einen bestimmten Körper und wendet ihren Suchstrahl von allen anderen abgetasteten Möglichkeiten ab.

Dieser Zeitpunkt kann nicht allgemein festgelegt werden. Manchmal geschieht es sofort. Solche Verbindungen beruhen meistens auf seelischen Vereinbarungen mit Vater oder Mutter. Es gibt Körper, die nach vier oder fünf Monaten von einer entschlossenen Seele behaucht werden. Andere Seelen wiederum warten bis wenige Stunden vor der Geburt, bevor sie sich endgültig entscheiden. Und noch andere ziehen ihre Behauchung zurück, kaum daß sie das Licht der Erde erblickt haben. Sie verschließen wieder ihre Augen, gehen zurück und versuchen es noch einmal.

Wir können euch also keine fertige, praktikable und einer Gesetzgebung entsprechende Antwort geben, keine Lösung, die ihr pauschal für euch in Anspruch nehmen könnt. Die Beseelung eines Körpers ist komplexer, von vielfältigeren Faktoren abhängig und unsicherer, als ihr euch vorstellen könnt. Doch scheint uns eure erbitterte Diskussion um den Zeitpunkt, wann es statthaft oder schon sündhaft ist, ein Leben zu beenden, insofern müßig, als ihr immer wieder außer acht laßt, daß ihr ja die Seele, die einen Körper gewählt hat, nicht tötet. Ihr tötet einen Körper, der von einer Seele vorläufig in Anspruch genommen wird und den sie selbst jederzeit verlassen kann, ob vor der Geburt oder nach der Geburt, wann immer es ihr beliebt. Und ihr wißt auch, daß sich nicht jedes werdende Kind abtreiben läßt. Viele widerstehen, weil sie ganz sicher sind, daß die entstandenen Gegebenheiten ihren Notwendigkeiten entsprechen.

Darüber hinaus gibt es noch die Erwägung, daß Vater, Mutter oder Gesetzgeber sich schuldig machen können an der Zerstörung von Leib und Seele. Wie stets, wenn es sich um den Begriff »Karma« handelt, erinnern wir euch daran, daß Karma nicht gleichzusetzen ist mit Tat, sondern mit Motivation. Wenn also zwei Menschen verantwortungslos und leichtfertig ein Kind zeugen und die Schwangerschaft dann ebenso verantwortungslos und gleichgültig wieder beenden, dann sind in der Tat Möglichkeiten für eine karmische Verstrickung gegeben. Doch wird die Verstrickung stets alle drei Beteiligten betreffen, das Kind, den Vater, die Mutter. Es wird euch verwundern, wenn wir euch sagen, daß ein Wesen, solange es nicht geboren ist und sich als Individuum begreift, keine karmischen Bindungen eingeht, sie deshalb auch nicht mit sich eingehen läßt, sofern eine solche Bindung nicht von allen Beteiligten angestrebt wird.

Ihr erfahrt Karma häufig in der Gestalt eines ungewollten Schicksals, sei es als Täter, sei es als Opfer. Ihr könnt euch kaum vorstellen, daß eine karmische Verstrickung nicht nur für die Entwicklung der Seele eine entscheidende Voraussetzung darstellt, sondern auch von den Beteiligten beabsichtigt und erwünscht sein kann. Und so ist es in vielen, wenn auch nicht in allen Fällen, wenn ein Schwangerschaftsabbruch vorgenommen wird, wenn ein Körper, der bereits von einer Seele bewohnt wird, seiner Existenz beraubt und die Seele wieder frei von ihm wird.

Karmische Bande also entstehen durch eine Abtreibung nur in seltenen Fällen. Sie bilden sich nur dann, wenn zwischen dem Kind und einem der beiden Elternteile eine unauflösliche Vereinbarung, ein heiliges Versprechen für eine gemeinsame Existenzbewältigung vereinbart worden war und nun einer der Eltern aus Angst vor den Konsequenzen beschließt, diese Vereinbarung nicht einzuhalten. Da ihr jedoch mit eurem Wachbewußtsein nicht erkennen könnt, ob eine solche Vereinbarung vorliegt, sei es euch in der Regel angeraten, entweder eine Schwangerschaft bewußt zu verhüten oder aber bewußt und verantwortungsbereit einzuleiten. Da nun dem Bewußtsein keine Vorschriften gemacht werden können, wird es weiterhin notwendig sein, in jedem Einzelfall das eigene Wissen und Gewissen zu befragen. Eine solche Problematik kann und wird niemals durch das Eingreifen staatlicher Stellen und durch Vorschriften und Gesetze gelöst werden. Es handelt sich bei jeder Schwangerschaft um Beziehungen zwischen einzelnen Seelen. Es kann und wird keine Möglichkeit geben, diese Wahrheit zu leugnen.

✳

137

Frage: Ich bin ungewollt schwanger und überlege, ob ich abtreiben soll. Ich kenne den Vater meines Kindes erst seit wenigen Wochen, und ich kann mich auf eine so enge Bindung mit ihm jetzt nicht einlassen. Ich kenne ihn ja kaum. Außerdem haben wir weder genug Geld noch eine richtige Wohnung für eine Familie. Ich fühle mich völlig überfordert, weil ich eigentlich das Thema »Ehe und Kinder« sehr ernst nehme. Darf ich unter diesen Umständen die Schwangerschaft abbrechen?

Quelle: Die Seele, die dich als Mutter sucht, legt großen Wert darauf, in eine Familie geboren zu werden, die ihr hilft, eine reife, abgewogene Lebensanschauung zu entwickeln. Es gibt daher keine große Auswahl, denn eine Seele, die sich neu inkarniert, ist im hohen Maße darauf angewiesen, von der späteren Mutter eine Schwingung mitgeteilt zu bekommen, die sich auf das Neugeborene überträgt. Die Form von Reife und Verantwortung, die diese Seele bei ihren Eltern anstrebt, ist nur sehr selten anzutreffen. Es handelt sich um eine Seele, die sich im Körper eines männlichen Menschen entwickeln möchte und sich auf eine Lebensaufgabe vorbereitet, die zur Voraussetzung hat, daß ihr möglichst wenig neurotische Hindernisse und Störungen in den Weg treten. Auf keinen Fall möchte diese Seele einen Großteil ihres Lebens mit intensiver Selbsterforschung, mit innerseelischen Auseinandersetzungen verbringen. Vielmehr handelt es sich um ein Vorhaben, das große Zielsicherheit voraussetzt, Unerschütterlichkeit und wenig Selbstzweifel. Dieser Mensch möchte sich im gesellschaftspolitischen Bereich verwirklichen. Er muß deshalb sowohl seine Sensibilität bewahren als auch eine emotionale Sicherheit einbringen können. Es handelt sich um eine Reife Seele, die Anleitung sucht, eine Reife Seele, die lernen will, verantwortlich zu handeln, ohne anderen Vorwürfe zu machen und ohne der Welt die Schuld für das eigene Unglück zuschieben zu müssen.

Wir sagten, diese Seele hat nicht sehr viel Auswahl, denn sie muß sich, wenn sie ihre Ziele verwirklichen will, zugleich in einem Land inkarnieren, in dem soziale und politische Verbesserungen wirklich durchführbar sind, in einem Land, das die Freiheit des Menschen sowohl in ihren psychischen Aspekten als auch in ihren realen Gegebenheiten zum Leitprinzip erhebt, ohne daß dieses Leitprinzip stets durchführbar wäre. Wir wollen auch sagen, daß diese Seele dich oder einen Menschen wie dich sucht und braucht. Die Auswahl ist nicht groß, aber immerhin besteht sie. Und diese Seele wartet so lange, bis die Umstände, die für ihre Belange günstig sind, eintreten. Das bedeutet: Selbst wenn sie jetzt nicht von dir geboren wird, weiß sie, daß sie innerhalb der kommenden vier Jahre noch zwei oder drei weitere sehr günstige Gelegenheiten wahrnehmen kann, und eine davon wirst auch du selbst ihr bieten können. Die Reife Seele spürt, daß sie in euch jetzt zwei durchaus verantwortungsbereite Eltern haben könnte. Sie kann sich aber gedulden, bis eine entsprechende Situation eingetreten ist.

Eine Seele in Warteposition in der astralen Bewußtseinswelt hat eine andere Beziehung zu Zeit und Raum als ihr. Mit Tag und Stunde nimmt sie es oft nicht so genau. Sie hat sich schon jetzt probehalber zu euch begeben, weil sie in beiden Eltern ein Potential von Reife spürt, das sich unter günstigen Umständen zu einer schönen Blüte entfalten kann. Wir möchten jedoch betonen: unter günstigen Umständen. Günstige Umstände bedeuten für ein Paar, daß es zunächst einmal die eigene Beziehung klärt und bejaht. Ungünstige Umstände bedeuten für ein Kind, den Spannungen zwischen den Eltern von der Zeugung an ausgesetzt zu sein und alle Beziehungsklärungen mittragen zu müssen und unwillkürlich auch zum Schuldträger oder Sündenbock gemacht zu werden. Eure Beziehung ist noch nicht gefestigt genug.

Wichtig ist, daß du es ablehnst, ein Kind zu bekommen, auf das du dich nicht freust, daß du es ablehnst, eine freudlose Schwangerschaft, die von Zweifeln und von allzu großen Ängsten überschattet ist, einfach hinzunehmen. Und wichtig ist auch, daß du dich den Zwängen deines Körpers nicht einfach beugst. Du bist eine überaus weibliche Gestalt und eine Frau von großer, potenter Mütterlichkeit. Warum solltest du dir die großen Freuden, die darin beschlossen sind, nicht gönnen? Wieviel schöner wäre es, wenn du warten könntest, bis du all das nutzen kannst, was in dir angelegt ist: urtümliche Weiblichkeit und überzeugte Mütterlichkeit. Mit diesen Gaben wäre es bedauerlich, wenn du eine halbherzige Situation kreieren wolltest, die dir genau das nimmt, was dir so wertvoll ist.

Wenn du bereit bist, deinen Kindern das, was für dich von weittragender Bedeutung ist, weiterzuvermitteln und nur wenn du in der Lage bist, dein Bestes wirklich zu geben, können sie maximal von dir profitieren. Wenn dein Bestes nur latent vorhanden ist und du aus nervlichen, aus wohnlichen oder arbeitsmäßigen Gründen nicht in der Lage bist, das weiterzugeben, was in dir ruht, ist der Zeitpunkt nicht günstig gewählt. Vertraue also darauf, daß diese Seele andere Möglichkeiten findet, um sich zu inkarnieren: du mit diesem Mann, du mit einem anderen Mann zu einem späteren Zeitpunkt oder auch ein anderes reifes, verantwortliches Paar – es gibt für diese Seele nicht nur eine Chance. Wenn du deine Schwangerschaft beendest, machst du dich nicht an ihr schuldig.

✳

Frage: **Ich erwarte ein Kind, das ich nicht haben will. Aber ein Schwangerschaftsabbruch macht mir große Angst, weil ich kein Karma auf mich laden möchte. Ich kann mich deshalb schwer entschließen. Wie kann ich am besten für alle Beteiligten damit umgehen?**

Quelle: Bei einer Menschwerdung müssen sich Vater, Mutter und Kind auf einer seelischen Ebene einig werden. Solange du bangst und schwankst, ist es sowohl für dich als auch für deinen Partner als auch für das werdende Kind außerordentlich schwer, eigene Entscheidungen zu treffen. Denn siehe, auch das Kind muß sich darauf vorbereiten. Es will Zeit haben, sich zurückzuziehen, und je mehr Klarheit du in dir entwickelst, um so leichter fällt es dem Embryo, sich von deinem Körper zu lösen. Selten will ein Wesen sich in einer Mutter inkarnieren, wenn es nicht erwünscht ist. Manchmal ist eine solche Erfahrung jedoch sinnvoll und notwendig.

Du lädst mit einer Abtreibung kein Karma auf dich. Deine Seele hat ein Mitspracherecht bei dieser Entscheidung. Sobald du also für dich selbst innere Klarheit geschaffen hast, wird alles einfach. Wenn du es dir und dem Kind leicht machen willst, ziehe dich einen Tag lang ganz zurück, diskutiere mit niemandem, frage niemanden, höre auf zu denken, spüre in dich hinein, nimm den Dialog auf mit dem Wesen, das in dir wächst. Löse dich von allen Forderungen, die andere Menschen oder deine eigene Moralität an dich haben könnten, und gestatte deinem inneren Ich, die Entscheidung für dich zu treffen und sie dir mitzuteilen. Ziehe dich rituell so weit in dich zurück, daß du die inneren Stimmen wirklich vernehmen kannst. Kreiere eine Stille, die weitgehend frei von inneren Streitbarkeiten ist. Wisse, daß du niemandem gerecht werden mußt.

Mache es dir also leicht, indem du in dir selbst Klarheit schaffst: »Jetzt weiß ich, was ich will, und bin bereit, diese Entscheidung zu vertreten. Ich bin bereit, dafür geradezustehen. Ich sage wirklich ja oder wirklich nein und erlöse mich von den quälenden Zweifeln, die daraus entstehen, daß ich mich frage, was wirklich richtig ist.« Denn wisse, es kommt nicht darauf an, daß du das Richtige tust, es kommt vielmehr darauf an, daß du dir gestattest, das Richtige nur für dich allein zu bestimmen. Das, was für dich richtig ist, mag in den Augen der anderen ganz falsch sein. Dein Kind, das Wesen, das in dir ruht, hat nur ein Interesse: daß du es bejahst und zu ihm stehst. Wenn das nicht der Fall ist, verzichte auf eine Bindung. Wenn du deine inneren Helfer befragt hast und sie dir ihre Entscheidung mitgeteilt haben, wirst du in der Lage sein, dich jedem Druck auszusetzen, ohne dich ihm beugen zu müssen. Deine Ausstrahlung wird so hell und ruhig sein, daß du dich allein dadurch mehr mitteilst als mit tausend Worten.

Frage: Ich hatte vor einem Jahr eine Fehlgeburt. Warum ist das Kind nicht auf die Welt gekommen?

Quelle: Es passiert nicht zum ersten Mal in deinem Leben, daß du zuviel auf einmal wolltest. Du warst in dieser Zeit ohnehin in einem heftigen Umbruch, und eine vollendete Schwangerschaft hätte dich um wesentliche Ergebnisse deiner eigenen Menschwerdung gebracht. Du wirst noch einmal eine Schwangerschaft erleben, dann aber zu einem Zeitpunkt, da du gelassen und voll innerer Sicherheit deine ganze Liebe und Güte auf einen anderen, einen werdenden Menschen richten kannst. Als du schwanger warst und dann erleben mußtest, daß das Kind nicht geboren werden wollte, war es für dich wichtig zu begreifen: Deine Güte muß zunächst einmal dir selbst zugute kommen, erst dann kannst du sie weiterverschenken. Frage dich nicht ständig, ob du etwas falsch gemacht hast oder ob du es nicht wert warst, Mutter zu werden. Darum geht es nicht! Du bist, wie jeder Mensch, zu allererst um deiner selbst willen auf der Welt, und dann für einen anderen.

Frage: Ich habe Angst vor einer Schwangerschaft und der Geburt und fürchte, dabei zu sterben und es nicht zu schaffen. Und ich kann mich seit Jahren weder für noch gegen ein Kind entscheiden. Was bedeutet dies für meine Entwicklung? Kann ich das Dilemma auflösen?

Quelle: Du bist in früheren Existenzen nicht nur einmal, sondern mehrmals mit Ängsten in Berührung gekommen, die dieses Thema betreffen. Du bist selbst als Neugeborenes gestorben und hast auch als Mutter verschiedentlich Kinder verloren. Außerdem ist es zweimal vorgekommen, daß du im Kindbett gestorben bist. Das ist ein Schicksal, daß du mit Millionen und Abermillionen von weiblich inkarnierten Seelen teilst. Aber für dich gibt es im Zusammenhang damit eine weitere große Angst, die andere Frauen nicht haben. Du hattest dich im letzten Leben aus gutem Grund entschlossen, eine Geburtshelferin zu sein, eine Hebamme, und diese Tätigkeit hat dir zum ersten Mal die andere Seite der Mutterschaft, die keineswegs immer reizvoll ist, vor Augen geführt. Denn du hast viele gesunde Mütter und Kinder entbunden, deren Verhältnisse für das werdende Leben sehr unerfreulich waren, und die Zeugung dieser Kinder war oft unter außerordentlich lieblosen Umständen erfolgt. Du hast Geschichten und Erlebnisse anhören müssen, die dir die Freude am Zeugen und Gebären auf andere Weise vergällt haben. Was du nun suchst, und das hat mit deinem angestiegenen Seelenalter zu tun, ist eine Mutterschaft, die von einer guten Partnerschaft und von einer warmherzigen Vaterschaft getragen ist. Konzentriere dich deshalb darauf, den richtigen Vater ausfindig zu machen, anstatt deine Gedanken auf das Kinderkriegen zu konzentrieren.

Frage: Ich fühle mich seit diesem Jahr von dem Thema »Mutterschaft« quasi verfolgt. Ich werde mit neuen Grenzen konfrontiert. Kürzlich hatte ich eine Fehlgeburt. Ich wüßte gern, warum ich mit mir so uneins bin, ob ich ein Kind will oder nicht. Mein Hauptmerkmal ist »Starrsinn«, mein Entwicklungsziel »Beschleunigen«.

Quelle: Einerseits spürst du, daß dir die Geburt eines Kindes und die damit verbundenen Gefühle und Pflichten einer Mutter in deiner Entwicklung voranhelfen können. Ein Kind wird an dich so viele Ansprüche stellen, es wird dir eine so große Herausforderung sein, daß du ihm nicht ausweichen kannst, selbst wenn du es wolltest. Andererseits hast du dein Leben schon mit vielen Herausforderungen gespickt. Ein Drittes noch scheint uns von Bedeutung. Eine Geburt, eine Mutterschaft, die Erziehung eines Kindes und das Zurweltbringen einer neuen Seele – all das ist voller Unberechenbarkeiten. Du weißt nicht, wer da zu dir kommt, du weißt nicht, wie dieses Wesen sich entwickelt, ob es gesund ist oder krank, klug oder dumm, lieb oder aufsässig, du weißt es einfach nicht! Du kannst nur hoffen und spekulieren. Aber die Schwierigkeit besteht darin, daß du eben nicht sicher sein kannst. Und eine Stimme in dir sagt: »Solange ich es nicht weiß, lasse ich mich nicht darauf ein. Dieser Herausforderung bin ich nicht gewachsen, weil ich nicht weiß, wie ich damit umgehen kann und ob ich überhaupt damit umgehen kann. Vielleicht entdecke ich an mir, daß ich gar keine gute Mutter sein kann – auch das ist unberechenbar.«

Wir möchten dir helfen, indem wir dir sagen: Du wirst schon hineinwachsen in die Mutterschaft, und neben dem Unberechenbaren gibt es viele, viele Freuden und ein unausweichliches, vollkommen berechenbares Ansteigen deiner Liebesfähigkeit. Und Liebe ist das Gegenmittel zur Angst. Verlasse dich auf deine Liebe. Da wird ein Kind zu dir kommen, aber es macht nicht nur Arbeit. Es braucht auch deine Liebe und deine eigene Gewißheit, daß du es lieben kannst. Das ist nichts Unberechenbares, du kannst es. Wenn du also den Wunsch hast, wieder schwanger zu werden, oder wenn sich eine Schwangerschaft einstellt, beschäftige dich zuallererst mit deiner Angst vor all dem Neuen, vor all dem Unkalkulierbaren, was sich da für dich auftut, und sprich darüber. Behalte es nicht für dich, sprich mit anderen Frauen, sprich mit Müttern, sprich mit deiner Mutter, wenn das noch möglich ist. Du kannst auch mit ihr sprechen, wenn sie nicht mehr lebt. Dann wird es dir leichter fallen, diesen Konflikt auf eine positive Weise zu lösen, in einer Weise, die weder dich noch das Kind belasten. Und wenn du jetzt durch den Verlust des Embryos etwas völlig Unberechenbares empfunden hast, so war es für dich doch noch die angemessenere, die bessere Lösung, solange du mit deiner Angst nicht in Kontakt warst. Das hat sich jetzt geändert, und vieles, vieles wird sich ändern für dich und deine Zukunft. Das Kind, das können wir dir auch noch sagen, wird erst geboren werden, wenn du es wirklich willkommen heißen kannst.

Frage: Ich bin jetzt über achtzig Jahre alt, und es geht mir nicht schlecht. Ich könnte zufrieden sein. Trotzdem nagt irgend etwas an mir. Ich bin nicht wirklich zufrieden. Könnt ihr mir sagen, warum ich immer dieses nagende Gefühl von Angst in mir habe, Angst vor Menschen, Angst vor der Zukunft, vor allem? Kein Tag meines Lebens war ohne diese Angst.

Quelle: Du weißt, daß diese Angst in all den vielen Jahren deines Lebens immer dein Begleiter war und daß du niemals, wenn du zurückschaust, einen wirklichen Grund hattest für deine Sorgen, denn immer ist alles ganz anders gekommen, als du befürchtet hattest. Und so wird es auch in Zukunft sein. Nicht das, was Du planst, wird eintreten, sondern das, was für dich richtig und angemessen ist.

Aber du weißt, daß du Angst hast, und das ist ein Zeichen deiner Reife, denn Menschen, die von Ängsten gepeinigt werden, und gar nichts davon wissen, sind viel unbewußter als du, und sie leiden auf andere Weise. Deine Ängste sind dir zu einer Gewohnheit geworden, und alte Gewohnheiten möchte ein Mensch nicht missen. Aber du bist dir auch bewußt, daß du schon vieles in deinem Leben geändert hast und daß dazu auch alte Gewohnheiten gehörten, die dir jahrelang lieb und teuer waren. Du könntest also, wenn du es wirklich wolltest, von dieser Gewohnheit des Angsthabens lassen. In dem Maße, wie du jeweils erkennst, daß es sich um eine Gewohnheit handelt und daß du, wenn du dir keine Sorgen machst und deine Ängste nicht pflegst, einen Großteil deiner Beschäftigungen und einen Großteil deiner Gedanken für andere Dinge freimachen könntest, aber auch freimachen müßtest, wärest du glücklicher.

Du hast seit frühester Kindheit gelernt, dich in Ängste zu flüchten, so als ob du durch dein Sorgen und Angst haben das Schlechte von dir abwenden könntest. Du benutzt dein Angst haben wie einen Gegenzauber, so wie ein Mensch, der einen Regenschirm mitnimmt, damit es nicht regnet. Aber du weißt auch, daß jemand, der tagtäglich einen Regenschirm dabei hat, damit er nicht vom Regen überrascht wird, durch dieses Instrument in gewisser Weise in seiner Bewegungsfreiheit behindert ist. Und so geht es auch dir.

Nun fragst du nicht nur: »Was bedeutet meine Angst?«, sondern du fragst: »Woher habe ich diese Angst?« Du hast die Angst hinübergerettet aus deiner Kindheit, und damals war die Angst, die Grundangst, die Lebensangst, die du noch heute in dir verspürst, eine durchaus angemessene und passende Reaktion auf das, was du erlebt hast. Du warst ein unerwünschtes Kind, und dieses Unerwünschtsein hast du bereits vor deiner Geburt gespürt, besonders aber nach deiner Geburt. Und die Angst vor dem, was kommen könnte, hat dich begleitet, denn gleich nach deiner Geburt wurdest du auf eine indirekte Weise abgelehnt. Du wurdest fünf verschiedenen Ammen gegeben, anstatt von deiner Mutter genährt zu werden. Ihre Brustentzündung allein war schon ein Teil ihrer Abwehr, denn dadurch hatte sie ja einen guten Grund, der von allen akzeptiert werden mußte – auch von dir –, daß es gar nicht anders sein konnte. Sie wollte sich nicht um dich kümmern müssen, denn du warst ein weiteres Kind von ihrem verhaßten Mann.

Aber ein Baby will nicht von einer Amme genährt werden. Ein Kind braucht und will die Nähe der Mutter, und du hast von dieser Nähe viel zuwenig bekommen. Nun weißt du, daß du ein Mensch bist wie alle anderen, der Nähe braucht und sich erst wohl fühlt, wenn er die Geborgenheit einer warmen Intimität um sich herum spürt. Gleichzeitig aber bist du nicht aufgezogen worden mit der Gewohnheit der Nähe. Du hast sie immer gesucht und selten gefunden, und deshalb fällt es dir schwer, Nähe wirklich zuzulassen, weil du immer befürchtest, daß du zurückgestoßen wirst, so wie es dir oft in deiner Kindheit gegangen ist. Deine Angst vor Menschen hat eben auch damit zu tun, daß du dich immer unerwünscht gefühlt hast, daß du, wenn wir es gemeinsam ehrlich betrachten, auch unerwünscht warst. Dieses Grundgefühl, das aus deinen ersten Lebensjahren stammt, hast du nun unbesehen übertragen auf die anderen Menschen in deiner Umgebung, auf deine Freunde und Kinder, und du überträgst es noch heute selbst auf ganz fremde Menschen, die mit deinen Eltern und den Umständen deiner Familie ganz und gar nichts zu tun haben. Du hast nicht gelernt zu unterscheiden zwischen dem, was früher einmal war, und dem, was jetzt ist. Aber diese Möglichkeit steht dir auch heute noch offen.

Wenn du vor einer Tür oder vor einem Menschen stehst und dich plötzlich die Angst überkommt, unerwünscht zu sein, dann identifiziere sie als eine Angst, die aus deinen frühesten Lebensjahren stammt und damals auch angemessen war. Trenne sie ab von der aktuellen Situation! Es genügt ein einziger Gedanke, eine einzige Bewußtwerdung, um dir diese alte Angst zu nehmen. Sage dir einfach: »Jetzt ist es anders, und diese Menschen sind nicht meine Eltern.« Dann wirst du befreit von Hemmungen, die Leute aufzusuchen, die dich gern empfangen, die gern mit dir zusammen sind, die deine Gesellschaft suchen. Du stehst nicht mehr unter dem Zwang, ihnen zu unterstellen, daß sich hinter all ihrer Freundlichkeit eine Reserve verbirgt, unter all ihren lieben Worten eine heimliche Ablehnung, die nie ausgesprochen oder sogar heftig geleugnet wird. Deine Eltern haben sie dir verschwiegen. Du konntest sie trotzdem spüren, und noch heute glaubst du sie bei jedem Menschen zu fühlen, auch wenn sie gar nicht vorhanden ist. Lerne einfach zu trennen zwischen dem, was war, und dem, was jetzt ist. Dazu, sagten wir, genügt ein einziger bewußtseinsklärender Gedanke.

Die Angst vor der Zukunft ist wie eine Umkehrung der Angst vor der Vergangenheit. Da du spürst, daß die Vergangenheit, deine lange Vergangenheit, dich nicht losläßt, glaubst du, daß du sie in die Zukunft mit hinübernehmen mußt. Aber wir sagen dir: Nicht die Vergangenheit hat dich in den Krallen, sondern du hältst dich verkrampft an der Vergangenheit fest. So wie du an den Ängsten der Vergangenheit festhältst, weil sie das einzige sind, was du wirklich kennst und was dir ganz sicher erscheint, so möchtest du auch für die Zukunft die falsche Sicherheit deiner Besorgnisse und Ängste für dich sichern, sie festhalten, nicht loslassen. Aber auch das, so wirst du bald erfahren, ist nicht notwendig. Du kannst dich von diesem Ballast befreien und in den Jahren, die dir noch verbleiben, ein relativ unbeschwertes Leben führen, wenn du von dieser alten Gewohnheit ein wenig abläßt. So wie du vor einigen Jahren das Rauchen aufgegeben hast, kannst du auch das Angst haben aufgeben.

✳

Frage: **Wenn nun eine Seele das Licht der Welt erblickt hat, ist sie gewiß sehr empfindsam. Wie sollte man mit einem Baby umgehen?**

Quelle: Ein Neugeborenes braucht einen regelmäßigen Wechsel von wirklicher Ruhe und liebevoller Ansprache. Wenn die Mutter den Säugling stillt, sollte sie dabei weder Radio hören, fernsehen noch lesen, weder sich unterhalten noch sich in anderer Weise ablenken. Das wird ihr manchmal nicht leichtfallen. Dennoch ist dies die beste Möglichkeit, um mit ihrem Kind auf eine energetische Weise in Kontakt zu treten. Das wird ihr unmöglich sein, wenn sie beim Stillen an etwas anderes denkt oder mit anderen Dingen beschäftigt ist.

Nichts ist dem Neugeborenen wohltuender als eine Konzentration auf die Nahrungsaufnahme, die von wirklicher Zuwendung und Zuneigung getragen ist. Das bedeutet, daß die Mutter sich dem Kind, den Augen des Kindes, der Betrachtung des Kindes wirklich zuwenden muß, wenn sie es stillt und solange sie es stillt. Dann wird das Kind wirklich satt, nicht nur von der Milch. Dann fühlt es sich wirklich angenommen und geborgen. Und wenn es anschließend wieder in seinem Bettchen liegt, ist es zufrieden und braucht fürs erste nichts mehr. Es wird weniger schreien, weniger nervös sein, kaum ein Gefühl von Mangel entwickeln.

Für den Vater gilt nun, da er sein Kind nicht stillen kann, dennoch Ähnliches. Er kann sein Kind zu sich nehmen, es in seinen

Armen halten und über die Augen einen innigen Kontakt mit ihm aufnehmen. Er braucht nicht ständig mit ihm zu schäkern oder es zu Reaktionen herausfordern. In den ersten Lebensmonaten genügt es, wenn man ruhig mit ihm spricht, ihm dabei in die Augen schaut und auch erlaubt, daß es den Blick erwidert. Für einen Vater ist das oft schwieriger als für eine Mutter. Denn das Kind ist nicht in einem Vater gewachsen. Der Vater muß daher auf anderem Wege eine Verbindung herstellen lernen. Er hält das Kind in seinen Armen und betrachtet es. Er erlaubt, daß das Kind ihn betrachtet. Er lernt, die Eigenständigkeit, die Neuheit, die Andersartigkeit des Wesens, das er mit in die Welt gesetzt hat, zu achten. Und er liebt die neuinkarnierte Seele auf wunderbare Weise, wenn er auch den Eindruck zulassen kann, daß das Kind ihm ganz fremd und andersartig vorkommt als er selbst. Die Eltern erschaffen den Körper und pflanzen sich in ihm fort. Doch wer ihn beseelt, ist ihnen unbekannt.

Wenn das Kind ruhen möchte, dann gönnt auch euch ein wenig Ruhe. Wenn das Kind schläft, sollte nicht gleichzeitig eine starke Geräuschquelle in der Nähe sein. Wenn es gar nicht anders geht, ist es besser, das Kind in einem Nebenzimmer schlafen zu lassen, als es immer dabei zu haben, wenn Besuch da ist oder der Fernseher läuft. Achtet die biologischen Bedürfnisse des Kindes, auch in der Zeitplanung. Geht nicht nach einem vorgegebenen Schema vor, sondern beobachtet: Wann braucht es Ansprache, wann braucht es Essen, wann braucht es Ruhe?

Sprecht viel mit eurem Kind, aber erhebt nicht die Stimme. Ihr braucht nicht zu flüstern, aber gewöhnt euch an, in ruhigem Ton und mit einem Lächeln in der Stimme mit dem Kind zu reden. Ihr könnt über alles sprechen, was euch bewegt, was euch bedrückt – es sind nicht die Worte, die ein Neugeborenes erreichen, sondern die Schwingung des offenen Herzens.

III.

Irdische Probleme aus höherer Sicht

Die mehr als tausend Seelen, aus denen sich die »Quelle«, eine wiedervereinigte Seelenfamilie in der kausalen Bewußtseinswelt, zusammensetzt, haben bis vor wenigen Jahrhunderten unser irdisches Schicksal geteilt. Deshalb wissen sie um die besonderen Bedingungen unseres Menschseins aus eigener Erfahrung und aus über hunderttausend Inkarnationen. Von dieser Weisheit können wir profitieren. Wenn wir den Botschaften lauschen, die diese mit uns Menschen und anderen Energien des Kosmos vernetzte Seelenfamilie uns übermittelt, gewinnen wir schnell den Eindruck, daß wir bei dieser »Quelle« einerseits ein tiefes Verständnis für unsere Leiden finden, andererseits aber auch eine fast revolutionäre Betrachtungsweise unserer existentiellen Grunderfahrungen, die von einer uns ungewohnten Distanzfähigkeit zum menschlichen Geschehen herrührt. Wir fühlen uns durch die merkwürdige Perspektive zugleich provoziert und getröstet, zum Umdenken aufgerufen und verstanden.

Der Grundgedanke vieler Botschaften wird unmittelbar deutlich: Die Gesetze von Dualität (Weder-noch und Sowohl-als-auch), Polarität (Spannung zwischen Minuspol und Pluspol) und Pulsation (regelmäßiges Ausdehnen und Zusammenziehen, das Schwanken zwischen Liebesenergie und Angstenergie) sind in den Erscheinungen der physischen Welt gültig, in den Gefühlen und Taten einzelner Menschen ebenso wie in ihrer globalen Geschichte und in der Natur. Wir sind jedoch verständlicherweise geneigt, an dem uns jeweils angenehm erscheinenden Aspekt des Dualen festzuhalten und ihn als »gut« oder »hell« zu verstehen. Das »Böse« und »Dunkle« wollen wir nicht. Wir wünschen uns dauerhaften Weltfrieden, Gewaltlosigkeit, Sicherheit, Gesundheit, Harmonie, Gemeinschaft und Wohlstand für alle. Dies soll in stetigem Bemühen herbeigeführt werden, ganz im Sinne des Fortschrittsgedankens. Wenn es sich dann herausstellt, daß die erlebte Wirklichkeit diesen Idealen deutlich widerspricht, glauben wir, etwas falschgemacht zu haben. Müßten wir uns nicht noch mehr Mühe geben? Oder hat Gott die Welt verlassen?

Die »Quelle« erkennt das urmenschliche Wünschen nach Geborgenheit in einer ungeborgenen Existenz durchaus als gültig an, weist uns aber ebenso nachdrücklich wie liebevoll darauf hin, daß wir notwendigerweise enttäuscht werden müssen, wenn wir nur nach dem Glück streben. Wir leben nun einmal in der Zeit, und alles muß sich daher ständig ändern.

Die verschiedenartigen Abschnitte in diesem Kapitel enthalten eine Reihe provokanter Thesen. Für ein Medium ist es übrigens keineswegs einfach, Informationen der »Quelle« unzensiert durchzugeben, wenn sie zugleich das eigene Wertesystem in Frage stellen. Bei aller Objektivität und Redlichkeit meiner Arbeit gegenüber habe ich als Medium daher nicht selten erhebliche Befürchtungen entwickelt, wenn ich aus einer Trance in der Öffentlichkeit erwachte, der viele Zuhörer beigewohnt hatten, vor denen ich mehr oder weniger schockierende Aussagen machen mußte. Ich habe dann aber immer wieder festgestellt, daß die Anwesenden zwar betroffen waren, aber nicht ablehnend reagierten.

Die Botschaften zwingen uns jedoch zum Nachdenken und veranlassen uns, das Geschehen, das wir auf der Erde als Verwickelte und Beteiligte erleben, aus einem neutralen, distanzierteren Blickwinkel zu betrachten, der auch die Geschichtlichkeit des Menschen in Vergangenheit und Zukunft mit einbezieht. Vor allem aber spürt der Leser in jeder Stellungnahme der »Quelle« zu den aktuellen Themen unserer Zeit und des ausgehenden zwanzigsten Jahrhunderts die völlig ungewohnte Beleuchtung unserer Existenz im Licht der seelischen Planung.

Im Mittelpunkt solcher Überlegungen steht das Modell von den Seelenaltern. Es setzt voraus, daß Menschenseelen sich nicht beliebig (das heißt ohne Sinn und Zweck) auf dem Planeten Erde aufhalten, sondern konsequente, aufeinander aufbauende Entwicklungsschritte tun. Jeder der fünf Seelenzyklen (Zyklus der Säugling-Seele, der Kind-Seele, der Jungen Seele, der Reifen Seele und der Alten Seele) kreiert bestimmte Erfahrungsinhalte, Einstellungen und Wünsche dem Leben gegenüber. Die Analogie zur biologischen Entwicklung des Menschen besteht nicht von ungefähr.

Erfahrungsgemäß haben erst Reife und Alte Seelen den Wunsch, sich mit ihrem Innenleben zu beschäftigen. Jüngere Seelen werden sich kaum für diese Botschaften aus fernen Bewußtseinssphären interessieren. Deshalb, und nicht aus einer elitären Haltung heraus, wendet sich die »Quelle« in den hier veröffentlichten Durchsagen vor allem an eine Leserschaft von Reifen und Alten Seelen. Und wir hören von ihr immer wieder Appelle an unsere Liebesfähigkeit, unser Verständnis, an unsere Bereitschaft zu verzeihen, Angst als Faktum zu akzeptieren und die Gesetzmäßigkeiten des Menschseins zu respektieren.

Die Frage, die dieses Kapitel abschließt, betrifft die häufig geäußerte Befürchtung eines bevorstehenden Endes der Welt oder einer wesentlichen energetischen Veränderung unseres Planeten, die uns alle betreffen könnte. Klimakatastrophen, Verstrahlungsgefahren, Seuchen, Erdbeben und Überschwemmungen bedrohen unsere Erde. Müssen wir annehmen, daß solche Erscheinungen einem Strafgericht gleichkommen, das uns für unsere Sünden, unsere Verantwortungslosigkeit, unsere Gewinnsucht gerecht ereilt?

Die »Quelle« sieht es anders. Wir hören von notwendigen, sinnvollen und folgerichtigen Veränderungen, die der seelischen Entfaltung der Menschheit entsprechen. Wie sollte jemals Entwicklung eintreten, wenn zugleich immer alles beim Alten bliebe? Der Mensch entwickelt sich mit den Herausforderungen, die er sich erschafft, und umgekehrt. Alles ist gegeben – auch die Fähigkeit zu zerstören und daraus wiederum zu lernen. Aber Angst, besonders auch die Angst vor der Zukunft, hat eine niedrige Schwingung und kann auf keinen Fall dazu beitragen, daß irgend jemand oder gar die Welt gerettet wird.

Die in diesem Kapitel erörterten Fragen betreffen unter anderem Krieg und Gewalt, Einsamkeit, Geld, Wechseljahre und

Gentechnologie – auf den ersten Blick nicht gerade spirituelle Themen! Aber für die »Quelle« gibt es nichts Unspirituelles im Leben, mag es auch im einzelnen noch so banal und profan erscheinen. Das Bestreben unserer Freunde in der kausalen Bewußtseinswelt ist es, unsere alltägliche Verwirrung zu klären und die Erklärungen zugleich mit einem Einblick in übergeordnete Zusammenhänge zu verbinden. Ich empfinde sie als Wegweiser auf unserer Sinnsuche.

Ohne Krieg kein Frieden – ohne Frieden kein Krieg

Frage: Wir haben heute ein Anliegen, das sehr viele Menschen bewegt. Die »Quelle« lehrt, daß alles, was ist, auch einen Sinn hat. Aber welchen Sinn haben denn die Kriege, die unsere Erde immer wieder erschüttern?

Quelle: Der Sinn aller Kriege, aller Auseinandersetzungen, aller Streitereien, aller Kämpfe läßt sich leicht erklären, wenn ihr euch an das Prinzip der Dualität als ein Prinzip menschlicher Existenz erinnert. Es gibt keinen Frieden ohne Krieg, es gibt keine Harmonie ohne Disharmonie. Wenn ihr aber fragt, wozu das gut sein soll, daß ein Krieg an irgendeinem Ort eurer Erde stattfindet, wenn ihr also fragt: »Wozu soll das gut sein?«, dann antworten wir euch: Sinnhaftigkeit ist jenseits von Gut und Böse.

Ihr fragt uns nach dem Sinn dieser Konflikte. Wir können euch zunächst einmal nur aus unserer Perspektive eine Antwort geben. Und wir sagen nicht: Wenn es einen Sinn hat, dann ist es auch gut. Wenn es einen Sinn hat, dann hat es eine Funktion für euer Zusammenleben, für eure Existenz, für die Existenz aller Menschen auf eurem Planeten, für die Existenz der jetzt Inkarnierten – aber auch für die Existenz der in Zukunft Inkarnierten.

Krieg und Frieden gehören zusammen. Streit und Einigkeit

sind Aspekte ein und derselben Sache. Immer geht einem Krieg eine Unterdrückung von Aggressionen oder von Gewalt voraus, und ihr wißt, daß in den Gebieten, in denen jetzt Konflikte zum Ausbruch gekommen sind, jahrzehntelang alle Manifestationen explosiver Aggression unterbunden wurden durch totalitäre Systeme, die alles bestraften, was gegen sie gerichtet war. Nicht vorher war Frieden und jetzt ist Krieg, sondern vorher war Unfrieden und jetzt wird der Konflikt, der damals entstanden ist, ausgetragen. Aber die Konflikte selbst sind sehr viel älter.

Einen anderen Faktor wollen wir euch nahebringen, und das ist der Aspekt seelischen Wachstums. Jegliche Form kriegerischer Auseinandersetzung ist eine Möglichkeit für alle daran beteiligten Menschen, seien sie Täter oder Opfer, sich in bestimmten Situationen wiederzufinden, die sie mit ihrer größten Angst konfrontieren und ihnen in solchen Augenblicken eine Entscheidung für oder wider die Liebe abverlangen. Und auch wenn es euch zu Tode erschreckt, müssen wir euch sagen: Ganz gleich, wie die Entscheidung ausfällt, ob für oder wider die Liebe – wichtig ist, daß ein Mensch sich überhaupt entscheidet. Wichtig ist, daß eine Seele einen Entschluß faßt, der so oder so Konsequenzen haben wird.

Und nun möchten wir zu unserem eigentlichen Thema kommen. Eure Frage hängt eng mit der Gesetzmäßigkeit des karmischen Ausgleichs zusammen. Karma muß eintreten, bevor es sich lösen kann. Die Knüpfung karmischer Bande gehört unverzichtbar zur eigentlichen Menschlichkeit. Darunter verstehen wir das Heranreifen einer Seele in einem menschlichen Körper durch die Abfolge der Einzelinkarnationen. Karmische Verstrickungen schaffen eine zunächst bestürzende Nähe, die später jedoch in Liebe umgewandelt wird. Es wird euch überraschen, wenn wir sagen: Als Alte Seelen werdet ihr gerade zu jenen Seelenwesen eine enge, innige und intime Bindung haben, die sich in früheren Leben an euch schuldig gemacht haben oder die ihr mit eurem Haß einige Jahrhunderte oder Jahrtausende zuvor verfolgt habt.

Frage: Jetzt gerade tobt ein Krieg im ehemaligen Jugoslawien, den wir nicht begreifen. Wir möchten wissen, was die »Quelle« dazu meint.

Quelle: Ihr seid unendlich erschrocken über diese Auseinandersetzungen. Was dort losbricht und an Gewalt und Unrecht, Tod und Verderben über die Bevölkerung gebracht wird durch Täter und durch Opfer – durch Opfer, die Täter sind, und Täter, die Opfer sind –, dünkt euch so entsetzlich, daß ihr kaum begreifen könnt, wie so etwas zustande kommen kann. Die meisten unter euch haben so etwas noch nie erlebt. Aber diejenigen, die sich jetzt angesichts der Konflikte auf die eine oder andere Weise erregen, schuldig glauben oder auch in ihrem Mitleid angerührt fühlen, haben ganz ähnliche, wenngleich nicht identische Erfahrungen in früheren Existenzen hinter sich. Und für viele ist dies noch nicht so lange her, wie sie meinen. Daß also Menschen sich gegenseitig quälen und töten und mißhandeln und verachten, ist eine notwendige Phase, durch die eine jede Seele im Laufe ihrer Inkarnationsreise hindurch muß, um ihre Grenzen zu erfahren, um die Bandbreite ihrer Möglichkeiten in Angst und Liebe zu begreifen und um eines Tages eine Nähe zu erfahren, die nicht zustande kommen könnte, wenn nicht zuvor eine schmerzerfüllte Distanz hergestellt worden wäre. Wer es jedoch hinter sich hat, möchte nicht mehr zurück.

Ihr mögt bereits erfahren oder gelesen haben, daß zwischen einem beliebigen Täter und seinem Opfer eine besondere Verbindung besteht. Wir sagen beliebig, weil wir nicht nur das Große meinen, sondern auch das Kleine, also die Beziehungen zwischen Partnern, die einander nicht wohltun, die Beziehungen zwischen Eltern und Kindern, die nach eurem Verständnis schädlich sind. Man mag sich noch so hassen, die Verbindung als solche kann nicht geleugnet werden. Sie ist um so enger, je stärker die Gefühle sind, die damit verbunden werden. Wenn jetzt also – so nahe bei euch und doch scheinbar gefühlsmäßig so fern – ein Inferno tobt mit all den Aspekten, die ihr traditionellerweise der Hölle zuschreibt, so bedeutet das aus unserer Sicht, daß jetzt und dort eine riesig große Gruppe von Seelen bereit ist, sich den in ihnen wütenden Energien zu stellen und Entscheidungen zu fällen, die später ihren durchaus nicht nur negativen, sondern auch positiven Lohn zeitigen werden. Denn eines dürft ihr nicht vergessen: Soviel Schlimmes, Entsetzliches und Böses jetzt dort auch geschieht, so gibt es doch ebensoviel Gutes, Hilfreiches und Rührendes! Viele Menschen wachsen dort, wo der Krieg ihnen Wunden schlägt, über ihre bisherigen kleinlichen Grenzen hinaus. Sie helfen, wo sie früher niemals geholfen hätten, sie retten Leben, wo früher kein Anlaß bestanden hätte, sie wenden sich einander zu, wo zuvor nur Distanz oder Selbstsucht herrschten.

Denkt also nicht nur an das Furchtbare, sondern denkt auch daran, welche Situationen einem Menschen im Krieg geboten werden, um sich für eine positive Handlungsweise, für Mitgefühl, für Barmherzigkeit zu entscheiden, Möglichkeiten, die in einem friedlichen Land nicht existieren können. Die Seelen, die jetzt in diesem Inferno ihr Werk tun – und wir wollen es weder loben noch verurteilen, sondern nur beschreiben –, werden irgendwann die Früchte ernten. Und es ist wichtig, daß sie jetzt den Samen säen. Laßt also diejenigen, die ihr Werk tun müssen, um ihre Menschwerdung voranzutreiben, das tun, was sie tun müssen. Und tut ihr ebenfalls, was ihr tun müßt, ein jeder für sich und auch alle gemeinsam innerhalb einer Gemeinschaft, die sich aus den Zielen der einzelnen ein neues Ziel baut.

Wenn ihr also den Impuls verspürt, zu helfen oder einzugreifen, folgt diesen Impulsen. Fragt nicht nach Moral oder Unmoral, nach politischer Ratsamkeit oder nach eurem persönlichen Gewissen, das in der Regel gar nicht unmittelbar mit eurem Herzen in Verbindung steht, sondern fragt vor allem: »Was möchte ich? Wonach ist mir zumute? Welche Impulse kommen aus der Tiefe meiner Seele?« Und wenn dieser Impuls lautet: »Ich kümmere mich nicht um das, was geschieht«, dann ist auch dies in Ordnung, denn es ist eine Entscheidung. Schön wäre es für euch und positiv aus unserer Sicht, wenn ihr diese Entscheidung, ganz gleich wie sie ausfällt, bewußt treffen könntet, denn Bewußtheit hat andere und bewegendere Auswirkungen als Unbewußtheit. Wenn es euch also wegzieht oder hinzieht, wenn ihr spenden wollt oder euch verschließen möchtet, ob ihr euch abwendet von den Greueln oder hinwendet – für das Große Ganze ist es gleich. Der eine von euch wird sich hinwenden, der andere wird sich abwenden. Das ist ein Ergebnis seiner individuellen seelischen Geschichte. Der eine wird Angst haben, der andere wird Mut haben. Mut ist nicht besser als Angst, Angst nicht schlechter als Mut. Eine sehr Alte Seele wird sich, ein wenig müde von ihren vieltausendjährigen Erfahrungen, inneren Themen zuwenden; eine Junge oder Reife Seele wird sich aufgefordert fühlen, Stellung zu beziehen oder etwas zu unternehmen.

Wer anders denkt oder anders handelt als ihr, verdient eure Verurteilung nicht. Das gilt für die Menschen in eurer unmittelbaren Umgebung, aber auch für jene, die in Kriegsgebieten leben und handeln – kämpfen, fliehen, retten und morden. Verurteilt nicht, was der einzelne tut, verurteilt aber auch nicht euch selbst! Das ist ebenfalls Gewalt, das ist Aggressivität, die unausweichlich zu einem nächsten Konflikt in euch oder außerhalb von euch führen muß. Allerdings, und das sagten wir schon, geht es nicht darum, Konflikte zu vermeiden. Es geht vielmehr darum, fähig zu sein, einen Konflikt zu ertragen, der sein muß, einen Streit auszufechten, der die Atmosphäre bereinigt, und einen Krieg zuzulassen, der notwendig ist für einen Frieden, der allen Menschen zugute kommen wird, jetzt oder in euren nächsten Inkarnationen.

Friedensideologien und Gewalt

Frage: Warum herrscht in unserer Gesellschaft zunehmend mehr Gewalt? Wir sehen schlimme Gewaltdarstellungen in Film und Fernsehen, aber wir spüren auch, daß die Menschen zunehmend aggressiv miteinander umgehen. Warum ist das so? Was kann man dagegen unternehmen?

Quelle: Gewalttätiges Handeln und das Erleiden von Gewalt ist eine Grundkomponente menschlicher Existenz. Und diese Grundkomponente wurde in früheren Jahrhunderten oder Jahrtausenden als eine grundsätzlich gültige, notwendige und wichtige Seite der Realität anerkannt. Sie wurde kanalisiert durch Rituale. Vor allem aber wurde die Energie, die in diesem stets vorhandenen Potential von Gewalttätigkeit geborgen ist, kanalisiert durch eine konstante Auseinandersetzung mit äußeren Feinden, durch Krieg und Kriegsspiele, durch das Selbstverständnis der meisten lebenden Menschen als Angreifer und Verteidiger. Und wenn es einem Menschen gestattet ist, seine Gewalttätigkeiten in einem geordneten Rahmen zu erleben, wird er sie nicht in einem chaotischen Verhalten ausleben müssen. Sie wird ihn nicht aus blauem Himmel heraus überkommen, weil er weiß, daß er ein ritualisiertes, autorisiertes, sozial anerkanntes und von Schuld entlastendes Ventil für sie besitzt.

Der Gegenpol zu Gewalttätigkeit ist Friedlichkeit. Und nachdem auf eurer Erde durch mehrere große weltumspannende Kriege der Pol der Gewalt in extremem Maße betont wurde, entstand weltweit ein ebenso extremes Bedürfnis nach Friedfertigkeit, das sodann zu einem hohen Ideal entwickelt wurde. Wir verstehen diesen Wunsch. Dabei bleibt allerdings unberücksichtigt, daß dieser Weltfriede – diese Sehnsucht nach Harmonie und dieser Anspruch auf ewigen Gewaltverzicht – eine ebenso unnatürliche Gestaltung von Energie darstellt wie ein ewig andauernder Weltkrieg.

Was dem Menschen gemäß ist, ist eine Mischung dieser Kräfte. Ebenso wie jeder einzelne in sich das Licht und den Schatten, das

Gute und das Böse, das Friedliche und das Gewalttätige birgt, verhält es sich auch mit Gesellschaften, Völkern und Nationen. Wenn nun eine Gesellschaft, ein Volk oder eine Nation nur den Frieden will beziehungsweise immer mehr und längeren Frieden, muß sich die Gewalttätigkeit von Individuen untereinander ihren Weg bahnen. Es ist, im Sinne energetischer Gesetzmäßigkeiten gesprochen, nicht natürlich, daß länger als etwa dreißig Jahre, das heißt, die Zeit, die ein Mensch braucht, um einigermaßen erwachsen und selbstverantwortlich zu werden, Friede herrscht. Wenn diese dreißig Jahre vergangen sind, wächst eine Generation nach, die nicht mehr viel von Gewalt weiß und sie deshalb neu entwickeln und erkunden muß als Teil ihrer polaren Energiestruktur.

In dieser Zeit, in der ihr fragt, erleben alle Länder auf eurem Planeten, die das Friedfertige zu ihrem Ideal, den Frieden zu ihrem Ziel und zu ihrem Zustand erklären, wie dieser äußere Friede ihnen eine innere Friedlosigkeit beschert, wie die Gewalt im Kleinen und Inneren die Gewalt im Großen und Äußeren ablöst. Wo aber eine Nation einen erklärten Feind besitzt und ständig in Alarmbereitschaft steht, um ihn nach außen abzuwehren, wo also Krieg oder militärische Hochspannung das Erleben des Alltagsmenschen prägt, wie zum Beispiel in Israel, um euch nur einen kleinen Hinweis zu geben, da existiert unter den Menschen, die nicht in Kriegshandlungen verwickelt sind, viel mehr Frieden. Es gibt weniger Mißhandlungen, weniger scheinbar unmotivierte Morde, weniger Mißbrauch, Gleichgültigkeit und Lieblosigkeit.

Wir behaupten nicht – und bitten euch, dies wirklich zu begreifen –, daß das eine besser sei als das andere. Wir versuchen lediglich, euch ein Phänomen zu beschreiben, das universell gültig ist und zur menschlichen Existenzform der Seele gehört. Da es sich um ein duales Energiephänomen innerhalb eurer physischen Welt handelt, unterliegt die Anwendung oder das Unterlassen von Gewalt ebenso den polaren Spannungen wie alles andere, was euch als Bedingung gegeben ist. Wenn nun, wie es in Europa seit dem letzten Weltkrieg vornehmlich der Fall ist und allenthalben gefordert wird, ein sehnsüchtiger Ruf nach generationsüberdauerndem Frieden entsteht, braucht ihr euch nicht zu wundern, daß wenigstens in euren psychischen Ersatzhandlungen viel Gewalt an der Tagesordnung ist. Wer seine eigene Gewalttätigkeit aus ideologisch-moralischen Gründen nicht leben darf, wohl aber sie spüren und in irgendeiner Form aktivieren muß, um sich wohl zu fühlen, braucht zumindest die Möglichkeit, die Gewalttätigkeit anderer – und sei es nur auf dem Bildschirm – mitzuerleben, um sich mit ihr in Verbindung zu bringen. Wir wissen, daß diese Aussagen euch zutiefst erschrecken. Sie bedeuten: Je mehr Menschen inneren und äußeren Frieden anstreben und auf jegliche Gewaltanwendung verzichten – und damit tun sie sich unbewußt selbst Gewalt an! –, um so mehr zwingen sie jene Mitmenschen, die nicht über eine vergleichbare Selbstkontrolle verfügen und nicht dieselben hehren Ideale pflegen, ihre Gewalttätigkeit zu leben. Die latente, verdrängte und als böse abgestempelte innere Kraft, die solche Energien bewegt und die jeder Mensch qua seiner Existenz in sich trägt, wird an diejenigen delegiert, die sich weniger wirksam beherrschen und abgrenzen können, und als Bedrohung empfunden.

Die Befürchtung und auch die Beobachtung, daß Gewalt in Film und Fernsehen das Gewaltpotential der Zuschauer anregt und löst, ist ganz gewiß berechtigt. Gelöst werden kann aber nur, was vorhanden ist. Wir möchten damit nicht behaupten, daß es sich um einen idealen Zustand handelt – weit davon entfernt. Doch werden auf dem Bildschirm Friede und Gewaltlosigkeit erst wieder eintreten, wenn ein äußerer Feind mit Waffen bekämpft werden kann. Wünscht ihr euch denn dies? Es ist nicht sehr lange her, kaum mehr als fünfzig Jahre, daß alle Medien – auch die Literatur – vorwiegend das Idyllische, Friedliche, Rührende und Edle thematisierten. Und was ist aus denen geworden, die sich solches zum Vorbild nahmen?

✳

Frage: Ihr selbst bezeichnet diesen Zustand nicht als ideal. Wir verstehen, daß das Gesetz der Pulsation einfach herrscht, aber ihr habt auch angedeutet, daß es Kanalisierungsmöglichkeiten gibt. Besteht hier die Chance, eine echte Verbesserung, eine Optimierung zu erreichen, ohne diese Gesetzmäßigkeit zu leugnen?

Quelle: Wenn ihr euren Blick von der Idealität auf die Realität menschlichen Seins richten könntet und den Grundgedanken, daß der Mensch ist, wie er ist, und daß dies seine Richtigkeit hat, mehr und mehr an euch heranlassen könntet, müßtet ihr euch nicht so häufig mit extremen ideologischen Überformungen der Realität plagen. Aber wir wissen, wenn wir euch diese Antwort geben, daß wir die Sache aus einem Blickwinkel betrachten, der nicht der eure ist. Ein wenig kann es helfen, aber der Mensch, selbst wenn er seine Realität lebt, ohne sie als solche zu reflektieren, ist kein Wesen, das nur in seiner Wirklichkeit lebt. Auch das Erschaffen von Idealen und das Streben im Rahmen von Ideologien gehört zu seinem Menschsein.

Ihr fragt, wie ihr das polare Gefüge von Krieg und Frieden, von Gewalt und Sanftmut optimieren könnt. Wir müssen darauf antworten: Es geht nicht um Optimierung, sondern um Erfahrung. Um den weiten Bereich der Erfahrung noch einmal zu verdeutlichen, erinnern wir euch daran, daß euer Planet zur Zeit in erster Linie von Jungen Seelen in ihrer vollen Kraft bevölkert wird. Sie müssen, um dem Entfaltungsplan ihrer Seelen gerecht zu werden und die notwendigen Erfahrungen zu machen, karmische Schuld auf sich laden, um sie hernach, einige hundert oder tausend Jahre später, wieder in Liebe auflösen zu können. Diese existentielle Realität ist sehr weit aus eurem Bewußtsein verdrängt und prägt deshalb am stärksten eure unbewußten Handlungen. Nur diejenigen, die bereits über dieses Stadium hinausgewachsen sind, schwärmen vom Frieden, schwärmen von Gewaltlosigkeit. Sie haben Gewaltanwendungen hinter sich. Sie sind ihnen nicht mehr untertan, sie stehen nicht mehr in demselben Maße unter dem Gesetz des Handlungszwangs, aber darum besteht noch lange kein Grund, diejenigen zu verachten, die sich notwendigerweise im Rahmen dieser Gesetzmäßigkeit bewegen.

Tut also jeweils das, was für euch gut und richtig ist. Dazu gehört die Beachtung eures Schattens, die Betrachtung eures eigenen Gewaltpotentials. Und seid dankbar, daß ihr es nicht mehr ständig ausleben müßt! Seid auch denen dankbar, die es für euch tun. Nur dadurch seid ihr davon ein wenig freier. Denkt aber auch bitte nicht, nur was Blut und blaue Flecken hervorruft, sei Gewalt. Gewalt nimmt sehr viele subtile, scheinbar nicht gewalttätige Formen an, mit denen auch ihr älteren Seelen wohlvertraut seid, weil ihr sie ständig praktiziert. Ihr werdet sie erkennen, wenn ihr den Mut habt, danach zu forschen.

Frage: **Eure Worte hinterlassen so ein Gefühl, daß daran gar nichts zu ändern ist, daß wir also uns selbst lediglich beobachten können.**

Quelle: Der Versuch, an dieser Pulsation von Gewalttätigkeit und Friedfertigkeit grundsätzlich etwas zu ändern, ist in der Tat zum Scheitern verurteilt. Ein anderer Versuch, nämlich die Gewalttätigkeit der scheinbar gewaltlosen Ideen, der erfolgverheißenden manipulativen Erziehungsmethoden und zeitgebundenen gesellschaftlichen Ideale, der übermäßigen Selbstbeherrschung und der Leugnung von Impulsen, der kollektiven und historischen Prägungen, der Kontrolle durch die öffentliche Meinung und der Zwänge moralischer Überzeugungen als solche zu erkennen, ist von großem Gewinn. Wir haben einmal gesagt: Wer sich zwingt, liebevoll zu denken und zu handeln, tut sich Gewalt an. Wer einen anderen zwingt, etwas zu tun, wonach ihm nicht ist und ihn dadurch zum Heuchler erzieht, tut ihm Gewalt an, im Namen der Liebe und im Rahmen der wohlgemeinten Erziehung. Wir möchten an dieser Stelle nicht von den

Einzelheiten einer solchen Haltung sprechen, sondern euch nur einen Blick durchs Fenster eurer Selbstverständlichkeiten tun lassen, um euch damit einen Weg zu weisen, wie ihr euer Bewußtsein von der menschlichen Seinsqualität erweitern könnt, ohne die Realität eurer Existenz mit ihren unabänderlichen Bedingungen zu verkennen.

Und zum Abschluß greifen wir, um das Gesagte zu illustrieren, noch einen Ausschnitt eurer Realität heraus, der zwar im Verhältnis zu den Energien von Krieg und Frieden klein und von untergeordneter Bedeutung zu sein scheint, euch jedoch das als Wahrheit kenntlich machen kann, was wir mit dem großen Gedanken der Polarität von Gewalttätigkeit und Sanftmut meinen, den wir euch vorgestellt haben.

Körperliches Altern ist ein Phänomen menschlich inkarnierten Seins, das mit all seinen möglichen Konsequenzen erfahren werden will. Gewalt gegen alte Menschen – ihre Mißhandlung und Mißachtung – gehört auch dazu. Alter und die Erfahrung von Hilflosigkeit sind miteinander verknüpft. Die Verachtung und Mißhandlung der Alten ist jedoch darüber hinaus ein Ergebnis immer wieder einmal entstehender Ideologien, eine Reaktion auf zwei auch eure Zeit prägende Vorstellungen. Die eine ist, daß ein junger, kräftiger Mensch, der einen Alten, Schwachen, Hilflosen betreut, diesem ohne Unterlaß mit großer, gleichbleibender Freundlichkeit, Liebenswürdigkeit, Hingabe und mit Verständnis begegnen muß. Sonst ist er nicht in Ordnung. Die Gesellschaft stellt diesen Anspruch an das Pflegepersonal und die Angehörigen. Die Pflegepersonen stellen ihn an sich selbst und leiden unter Schuldgefühlen, an schlechtem Gewissen, wenn sie sich auch nur bei einem einzigen aggressiven, verächtlichen oder gewalttätigen Gedanken ertappen. Sie glauben allen Ernstes, sie könnten den Notwendigkeiten und Ansprüchen nicht gerecht werden, ihre pflegerische Aufgabe nicht erfüllen, wenn auch nur der geringste Verdacht auf Ambivalenz oder emotionale Aggressivität entsteht.

Menschen werden jedoch nicht dadurch zu Engeln, daß sie

körperlich hilflos sind. Ihr Wesen, ihr Charakter, wird mit den Jahren oft keineswegs angenehmer. Weil nun bei Verwandten und Pflegern so viele scheinbar negative Impulse, die natürlich und verständlich sind, bereits in ihrem Entstehen mental unterdrückt oder geleugnet werden, entsteht am Ende einer längeren Periode von Selbstkontrolle und emotionaler Selbstüberschätzung ein logisches Bedürfnis nach Gewaltanwendung. Schuldgefühle machen aggressiv. Das ist der eine Punkt. Der andere geht von der ideologisch geprägten Weltsicht der alten Menschen selbst aus. Sie stellen, bewußt oder unbewußt, einen von eurer Gesellschaft geförderten Anspruch, allein schon wegen ihres Alters, das an sich kein Verdienst ist, ständig rücksichtsvoll geschont, versorgt und gepflegt zu werden, von allen bedient und geliebt zu werden, ganz gleich, was sie ausstrahlen, darstellen, verlangen und hinter sich lassen. Das erregt bei denen, die sie versorgen müssen, einen starken Widerwillen, der sich bis zur flammenden Wut steigern kann. Wenn sich hingegen die jüngere Generation nicht aus einer entsprechenden Ideologie heraus gezwungen sähe, alte Menschen zu verehren und zu versorgen, und wenn alte Menschen nicht selbstverständlich erwarten würden, daß jüngere Menschen sie akzeptieren und pflegen, sondern zuvor die Hilfsbereitschaft und das Verständnis gäben, die sie später zu empfangen wünschen, wäre es einfacher. Es gab seltene Zeiten und Gesellschaften, wo dies der Fall war. Aber damals lebten prozentual gesehen auch viel weniger alte, hilflose Menschen, die versorgt werden mußten. Sie wurden verehrt und bisweilen um Rat gebeten. Es handelt sich um ein großes und komplexes Thema, das wir hier nicht ausführlich behandeln können und das bei euch viele neue Fragen aufwerfen wird. Für diesmal sei genug gesagt. Unsere Worte werden euch auf die eine oder andere Weise zu denken geben, und einige eurer Vorstellungen umkrempeln, die ihr mit euch herumgetragen habt, ohne sie jemals in Frage zu stellen.

✳

Frage: **In allen Industrieländern nimmt die Gewalttätigkeit täglich zu, insbesondere unter den Jugendlichen. Können wir etwas tun, um der Aggressivität junger Leute entgegenzuwirken?**

Quelle: Diese Art von Gewalttätigkeit ist eine Antwort. Sie ist keine Jungfrauengeburt. Wenn Jugendliche – um nur diesen einen Bericht von Gewalt auszugrenzen und hier abzuhandeln – sich gewalttätig gebärden, so ist ihre Art zu handeln, zu fühlen und zu denken das Ergebnis gewalttätiger Haltungen, die ihnen entgegengebracht wurden. Und die Gewalt, auf die sie antworten, hat vielerlei Gesichter. Sie ist oft nicht als Gewalt erkennbar. Sie gilt als selbstverständlich, und doch sind so viele der Maßnahmen und Vorstellungen, die jungen Menschen entgegengebracht werden, maßlos gewalttätig und können nichts anderes erzeugen als Gegengewalt.

Du fragst uns: »Wie können wir der Gewalt junger Menschen begegnen?« Nach allem, was wir bereits gesagt haben, wird dir einleuchten: Dieser Gewalt kann und darf man nicht mit erneuter Gewalt begegnen, wenn man sie verändern will, wenn man sie transformieren oder umpolen möchte. Antworte also nicht mit Gewalt, und das bedeutet auch: Hüte dich vor Gewalt in deinen Gedanken und in deinen Gefühlen, denn diese Gewalt ist ebenso real und hat eine Wirkung, die unübersehbar ist. Wir sagen: Keine Gewalt. Aber was dann?

Es wäre zu einfach, wenn wir behaupten würden, daß Liebe heilt. Denn was ist Liebe? Was ist Liebe in solchen Fällen? Auch können wir nicht ohne weiteres fordern: Verstehe, verzeihe! Unser Vorschlag für dich und für viele andere, die sich von der Gewalttätigkeit Jugendlicher erschreckt fühlen und gleichzeitig spüren, daß sie eine Verantwortung für diese Gewalt tragen, lautet: Sei authentisch! Das bedeutet: Wenn du Mitleid spürst, spüre dein Mitleid. Wenn du Haß spürst, spüre den Haß. Wenn du Angst hast, spüre die Angst. Wenn du einen Widerwillen fühlst, fühle diesen Widerwillen. Wenn du Verständnis aufbringen kannst, bringe Verständnis auf, aber zwinge dich zu nichts.

Zwinge dich nicht, zu lieben, denn das ist Gewalt. Zwinge dich nicht, zu hassen oder zu verurteilen, denn das ist Gewalt, so wie alles andere auch. Nur Authentizität ist gewaltlos. Und Authentizität ist auch das einzige, was einen jungen, unglücklichen Menschen, der keinen anderen Ausweg für die Macht seiner Gefühle kennt, als gewalttätig zu werden, überzeugt. Nichts überzeugt so sehr wie Echtheit, denn Echtheit ist energetisch eindrucksvoll.

Bei der Gewalt vieler Jugendlicher handelt es sich um geballte und in gewisser Hinsicht fehlgeleitete Energie. Wenn du dieser Energie einen Kanal anbietest, einen Behälter für die ursprünglich fehlgeleitete Energie, dann wird sie gern dort hinfließen. Was gewalttätigen jungen Menschen selten entgegengebracht wurde, ist Achtung. Wenn du ihnen jetzt mit Selbstachtung begegnest – und das bedeutet authentisch sein, Achtung vor den im Augenblick vorhandenen jeweiligen Gefühlen und Gedanken haben –, dann brauchst du dazu kein Wort zu sagen, du brauchst nur zu sein.

Lehre sie Achtung durch deine Selbstachtung, und du wirst ihnen ein Modell anbieten, wonach sie dürsten und suchen. Mehr können wir dir nicht dazu sagen, aber das ist schon viel. Denn wer verfügt über so viel Selbstachtung, daß er seine Empfindungen und Reaktionen gelten lassen kann? Es ist eine große Aufgabe, aber wer einmal sein Augenmerk auf die Möglichkeiten gerichtet hat, viel Gutes, viel Heilsames zu erreichen durch Selbstachtung, der wird davon nicht mehr lassen mögen.

Wir brauchen Einssein und Zweisein

Frage: Ich bin viel allein. Manchmal denke ich, daß mit mir etwas verkehrt ist. Wenn ich aber mit anderen zusammen bin, entstehen schnell häßliche Konflikte, die ich auch nicht will. Wie sollte ein Mensch sein Leben einrichten, um glücklich zu sein? Mit einem anderen ganz eins zu sein, ist doch etwas Wunderbares. Aber es ist auch schwierig!

Quelle: Heute wollen wir zu euch sprechen über das Einssein und das Zweisein. Wenn ihr nur an das Zweisein denkt, beginnt ihr bereits, euch allein zu fühlen, und verbindet mit dem Zweisein eine Vorstellung von Isolation und Einsamkeit. Und wenn dann die Angst vor dem Zweisein zunimmt, dann ist für euch das Zweisein bereits eine Entzweiung und eine Bedrohung.

Das Einssein hingegen erfüllt euch mit Hoffnung und Sehnsucht, mit Geborgenheit und Sicherheit. Ihr strebt alle instinktiv die Glückseligkeit des Einsseins an, ohne genau zu wissen, worum es sich dabei handelt. Ihr setzt das Einsseins gleich mit einem paradiesischen Zustand, in dem euch nichts Übles mehr widerfahren kann, nichts, was euch behindert, ängstigt und bedroht. Wir verstehen dies aus eurer existentiellen Seinsform des Menschseins oder vielmehr aus der Menschwerdung, denn die erste Erfahrung, die ihr bei der Geburt macht, ist, daß ein als solches empfundenes Einssein, nämlich die Verbindung mit der Mutter über die Nabelschnur, in ein mit Schmerz verbundenes Zweisein verwandelt wird. Der Schock dieser Entzweiung frißt sich in eurem Bewußtsein fest wie ein Rost, der niemals entfernt wurde, und deshalb bieten wir euch jetzt und heute eine Art Rostentfernungsmittel mit Rostschutz wie einen Balsam an. Damit könnt ihr euch von alten Schmerzen und Ängsten befreien, die euch allen – jedem einzelnen von euch, weil er Mensch ist – zugefügt werden mußten.

Wir möchten damit beginnen, daß wir sagen: Es gibt nur ein einziges wirkliches Einssein, und das ist das Einssein mit euch selbst. Jeder einzelne von euch ist ohne Unterlaß von seiner Zeugung bis zu seinem Vergehen eins mit sich selbst, auch wenn er sich innerlich zerrissen und entzweit fühlt. Das Tatsächliche und das subjektiv Empfundene sind zweierlei. Und wenn ihr die Zweiheit, das Entzweitsein, als einen unbedingt notwendigen und auch angenehmen, positiven und förderlichen Zustand nicht begreifen lernt, dann werdet ihr dieses Einssein mit euch selbst nicht empfinden können. Denn falls ihr nicht real und symbolisch die Nabelschnur zum vermeintlichen Einssein mit eurer

Mutter oder mit dem jeweiligen Mutterersatz, den ihr euch gerade gewählt habt, durchschneidet, könnt ihr nicht zu euch selbst kommen. Ihr könnt nicht einmal frei atmen, ihr könnt nicht überleben.

Ein Kind, das zu lange an der Nabelschnur verbleibt, verliert einen wesentlichen Anteil an Lebenskraft, der sozusagen in den Leib der Mutter zurückfließt und es dem Neugeborenen unmöglich macht, die Energie bei sich zu behalten, die es für eine gesunde Entwicklung braucht. Aber ein vorzeitiges und allzu voreiliges Abnabeln ist ebenso schädlich. Viele von euch sind mit dieser Eile bedacht worden und sehnen sich deshalb noch mehr als andere danach, zu der vermeintlichen Einheit zurückzukehren. All ihr Sehnen und Streben ist darauf gerichtet, in den Uterus zurückzukehren, nicht etwa, um dort zu verbleiben, sondern um den Prozeß der Abnabelung noch einmal auf eine förderliche Art und Weise wiederholen zu können. Und dies ist auch möglich, wenn ihnen gestattet wird, für eine kurze Zeit eine absolute Geborgenheit, eine Wärme, ein Umhülltsein, ein Angenommenwerden durch einen anderen Menschen zu erleben. Dann entfaltet sich ein zweiter Geburtsprozeß, und eine neue Freiheit wird durch die bewußt erlebte Abnabelung und Entzweiung geschaffen.

Wir also plädieren für das Zweisein. Und diese Zweiheit, die eine Entzweiung in immer wiederkehrenden Abwandlungen mit einschließen muß, ist auch eine Vorbedingung, eine notwendige Voraussetzung für das Gelingen einer jeglichen zwischenmenschlichen Beziehung, ganz gleich mit wem – mit einem Kind, mit einem Ehepartner, mit einem Elternteil, mit Freunden und Verwandten. Selbst wenn euch diese Zweiheit noch so schreckt, sie ist das wichtigste Element für das Gelingen einer Beziehung, die sich in allen Teilen lebendig gestalten kann und ein Eigenleben entwickelt, das nicht aus Abhängigkeit gespeist wird, sondern aus Freiheit.

Ihr habt Angst vor dem Zwist. Nun muß aber nicht eintreffen, was ihr so angstvoll befürchtet, nämlich daß eine Entzweiung zu einem dauerhaften und untragbaren, unerträglichen Zustand führt, zu einem nicht wieder behebbaren Konflikt, zu einem Dauerstreit, zu einem Haßgefühl. All das macht euch angst, und wir verstehen das. Aber wir möchten euch klarmachen, daß diese Angst in allererster Linie aus einer Illusion abgeleitet wird. Ihr glaubt fest, daß Einheit das einzig Wahre sei und Zweiheit ein verabscheuungswürdiger und möglichst schnell zu überwindender Zustand. Wir sprechen von einer Illusion, denn das, was ihr euch in euren unbewußten Wunschvorstellungen so wunderbar ausmalt, nämlich die Einheit mit eurer Mutter, die unendlich erscheinende Geborgenheit im Bad des Fruchtwassers, ist gar keine Einheit, sondern bereits eine außerordentlich konkrete und nachweisbare Zweiheit. Die Nabelschnur ist eine Verbindung, ohne Zweifel. Aber sie verbindet zwei Wesen, zwei Körper, zwei Seelen, die absolut verschieden sind, auch in ihrer genetischen Ausstattung, in ihrem Wollen, in ihrem Wunsch, das Leben zu meistern, in ihrer Identität, in allem also, was euch doch als Menschen so wichtig und heilig ist.

Wenn eine Mutter diese existentielle Zweiheit nicht begreift oder nicht wahrhaben will, weil sie ihr angst macht, tut sie ihrem Kind keinen Gefallen, sondern bewirkt gerade das, wovor sie Angst hat, nämlich, daß das Kind die Entzweiung mit Gewalt herbeiführen muß. Viele von euch haben dies passiv oder aktiv am eigenen Leibe erlebt. Nun kommt euch aber trotzdem der Zustand der Einheit so harmonisch vor und der Zustand der Zweiheit disharmonisch und voller Störungen. Wir sagen euch: So ist es nicht. Nur über Zweiheit kann eine neue Form der Einheit entstehen.

Wir sprachen von der Einheit mit euch selbst. Zu sich selbst stehen bedeutet, eine Brücke nach innen schlagen, und ohne diese Brücke kann niemand harmonisch sein oder Harmonie ausstrahlen. Erst wenn ihr diese Brücke nach innen zu eurer von allen anderen Wesen verschiedenen Identität geschlagen habt, seid ihr in der Lage und willens, eine Brücke zum Mitmenschen zu bauen. Anders wird es niemals gehen. Man könnte sagen, durch den Brückenschlag nach innen erst schafft ihr euch das Baumaterial, aus dem die Brücke zum Mitmenschen beschaffen ist. Ohne dieses Material ist auch die Brücke eine Illusion, und sie wird euch nicht tragen, wenn ihr versucht, sie zu überqueren. Ihr werdet den anderen nicht erreichen, und er wird euch auch nicht sehen, fühlen und berühren können.

Scheut euch also nicht vor der Zweiheit. Und wenn die Zweiheit nur erreichbar ist über eine vorübergehende Entzweiung, so begrüßt diese Notwendigkeit mit Freude. Denn wenn ihr unängstlich oder mit dem Wissen, daß die Angst nicht von Dauer sein muß, an eine Entzweiung herangeht, wird sie euch zu einer beglückenden Einheit führen. Wer eins mit sich selbst ist, hat wenig Probleme im Leben. Und eins mit sich selbst sein bedeutet keineswegs, immer gute Laune zu haben, positiv eingestellt zu sein, nett zu lächeln und eine freundliche Ausstrahlung zu haben. Nein, eins mit sich selbst kann ein Mensch sogar im Haß und im Zorn sein, wenn er nur zu sich steht. Diese Fähigkeit, zu sich zu stehen, wird für euch alle wesentlich erleichtert, wenn ihr einen Zwist nicht als Entzweiung und Zerrissenheit in euch selbst begreift, sondern als den Brückenschlag, der euch mit euch selbst verbindet. Es handelt sich lediglich um einen kleinen Akt des Umdenkens, um einen Versuch, der eigentlichen Wahrheit, der faktischen Wahrheit der seelischen Bedingungen, die euch zu Menschen machen, zu verstehen. Dies wird euch nicht schwerfallen, denn jeder von euch weiß um die tiefere Wahrheit dessen, was wir sagen. Jeder von euch hat die Auswirkungen dieser Wahrheit schon erlebt und gespürt. Und trotzdem haltet ihr gern an dem von uns beschriebenen Irrglauben fest, daß ihr in allem Einheit anstreben und Zweiheit vermeiden solltet.

Nun entlassen wir euch mit diesen Gedanken in die nächsten Wochen und Monate und bitten euch, wenn sich die passende Gelegenheit bietet – ihr müßt sie nicht suchen –, einmal das auszuprobieren, was wir euch vorschlagen. Und wenn ihr es im betreffenden Moment nicht sofort vermögt, so könnt ihr doch im nachhinein die Situation noch einmal in Gedanken durchspielen.

Steht zu dem, was sich in euch tut, das stiftet Einheit. Steht auch zu dem, was ihr für einen anderen Menschen fühlt. Es ist jetzt dies und dann das. Es ändert sich fortwährend. Das macht jede Beziehung lebendig. Das macht jede Beziehung echt. Und ihr könnt immer dann zu einem anderen Menschen aufrichtig sein, wenn ihr euch selbst gegenüber auch eine gewisse Aufrichtigkeit pflegt.

Ihr seid eins mit dem Allganzen, und ihr seid abgetrennt. Einssein ist gut, und Zweisein ist gut. Beides bedingt sich gegenseitig. Das eine kann nicht auf Kosten des anderen vernachlässigt werden. Wenn ihr euch das merkt, habt ihr sehr viel gewonnen.

Alle Menschen sind Singles

Frage: **Warum gibt es heutzutage bei uns so viele Alleinstehende? Ist das eine Degenerationserscheinung unserer modernen Gesellschaft? Wie können wir es ändern?**

Quelle: Ihr alle seid Singles, ob ihr es spürt oder nicht, denn jede Seele bewohnt nur einen Körper und ist in ihm und mit ihm ganz allein. Wenn ihr aber fragt: »Warum leben so viele Menschen allein, warum sind so viele Menschen allein, oder auch, warum fühlen sich so viele Menschen allein?«, dann antworten wir euch: Diese Frage ist nur gültig in dem Kontext, in dem ihr lebt und euch erlebt, in dem Land, das euch beherbergt, in der Zeit, die euch prägt. Was ihr beklagt, gilt nur für die Zeit, die ihr jetzt erlebt. In anderen Gegenden eures Planeten – in den allermeisten – gibt es keine oder nur sehr wenige Singles.

Es wäre also zu fragen: Warum inkarnieren sich in Mitteleuropa und in einigen Gebieten Nordamerikas so viele Seelen, die einmal auf die Geborgenheit einer Familie und den Schutz einer engen Zweisamkeit verzichten wollen? Ihr fragt nach Menschen, die mehr oder minder gern oder mehr oder minder ungern allein sind. Weniger denkt ihr dabei an die Witwe, die allein geblieben ist, an den Behinderten, der gern eine Frau hätte, sie aber nicht findet. Ihr fragt, ohne es auszusprechen, vor allem nach jungen Erwachsenen, die sich angeblich weigern, den traditionellen Normen eurer Gesellschaft zu entsprechen und eine Familie zu gründen. Ihr meint, sie müßten Kinder zeugen und für andere sorgen, um normal zu sein. Ihr denkt vor allem an jene, die sich, wie ihr glaubt, der üblichen Form von Zweisamkeit verweigern oder angeblich weder den Wunsch noch die Fähigkeit haben, eine Beziehung langfristig aufrechtzuerhalten.

Wenn wir euch eine Antwort aus unserer Perspektive geben sollen, dann müssen wir jedoch von allen sprechen, die, ob sie es wünschen oder nicht, allein sind oder sich allein fühlen. Ihr lebt in einem Land, das einen für euren Planeten extrem hohen Anteil an Reifen und Alten Seelen aufweist. Säugling-Seelen, Kind-Seelen und auch Junge Seelen erkennen im Alleinsein keinen Sinn und kein Ziel, weder Qual noch Lust, weder ein Bedürfnis noch eine Verweigerung. Sie können sich ausschließlich in einer engen, fest definierten Gemeinschaft verwirklichen. Und diese Gemeinschaft werden sie so oder so überall suchen und finden.

Wenn eine Seele jedoch älter wird, nimmt ihr Bedürfnis zu, auch andere Formen des menschlichen Erlebens zu erproben. Dazu gehört das Alleinsein, das keineswegs immer mit Einsamkeit zu beschreiben ist. Nur wer es wenigstens zeitweilig zuläßt, empfindet sowohl seine eigene seelische Abgetrenntheit vom Allganzen als auch seine Verbundenheit mit außermenschlichen Dimensionen. In eurer Gesellschaft, in eurem Land, gibt es also deshalb zur Zeit so viele Singles, gewollt oder unbeabsichtigt, weil eine Reife Seele und auch eine Alte Seele unbedingt die Erfahrung des Alleinseins machen will und machen muß, zumindest für eine gewisse Zeit im Leben. Die Seele fragt allerdings nicht, ob diese Erfahrung angenehm oder unangenehm ist. Auch wenn das physische Alleinsein, die Tatsache, daß ein Mensch keine Nachkommen und keinen Partner hat, schmerzhaft ist, kommt diese Erfahrung der Seele elementar zugute. Denn nur wer in der Lage ist, das Alleinsein eine Zeitlang zu ertragen, einige Tage, Wochen, Monate oder Jahre, wird sich selbst begegnen können. Dies ist für viele eine Binsenwahrheit, und manche, die hier sitzen und uns zuhören, sind bereits Reife und Alte Seelen und kennen sowohl die Lust als auch die Verzweiflung des Alleinseins sehr gut. Wäre euer Land vorwiegend von Kind-Seelen bevölkert, die vollkommen andere Erfahrungen machen müßten als ihr, gäbe es nicht so viele Alleinstehende.

Wir hören und wissen, daß Menschen, die ihre innigste Freude in der Zweisamkeit finden, auf alle, die einsam sind, mit Besorgnis und manchmal mit ein wenig Verachtung herabschauen. Gewiß ist die liebende Zweisamkeit und die Verbindung mit einem anderen Menschen eine beglückende Erfahrung, die jede Seele im inkarnierten Zustand braucht, sucht und auch immer wieder erlebt. Aus unserer Sicht jedoch ist eine Partnerschaft zwischen Mann und Frau oder Mann und Mann oder Frau und Frau beileibe nicht die einzige Form von Zweisamkeit, und wir würden als einen echten Single nur denjenigen betrachten, der wirklich keinerlei gefühlsmäßig intime, beglückende Beziehung kennt, keinen engen Freund hat, kein Zusammenleben mit einem Elternteil oder einem Kind kennt, keinen Menschen weiß, der nahe genug an ihn herankommt, um sein Herz und seinen Geist berühren und verändern zu können. Davon gibt es wenige. Freiwillig allein sein zu können ist also eine Leistung, eine seelische Errungenschaft. Solange ihr jedoch eure Normen und Werte aus der Vorstellungswelt der jüngeren Seelen bezieht, werdet ihr eine gewisse Verstörtheit empfinden angesichts derer, die gern allein sind. Und ihr werdet ihnen nicht glauben, wenn sie sagen, daß die Einsamkeit, das Alleinsein und manchmal sogar eine selbstgewählte, langfristige Isolation einen überaus beglückenden Effekt und eine reinigende Wirkung haben. Sie führen nicht selten eine Wende im Leben herbei. Wenn ihr nicht versteht, wie wichtig das Alleinsein ist, werdet ihr befürchten, daß es einsamen, partnerlosen Menschen auf allen Ebenen schlechtgeht, daß sie absolut unglücklich sein müssen, weil sie Erfahrungen missen, die euch lieb und teuer sind.

Wir aber sagen euch: Es gibt keinen Menschen auf eurer Erde und keinen Menschen in eurem Land, der ein ganzes langes Leben wirklich in innerer und äußerer Einsamkeit verbringen müßte. Viele wollen und brauchen keine Zweisamkeit mit einer einzigen Person für ein ganzes Leben. Sie sind trotzdem auf der Suche – nicht nach einem Partner, wie sie meistens glauben, sondern auf der Suche nach sich selbst, nach einer neuen Form von Zweisamkeit, die den anderen Menschen braucht als Korrektiv, als Spiegel, in der Begegnung, zur Bereicherung (und diese Bereicherung ist immer gegenseitig). Aber die eigentliche Suche wendet sich dabei mit Beginn des Reifen Seelenzyklus nach innen. Wer bin ich in der Begegnung? Um dies zu erfahren, ist es notwendig, immer wieder wenigstens eine Zeitlang allein zu sein und allein zu leben, um die Trauer und das Glück zu erfahren, die mit diesen Zuständen verbunden sind.

Wir können euch in Aussicht stellen, daß in fünfzig oder hundert Jahren die Zahl der Alleinstehenden und zeitweilig Alleinseinwollenden in eurem Land eher noch zunehmen als abnehmen wird. Denn nur dort, wo Menschen Eltern werden, die das Alleinsein bereits kennengelernt haben, können sie diese positive Erfahrung an ihre Kinder weitergeben. Deshalb werden immer mehr Seelen das Bedürfnis verspüren, sich in einem Land zu inkarnieren, in dem Alleinsein kein Makel mehr ist und keine Ausnahmeerscheinung, sondern die Vorbedingung zu einer neuen Form der Zwischenmenschlichkeit, zu einer Möglichkeit der Begegnung, die in vielen Ländern der Erde noch kaum gegeben ist.

Wenn ihr einmal eine Reise tut nach Afrika oder Asien, werdet ihr sehr schnell spüren, daß jegliches Alleinsein dort ungewöhnlich ist, Zweifel an seiner Richtigkeit auslöst, vielfach sogar unbekannt ist. Einsamkeit und Krankheit, Alleinsein und Verrücktheit werden unmittelbar miteinander verbunden. Ihr könnt in diesen Gegenden erfahren, daß es euch bald zuviel wird, immer und immer mit anderen Menschen zusammenzusein, ohne Unterlaß zusammen zu essen, gemeinsam zu schlafen, jeden Moment der Arbeit und des Ausruhens miteinander zu verbringen, keinen eigenen Raum zu haben, einfach niemals allein zu sein. Der Gedanke, keinen Ehepartner, keine Familie zu haben, ist für diese gemeinschaftsliebenden Menschen so tief erschreckend, daß sie sich nicht einmal mit ihm auseinandersetzen können, weil sie ihn für grundlegend falsch halten.

Nun wollen wir jedoch keineswegs die Schwierigkeiten und die Trauer leugnen, die viele von euch, wenn nicht die meisten, verspüren, wenn sie zu lange und zu oft allein sind, weil ihre Hoffnung auf eine beglückende Zweisamkeit sich nicht erfüllen will. Wir wissen um diese Probleme, doch können wir euch nur einen guten Rat geben, der lautet: Macht das Beste daraus! Nur auf diese Weise könnt ihr lernen, was es heißt, sich selbst zu lieben.

Alleinsein ist keine Strafe, sondern die Vorbedingung dafür, daß ihr euch besser kennenlernt. Dieses Kennenlernen wird mit dem unaufhaltsamen Wachstum eurer Seele ein immer größer werdendes Bedürfnis werden. Ihr seid hier, weil ihr euch um dieses Wachstum bemüht, aber mit dem Wachstum entstehen neue Notwendigkeiten und Bedürfnisse im Hinblick auf zwischenmenschliche Beziehungen. Ihr wollt lernen, auch diejenigen zu lieben, die euch fremd sind, die ihr nicht so gut kennt, die nicht von eurem Blute sind, die ihr nicht gezeugt habt und mit denen ihr die Nächte nicht verbringt. Das ist eine große Leistung. Ihr seid auf der Erde, um etwas ganz Neues zu erfahren. Ihr wollt lernen, Menschen zu lieben, die anders sind als ihr, und dafür ist das Alleinsein eine Vorbedingung, eine Erfahrung, die nicht gemieden werden kann.

Geld schafft spirituellen Freiraum

Frage: **Manche glauben, daß der spirituell weitentwickelte Mensch mit möglichst wenig Geld auskommen sollte. Ist das so?**

Quelle: Wir wünschen uns, daß solche Fragen häufiger gestellt werden. Aber viele nach spirituellen Wahrheiten suchende Menschen schämen sich dafür, daß sie überhaupt mit der materiellen Welt noch verbunden sind, daß sie Bedürfnisse haben. Sie sehnen sich nach einer umfassenden Bedürfnislosigkeit, die wir für schädlich halten, wenn es um spirituelle Entfaltung geht. Nicht selten begegnen uns in euch Seelen, die ihre eigene Materialität ablehnen. Sie möchten ihre Leiblichkeit von Anbeginn ihrer Einkörperung transzendieren. Sie bemühen sich darum, die Bedürfnisse ihres Körpers zu leugnen und damit auch die materiellen Bedingungen ihrer Existenz. Wir verurteilen dies nicht, sondern wir bedauern es. Denn wenn ein Mensch sich unter vielen Mühen und mit umfassender Unterstützung seiner Seelengeschwister endlich einen Körper gesucht hat, dann gibt es nichts Wichtigeres, als sich dieses Körpers zu erfreuen und den Geist mit den damit verknüpften Bedingungen der Existenz anzufreunden, die Materie zu genießen, sie freudig zu leben und zu bejahen.

Wir sagen nicht, zum Leben gehört Geld. Wir behaupten: Ja, zu eurem Leben gehört auch das Geld. Zu eurem Leben, wie ihr es zu leben habt, gehört der Austausch von Energie in Form von Scheinen und Münzen und Schecks und Kreditkarten. So ist es jetzt. Bejaht das, was jetzt ist, denn ihr selbst habt es geschaffen. Eure eigenen Seelen haben sich viel Mühe gegeben, während vieler Inkarnationen, um eine solche Form des Austausches zu ermöglichen. Sie schenkt euch Freiheit. Sie ist bei weitem nicht so einengend, wie ihr befürchtet. Daß es Geld und Schecks gibt und ihr nicht mehr auf Warentausch angewiesen seid wie vor Tausenden von Jahren, ermöglicht euch, im Tausch Werte zu erhalten, die immateriell sind. Ihr könnt euch für Geld Dinge und Situationen schaffen, die in vergangenen Jahrtausenden nicht erreichbar waren: Informationen, Sicherheit, Bildung, Frieden, allerlei Dinge, die eurer spirituellen Entwicklung jetzt sehr entgegenkommen. Geldwirtschaft ist eine kluge Errungenschaft älterer Seelen.

Viele Lehrer und Meister sprechen die Wahrheit, wenn sie sagen: »Wer Hunger hat, kann nicht meditieren.« Wir sagen euch: Wer das Geld verachtet, kann zu den erweiterten Dimensionen der geistigen Welt keinen Zugang finden. Er erhebt den Anspruch, ein Baum ohne Wurzeln zu sein. Nur wer sich fest in der materiellen Welt verankert, und zwar genau in der Welt, die er sich für seine Inkarnation ausgewählt hat, der kann auch von dieser Verankerung aus die Arme in andere Dimensionen emporstrecken, eine Liebe empfangen, die nicht materiell ist. Ihr Menschen lebt in einer dualen Form. Materie und Nichtmaterie sind Teile dieser Dualität. Sie sind Aspekte eurer Wirklichkeit, ebenso wie das Mannsein und das Frausein Aspekte von Menschsein sind.

Verachtet also nicht das Geld, bringt ihm aber auch nicht eine Achtung entgegen, die einer Anbetung gleichkommt. Wir sprechen heute zu euch, die ihr hier auf einem Esoterikkongreß versammelt seid! Wir wissen sehr wohl, daß wir gerade euch nicht ermahnen müssen, allzusehr aufzupassen, damit ihr euch nicht in den Fallstricken der Materie verfangt. Wir müssen euch nicht vor den Gefahren der Geldgier warnen. Das ist nicht euer Problem, wir würden so zu anderen sprechen. Zu euch aber sagen wir: Achtet, was euch im Sinne der Freiheit gegeben ist! Achtet, was eure Seelen sich selbst geschaffen und erkämpft haben unter mancherlei Opfern, und benutzt es so, daß es euch allen zugute kommt.

Weisheit des Wandels:
Wechseljahre, Gentechnologie
und Umweltveränderung

Frage: **Weibliche Menschen werden besonders alt. Vielen erscheinen die Wechseljahre aber schon als der Anfang vom Ende. Oft lebt eine Frau noch vierzig oder fünfzig Jahre, ohne sich fortpflanzen zu können. Welchen Sinn hat die Menopause?**

Quelle: Die Menopause als solche, das heißt, das endgültige Ausbleiben der gewohnten Blutungen, ist nur ein kleiner Aspekt dieses ganzen Komplexes. Schwieriger und belastender sind die Jahre zuvor und die damit verbundenen ungewohnten, oft sehr heftigen Schwankungen des Hormonspiegels sowie der davon beeinflußten Stimmungen. Wir trennen also diese beiden Abschnitte und beschäftigen uns zunächst mit den Jahren, die der eigentlichen Menopause vorausgehen.

Von vielen unbemerkt oder kaum registriert, von sehr vielen mißverstanden oder falsch interpretiert, ergibt sich in den fünf bis sieben Jahren vor dem Ausbleiben der Periode ein stark pulsierender, die Rhythmik aller Empfindungen und körperlichen Vorgänge intensivierender Wechsel, der alle Bereiche des Lebens berührt. Auch aus diesem Grund ist der Begriff »Wechseljahre«, der in vielen Kulturen und Sprachen für diese Zeit verwendet wird, sehr berechtigt, denn ein Wechsel und Wandel findet sowohl im Großen als auch im Kleinen statt. Es ist der große Wechsel von der fruchtbaren Epoche zur unfruchtbaren, aber auch ein schneller und stetiger Wandel aller Betrachtungsweisen des eigenen Seins, die in erheblichem Maße auch von Hormonen gesteuert werden.

Euphorie und Depression, Stabilität und Labilität, Hitze und Kälte, Lachen und Tränen, Verzweiflung und Hoffnung, Kraft und Schwäche und viele ähnliche Polaritäten sind davon betroffen. Die Selbstwahrnehmung ändert sich. Der Selbstausdruck ist anders als früher und sucht neue Formen. Das Selbstverständnis durchläuft eine Reihe von Höhen und Tiefen. Es will sich ändern, und es muß sich ändern. All dies macht bereits deutlich, daß es sich bei den Wechseljahren und der daran anschließenden Menopause um eine der großen Pulsationen im Leben einer als Frau inkarnierten Seele handelt. Kindheit und Pubertät, die Jahre der gelebten Geschlechtsreife, der Abschied aus dieser Rolle und die Erneuerung des fraulichen Bewußtseins gehören zu einem Vorgang, der notwendige Abschnitte in der Entwicklungsgeschichte der weiblichen Verwirklichung der Seele darstellt.

Ähnliches, Vergleichbares kann auch für die männlich inkarnierte Seele und ihr Werden beschrieben werden.

Wir haben stets davon gesprochen, daß alles Leben Pulsation bedeutet. Alles Sein ist ein Wechsel von Expansion und Kontraktion. Die Geschlechtsorgane expandieren während der Geschlechtsreife und beginnen zu kontrahieren, wenn die Reife ihren Höhepunkt überschritten hat. Dasselbe gilt auch für die Persönlichkeit der Frau. Diese Verdichtung ist jedoch nicht gleichzusetzen mit einer angstvollen Verkrampfung, sondern mit einer Verfestigung, die ihre eigenen unübersehbaren und unvergleichlichen Vorteile besitzt. Einer großen Unruhe während der Jahre des Wechsels und der Wechselhaftigkeit folgt nun eine große Ruhe, die ihren eigenen Reiz besitzt und Neues möglich macht, eine Bereicherung bringt, die als Ernte verstanden werden kann. Somit sind diese Jahre im Leben eines weiblichen Menschen vollkommen notwendig und wichtig und folgerichtig. Wollte man sie vermeiden, leugnen oder überspielen, würde man auf einen entscheidenden Entwicklungsschub verzichten. Die Neigung, den körperlichen Veränderungen keinen Platz im Bewußtsein einzuräumen, gleicht dem Versuch, zweimal hintereinander einzuatmen, ohne dazwischen auszuatmen. Allerdings ist der Einschätzung und dem Umgehen mit dieser epochalen Veränderung innerhalb der menschlichen Geschichte ein breiter Spielraum gegeben.

Wir stellen das Bewußtsein in den Mittelpunkt unserer Überlegungen. Und alles, was die bewußte und auch neugierige Beobachtung, die interessierte Wahrnehmung behindert oder unterbindet, halten wir für wenig hilfreich. Wenn also eine Frau, die durch ihre Lebensform und die damit verbundenen Verpflichtungen so eingebunden ist, daß sie keine Möglichkeit sieht, ihr körperliches Befinden – wenn es denn elend ist – zum Anlaß für Ausruhen, für Pause, für Besinnlichkeit zu nutzen, ist das der Entfaltung neuer seelischer Kräfte nicht zuträglich. Eine krankmachende Pulsation des Hormonspiegels ist ebensowenig wünschenswert, und unter krank verstehen wir eine sehr subjektive persönliche Befindlichkeit. Das heißt, wenn eine Frau sich elend fühlt und nicht nur starke Hitzewellen hat, sondern sich auch matt und deprimiert und ängstlich dabei fühlt, ist dies ein Zustand, der ihrer persönlichen Entwicklung nicht wirklich dient. Wenn eine Migräne sie mehrmals im Monat befällt und sie selbst im abgedunkelten Zimmer nicht in der Lage ist, nachzudenken oder sich mit sich selbst zu beschäftigen, weil die Schmerzen unerträglich sind, ist das für die seelische Reifung von keinerlei Vorteil. Hingegen wirkt es als positive und angenehme Unterstützung der zu vollziehenden Formen des Wandels auf allen Ebenen des Erlebens, wenn die Pulsationen der Befindlichkeit im körperlichen und emotionalen Bereich noch beobachtbar und auswertbar sind. Und das kann nur dann der Fall sein, wenn sie nicht verdrängt oder überspielt werden müssen und ausreichend Muße vorhanden ist, um sie auszukosten und die notwendigen neuen Einstellungen daraus zu gewinnen.

Wann immer das Innere von Turbulenzen bewegt wird, ist es günstig, den äußeren Bereich zu beruhigen. Die Natur – die körperlichen Voraussetzungen der weiblichen Entwicklung – hat auch in aller Regel dafür gesorgt, daß diese Ruhe in den äußeren Ereignisschichten jetzt eintreten kann, denn die Kinder sind nicht mehr hilfsbedürftig, die sexuellen Triebe weniger stark, die Lebensformen gesicherter, die Beziehungen gefestigt. So kann sich eine Frau, die gut mit sich umzugehen versteht, ihren inneren Bewegungen zuwenden und sie mit Interesse und Anteilnahme, vor allem aber mit großem Gewinn nachvollziehen. Sie schafft damit eine gute Basis für die noch folgenden Lebensjahrzehnte und kann bei aufmerksamer Hinwendung zu ihren eigenen Bedürfnissen, die jetzt zum allerersten Mal im Vordergrund stehen dürfen, die Grundlagen für eine Entwicklung schaffen, die ihr selbst in hohem Maße zugute kommt, und damit meinen wir ihr Ganzes, auch ihre Seele.

Wir sagten bereits: Im Leiden an den wechselhaften Stimmungen und den unterschiedlichen, stark variierenden körperlichen Phänomenen, an Schmerzen und an Ängsten liegt kein Wert an sich. Diese stummen Schmerzen und Ängste, das Leiden am Unvermeidbaren, Notwendigen und sogar Erfreulichen sind eine Frage der Einstellung und der Information. Frauen sind es gewohnt, ihr Wissen über die Erziehung und Behandlung von Kindern auszutauschen, sie sprechen über ihre Männer und über ihre Schönheit – nicht nur unter Gleichaltrigen, sondern auch unter den Angehörigen verschiedener Generationen. Doch die Thematik der Wechseljahre wird aus solchen Gesprächen tunlichst ausgeklammert. Nur selten vertrauen sich Frauen einander an über die Phänomene, die sie an sich beobachten oder beobachtet haben, da sie sie nicht einordnen können und sie oft mit den Pulsationen des Hormonspiegels auch gar nicht in Verbindung bringen. Auch ist es begreiflich, daß Frauen das Eingeständnis, sich unwohl, weinerlich, empfindlich, unfähig und vergeßlich zu fühlen, mit Symptomen des Alterns in eins setzen, mit der gefürchteten mangelnden Anziehungskraft, mit Entwertung ihrer bisherigen Rolle, so daß sie nicht nur ungern mit potentiellen Rivalinnen um die Gunst der Männer über ihre Befindlichkeit sprechen, sondern sie auch sich selbst nicht eingestehen mögen, um entsprechende Ängste zu vermeiden. Weil diese Zeiten der Wandlung mit vielen Tabus und Ängsten behaftet sind, haben auch die Mütter der Frauen, die sich dem Wechsel ausgesetzt sehen, ihre entsprechenden Empfindungen und Ängste, die zwanzig oder dreißig Jahre zurückliegen, längst dem Vergessen anheimfallen lassen. Sie wollen und mögen sich nicht erinnern und können es auch oft nicht, da sie ihr Bewußtsein schon seinerzeit nicht gern auf die entsprechenden Phänomene richteten und das Erinnerungsvermögen dadurch getrübt ist. Daher ist ein Austausch von Informationen, der Angst mildern könnte und hilfreiche Hinweise enthalten würde, weitgehend unterbunden.

Wir möchten uns verständlich machen, wenn wir uns mit unserer nun folgenden Diskussion auf die Möglichkeit oder Notwendigkeit von Hormonsubstitution beziehen und damit zugleich eine Aussage machen, die Grundsätzliches betrifft und weit über die Grenzen dieser Thematik der Wechseljahre hinausreicht. Wir meinen die Akzeptanz der Tatsache, daß das, was ist, auch genutzt werden sollte. Das, was ist, ist nicht umsonst. Das, was ist, hat Sinn und Funktion. Wenn Menschen in der Lage sind, Hormone auf chemischem Wege zu gewinnen und sie als Substitution im weiblichen Körper einzusetzen, hat das seine Funktion, seinen Sinn und sein Ziel.

Was ist, ist nicht überflüssig. Das gilt für alle Bereiche der Existenz. Aber ihr wißt auch (und das ist ein Bereich, der der Differenzierung bedarf): Alles, was ist, kann auf verschiedene Weise genutzt werden. Es kann gebraucht und mißbraucht werden, es kann mit Herz und Verstand gehandhabt werden oder mit Unverstand und mangelndem Einfühlungsvermögen. Das gilt nun auch für alle Forschung und Anwendung, die den Hormonhaushalt einer Frau in den Zeiten des Wechsels und der heftigen Pulsationen betreffen. Wenn eine Hormongabe eine Frau in ihrer bewußten Wahrnehmung der wechselhaften Zeiten und der neuen Möglichkeiten unterstützt, wenn sie sich freier, wohler und kräftiger fühlt und ihre Angst, alt zu werden und ihre sexuelle Anziehungskraft zu verlieren, dadurch besser betrachten kann, ist es gut. Wenn synthetische Hormone dazu beitragen, ihre kommenden Lebensjahrzehnte in positiver, geistig-seelisch fruchtbarer, angenehmer und gesunder Weise zu beeinflussen, ist nicht nur gar nichts gegen eine solche Substitution einzuwenden, sondern sie ist – von höherer Warte aus gesehen – menschheitsgeschichtlich genau zu diesem Zweck entwickelt worden. Frauen werden in vielen Gegenden des Erdballs sehr alt. Das war nicht zu allen Zeiten der Fall. Warum sollten sie nicht einfach nur alt sein, sondern auch krank, verbraucht und gebrechlich sein müssen?

Frage: **Seit die Menschen in Mitteleuropa und anderswo auf der Erde immer älter werden, entstehen neue Probleme. Die zweite Lebenshälfte gewinnt an Bedeutung. Sie muß gestaltet werden. Was sind die Lebensaufgaben einer älteren Frau?**

Quelle: Krankheit und Gebrechlichkeit haben wir immer in Notwendiges und nicht Notwendiges unterschieden. Das nicht Notwendige gilt es zu verhindern, das Notwendige zu fördern. Alt zu sein und dabei krumm und senil zu werden, ist nicht notwendig. Alt zu sein und dabei zu akzeptieren, daß der Körper zunehmend seine gewohnte Kraft verliert, die Wahrnehmungen sich verfeinern und eine innere Stille eintreten kann, wenn Schmerzen nicht überhandnehmen, ist ein Ziel, das Frauen anstreben können. Denn sie haben in den Jahrzehnten nach der Menopause sehr viel zu geben, sehr viel zu leisten, wenn auch nicht immer aus körperlicher Kraft. Sie haben sehr viel zu sagen und zu lehren. Dafür aber ist es gut, wenn sie sich wohl fühlen. Nur dann sind sie motiviert zu handeln und können den inneren Impulsen folgen, die sie dazu anweisen, ihre Lebenserfahrung auf allen Gebieten an die nachfolgenden Generationen weiterzugeben. Sie können darauf bestehen, ernstgenommen zu werden, unabhängig von ihrer geschlechtlichen Rolle als Gebärerinnen. Menschliche Reifung und Menschwerdung jenseits der Geschlechtsrolle als Ziel der Seele anzustreben bedeutet nicht, die eigene Körperlichkeit als Frau zu leugnen, sondern sie zu integrieren und gleichzeitig über sie hinauszuwachsen.

Attraktivität ist ein vielschichtiges Phänomen, das aus einer großen Anzahl psychischer und körperlicher Anteile zusammengesetzt ist. Zum psychischen Anteil gehören das Selbstbewußtsein und ein Teil verhaltensbestimmender Gewohnheiten. Die körperliche Attraktivität jedoch ist außerdem einem biologischen Wandel unterworfen, der ebenso wie vor der Geschlechtsreife auch nach dem Ende der Fortpflanzungsfähigkeit eine unübersehbare Neutralisierung mit sich bringt. So wie das präpubertäre Mädchen keine sexuellen Duft- und Lockstoffe aussendet, deren Produktion seinem willentlichen Einfluß entzogen ist, hört die Aussendung dieser elementarbiologischen Signale mit der Menopause auf. Die Zusammensetzung der Pheromone verändert sich, und anstatt das männliche Sensitivitätsorgan in fordernder und lockender Weise zu erreichen, strömt der Körper der Frau mit der Zeit immer stärker und ohne daß sie es in irgendeiner Weise beeinflussen kann einen abwehrenden Stoff aus, der besagt: Hier ist Befruchtung zwecklos.

Die Entwicklung des menschlichen Bewußtseins und die Entfaltung differenzierter Gefühle können diese Basissignale des animalischen Anteils im Menschen überlagern und modifizieren, doch werden sie sie nicht auslöschen können. Es ist also nicht nur die äußere Veränderung des Körpers – das Nachlassen der Geschmeidigkeit und das Versiegen der Säfte – sondern vor allem die Tatsache, daß Nachkommenschaft nicht mehr erzeugt werden kann, die die Veränderungen im Gefüge zwischen Mann und Frau auslöst. Auch wenn Sexualität in einigen Gesellschaften ideologisch und faktisch immer mehr getrennt von einem unmittelbaren Zeugungsbedürfnis erscheint, läßt sie sich auf biologischer Ebene doch nicht abspalten. Es liegt also keineswegs allein an der Psyche der Frau und ihrem Selbstbewußtsein oder der Fähigkeit, ihren Körper jugendlich zu erhalten, ob sie noch attraktiv wirkt, ganz gleich, wie attraktiv sie sich fühlt, obschon dies eine wichtige Rolle spielt.

Wir meinen, daß die psychische Prägung, die durch ein Umdenken von »schon alt« auf »noch jung und anziehend« vorgenommen wird, etwa dreißig oder vierzig Prozent der Wirkung ausmacht. Sechzig Prozent jedoch sind der biologischen Veränderung zuzuschreiben. Frauen brauchen in diesem Alter nicht nur in erhöhtem Maße Rückmeldung über ihren von körperlichen Veränderungen unabhängig stabilen Wert als sexuelle Partnerin, sondern auch ganz elementare Bewunderung ihrer körperlichen Vorzüge. Eine junge Frau ist sich dieser Vorzüge bewußter und ist weniger darauf angewiesen, sich mit den Augen des Mannes zu sehen.

Das Wichtigste jedoch, was es zu vermeiden gilt, sind Äußerungen, die ein »Ja, aber …« enthalten. Denn dieses »Ja, aber …« erzeugt Ängste und Bitterkeit, es wird als falsche Tröstung empfunden, die die Zweifel und wachsende Verzweiflung der alternden Frau eher schüren als besänftigen. Es ist also heilsamer zu sagen: »Deine Haut ist wunderschön zart und weich«, anstatt zu flüstern: »Deine Haut ist immer noch sehr zart und weich« oder zu verstehen zu geben, daß zwar schon viele Falten vorhanden sind, aber doch für das Lebensalter noch vergleichsweise wenige, und daß als Ersatz für die verlorene Schönheit eine menschliche Reife eingetreten ist. Solche Worte klingen wie heimlicher Hohn. In den Jahren des Übergangs verflucht manche Frau ihre mühsam erworbene innere Reife, wenn sie auf Kosten des Verlusts ihrer körperlichen Vorzüge geht, so wie sie es in dieser Phase ihres Lebens versteht.

In unserer Betrachtungsweise beginnt für Mann und Frau jenseit der Vierzig eine für die seelische Entwicklung hochbedeutsame Zeit. Erst wenn ein Mensch weiß, wer er ist, kann er sich daranmachen, seine wesentlichsten Lebensaufgaben zu erfüllen und ihnen gerecht zu werden. In den seltensten Fällen wird dies in der ersten Lebenshälfte der Fall sein. Die Lebensaufgabe stellt erst dann ihre Ansprüche an den Menschen, wenn der Mensch selbst bereit ist, sich ein wenig oder auch stärker aus den Begrenzungen und Vorschriften seiner Erziehung und seiner Umwelt zu lösen. Das bedeutet aber nun nicht – wie viele mißverstehen –, daß nunmehr die Begrenzungen und Werte der Gesellschaft grundsätzlich verneint werden müssen und daß in einem solchen Prozeß die Auswirkungen der eigenen Erziehung und des Weges in der ersten Lebenshälfte zur Ablehnung gelangen müssen. Es bedeutet vielmehr, daß ein Mensch in der Lebensmitte Gelegenheit hat, das, was ihn geprägt hat, zu überprüfen, die Spreu vom Weizen zu trennen oder – wie andere sagen – die Erbsen zu trennen, die guten ins Kröpfchen, die schlechten ins Töpfchen. Wir sagen »die guten ins Kröpfchen«, weil der Mensch sich selbst weiterhin zuführen sollte, was er als wohltuend und nährend erfahren hat, alles andere hingegen ins Töpfchen tun sollte, also von sich wegschieben, was er nicht mehr als gültig, als nährend, als wohltuend empfindet. Dadurch nun können die Weichen neu gestellt werden. Vorher ist es nicht sinnvoll. In der zweiten Lebenshälfte bleibt immer noch Gelegenheit, diesen

Schritt zu vollziehen. Es handelt sich dabei um einen Lebensabschnitt, den wir als den *vierten Schritt der Entscheidung* bezeichnen. Bei dieser vierten Entscheidung handelt es sich um eine freie Wahlmöglichkeit, die es jedem Menschen freistellt, sich nach der einen oder anderen Seite zu orientieren. Den vierten Schritt zu tun bedeutet, den entscheidenden Impuls zur Selbstfindung und Selbstwerdung zuzulassen und ein freies Individuum zu werden. Diesen Schritt wollen die meisten Menschen weder tun noch anstreben. Er stellt somit für diejenigen einen besonderen Reiz, aber auch eine besondere Schwelle dar, die sich hin zu einer Ausformung ihrer wahren Persönlichkeit, einer höheren Bewußtheit und einer weiteren Liebesfähigkeit entwickeln wollen. Das bedeutet, sich von Prägungen und Programmen zu befreien, sich von fremden Erwartungen zu lösen und das ureigenste Potential zu entfalten.

Die Wechseljahre sind eine schwierige Periode im Leben jeder Frau, die alt genug wird, um sie zu durchleben. Doch nicht die oft unangenehmen körperlichen Erscheinungen machen den Wechsel so unbeliebt, sondern die psychischen Herausforderungen der vierten Entscheidung, die mit ihr verbunden sind. Sie erst führen den seelischen Wandel herbei.

Es ist aus seelischer Perspektive kein Zufall, daß die meisten Frauen auf eurer Erde vor Erreichen dieses Lebensabschnitts sterben. Auch dies hat seinen Grund. Selbstwerdung kostet Kraft und Mut. Männer vollziehen diese Wandlung auf ihre Weise. Wer in der späten Lebensmitte keine Sinnkrise erlebt, verzichtet auf die Möglichkeit, sich der persönlichen Freiheit zu nähern. Aber diese Freiheit ist keineswegs ein Wert an sich. Manche Seelen wollen sie kennenlernen, andere wieder nicht. Wer sie für sich selbst einmal als Wert erkannt hat, muß sich daranmachen, die schlechten Erbsen von den guten zu trennen. Das ist eine harte, mühselige Arbeit, die Zeit, Geduld und Aufmerksamkeit erfordert. In der Regel wird – wie im Märchen – dieser Prozeß nicht ablaufen können, ohne mit einer erheblichen Krise in der Auffassung von der eigenen Identität einherzugehen. Aschenputtel wußte lange Zeit nicht mehr, wer sie ist. Sie war einst die geliebte Tochter, das verwöhnte Mädchen gewesen, und nun findet sie sich wieder in der Küche, in der Asche sitzend und zu den niedrigsten Arbeiten verurteilt – verhöhnt, verspottet und ungeliebt. Doch ahnt sie, daß ihre Bestimmung zur »wahren Braut« von Schmutz und Demütigungen nicht außer Kraft gesetzt werden kann. Asche ist ein Symbol für die Verwirrung, in die jeder, der den Weg der Selbstwerdung und Selbstfindung beschreiten will, unausweichlich eintritt und die man sowohl bejahen als auch hinter sich lassen muß, ohne den Weg abzukürzen. Die Verwirrung, die dadurch entsteht, daß ein Mensch nicht mehr recht weiß, wer er ist, daß seine alten Strukturen in Unordnung geraten, daß er sich wiederfindet in der Asche seiner alten Träume, ist der Ausgangspunkt für eine neue Begegnung mit dem eigenen Selbst.

Frage: **Immer häufiger greifen moderne Medizin und Technik in die natürlichen Gegebenheiten ein. Hat die Genmanipulation negative Auswirkungen auf den Fortbestand des Menschen?**

Quelle: Ihr überblickt nur einen sehr kleinen, sehr begrenzten Ausschnitt aus der Geschichte der Menschheit und des Menschen. Die wenigen tausend Jahre, die euch – und eigentlich nur wenigen unter euch – mit einiger Mühe als historische Dimension eures Menschseins zugänglich und vorstellbar sind, stellen keineswegs, wie ihr euch gewiß klarmachen könnt, das Ganze dar. Und wenn ihr euch einmal überlegt, welch einen ungeheuer weiten Weg der kulturellen Errungenschaften nach eurer so sehr begrenzten Wahrnehmung die Menschen, die zum Beispiel in euren Breiten und Klimazonen gelebt haben, in den letzten drei- oder viertausend Jahren zurückgelegt haben, erahnt ihr vielleicht die Dimensionen, die eine Gesamtgeschichte der Menschheit und ihrer Entwicklung abdecken könnte. Es ist verständlich und wir verstehen, daß ihr – weil ihr seid, wie ihr seid, und als inkarnierte Seelen selten mehr als sechs- bis achttausend Jahre an Erfahrung hinter euch bringt oder gebracht habt – keinen größeren Radius in eure Wahrnehmung miteinbeziehen könnt. Wir aber sehen mit Hilfe anderer, die mehr wissen als wir, einen größeren Ausschnitt des Ganzen. Wir erkennen, woher der Mensch kommt und wohin der Mensch gehen kann.

Wir wollen euch ein Beispiel bringen: Es ist ein erheblicher Unterschied, ob eine Säugling-Seele auf der irdischen Zeitachse vor fünfzigtausend oder erst vor fünfhundert Jahren ihren Weg begann. Die Bedingungen, die sie antrifft, wurden inzwischen von einer Vielzahl anderer Energien geprägt. Die bereits wiedervereinigten Seelenfamilien haben ihre Arbeit geleistet. Jedes seelische Fragment des Großen Ganzen, das jemals gelebt und gelitten hat, trug das seine dazu bei, daß Bewußtheit und Liebe sich entfalten können. Deshalb ist es bedeutsam zu verstehen, daß von dem Geleisteten nichts verlorengeht. Es stellt vielmehr eine Basis der Erfahrung her für alle, die eine neue Inkarnationsreise beginnen.

Eine Säugling-Seele, die erst vor wenigen Jahrhunderten ihren Pfad zu beschreiten begann und jetzt gerade ihr siebtes oder achtes Leben lebt, kommt heute auf eurer Erde mit einer noch nie dagewesenen Infrastruktur und mit einem Kommunikationssystem in Berührung, die ihr Bewußtsein prägt, ganz gleich, ob sie versteht, worum es geht, oder nicht. Sie findet völlig andere Lebensbedingungen auf dem Planeten vor als vor fünf- oder zehntausend Jahren. Nehmen wir als Beispiel einen Menschen, der sich in der Kalahari als Buschmann inkarniert. Selbst ihm ist es heute möglich, ab und zu ein Flugzeug zu sehen oder in ein Krankenhaus zu kommen und dort einen Fernsehapparat zu erblicken. Selbst wenn er dann nicht sofort versteht, was das ist, was da oben fliegt oder was da über den Bildschirm kommt, wird er sich damit irgendwie auseinandersetzen und vielleicht seine eigene Mythologie daran entwickeln. Das wird keine technische Verständnismöglichkeit sein, sondern eine dieser Seele und ihrem animistischen Bedürfnis entsprechende Deutung.

Aber es macht natürlich einen Unterschied, ob am Himmel tatsächlich ein Flugobjekt gesichtet wird oder ob die Vision nur das Produkt einer angstvollen Phantasie ist. Es ist wichtig zu wissen, ob die Stimme von einem Tonband einem Gott zugeschrieben wird, den es nie gegeben hat. Es ist nicht dasselbe, ob ein fremdes, unbekanntes Geschehen tatsächlich über den Bildschirm in den Raum kommt oder ob es nur magisch beschworen wird, aber nicht real passiert. Ihr kennt dies aus euren Träumen: Die Wirkung und ihre Folgen sind anders, wenn auch oft nicht weniger stark.

Wenn ihr nach dem Fortbestand des Menschen fragt, so mahnen wir euch, nicht davon auszugehen, daß der Mensch so bleiben muß, wie er ist: auf dem jetzigen Stand seiner geistigen oder genetischen Entwicklung, wie ihr sie kennengelernt habt, wie ihr sie für euch definiert und wie ihr sie manchmal als das Alleingültige oder gar als die Krone der Schöpfung anseht. Alles ist gegeben und gegeben zu einem Zweck, der jenseits von Gut oder Böse liegt. Alles ist gegeben durch die Sinnhaftigkeit des Allganzen. Alles hat seinen Sinn, seinen Zweck und sein Ziel, und wenn es jetzt wieder einmal auf eurem Planeten möglich wird, in die Genstruktur eurer Spezies einzugreifen, so ist euch auch dies aus gutem Grund gegeben.

Alles, was gegeben ist, kann so oder so genutzt werden. Von unserer Warte und von der Warte der Kräfte, die dieses geschehen lassen, gibt es keinen Grund zum Eingreifen, auch wenn nicht wenige unter euch in der Lage sind, die gegebenen Möglichkeiten in einer Weise zu verwenden und einzusetzen, die unter die menschliche Kategorie von »Schlecht« und »Böse« fallen, wenn man wie ihr auf der Erde unter dem Gesetz der Dualität lebt. Denn nur dort existieren solche Kategorien der wertenden Moral und des subjektiven Erlebens, und nur dort können sie zur Geltung gebracht werden. Wo wir sind, gibt es kein Gut und kein Schlecht. Es gibt keinen Mißbrauch und keinen guten Gebrauch. Wohl aber gibt es Funktionen, wohl aber gibt es eine Dynamik, die bestimmte Entwicklungen antreibt oder sie ermöglicht, andere Entwicklungen hingegen zu einem Ende bringt; und auch das ist im Großen Ganzen vorgesehen.

Wenn nun einige unter euch die Fähigkeiten entwickeln, Zellstrukturen und die genetische Ausstattung von Zellen zu verändern, zu beeinflussen, zu »manipulieren«, wie ihr sagt, dann bedeutet das eine Möglichkeit, die einfach »ist« und die ohne Wertung besteht. Sie ist vergleichbar der Fähigkeit, mit Lungen zu atmen und sich fortzupflanzen. Ihr aber möchtet den Status quo bewahren, weil ihr um eure Identität und euer Leben fürchtet. In eurer Angst seid ihr sehr schnell bereit, das Neue zu verurteilen, weil ihr – und das ist verständlich! – euch von denen beeinflussen laßt, die Angst vor dem Unberechenbaren haben.

Natürlich ist jede Veränderung, die durch Genmanipulationen bewirkt werden kann, für euch jetzt noch völlig unberechenbar. Aber das gilt für fast alle Manifestationen von Leben und Entwicklung. Nur erscheint euch die Genmanipulation ganz besonders unheimlich, da sie das betrifft, was ihr bislang als eure Kernidentität betrachtet habt, was ihr, ohne es zu ahnen, als eure Seele, als das, was niemand antasten kann, aufgefaßt hattet. Aber eure Gene sind nicht eure Seele!

Wenn ein Mensch erst einmal mit einer Seele verbunden wurde, läßt sich auch an seiner Zellstruktur nicht mehr viel ändern. Und wenn in eurer Zeit Menschen geboren werden, auf die Welt kommen, sich inkarnieren aufgrund einer In-vitro-Schwangerschaft, aufgrund einer Genmanipulation oder einer anderen scheinbar künstlichen Maßnahme, so zeigt das nur, daß es Menschenseelen gibt und geben wird, die bereit sind, völlig neue, bislang noch unerprobte und in fremde Bereiche vorstoßende Entwicklungen, Entfaltungswege und Möglichkeiten für sich in Anspruch zu nehmen, und die mutig genug sind, Pioniere und Vorkämpfer einer neuen Lebensweise und eines Erfahrungsmodus zu werden, der in etwa fünfhundert Jahren genau den Notwendigkeiten und Voraussetzungen des Lebens auf eurem Planeten entsprechen wird.

Wir geben euch ein weiteres Beispiel, das euch an die historische Dimension erinnert. Wir möchten euch damit helfen, eure Vorstellungskraft in die Zukunft zu projizieren; und wir wissen, daß euch dies nicht leichtfällt. Aber geht mit eurer Phantasie einige Jahrhunderte zurück, und erinnert euch an die umwälzenden, angsterregenden Einsichten, die das damalige Europa – und auch dort wieder nur die wenigen, die es begreifen konnten – erschütterten, als sich nämlich die bestürzende Erkenntnis durchzusetzen begann, zunächst einmal als Gerücht, dann als ein sündiger Gedanke, daß die Erde keine Scheibe ist und nicht der Mittelpunkt des Universums.

Wie lange glaubt ihr, hat es gedauert oder wird es dauern, bis auch der letzte auf eurem Planeten diese Tatsache begriffen hat? Bis jeder einzelne diese Erkenntnis nicht nur mental registriert, sondern auch in sein inneres System der Wahrnehmungen integriert hat? Ihr ahnt nicht, wie viele Menschen auch zu euren Lebzeiten noch auf der Erde leben, die nie von dieser räumlichen Vorstellung gehört haben und sie nicht einmal begreifen könnten, wenn man sie ihnen erklären würde, weil ihre Erfahrungsfähigkeit als Seelen und als Menschen in einem bestimmten kulturellen Kontext dies nicht erlaubt.

Und damals, als die neuartigen Ideen in die Welt gesetzt wurden, waren sie nicht weniger beängstigend, nicht weniger verwirrend. Sie stießen auf ebensoviel Ablehnung wie jetzt zu eurer Zeit die Vorstellung, daß eine genetische Struktur durch einen wissenschaftlichen Eingriff, durch eine Technologie beeinflußt werden könnte. Wir aber sagen euch: Auf euren Planeten kommen so viele natürliche Veränderungen und Entwicklungen zu, ebenso viele wie in den vergangenen zehntausend Jahren mit ihren Eiszeiten und Erdbeben und allem, was das Pulsieren und Leben eines Planeten ausmacht, daß es notwendig, wichtig, begrüßenswert und wünschenswert sein wird, an eurer genetischen Ausstattung einige verändernde Handgriffe vorzunehmen. Dies sind Manipulationen, die euch überhaupt erst in die Lage versetzen, euch diesen planetarischen Wechselfällen anpassen zu können.

Die Seelen, die zum jetzigen Zeitpunkt noch Säugling-Seelen sind, müssen doch auch noch eine Chance haben, sich dort zu Ende zu entwickeln, wo sie ihren Inkarnationsweg begonnen haben! Die Bedingungen werden andere sein, und sie werden als Menschen anders sein und anders leben müssen als ihr. Oder wollt ihr euch wirklich ernsthaft vorstellen, daß innerhalb der kommenden fünf- oder sechstausend Jahre die Entwicklung der Menschheit – auch die Körperlichkeit der Menschen – keinerlei Veränderungen mehr durchmachen kann oder sollte? Es ist nicht so lange her, wie ihr glaubt, daß zum Beispiel noch die meisten beseelten Menschenwesen von oben bis unten behaart waren, und ihr könnt euch jetzt kaum noch vorstellen, wie wichtig diese körperliche Ausstattung einst gewesen ist. Inzwischen ist sie nicht mehr nötig. Stellt euch aber auch einmal vor, wie entsetzt die damaligen Menschen gewesen wären, wenn sie euch in eurer heutigen Gestalt betrachten müßten, des Haares weitgehend entkleidet! Wie furchtbar sie aus ihrer Perspektive diese Entwicklung gefunden hätten, wieviel Angst sie bekommen hätten, so schutzlos zu sein, so nackt! Falls ihr euch auf solche Gedanken einlaßt, werdet ihr euch auch einfühlen können in Notwendigkeiten und Freiheiten, die dereinst vorherrschen werden, wenn ihr selbst euren Inkarnationsweg längst abgeschlossen habt und andere Umstände von entscheidender Wichtigkeit ihren Tribut von der physischen Ausstattung des Menschen fordern.

Ihr benötigt heute weder ein Fell noch Krallen, noch messerscharfe Zähne, um Tiere zu zerreißen, die euch nähren. Euch kommt es normal vor, so zu leben; ihr glaubt, so sei der Mensch. Aber der beseelte Mensch ist viel mehr, er steht in einer dynamischen Entwicklung, ist ungeheuer flexibel, neugierig und anpassungsbereit. Nur wenn ihr naiv von eurem Status quo ausgeht und ihn als Status festschreiben möchtet für immer und alle Ewigkeit, wird euch Genmanipulation in eine so tiefe Angst treiben, daß euch der Atem stillsteht.

Geht wie wahre Stoiker ohne Bewertung davon aus, daß alles,

was ist, einfach »ist«. Es erhält allein dadurch schon seinen Sinn und seine Berechtigung. Die Fähigkeit, eine solche Entdeckung wie die Gentechnologie zu machen und diese Entwicklung voranzutreiben, wäre niemals möglich, wenn sie nicht einen Sinn hätte. Dann kann sich eure Angst beruhigen. Ihr könnt sicher sein, daß alles, was geschieht, im Zusammenhang mit einem großen, wohlstrukturierten Plan steht, der euch mitbetrifft, von dem ihr jedoch nur ein kleiner Ausschnitt seid. Ihr seid ein kleiner Teil der Schöpfung – ein wichtiger zwar, aber doch nicht alles. Ihr seid Staubkörnchen, und ihr seid Sterne am Himmel. Ihr selbst seid das einzige, was es für euch wirklich gibt.

Sorgt für euch, so wie es euch eure Angst und eure Liebe gebieten, aber laßt auch zu, daß andere für sich sorgen dürfen. Diejenigen, die in einigen tausend Jahren noch dasein werden, brauchen eure Erlaubnis, das vorzubereiten, was für sie notwendig ist.

✳

Frage: **Welchen Sinn hat die Zerstörung unserer Umwelt, die wir überall beobachten?**

Quelle: Diese für euch so eminent wichtige Frage drängt auf eine Antwort. Um sie zu erteilen, müssen wir jedoch zunächst eine Gegenfrage stellen. Sie lautet: Welchen Sinn hat die *Bewahrung* der Umwelt? Ihr geht davon aus, daß Zerstörung etwas Schlechtes und Bewahrung etwas Gutes ist. Aus eurer menschlichen Perspektive ist dies verständlich. Doch haben die Weisen von jeher verstanden, daß die Prinzipien der Zerstörung und der Bewahrung universelle Gültigkeit besitzen und auch für den Menschen eine Gesetzmäßigkeit darstellen, der er sich nicht entziehen kann. Auch hier findet ihr euch in der Dualität wieder.

Da Energie nicht verlorengeht, sondern nur umgewandelt werden kann, kann nichts Neues entstehen, wenn nicht anderes, Altes zerstört wird. Manche indischen Gottheiten repräsentieren diese Realität aufs schönste. Sie haben zwei Gesichter; das eine ist grausam und trieft von Blut, das andere lächelt milde. Der Schöpfergott findet seine Entsprechung im Gott der Zerstörung, die Kräfte des Lebens sind nur begreifbar durch die Einbeziehung des Todes. Wenn ihr also fragt, welchen Sinn die Umweltzerstörung hat, antworten wir aus unserem Blickwinkel, daß diese Zerstörung, unabhängig von der Motivation, der sie entspringt, dazu dient, Veränderungen herbeizuführen und Neues zuzulassen.

Der Mensch ist kraft seiner kollektiven Psyche in einer Weise geprägt, daß er mit Angst auf alle Veränderungen reagiert, die er nicht selbst bewußt gewollt hat und selbst beeinflussen kann. Die Angst vor dem Verlust des Bestehenden könnt ihr allenthalben beobachten. Wenn also ein Mensch an bestimmten Verhaltensweisen, an Landschaften, an Situationen, an seiner Heimat, an der Tierwelt, an den Pflanzen, die er kennt, und an vielem anderen hängt, will er es bewahren, unabhängig davon, ob es epochenübergreifend sinnvoll wäre, neue Tiergattungen oder Pflanzenarten entstehen zu lassen, unabhängig davon, ob es sinnvoll wäre, Landschaften umzugestalten, um sie für spätere Generationen nutzbar zu machen oder auch unabhängig davon, ob es sinnvoll sein mag, einen Fehler zu begehen, um aus diesem Fehler eine Einsicht zu beziehen, die auf den rechten Weg führt. Wer sich in seinem eigenen Bestand bedroht fühlt, kann nicht an das Wohl von Wesen denken, die er nicht kennt.

Nun gehen wir wie ihr ebenfalls davon aus, daß bewahrende Impulse nur dann entstehen können, wenn eine Zerstörung manifest wird. Wir behaupten nicht – und möchten dies nachdrücklich betonen –, daß jegliche Zerstörung sinnvoll ist und deshalb gefördert werden sollte! Wir möchten euch jedoch bitten, darauf zu vertrauen, daß alles seinen Sinn hat. Aus diesem Grundgesetz der Existenz können einzelne Phänomene nicht ausgesondert werden. Gewiß handelt es sich aus eurer Sicht um ein Axiom oder um eine Art Glaubensbekenntnis. Entweder hat alles seinen Sinn, ohne Ausnahme, oder nichts hat einen Sinn. Hier gibt es keine Halbheiten und keine Widersprüche. Es kommt darauf an, auf welcher Ebene, auf welcher Sinnebene die Gegebenheiten betrachtet werden. Ihr Menschen seid nun einmal so beschaffen, daß ihr in inkarniertem Zustand hauptsächlich aus Fehlern bereit seid zu lernen. Es muß also einiges schieflaufen, damit vieles andere gut laufen kann. Wir möchten euch bitten zu verstehen, daß manches, was wie eine ruchlose, sinnlose und böswillige Zerstörung der Natur und eures Lebensraumes aussieht, auch dazu führen wird, daß spätere Generationen von Seelen und Menschen, die euren Planeten bevölkern wollen und werden, ein Betätigungsfeld für ihre Gestaltungsbedürfnisse und ihre eigene Sinnfindung vorfinden, das ihnen erst ermöglicht, den Bedingungen ihres Seelenalters und ihrer Entfaltungsstufen gerecht zu werden.

Wir wollen nun keineswegs einer mutwillig zerstörerischen Haltung gegenüber den scheinbar natürlichen Zusammenhängen in der Natur das Wort reden. Doch was euch natürlich und gottgegeben vorkommt, ist es keineswegs in jedem Fall. Wir wissen, ihr müßt die Dinge aus eurer Perspektive betrachten, und deshalb muß jeder Mensch sich bei seinen Handlungen und Einstellungen auch auf seine Motivation hin überprüfen lassen. Es ist von großem Wert, die Frage zu stellen, warum ein einzelner oder eine Gruppe von Menschen etwas anstrebt, was andere belästigt, krank macht oder verstört. Aber wichtiger noch ist es zu begreifen, daß im Rahmen eines größeren Sinngefüges kein Mensch, mag er auch noch so unbewußt handeln, gegen den Sinn des Großen Ganzen vorgehen kann.

Ihr alle, ob ihr euch jetzt für oder gegen die Zerstörung eurer Welt einsetzt, handelt als Instrumente einer umfassenderen Willens- und Sinnbekundung. Es wäre einerseits vermessen, wenn ihr Menschen alle Verantwortung für das Wohlergehen des Planeten im Kleinen wie im Großen übernehmen wolltet. Da sind Kräfte am Werk, die ihr nicht beeinflussen könnt. Andererseits jedoch seid ihr mitverantwortlich – jeder an seinem Ort, jeder nach seinem eigenen Ermessen und nach seiner Kraft. Wer also aus diesem oder jenem Grund (und es sind nicht immer böse, schlechte Gründe) einen Einfluß auf die Natur ausübt, den manche seiner Mitmenschen wiederum als zerstörerisch empfinden und als solchen brandmarken, führt im weitesten Sinne aus, was ein seelisches Kollektiv und die Zielrichtung der gesamtplanetarischen Entwicklung ihm vorschreiben. Ebenso jedoch ist jeder, der sich dagegen wehrt, der versucht, zu bewahren oder wiedergutzumachen, Instrument der Schöpfung.

Nur in der Dualität können beide Kräfte miteinander agieren und zu einem dritten Ganzen führen. Dieses dritte Ganze jedoch ist euch als Menschen nicht einsichtig. Ihr dürft nicht erwarten, daß ihr versteht, wohin die Erde will, und ihr versteht auch nicht, woher sie kommt. Das wenige, das euch bekannt wurde über die Erdzeitalter, über die großen globalen Umwälzungen, über die Entstehung der Meere, die Verschiebung der Kontinente, das Auffalten der Gebirge und die Eiszeiten mag euch einsichtig machen, daß es keineswegs immer der unverantwortliche Mensch ist, der solche zerstörerischen und zugleich schöpferischen Veränderungen hervorruft. Das Prinzip der Veränderung muß weiterhin in Kraft bleiben, auch zu euren Lebzeiten. Doch eine Erde, die bereit ist, den Menschen mit seiner seelischen Entwicklung und seinen Bedürfnissen zu tragen und ihm einen Lebensraum zu bieten, in dem er sich entwickeln kann, darf nicht ständig von globalen Erschütterungen geologischer Art heimgesucht werden.

Die Tatsache also, daß seit etwa zehntausend Jahren und wenig mehr eine relative Ruhe in den großen Bewegungen der Natur herrscht, ermöglicht euch erst, Kulturen auszubilden und Zivilisationen zu erschaffen. Wenn diese Anliegen dereinst abgeschlossen sind und alle beteiligten Seelen erreicht haben, was ihre Existenz erfordert, wird all dies untergehen, so wie zu anderen Epochen seelischer Besiedlung auf eurem Planeten ähnliche Entfaltungsphänomene beobachtet wurden und untergingen. Euer kollektives Gedächtnis bewahrt noch die Mythen und Sehnsüchte der Atlanter und anderer versunkener Welten. Doch eure Welt ist jetzt eure Welt. Ihr müßt sie gestalten, ihr müßt sie zerstören. Wenn ihr jedoch »eure« Welt zerstört, meinen wir die Lebensbedingungen, unter denen Seelen eurer Art in Körpern eurer Art auf eurem Planeten existieren können. Den Planeten selbst könnt ihr nicht angreifen, ganz gleich, was euch einfällt. Denn eure Seelen werden euch niemals gestatten, eine globale, totale, endgültige Zerstörung herbeizuführen. Deshalb ist es auch nicht notwendig, eine solche zu befürchten.

Gönnt euch den Frieden, den ein Vertrauen in die Folgerichtigkeit aller Evolution bietet. Verlaßt euch auf die Sinnstiftung des Allganzen. Ein wenig Zerstörung zieht ein wenig Bewahrung nach sich. Viel Zerstörung führt zu viel Bewahrung. Dies sind Gesetzmäßigkeiten, die ihr im Alltag beobachten könnt. Warum sollten sie nicht in großen Zusammenhängen ebenfalls gelten?

Ein Orgasmus der Erde

Frage: **Manche behaupten, im Jahr 2000 werde es eine energetische Veränderung auf unserem Planeten geben. Auf welche Weise wird diese Transformation stattfinden? Und wie können wir diesen Prozeß unterstützen? Ich habe Angst, daß die Menschheit bald untergeht und die Erde unbewohnbar wird, wenn wir so weitermachen.**

Quelle: Diese Frage, die viele von euch bewegt, berührt Reales, Richtiges, Konkretes, Wichtiges. Und doch ist sie in einer Weise formuliert, die uns veranlaßt, einige Korrekturen vorzunehmen, damit wir uns auf eine den Umständen gemäße Art und Weise verständlich machen können. Zunächst einmal dürft ihr davon ausgehen, daß energetische Veränderungen auf planetarischer Ebene sich lange vor ihrem tatsächlichen Kulminationspunkt ankündigen, daß sie langsam und nicht ohne Vorbereitung auf einen Höhepunkt zustreben. Es handelt sich um eine Art Orgasmus, der den ganzen Planeten schütteln und eine neuartige Entspannung hervorbringen wird. Dieser Orgasmus jedoch kann nicht vollzogen werden, ohne daß ein langandauerndes und von allen wahrnehmbares Vorspiel stattgefunden hat. Es ist bereits seit Jahrzehnten wirksam und hat begonnen um das Jahr 1950 an verschiedenen Orten eures Planeten, etwa von 1947 bis 1956.

Es handelt sich um einen leicht verständlichen Vorgang, wenn wir euch erklären, daß die Ausschüttung der Seelen und ihr unaufhaltsames Fortschreiten in Entwicklung und Erfahrung immer wieder Stufen erreicht, in denen ein Quantensprung möglich ist. Wann immer eine der großen Ausschüttungswellen, die in eurer Zeitdimension ungefähr alle zweitausend Jahre stattfinden, eine Phase erreicht hat, in der der Durchschnittszustand der betreffenden Millionen Seelen vom Jungen Zyklus in den Reifen oder vom Reifen in den Alten Zyklus übertritt, ist dies der Fall. Was ihr zur Zeit wahrnehmt, woran ihr arbeitet, wozu ihr beitragt und was ihr in den allermeisten Fällen sogar noch erleben werdet, ist der globale Übergang einer ganzen Inkarnationswelle vom Stadium der Jungen Seele mit ihren speziellen Bedürfnissen in das Stadium der Reifen Seele mit ihren Bedürfnissen. Es ist diese riesige Welle, die mit ihren Zielen eure »westlich« orientierte Kultur und Zivilisation prägt, und an der auch ihr noch tragend beteiligt seid. Und wenn ihr wissen möchtet, was da eigentlich geschieht, so sagen wir euch: Was ihr bereits vermutet, ist richtig. Es handelt sich in allererster Linie um eine Veränderung und eine Erweiterung des globalen Bewußtseins, aber sie erfaßt diejenigen kaum, die zweitausend Jahre später als ihr den Inkarnationsweg begonnen haben. Denn um übergeordnete Bewußtheitsveränderungen wahrnehmen zu können, braucht es ein individuelles, persönliches Bewußtsein, das die Veränderungen erkennen kann. Und dieses Bewußtsein ist vor dem Erreichen des Reifen Seelenzyklus nicht vorhanden.

Die Veränderungen werden in der Tat weitgehend vollzogen sein, während die meisten von euch noch die aktuelle Inkarnation erleben. Wir können jedoch nicht von Abschluß sprechen und auch nicht von dem genannten Jahr 2000 als Fixpunkt in der Zeit. Ebenso wie ein Orgasmus sich in Wellen ankündigt und anschließend nachebbt, gibt es doch auch eine deutlich identifizierbare Zeitspanne, in der er seinen absoluten Höhepunkt erreicht. Und der Höhepunkt dieser seelischen Entladung wird erreicht werden in den Jahren 1997 bis 2002. Wir möchten euch darauf vorbereiten, daß diese Veränderungen in der Tat mit Erschütterungen, mit Zittern und Beben und einem Aufschrei und einer Ermüdung einhergehen werden. Körperlicher Schmerz und seelische Lust verschmelzen miteinander. Das Bild des Orgasmus haben wir nicht beliebig gewählt. Wer sich aber darauf vorbereitet, indem er in seinem Herzen die Angst vor dem Untergang schürt, wird dem großartigen Ereignis nicht gerecht und kann am Eigentlichen auch nicht teilhaben. Die Befürchtung, durch diesen Orgasmus eures Planeten so geschüttelt zu werden, daß ihr eure Identität verliert, daß ihr verlorengeht, daß ihr euch auflöst oder allesamt sterben müßt, ist nicht angemessen. Das wird nicht der Fall sein.

Nicht also die Furcht vor Katastrophen, die heimliche Angst vor dem Untergang ist die richtige, passende, hilfreiche Haltung, um einen energetischen Aufschwung, einen kraftvollen Höhepunkt und einen Vorgang der anschließenden Entspannung bewußt zu erleben. Wir schlagen euch vor: Besinnt euch mehr und mehr darauf, daß ihr allesamt Träger und Agenten dieser Veränderung seid! Ihr seid die Tropfen in der großen Welle, die den Ozean entlangfegt. Die Welle ist ein Ganzes, aber sie besteht aus Myriaden Teilchen, und diese Teilchen können sich dem Ganzen nicht entziehen. Wohl aber ist ein jedes nach seinem Vermögen aufgerufen, sich seiner fragmentarischen und auch globalen Wertigkeit in diesem Prozeß der Bindung innerhalb einer Welle und der Wirkungen, die diese Welle auslösen kann, bewußt zu sein.

Wie nun könnt ihr als einzelne Menschen dazu beitragen? Ihr tragt schon lange dazu bei, und ihr müßt euch nicht besonders anstrengen oder über eure Kräfte hinauswachsen, um diesen

Vorgang zu stützen oder zu beschleunigen. Gelassenheit und Vertrauen sind die Beiträge, die ihr leisten könnt. Wer gelassen ist, hat ein erweitertes Bewußtsein. Wer vertraut, vertraut auf das, was sein kann, sein wird und sein muß. Gelassenheit und Vertrauen sind Gegenpole zu Ängstlichkeit und Anstrengung. Ihr alle tut, was ihr tun könnt. Glaubt nicht, daß irgendein Mensch, irgendein Wesen im Kosmos, mehr tun kann, als gerade unter seinen spezifischen Umständen möglich ist. Wir wissen, daß wir mit dieser Aussage einige eurer liebsten Vorstellungen erschüttern, nämlich die Überzeugung, durch Tun, durch Anstrengung und ängstliche Verkrampfung etwas Entscheidendes lösen oder beitragen zu können zu diesem Prozeß der globalen Veränderung.

Wie nun könnt ihr zu Gelassenheit und Vertrauen kommen, ohne euch anzustrengen? Die Möglichkeiten, euch selbst nahezukommen und daraus eine Fähigkeit abzuleiten, euch zu lieben und ein erkenntnisreiches Verhältnis zu der Tatsache zu gewinnen, daß ihr so seid, wie ein jeder von euch seine Existenz geplant und erfüllt hat, ist eine größere Leistung als alle Anstrengungen zusammengenommen, die euch dazu verleiten, anders sein zu wollen, als ihr seid. Und dies gilt für jeden Augenblick. Jede Sekunde, in der ihr euch annehmen könnt mit allem, was euch ausmacht, mit Unmut, Krankheit und Irrtum ebenso wie mit Freude, Erkenntnis, Kontakt und Wohlbefinden, gibt euch die Möglichkeit, mit gelassener Beobachtung die Umstände eures Seins so zu sehen, wie sie sind. Wir haben stets betont, daß ihr alle Teil eines großen Plans und eines runden Ganzen seid. Vertrauen bedeutet, euch diesem Großen Ganzen zugehörig zu fühlen, auch wenn ihr nicht in allen Einzelheiten überblickt, was dieses Ganze ausmacht und wohin es rollt. Ihr wißt es nicht und werdet es nie wissen. Wenn wir hier von »Wissen« sprechen, betonen wir, daß wir damit nur die scheinbar so wichtige und doch aus unserer Sicht so unwichtige winzige Facette eures aktuellen bewußten Erlebens meinen. Denn eure Seele *weiß* viel mehr.

Wir möchten zum Abschluß noch ein Wort zum Thema »Bewußtsein« sagen. Wenn wir behaupten, daß Bewußtsein der Schlüssel zu einer Veränderung von Energie im Kleinen wie im Großen ist, so meinen wir damit, daß dieses Bewußtsein Teil einer größeren Bewußtheit ist, die euch jederzeit zur Verfügung steht. Wir möchten die theoretische Terminologie von »bewußt« und »unbewußt« nicht unterstützen. Jeder Mensch verfügt über das volle Spektrum der Bewußtheit und hat jederzeit Zugang dazu. Das ist das einzige, was ihm nicht bewußt ist. Und um auch dieses letzte Spiegelchen der Bewußtheit von seinem trüben Film zu befreien, genügt es, es mit Einsicht zu behauchen und mit dem Tuch der Erfahrung zu reiben. Denn alles, was notwendig ist, ist in dem Satz beschlossen: »Ich weiß doch, daß ich weiß, auch wenn ich mich nicht immer daran erinnere.« Es bedeutet, daß ihr aufhören könnt, euch mangelnder Bewußtheit zu bezichtigen, euch Vorwürfe und Schuldgefühle zu machen oder machen zu lassen. Peinigt euch nicht. Ihr seid bewußt. Und wenn ihr euch stets daran erinnert, daß ihr dies wißt, auch wenn ihr es zeitweise vergessen habt, dann werdet ihr mehr für die Entwicklung des Planeten und mehr für eure Liebesfähigkeit und mehr für die Schwingung bewirken, die ein jeder von euch nach außen abstrahlt, als ihr euch in manchen trüben Stunden vorstellen könnt.

Seid getrost, und seid guten Mutes! Ihr seid so viel, ihr seid so rund, ihr seid so reich und so gesund! Macht euch nicht kränker, als ihr in Wirklichkeit seid, und schreibt auch dem Planeten, der sich auf neue Wellen des Entzückens vorbereitet, nicht eine üble Krankheit zu, nur weil ihr nicht in der Lage seid, die richtige Diagnose zu stellen und die Symptome zu deuten, die den Orgasmus des Planeten begleiten.

IV.

Vom Sinn des Lebens

Seit es Philosophen gibt, streiten sie sich über die Frage, ob der Mensch über sein Leben grundsätzlich frei entscheidet oder ob ein dunkles Schicksal seine Wege bestimmt. Auch die Dogmatiker der Religionen und Konfessionen haben Anteil an dieser grundlegenden Diskussion. Sie sprechen von Determinismus, fordern, Gottes Wille möge geschehen, postulieren eine »endliche« Freiheit. Selbstmord, Abtreibung und Sterbehilfe sind moralisch tabu, Ehen werden im Himmel geschlossen – ja, darf man denn gar nichts allein entscheiden? Dann wieder sehen wir Menschen, die täglich inbrünstig beten, damit alles Unheil von ihnen abgewendet wird, die Geschäfte gutgehen und die Familienmitglieder immer gesund bleiben. Wer hat nun aber versagt, wenn die Aktien fallen, das Haus brennt oder der Erstgeborene vor dem Vater stirbt? Und welches Beispiel bietet uns der demütige Hiob? Die Gnostiker glaubten, der gleichgültige Schöpfer habe sich mit uns einen perfiden Scherz erlaubt und verhöhne seine eigenen Geschöpfe, indem er sie leiden läßt und den Mächten der Finsternis ausliefert.

Wenn man sein Leben rückschauend betrachtet, kommt es einem trotz allem oft so vor, als hätte jedes Ereignis genauso kommen müssen, wie es gekommen ist. Hatte man denn überhaupt eine Wahl? Hätte eine andere Entscheidung wirklich bessere Folgen gehabt? Ist man das Opfer willkürlicher Manipulationen? Und wie kann Gott, wenn es ihn denn gibt, überhaupt zulassen, daß mir oder anderen Menschen irgend etwas Böses geschieht oder ein Leid zustößt? Hat denn eine menschliche Existenz, in der alles bis ins kleinste vorherbestimmt ist, überhaupt noch einen Sinn?

Wer an ein unausweichliches Fatum glaubt, gibt sich nur allzu leicht einem passiven Fatalismus hin und hält dies manchmal für freudiges Gottvertrauen. Doch ein Mohammed zugeschriebener

Ausspruch sagt: »Vertraue auf Gott, und binde Dein Kamel an!«
Eine verbreitete Maxime des New Age hingegen lautet: »Jeder
erschafft seine eigene Realität selbst!« Dies gibt neuerdings Anlaß zu zahlreichen Mißverständnissen und kreiert vor allem eines: neue Schuldgefühle. Denn wenn ich tatsächlich alles in der
Hand habe, bin ich ja auch selbst schuld, wenn es nicht so wird,
wie ich es mir gedacht habe. Ein vielzitierter Spruch steht dem
entgegen: »Der Mensch denkt, Gott lenkt.«

Hier haben wir drei verschiedene Positionen zur Frage der
schicksalhaften Fügung. Wir wollen deshalb von unseren Lehr-
meistern aus der kausalen Welt wissen, wie es sich denn nun mit
Schicksal und Freiheit des Menschengeschlechts verhält. Denn
seitdem wir gehört hatten, daß die Seele eine recht präzise Planung ihrer Inkarnationen vornimmt, begannen wir auch an unserer eigenen Freiheit, individuelle Entscheidungen treffen zu
können, ein wenig zu zweifeln.

Ein damit eng verbundenes Thema ist das Bewußtsein des Menschen. Was ist das überhaupt, und in welchem Verhältnis steht es
zu anderen Bewußtseinsformen? Unsere Informationsquelle beschreibt sich selbst als Repräsentant einer erweiterten Bewußtheit,
die nicht den Begrenzungen von Zeit, Raum und Kausalität unterliegt. Daher kann sie uns auch Interessantes über die Viel-
schichtigkeit der Bewußtseinswelten des Kosmos berichten.

Eines ist allen Menschen gemeinsam: Wir stehen unter dem
Gesetz der Zeit. Und da wir uns dessen weitgehend bewußt sind,
messen wir die Zeit, zeichnen sie auf und empfinden die Vergangenheit als Geschichte. Die Quelle erklärt uns, warum das Phänomen »Zeit« für die Erfahrungen der Seele wichtig ist und daß
es außer der Ereignisgeschichte auch noch eine Bewußtseinsgeschichte, ein bewirkendes Geschehen innerhalb des seelischen Be-
reichs gibt.

Wer bereits viele Male die Erde bewohnt hat, hat ihre Geschichte, Kulturen, Zivilisationen und Ereignisse mitgestaltet.
Die ältesten jetzt unter uns lebenden Seelen inkarnierten sich auf
diese spezielle Art zum erstenmal vor etwa sechstausend Jahren.

Auch die Reifen Seelen haben schon gut viertausend Jahre auf der Erde hinter sich. Eine interessante Frage an die »Quelle« war deshalb, welche Aufgaben Reife und Alte Seelen zur Zeit in Deutschland und Mitteleuropa haben und wie sie sie erfüllen können. Wie auch sonst, überrascht die Stimme aus der kausalen Bewußtseinswelt wieder einmal mit ihrer ungewöhnlichen Betrachtungsweise und ihrer besonderen Auffassung von Liebe.

Nicht zuletzt hat auch jede karmische Beziehung eine Geschichte – in diesem Leben und in früheren Existenzen. Was ist Karma, wie bildet es sich heraus, und woran kann man erkennen, daß eine Beziehung karmisch geprägt ist? Gewiß handelt es sich auch hier nicht nur um das bewußte Erleben einer ungewöhnlichen Begegnung, sondern auch um das unbewußte Bearbeiten eines individuellen Aspekts von Bewußtseinsgeschichte.

Tröstlich und erhellend ist in allen folgenden Botschaften die implizite Aufforderung, unser intensives Bemühen um geistige Durchdringung all dessen, was wir erleben, nicht ernster zu nehmen, als es der Sache zuträglich ist. Immer werden wir von neuem mit schlichten Beispielen und einleuchtenden Analogien aufgefordert, darauf zu vertrauen, daß unsere Seele ihren Weg durch das Dickicht des Lebens mit untrüglichem Instinkt und absoluter Sicherheit finden wird.

Seelische Planung und Entscheidungsfreiheit

Frage: Ich bin oft beunruhigt bei dem Gedanken, daß angeblich alles vorherbestimmt ist, und verstehe nicht, wie ich einerseits verantwortliche Entscheidungen treffen kann und andererseits mich einer höheren Fügung anvertrauen soll. Gibt es die Vorsehung? Was ist Schicksal?

Quelle: Ihr macht einen Unterschied zwischen der Entscheidungsfreiheit oder Willensfreiheit und einem undurchsichtigen, willkürlichen Schicksal, das euch in Situationen hineinstellt, die euch jeder Willensfreiheit zu berauben scheinen. Ihr alle, die ihr unsere Worte hört, seid heute abend hier versammelt. Ihr seid hier. Ist euch dieses vorherbestimmt? Wir sagen, ihr seid heute hier, weil ihr hier sein wollt. Und wenn ihr nicht hier sein wolltet, könnte kein Schicksal der Welt euch in diesen Raum bringen. Damit leugnen wir nicht, daß es für jeden Menschen auf seelischer Ebene eine Fügung gibt, eine Bestimmung, eine Berufung. Es existiert ein Plan, nach dem dieser Mensch auf seelischer Ebene sein Leben und das seiner Mitmenschen gestaltet. Wenn ihr uns nun fragt, ob es eine Bestimmung, eine Vorsehung, ein Schicksal gibt, so antworten wir euch: Gewiß gibt es das. Und wenn ihr von uns wissen wollt, ob der Mensch Willensfreiheit besitzt, ob er Entscheidungsfreiheit hat, so antworten wir: Gewiß besitzt er sie!

Ihr seid duale Wesen. Im Moment eurer Inkarnation stellt ihr euch den Bedingungen einer dualen Existenz. Ihr seid Körper, und ihr seid Seele. Der Körper trifft seine eigenen Entscheidungen, mehr oder weniger geleitet von einem wachen, bewußten Geist. Die Seele trifft parallel dazu Entscheidungen, die den Körper hierhin oder dorthin dirigieren, ihn zu ihrem Wohl in Situationen stellen, die seine Existenz mit Sinn erfüllen. Da ihr aber in aller Regel den Sinn bestimmter Begebenheiten und Begegnungen erst im nachhinein oder gar nicht versteht, fürchtet ihr das, was ihr Schicksal nennt. Diese Furcht ist es, die euch ein übergroßes Gewicht auf den Wunsch nach freier Entscheidung legen läßt, auf die Hoffnung und Illusion, daß ihr alles in der Hand haben könntet. Allerdings beweist euch euer Leben stets aufs neue, daß diese scheinbare Freiheit anderen und wichtigeren, wenn auch uneinsehbaren Gesetzmäßigkeiten gehorcht, die ihr nicht kontrollieren könnt. Deshalb haltet ihr sie für Willkür.

Ihr verfügt also über beides. Nicht alles ist vorherbestimmt. Doch gibt es in jedem einzelnen Leben Begegnungen, Beziehungen, Erfahrungen, auch Unglücke, auch Krankheiten, die vorherbestimmt sind von euch, von eurer eigenen Seele, von eurer

Seelenfamilie, von dem seelischen Kollektiv, dem ihr zugehörig seid. Und wenn ein Mensch bei einem Erdbeben, bei einem Schiffbruch, bei einem Flugzeugunglück oder irgendeiner ein Kollektiv betreffenden Situation ums Leben kommt, gemeinsam mit vielen anderen, so ist das in der Regel ein Vorfall, der von seiner Seele geplant wurde. Aber diese Planung darf einem Menschen nicht vorher zu Bewußtsein kommen, weil sie sonst nicht eintreten könnte. Niemand wird ein Flugzeug besteigen in der Gewißheit, daß es abstürzen wird, niemand wird sich absichtlich und mutwillig in eine bestimmte Gegend begeben in der Gewißheit, daß am Tag darauf ein schweres Erdbeben stattfinden wird. Aber vieles ist seelisch notwendig und muß geschehen, da es zur Komplexität der irdischen Erfahrung unerläßlich ist, sich Gegebenheiten auszusetzen, die der freie Wille nicht tolerieren kann. Auf der seelischen Ebene gibt es darüber hinaus Absprachen. Es sind Vereinbarungen mit anderen Seelen, die eingehalten werden müssen, um einem Leben einen bestimmten, geplanten Sinn zu verleihen. Sie sind vorherbestimmt. Dann gibt es andere Verabredungen, die nicht in jedem Falle eingehalten werden müssen, lose Versprechen, die auch auf eine andere leibliche Existenz übertragen werden können. Das ist möglich.

Wir wollen es wagen, für euch eine Berechnung anzustellen, indem wir sagen: Siebzig bis achtzig Prozent eurer Lebensgestaltung sind von eurer eigenen Seele und eurem eigenen seelischen Wollen vorherbestimmt. Ein gewisser Anteil davon betrifft noch größere seelische Bewegungen, die zum Beispiel durch Kriege, Völkermorde, Hungersnöte und Seuchen hervorgerufen werden. Etwa zwanzig Prozent der Ereignisse, manchmal ein wenig mehr, werden von eurer freien Entscheidung getragen. Das ist mehr, als ihr in aller Regel in Anspruch nehmt! Ihr laßt euch viel mehr vorherbestimmen, als notwendig wäre. Ihr nutzt eure Entscheidungsfreiheit in den seltensten Fällen vollständig aus. Wenn nun viele geistige Lehrer euch ans Herz legen, innere und äußere Entscheidungen zu treffen, die überfällig sind, oder andere wiederum predigen, daß ihr euch eure Realität selbst in jedem Augenblick erschaffen könnt, so meinen sie dieses Potential von zwanzig bis dreißig Prozent.

Und um euch ein Beispiel zu geben, sagen wir, ihr könnt nicht frei darüber entscheiden, mit welcher Geschwindigkeit sich eure Darmbakterien vermehren. Ihr könnt euch noch soviel Mühe geben und versuchen, diese Realität von einem Tag auf den anderen neu zu kreieren – diese Dinge liegen außerhalb eures Einflußbereiches. Ob ihr jedoch an einem Morgen einen roten oder einen grünen Pullover anzieht, vorausgesetzt ihr besitzt ihn, könnt ihr frei entscheiden. Und glaubt nicht, daß diese Entscheidung nicht auch ihre wichtigen Konsequenzen haben kann.

Der Mensch in seiner dualen Struktur ist ein Wesen, das sich auf die Erde begeben hat, um zu lernen, was es heißt, frei entscheiden zu können. Denn diese Möglichkeit ist in der astralen Welt nicht gegeben. Da eine Seele in der astralen Welt, in den Zwischenzeiten, kein Individuum im menschlichen Sinne ist, sondern getragen wird von der Schar der Seelengeschwister, von anderen Kräften und liebevollen Energien, gibt es dort so etwas wie Entscheidungsfreiheit nicht. Im entkörperten Zustand ist die Seele getragen von zwingenden Notwendigkeiten. Die Verarbeitung des Vergangenen ist eine Notwendigkeit, die Vorbereitung des Neuen ebenso. Da im Astralbereich alles zum Wohle des Ganzen geschieht, kann nicht gegen das Ganze entschieden werden. Die Prinzipien von Dualität und Polarität sind weitgehend ausgesetzt, es gibt weder Handlungen noch ihre Konsequenzen. Aber als Menschen könnt ihr sehr wohl für oder gegen die Liebe sein, für oder gegen die Angst. Wir behaupten nicht, das eine sei besser als das andere, aber ihr habt die Wahl. Dies macht das Wesentliche der menschlichen Erfahrung im inkarnierten Sein aus. Wenn ihr jedoch nicht zu siebzig Prozent von seelischen Vorentscheidungen getragen wäret, hättet ihr nicht die Freiheit, in den restlichen Bereichen eine individuelle Selbstverantwortung zu praktizieren und die Folgen eurer Entscheidungen in der Zeit erkennen zu lernen.

Nehmen wir ein anderes Beispiel. Eine Frau wird schwanger.

Jetzt kann sie natürlich sagen, ich habe es nicht gewollt. Aber so ganz, das wißt ihr wohl, kann das nicht stimmen. Sie hat es zumindest in irgendeiner Form, bewußt oder unbewußt, billigend in Kauf genommen. Wenn nun ihr Kind auf die Welt kommt und erst einmal existiert, dann gibt es auf der einen Seite eine seelische Verknüpfung zwischen der Mutter und dem Kind. Die Existenz des neuen Lebens kann nicht mehr ungeschehen gemacht werden, und sie hat in jeder Hinsicht ihre Folgen. Es gibt aber auch eine reale Verbindung, die das tägliche Leben betrifft. Die Verbindung zweier Seelen, die eine Mutter-Kind-Beziehung eingehen, mag einer Vorentscheidung, einer schicksalhaften Fügung entsprechen. Diese Seele mag eben genau diese Mutter gesucht haben, um mit ihr eine Verabredung einzuhalten. Aber ob diese Mutter nun ihr Kind lange stillt oder es mit einem Fertigbrei füttert, das ist ihrer Entscheidung überlassen. Ob sie es so oder so kleidet, ist ihrer Entscheidung überlassen. Ob sie es gut oder schlecht behandelt, kann sie im Rahmen ihrer menschlichen Freiheit wählen. Und das Kind wählt ebenso. Die kleinen Dinge des Lebens sind nicht weniger wichtig als die großen. Soll das Kind auf diese oder jene Schule geschickt werden, soll es mit diesen oder jenen Freunden spielen? All das wird auf das Leben des Kindes einen starken Einfluß haben. Jedes Lächeln, jeder Schlag auf die Ohren wird es prägen, auch solche Entscheidungen sind von großer Bedeutung. Es ist aber nicht richtig, wenn ein Mensch jammert: Es war mein Schicksal, daß meine Eltern mich auf der Hauptschule gelassen haben, anstatt mich auf das humanistische Gymnasium zu schicken. Das hat mit Schicksal ganz und gar nichts zu tun. Es ist deshalb wichtig, daß ihr zwischen Verantwortlichkeit und vorherbestimmter Fügung unterscheiden lernt, daß ihr die Begrifflichkeiten nicht verwechselt, daß ihr euch eurer Möglichkeiten und eurer Grenzen bewußt werdet.

Noch einmal: Zwanzig bis dreißig Prozent Entscheidungsfreiheit sind enorm viel! Nutzt diesen Raum, erkennt, wieviel Freiheit ihr besitzt! Macht euch aber auch klar, wie anstrengend es wäre, wenn ihr über alles und jedes, was eure Existenz betrifft, frei entscheidet müßtet. Soll ich morgen früh jung oder alt, Mann oder Frau, groß oder klein sein? Besäßet ihr alle Freiheit, hättet ihr keine Richtlinien, keine Bedingungen, keinen Entwicklungsrahmen und keinen Lebenssinn.

✳

Frage: **Suchen wir uns unsere Beziehungen selbstbestimmend und frei aus, oder ist die Partnerwahl vom Schicksal vorbestimmt?**

Quelle: Wenn ihr mit Partnerwahl eine Liebeswahl meint, dann lautet unsere Antwort: In der Möglichkeit, zu lieben oder nicht zu lieben, besteht eure Freiheit. Ihr seid auf der Erde, um zu lernen, was Liebe ist und was sie bedeutet. Ihr lebt, um zu erfahren, was sie bewirkt und was ihre Abwesenheit hervorbringt.

Das also ist euer existentielles Anliegen. Aber eines wißt ihr besser noch als wir: Es ist keineswegs die Regel, daß zwei Menschen, die große Zeitabschnitte ihres Lebens miteinander verbringen, die zusammenleben, Kinder zeugen und sie aufziehen, von tiefer Liebe zueinander erfüllt sind. Viele andere menschliche Notwendigkeiten und Interessen bestimmen eine Partnerwahl. Ihr selbst befindet euch in einer Phase der Gestaltung von Partnerschaften, die auf der Idee der Selbstbestimmung und dem Ausdruck individueller Gefühle und Bedürfnisse basieren. Doch das ist nicht alles; es ist die Ausnahme, wenn ihr die gesamte Menschheit und ihre Geschichte betrachtet.

Ihr wollt wissen, ob Menschen ihre Ehe- und Lebenspartner aktiv, das heißt, aus freier Entscheidung und nach freiem Willen wählen oder ob diese Wahl nur eine scheinbare Wahl ist, der bewußte Wille lediglich einem unbewußten Wollen folgt. Wir können diese Frage nicht mit einer eindeutigen Aussage beantworten. Wir möchten euch vielmehr mitteilen, daß es mindestens zwei große Bereiche gibt, in denen sich die Dynamik zeigt, von der ihr sprecht. In vielen Lebensgeschichten gibt es zwingende, schicksalhafte Begegnungen, denen keiner der beiden Partner in irgendeiner Weise ausweichen kann, weil eine solche Begegnung in nichtkörperlichem Zustand geplant und verabredet wurde. Und dann wiederum gibt es Begegnungen, die nicht geplant waren. Die eine Art der Partnerschaft ist nicht besser als die andere.

In jedem einzelnen Leben gilt es einen wichtigen Aspekt von Liebe dazuzulernen, und es mag immer wieder sehr bedeutsam, sehr hilfreich, sehr lehrreich sein, an einer bereits gelebten und vorläufig abgeschlossenen Beziehung wieder anzuknüpfen. Die neue Begegnung beginnt, wo eine alte Beziehung in einem früheren Leben aufgehört hat, weil die Möglichkeiten, zu lieben oder Liebe zu empfangen, seinerzeit begrenzt und erschöpft waren. Wenn es sich so verhält, wird eine neue Partnerwahl auf einer Ebene beginnen, die bereits ein hohes Niveau an Intensität aufweist. Aber ebenso wichtig ist es, daß sich jeder Mensch in jeder Inkarnation bereithält, Wesen zu begegnen, deren Seelen er noch gar nicht kennt, oder sich auf Partner einzulassen, die ihm völlig neu und völlig fremd sind. Denn ihr lebt nicht nur aus der Vergangenheit, ihr lebt auch für die Zukunft! Wo und wann glaubt ihr denn, daß ihr all die Seelen kennengelernt haben könntet, denen ihr jetzt wiederzubegegnen glaubt, wenn es nicht irgendwann einmal das erste Mal war? Und diese Begegnungen sind keineswegs abgeschlossen, selbst wenn ihr schon sehr alte Seelen seid. Immer noch gibt es etwas Neues zu lernen, immer noch gibt es Möglichkeiten der emotionalen Bereicherung durch das Unerwartete.

Viele von euch wählen also einen Lebens- und Liebespartner, einen Ehemann oder eine Ehefrau mit einer Seele, deren Identität oder Schwingung euch bereits vertraut ist, und dadurch kommt es zu einem Wiedererkennen. Eine solche Begegnung ist, wie wir bereits andeuteten, geplant und verabredet. Nun gibt es unter diesen Vereinbarungen einige, die sich zu festen Bündnissen auswachsen, und andere wiederum, die einem lockeren Rendezvous gleichen. Zwei Seelen können sich in einer Weise verbinden, daß der eine Mensch dem anderen während einer Inkarnation auf keinen Fall aus dem Weg gehen kann, weil beide sich fest vorgenommen haben, gerade auch schwierige Beziehungsprobleme und unangenehme Verhältnisse miteinander zu bewältigen. Und dann gibt es die sogenannten Rendezvous, die Möglichkeiten, sich mit einer bereits vertrauten Seele ohne feste Verabredung zu treffen. Wenn zum Beispiel eine starke, karmisch bedingte Beziehung, wie sie soeben beschrieben wurde, nicht von Dauer ist, weil andere Notwendigkeiten berücksichtigt werden müssen oder ein unvorhergesehenes Ereignis eintritt, entsteht ein Vakuum. Zwei Menschen begegnen sich, sie wollen zueinander, sie müssen zueinander, aber die Gesellschaft läßt vielleicht nicht zu, daß sie heiraten und eine Familie gründen. Dann kann das Rendezvous aus der astralen Welt an die Stelle der ersten Verabredung treten und das seelische Vakuum füllen.

In der Regel ist es einer Seele nicht förderlich, in zwei aufeinander folgenden Leben eine karmische Partnerschaft zu ertragen, denn sie ist zwar lehrreich und befriedigend, aber auch anstrengend. Es erfordert die letzten energetischen Ressourcen beider Partner, eine solche Gemeinschaft zu bejahen, selbst wenn diese Bejahung nur im Unbewußten vorgenommen wird. Deshalb tritt im Wechsel eine weitere Möglichkeit auf den Plan. In einem folgenden Leben findet und sucht der betreffende Mensch, um sich von den Belastungen erholen zu können, die Freiheit, selbständig auf Brautschau zu gehen, ohne die schwerwiegenden Herausforderungen einer karmischen Beziehung im Hintergrund. Solche freien Beziehungen sind leichter, fröhlicher, unkomplizierter, beglückender. Und wie es uns scheinen will, seid ihr alle davon überzeugt, daß eine solche seelisch unverbindliche Partnerschaft, die nur der Erholung von den karmischen Verpflichtungen dient, das Eigentliche und Erstrebenswerte sei. Wir sind da ganz anderer Ansicht. Wir sehen, daß lediglich der Wechsel der Beziehungsformen euch glücklich machen kann. Nur wer sich anstrengt, mag sich auch gern ausruhen.

Und nur wer ausgeruht ist, hat den Impuls, wiederum eine Anstrengung vollbringen zu wollen.

Es geht also nicht an, daß die einen unbändig stolz auf ihre seelisch erholsame und harmonische, aber in gewisser (seelischer) Weise auch unverbindliche Partnerschaft sind, und andere sich wiederum brüsten, daß sie unbeirrbar in schwierigsten Beziehungen verharren und die Komplikationen und Belastungen einer karmischen Partnerschaft für das einzig Wahre halten. Wichtig ist vor allem, daß ihr begreift, was zwei Menschen in ihrer seelischen Realität miteinander zu erledigen haben. Womit sie sich beglücken und betroffen machen und welche Intimität sie miteinander kreieren, kann selbst beim besten Willen und bei der größtmöglichen Bemühung kein anderer nachvollziehen. Ihr seid nicht selten schnell bei der Hand mit einer falschen Verständnisbereitschaft, mit einer Beurteilung oder Verurteilung, aber ihr wißt gar nicht, was zwei Individuen, zwei Seelen wirklich zusammenführt. Und ob der eine den anderen nun aufgrund einer karmischen Verabredung in sein Leben oder sein Herz läßt oder aufgrund einer freien Entscheidung und einer unabhängigen Bereitschaft – das macht keinen Unterschied für die Qualität von Beziehungen! Sie fühlen sich nur unterschiedlich an. Die Energie ist verschieden, die Intensität ist eine andere. Aber was ist gegen eine Schwierigkeit einzuwenden? Und was spricht gegen die Leichtigkeit?

Ihr werdet sehen, daß eure Seelen wie von selbst dafür sorgen werden, daß ihr weder stagniert, noch euch überanstrengt. Ihr werdet oft erst im nachhinein, wenn ihr auf euer Leben zurückblickt, erkennen, welche von euren Beziehungen im *seelischen* Sinne unverbindlich war, und welche anderen euch *seelisch* bis in die tiefsten Tiefen eures Wesens erschüttert haben. Bedeutsam sind sie alle.

Es nützt euch nichts, wenn ihr euch einredet: »Jetzt, in diesem Leben bin ich gern bereit, eine karmische Beziehung aufzuarbeiten.« Eine solche Bereitschaft gehört nicht in den Bereich eurer freien Entscheidungen. Dazu gehören zwei, nämlich die Seelen beider Beteiligten, und eine bereits bestehende Vereinbarung. Und es nützt euch auch wenig, wenn ihr beschließt: In diesem Leben will ich alle Partnerschaften nach meinem freien Willen und aus meiner individuellen Freiheit heraus gestalten. Auch das wird nicht funktionieren, wenn es anders geplant ist. Aber erkennt eure Freiheit, und bejaht auch eure Gebundenheit. Alles ist wohlgeordnet. Tut, was zu tun ist, und unterlaßt, was überflüssig ist.

Bewußtsein des Menschen – Bewußtheit der Seele

Frage: **Die »Quelle« spricht so viel von Bewußtsein. Aber ich stelle fest, daß ich davon nur sehr verschwommene Vorstellungen habe. Könnt ihr bitte einmal erklären, was Bewußtsein überhaupt ist?**

Quelle: Es gibt nur eine Bewußtheit. An dieser Bewußtheit haben alle universellen Erscheinungen, alle Manifestationen des Kosmos Anteil. Es gibt nur eine Bewußtheit! Sie ist allumfassend, sie umhüllt jede einzelne Erscheinung von Geist. Und wenn wir hier den Versuch wagen, eine Art Hierarchie aufzustellen, dann möchten wir im Anschluß an das, was wir über die verschiedenen Frequenzen von Geist und seine Vermittlerfunktionen gesagt haben,* anknüpfen und euch ein Bild zum besseren Verständnis geben.

Ihr wißt, daß ihr einen Körper habt, daß dieser Körper verschiedene Organe enthält, von denen keines wirklich verzichtbar ist, von denen jedes seine Funktion besitzt. Keine Zelle, kein Molekül ist überflüssig, alles erfüllt seine Aufgaben. Euer Körper wird zusammengehalten von eurer Haut. Haut und Schleim-

---

* Siehe *Welten der Seele* (1993), S. 31ff.

haut umkleiden alles, was eure materielle Manifestation ausmacht. Diesen Körper, so wie er sich eurer Erfahrung darstellt,
setzen wir gleich mit der integrierten Erscheinung von Körper,
Geist, Psyche und Seele. Die Bewußtheit jedoch ist vergleichbar
mit der aurenhaften Umhüllung, die eure materielle Haut umgibt. Sie hält dies alles im energetischen Sinne zusammen, denn
wenn die Aura fehlt, wie es bei einem verstorbenen Menschen
der Fall ist, oder wenn sie verletzt wird und längere Zeit unge-
heilt bleibt, dann fällt auch der Körper in der einen oder anderen
Weise auseinander.

Bewußtheit also ist die energetische Hülle aller physisch-seeli-
schen Phänomene. Nun habt ihr gehört, daß diese Bewußtheit in
verschiedene Formen von Bewußtsein unterteilt wird. Ihr habt
vernommen von einem Tagesbewußtsein, von einem entgrenzten
Bewußtsein, von einem Traumbewußtsein, von dem Unterbe-
wußtsein oder dem kollektiven Unbewußten und auch von einem
Überbewußtsein. Diese Terminologie spiegelt Versuche wider,
das große und unbegreifbare Phänomen von Bewußtheit beschreibbar und begreifbar zu machen. Es ist jedoch irrig anzunehmen, daß das Überbewußtsein etwas Wichtigeres oder Großarti-
geres sei als das Tagesbewußtsein, und es ist auch nicht korrekt,
zu der Schlußfolgerung zu gelangen, daß das Unbewußte – individuell oder kollektiv – eine größere Wichtigkeit besäße als das,
was euch in den allermeisten Fällen ins kognitive Bewußtsein
dringt. Alle diese Bereiche haben ihre Funktionen. Um das Bild
weiterhin zu benutzen, sagen wir: Wer von euch kann wirklich
ohne Magen, ohne Herz oder ohne Gehirn leben; und wenn die
Haut fehlt, wer kann existieren? Wir wollen dies nicht lange ausführen. Es wird euch unmittelbar einsichtig sein.

Wenn ihr also irgend etwas in euer Bewußtsein dringen laßt,
dann habt ihr Teil an dem Ganzen. Ihr seid bewußt. Wenn ihr
träumt, seid ihr bewußt. Wenn ihr scheinbar unbewußt agiert
oder reagiert, seid ihr trotzdem Teil der großen Bewußtheit.
Denn in der Tat ist es wichtig, daß nicht alles kognitiv bewußt
geschieht. Von der Warte der seelischen Bedingungen und Not-

wendigkeiten her betrachtet wäre euer Leben auf dem Planeten in euren Körpern unerträglich, ja unmöglich, wenn ihr mehr Bewußtsein hättet und stets und ständig an die große Bewußtheit bewußt angeschlossen wäret. All die zwingenden seelischen Notwendigkeiten könnten nicht mehr erfüllt werden, wenn ihr Zugang zum Großen Ganzen zu jeglicher Zeit besäßet.

Nun ist es mit der Bewußtheit und dem Bewußtsein so wie mit allen Phänomenen, die nicht dem Reich der Materie und der Physis angehören. Sie müssen sich in irgendeiner Form manifestieren und materialisieren, sonst sind sie nicht nutzbar. Und deshalb seid ihr mit einem Hirn ausgestattet, deshalb habt ihr ein Sensorium, das durch euer Nervensystem gesteuert wird. Eure Sinne sind euer Zugang zu Bewußtsein und Bewußtheit. Deshalb rufen wir euch auf, sofern ihr nicht schon ohnehin eine große Lust daran entwickelt habt: Pflegt eure Sinnlichkeit! Kümmert euch um die Verfeinerung eurer Sinne! Sie sind die Antennen, die sensiblen Empfänger für die Frequenzen aller Schichten der Bewußtheit. Und da wir kausalen Lehrer euch unter anderem auch über eure Sinne erreichen können und keineswegs nur über das Gehirn, sondern auch über das Herz und die Haut und die Därme und alles, was uns praktikabel und sinnvoll erscheint, sind wir auch darauf angewiesen, daß ihr eure Empfänglichkeit bereitstellt.

Wir sind nichts anderes als ein Teilaspekt von Bewußtheit, und außer uns gibt es noch unendlich viele Bereiche, Schichten oder Kreise von Bewußtheit, die allesamt zum Großen Ganzen der universellen Bewußtheit gehören. Wir leiden mit euch, wenn wir feststellen oder spüren, daß viele von euch sich Vorwürfe machen, sich beschuldigen oder kasteien, weil sie sich selbst oder andere als wenig bewußt empfinden und an sich den Anspruch stellen, bewußter sein zu müssen oder mehr Bewußtheit oder Bewußtsein entwickeln zu müssen. Aus unserer Sicht sind oft diejenigen, die von nichts zu wissen scheinen und wenig kognitiven Abstand von sich selbst einnehmen können, an die große Bewußtheit besser angeschlossen als die großen Denker, weil sie ihren Sinnen und ihren Impulsen folgen, anstatt zu rationalisieren und zu theoretisieren. Sie sind oft besser vernetzt mit dem Allganzen als jene, die von früh bis spät meditieren und therapieren und sich furchtbar bemühen und doch darüber vergessen, ihren Instinkten zu folgen, ihren Impulsen nachzugeben und all die merkwürdigen Gelüste zu beachten, die ihnen die übrigen Schichten ihrer Sinne und ihres Bewußtseins vermitteln. Da wir jedoch sehen, welche Wege ihr beschreitet, möchten wir damit keineswegs sagen, daß das Meditieren oder Therapieren eine schlechte Sache sei. Im Gegenteil wollen wir diesen Gedanken in einer Weise differenzieren, daß wir euch sagen: Niemand geht in eine Therapie oder beginnt mit Meditationen, dessen Bewußtsein ihm die Impulse, es zu tun, nicht übermittelt hätte.

Und niemand vergißt, was er weiß. Niemand vermeidet es, Fakten oder Ereignisse in sein Tagesbewußtsein zu holen, der nicht einen guten Grund dafür hätte. Keiner überbrückt den Abgrund zwischen den nichtbewußten und bewußten Bereichen, ohne daß es seine Richtigkeit hat, und er tut es zum richtigen, stimmigen Zeitpunkt. Nichts kann einem Menschen klar werden, wenn es ihm unmöglich ist, klar zu sehen. Nichts wird ihm klar werden, wenn er es nicht erkennen will. Aber wenn er es eben nicht will, hat dies seinen guten Grund. Und eines Tages kommt die Stunde, in der dieser Grund nicht mehr gültig ist – in diesem Leben oder in einem anderen. Wir haben einmal geäußert, daß ein Mensch den Zustand der Erhellung oder Erleuchtung ohne weiteres auch erreichen kann, ohne sich jemals mit Fragen von Bewußtsein und Bewußtheit auseinandergesetzt zu haben, ohne intelligent zu sein, ohne meditiert zu haben, und ohne jemals über ein Problem mehr als eine halbe Minute nachgedacht zu haben. Das will euch schwer einleuchten, und doch möchten wir es an dieser Stelle wiederholen.

Wir sagten: Wer nicht viel nachdenkt, ist oft bewußter als diejenigen, die sich um viel Klarheit bemühen, denn die Bemühung strengt an, Bemühung ist Grund zur Verkrampfung. Der Weg, an einem erweiterten Bewußtsein teilzuhaben und dies auch zu wissen, geht nur über Entspannung: über eine Umarmung, über einen Spaziergang, über ein warmes Bad, über ein lustvolles Essen, ganz gleich, was es ist. Wenn ihr euch entspannt, seid ihr im Hier und Jetzt. Wenn ihr euch entspannt, genießt ihr das, was ist, und denkt nicht mehr an das, was sein sollte. Ihr empfindet bewußt über eure Sinne, und alles, was außerhalb eurer selbst bewußt ist, kann euch erreichen. Über die Schichten, Modelle und Erfahrungsbereiche von Bewußtheit müßten wir des längeren sprechen. Dies ist nicht der Tag und nicht der Ort, es zu tun. Wir haben euch hier und heute einige Anregungen gegeben, die gewiß auf euer Bewußtsein erweiternd gewirkt haben und es auch in Zukunft tun werden. Wir möchten zum Abschied nur noch einmal sagen: Bewußtheit ist neutral, Bewußtheit kennt kein Urteil, Bewußtheit ist nicht Liebe und ist nicht Angst. Bewußtheit ist nicht Gott und ist nicht Mensch. Es gibt nichts außer Bewußtheit. Sie ist nicht gefangen in Polarität oder Dualität. Das bedeutet: Es gibt nicht »viel« Bewußtheit oder »wenig« Bewußtheit. Wenn ihr euch eines Tages oder auch bald oder auch jetzt mit dieser Einsicht anfreunden könnt, ohne darüber nachzudenken, dann war unsere Rede nicht vergebens.

Frage: **Es wird ein deutlicher Unterschied zwischen Bewußtsein und Bewußtheit gemacht. Ich bitte diese Unterscheidung noch einmal zu erläutern.**

Quelle: Bewußtsein bedeutet, daß ein Mensch sich kognitiv klarmacht, daß er eine Teilbewußtheit besitzt, die angeschlossen ist an eine größere Bewußtheit. Es bezeichnet eine Einsicht, daß dieses Bewußtsein ein variabler Zustand ist, der pulsiert, weil er mit einem Körper zusammenhängt und deshalb einmal weiter und einmal enger ist, sich aber mit seiner Pulsation auf verschiedenen Frequenzen bewegen kann. Es hängt von jedem einzelnen ab, wie bewußt er sein möchte. Wichtig ist auch zu begreifen, daß Bewußtsein Fluch und Segen zugleich ist, denn wer über ein erweitertes Bewußtsein verfügt, ist zwar bewußter, aber nicht immer glücklicher. Mit dem kognitiven Zugang des Bewußtseins zur Bewußtheit hat es eine besondere Bewandtnis, die wir an anderer Stelle erläutern wollen (siehe unten).

Körperzeit und Seelenzeit

Frage: **Wir leben selbstverständlich in der zeitlichen Dimension und verstehen so wenig von Zeit. Wir haben eine Existenzform, in der Zeit eine spezifische Erfahrung ist. In der astralen oder kausalen Bewußtseinswelt gibt es die Zeit nicht. Was ist denn das Wertvolle an dieser Dimension, daß unsere Seelen sie sich als Erfahrung auf der Erde gewählt haben?**

Quelle: Viele von euch haben gewisse Kenntnisse von der Geschichte ihrer Nation oder der ihnen bekannten Länder. Einige wissen Einzelheiten von ihrer Familiengeschichte. Wenige hingegen kennen ihre individuelle Vergangenheit, ihre Seelengeschichte. Erinnerungen zu wecken an frühere Leben ist nicht dasselbe wie das Erleben von Geschichte. Und Geschichte, ein Aspekt der Dimension Zeit, hat eine spezifische Bedeutung, nämlich zu lehren, daß Handlungen Folgen haben. Die Gesetze von Kausalität, von tatsächlichen Ursachen und ihren Auswirkungen in der physischen Dimension sind eine objektive Realität. Die energetischen Konsequenzen hingegen, die zum Beispiel durch karmisch wirkende Handlungen hervorgebracht werden, haben ein anderes Gefüge und sind nicht unmittelbar erfahrbar. Sie manifestieren sich wiederum in der Zeit, allerdings nur im subjektiven Bewußtsein. Sie müssen von tatsächlichen Begebenheiten unterschieden werden. Das Bewußtsein von einer individuellen und subjektiven Zeit ist ebenso wichtig, aber doch etwas anderes als ein durch die Mitmenschen objektivierbares Erlebnis. Wir können es mit einem Vergleich erläutern. Es besteht ein wesentlicher Unterschied, ob ein Mensch träumt, daß er einen anderen umbringt, oder ob er es wirklich tut. Es ist ein wesentlicher Unterschied, eine Phantasie über eine Liebesbeziehung zu entwickeln oder sie im Alltag zu leben.

Die menschliche Existenz im Körper ist eine Geschichte von Wechselbeziehungen. Die Sinnhaftigkeit der Einkörperung von Seelen ergibt sich erst dadurch, daß die seelischen Fragmente, die sich aus der Ganzheit der Seelenfamilie lösen, sich auf neue Art und Weise, zum Beispiel durch blutsverwandtschaftliche Beziehungen, durch gesellschaftliche Strukturen, durch physische und psychische Abhängigkeit miteinander vernetzen. Und diese Vernetzung ist eine Entsprechung und ein Gegenstück zu Vernetzungen in körperlosen Dimensionen. Aber die Vernetzung gehorcht anderen Strukturen und wechselseitigen Beziehungen, die zu erleben – und oft auch zu erleiden – von hohem Erkenntniswert ist. Dadurch erfahren Seelen etwas Neues, und dies wiederum kommt dem Allganzen zugute.

Ihr dürft euch klarmachen, daß all die Seelen, die sich auf eurem Planeten inkarnieren, wiederum einen Erfahrungsschatz und eine Erkenntnisfähigkeit zu dem Großen Ganzen beisteuern, das darauf angewiesen ist, die Vielfalt der Schöpfung noch einmal zu sich zurückzuholen. Diese Erfahrungen, diese Erlebnisse spezifischer Art auch und gerade in der Wechselbeziehung von Ursache und Wirkung, von Geschichtlichkeit und Werdegang sind in anderen Bereichen des Kosmos keineswegs allgemein üblich, sondern ein Spezifikum nur weniger Existenzwelten.

Zeit ist für Seelen insofern eine hochinteressante Erfahrung, als sie ein lineares Erleben ermöglicht, das in den zeitlosen und dadurch simultan strukturierten Bewußtseinsdimensionen nicht existiert. Kausale Zusammenhänge und die Interaktion von inkarnierten Seelen auf der Ebene von Entscheidung und Konsequenz zu erforschen ist Aufgabe vieler Seelenfamilien und ihrer größeren Verbunde. Ursache und Wirkung in materieller, physischer Hinsicht zu erleben unterscheidet sich wesentlich von der Erfahrung, daß Energien sich vermischen, Frequenzen sich erhöhen oder geistige Impulse sich vernetzen können. Aufschlußreich sind darüber hinaus die Kombination von meßbarer Zeit und nicht meßbarem Empfinden von Dauer sowie die Verbindung von realer Zeit und Traumzeit. Auch in dieser Hinsicht sind Menschen duale Wesen. Sie existieren in der Zeit, haben jedoch kraft ihrer Seele simultan Zugang zu den Dimensionen der Zeitlosigkeit.

✳

Frage: In einer früheren Durchsage fiel der Begriff »Bewußtseinsgeschichte« und wurde kontrastiert mit historischer Aufzeichnung. Was meint ihr mit Bewußtseinsgeschichte?

Quelle: Es geht hier nicht um das Begehen von Taten, um Denken und Wollen oder um das Auswerten von Handlungen, auch nicht um das Treffen von Entscheidungen und das Auswerten ihrer Konsequenzen, sondern um das Bewußtsein von der eigenen Existenz mit ihren Grenzen und ihren Möglichkeiten. Es handelt sich um erkennende Wahrnehmung, die weder für das Individuum noch für das Kollektiv ohne Folgen bleibt.

Bewußtseinsgeschichte ist zum Beispiel die Erkenntnis, daß menschliche Erfahrung einem steten Wandel unterworfen ist. Reine Bewußtseinsgeschichte ist das Wissen von einer Beziehung zwischen einer einzelnen Seele und einer Seelenfamilie oder einer bestimmten Seelenfamilie und einer anderen. Es ist auch die Einsicht in die Möglichkeiten, die einer entkörperten Seele in der astralen Welt zufallen, und in solche, die einem Verbund von Seelenfamilien offenstehen. Bewußtseinsgeschichte ist ebenfalls die Erkenntnis, daß die individuellen Seelen der Menschen kraft ihrer Wiederverkörperung über eine Jahrtausende umspannende Geschichtlichkeit verfügen, mit Erinnerungen, die aktiviert werden können. Diese Erinnerungen fügen sich zusammen in dem Bewußtseinsreservoir, das ihr als kollektives Unbewußtes bezeichnet.

Frage: Wieso ist die Beziehung zwischen Seelenfamilien auch »Geschichte«, also zeitliche Dimension? Was ihr andeutet, ist doch etwas Nichtzeitliches.

Quelle: Es ist Geschichte in dem Sinne, daß es sich um ein Geschehen handelt, aber nicht um Handlung innerhalb des zeitlichen Kontextes. Wenn zum Beispiel eine Seelenfamilie sich mit der anderen vernetzt oder eine Bewußtseinsdimension sich mit einer anderen berührt, zum Beispiel die astrale Welt mit der kausalen Welt oder auch die kausale Welt sich mit der umfassenderen zusammenschließt, dann ist dies ein Geschehen, das in seinen energetischen Ergebnissen gespeichert wird und ebenfalls Auswirkungen hat. Vor allem trägt es zu einem nichthistorischen Erfahrungsschatz der seelischen Gesamtheit bei.

Das Erfahren und Erleben des Eingebundenseins in einen seelischen Zusammenhalt wie den der Seelenfamilie und des Verbundes von sieben Seelenfamilien ist auf einer individuellen und simultan auf einer kollektiven Ebene gültig. Es prägt das Bewußtsein. Die Formen der Erfahrung lassen sich nicht trennen, denn ihr seid stets zugleich seelische Individuen und Seelenfamilienmitglieder. Wenn ihr die Theorie akzeptiert, daß ihr in eurem Siebenerverbund Seelenfamilien besitzt, die auf der Expressionsebene, der Inspirationsebene, der Aktionsebene und der Assimilationsebene angesiedelt sind, und außerdem inkarnierte, lebendige Seelengeschwister kennt, spürt und handeln seht, dann werdet ihr leicht und ohne Anstrengung erfahren, daß die Gesetze der Lebendigkeit für das Kollektiv ebenso gelten wie für das Individuum und daß auch die nichtinkarnierten Geschwister einer Seelenfamilie über die Vermittlung der lebendigen Geschwister einen stellvertretenden Anteil an eurer Lebendigkeit haben, denn ihr seid energetisch eins. Eine Familie ist ein Ganzes, ein Verbund ist ein noch größeres Ganzes. Energie läßt sich zwar für unsere und eure theoretischen Zwecke trennen und getrennt beschreiben, aber die Realität ist eine andere als die für euch erfahrbare Wirklichkeit, und in Realität ist Energie nicht trennbar. Sie ist ebenso eins und fließt ineinander wie das Phänomen der Bewußtheit, das wir für unsere Zwecke in Bewußtsein, Bewußtheit und andere Formen des bewußten und scheinbar unbewußten Erlebens trennen können, um sie euch begreiflich zu machen. Bewußtheit als Energie aber ist untrennbar und wird von euch als eine solche Einheit erfahren, ob dies in euer Tagesbewußtsein dringt oder nicht.

Reife und Alte Seelen in unserer Gesellschaft

Frage: **Ihr habt angedeutet, nur Reife und Alte Seelen können sich für die Lehren transpersonaler Informationsquellen interessieren. Heute möchten wir gern wissen: Welche Aufgaben haben Reife und Alte Seelen in Deutschland?**

Quelle: Angst und Liebe sind die Bereiche des Fühlens, Erlebens und Denkens, zwischen denen jede Seele, die den Planeten Erde bevölkert, beständig hin und her schwankt. Die Säugling-Seelen, Kind-Seelen und Jungen Seelen unterscheiden sich von den Reifen und Alten Seelen dadurch, daß ihnen ihre Angst und ihre Liebe selten bewußt sind. Sie leiden und wissen kaum etwas davon. Sie lieben und wissen kaum etwas davon. Reife und Alte Seelen haben deshalb nicht in erster Linie in bezug auf die anderen, sondern zunächst einmal für sich selbst die Aufgabe, Angst zu fühlen und Liebe zu fühlen, je nachdem, wie diese Bereiche ihnen zugänglich sind. Die schrittweise Bewältigung dieser Aufgaben hat eine Wirkung, die euch bald begreiflich werden wird, wenn ihr euren Blick dafür schärft und eure Wahrnehmungskanäle dafür öffnet. Wir benutzen dafür eine euch vertraute Analogie: Säuglinge, Kinder und junge Menschen können sich selbst schwer verstehen. Sie sind auf das Verständnis älterer Menschen für ihre Existenz angewiesen. Finden sie dieses Verständnis nicht, wißt ihr alle, was passiert. Sie verkümmern, sie verrohen gefühlsmäßig, sie werden verwirrt und kennen keine Orientierung mehr. Unter Verständnis verstehen wir eine liebevolle Zuwendung, die nicht über das Maß hinausreicht, das den Betreffenden, der Angst oder Liebe in den ihm gemäßen Formen erlebt, von seiner Verantwortlichkeit, zu fühlen und zu handeln, entbindet. Aber ohne Verständnis, ohne die Möglichkeit, sich zu spiegeln und eine Orientierung zu erhalten, wird kein junger Mensch, kein Kind und kein Säugling sich entwickeln können.

Reife und Alte Seelen haben deshalb die Aufgabe, die Pflicht und das Vergnügen, den jüngeren Seelen zu zeigen, daß es nicht so unmöglich und nicht so gefährlich ist, Liebe und Angst zu spüren, wie es ihnen zunächst erscheinen mag. Wir möchten die Reifen und Alten Seelen, die unsere Worte hören oder lesen, vor allem dazu auffordern, Verständnis für die Angst der Jüngeren zu haben, denn das Verständnis für ihre Angst löst das Liebespotential, über das sie verfügen, aus seinen Fesseln. Wir wissen aber sehr wohl, daß die Angst der Jungen die Angst der Alten schürt. Eine weitere Aufgabe besteht deshalb darin, diese geschürten Ängste als solche zu erkennen, davon einen Abstand einzunehmen, der den Jüngeren nicht möglich ist, und die Angst, die sich entwickeln will, zu einem liebevollen Verständnis zu transformieren. Aber dafür muß bei Reifen und Alten Seelen zunächst einmal die Möglichkeit entstehen, ein Verständnis für die eigenen Ängste zu entwickeln. Nur wer inneren Abstand zu sich selbst gewinnt – und das können nur Reife und Alte Seelen –, wird in der Lage sein, unterscheiden zu können zwischen Ängsten, die aus den Tiefen seines Wesens entstammen, und jenen, die vom Kollektiv auf die eigene Situation projiziert werden.

Wenn wir jetzt ganz konkret von euch in eurem Lande Deutschland sprechen, so meinen wir, daß die dort lebenden Reifen und Alten Seelen in erster Linie in diesen Jahren, die ihr erlebt, aufgerufen sind, Verständnis zu haben für die Nöte, Ängste, Sorgen und auch für die Lebensformen, die Junge und Kindliche Seelen mit Nachdruck auf sie projizieren. Und sie werden sich aufgrund ihres Seelenalters veranlaßt fühlen, sich in einem fort für ihr Anderssein zu verurteilen, sich abzugrenzen, die jüngeren Seelen abzulehnen, um sich zu schützen und um sich zu retten, aus der Vorstellung heraus, daß eigentlich sie es seien, die Verständnis brauchten. Oft seid ihr, zu denen wir hier sprechen, wie Eltern, die von ihren kleinen Kindern eine Liebe und ein Verständnis fordern, das die Kinder nicht geben können. Sie möchten in dieser Hinsicht die eigenen Kinder zu ihren Eltern machen. Und da sie als Kinder selbst nicht die Liebe und das Verständnis erhalten haben, das sie brauchten, suchen sie jetzt ein Leben lang nach dieser Zuwendung bei denen, die sie nicht geben können. Reife und Alte Seelen haben alles Verständnis, was sie brauchen – entweder in sich selbst oder in den Menschen, die sie finden können, finden sollen und finden müssen, die ihnen seelisch nahestehen und ihnen vergleichbar sind. Ihr wißt selbst: Wenn ein Ehepaar immer nur mit kleinen Kindern zusammen ist und nicht mit Gleichaltrigen, verkümmern ihre Qualitäten als Erwachsene. Ihr, die ihr Reife und Alte Seelen seid, sucht euch ebenfalls Reife und Alte Seelen! Ihr seid erwachsen. Sucht euch seelisch Erwachsene, um euch mit ihnen auszutauschen. Wendet euch nicht an die Kinder, wenn ihr Trost und Verständnis braucht. Dies sind seelische Aufgaben, die euch vielleicht zunächst nicht einleuchten wollen und banal erscheinen. Doch sind sie unendlich wichtig, wenn ihr aufgrund eurer verfeinerten und angehobenen Schwingung den Nachwachsenden einen Dienst erweisen wollt.

Des weiteren geht es um ein Bewußtseinspotential, über das ihr aufgrund eurer Inkarnationserfahrung verfügt, das jedoch den jüngeren Seelen nicht zur Verfügung steht. Dieses Bewußtsein bezieht sich nicht nur auf soziale, ökonomische und politische Zusammenhänge, sondern in allererster Linie auf die Beziehung der Menschen untereinander im privaten Bereich. Wenn ihr bereit seid, eure Beziehungen eurem Energiezustand und Bewußtseinspotential entsprechend zu gestalten – nicht nur die partnerschaftlichen, sondern auch die freundschaftlichen, verwandtschaftlichen und geschäftsmäßigen –, dann könnt ihr, ohne ein Wort darüber zu verlieren, für diejenigen, die lernen wollen, ein Anreiz, ein Vorbild, eine Lehrkraft sein. Es muß euch keineswegs die Anstrengung kosten, zu lehren, zu predigen oder zu reden. Seid wie ihr seid, aber seid es! Dann wird alles einfach. Tut nicht so viel, sondern seid. Dann ist alles einfacher als ihr glaubt. Viele verlieren sich im Tun und vergessen das Sein. Und damit fallen sie scheinbar auf die Stufe der Jungen Seele zurück, die sich gemäß ihrer Bestimmung im Tun verwirklichen muß, aber nach und nach lernen will, auf übermäßiges Tun zu verzichten. Und wenn wir »tun« sagen, meinen wir immer das, was ihr glaubt tun zu müssen, ohne daß euch wirklich danach ist. Wir reden nicht von einer Handlungsfähigkeit, die als solche einem natürlichen Impuls entspringt, einer inneren Regung, einem Bedürfnis, einem Gefühl, einem Gedanken, einer Idee. Von diesem Gesetz der Lebendigkeit sprechen wir nicht, sondern von eurem falschen Pflichtbewußtsein, das einem Schuldgefühl und einem Wunsch, unverstandene Ängste zu kompensieren, entspringt. Reife und Alte Seelen, die die Möglichkeit haben, in sich hineinzuschauen, müssen diese Möglichkeit auch darauf anwenden, sich zu fragen: Kommt das, was ich tue, wirklich aus mir? Oder handle ich so, weil ich glaube, daß es von mir erwartet wird?

Und je älter eine Seele wird, um so wichtiger ist es, daß sie ihre Einzigartigkeit und ihre Berechtigung, so zu sein, wie sie ist, über alles stellt, zum Maßstab aller Dinge macht, weil das Mysterium ihres Soseins dem Sosein aller anderen Seelen einen Freiraum gewährt, der sonst leicht behindert wird. Wir wissen, daß dies ein langer und nicht immer leichter Lernprozeß ist. Aber da ihr uns fragt, wollen wir euch doch antworten, daß dieser Prozeß auch nicht so schwierig ist, wie ihr ihn euch manchmal vorstellt. Im Grunde wißt ihr alle sehr gut, was euch entspricht, was sich positiv und aufbauend anfühlt für euch selbst und andere. Ihr wißt, wo eure Neigungen liegen, ihr wißt, daß oft, wenn ihr euch für eine innere Regung verurteilt, am Ende herauskommt, daß es die richtige Regung war, daß es zum Beispiel gut gewesen wäre, eine Zeitlang nichts zu tun, zu »faulenzen«, wie ihr es mit dem Sprachgestus der Jungen Seele nennt, euch den Pflichten zu verweigern, die euch lästig sind, damit ihr frei werdet für innere Antriebe. All das kennt ihr sehr gut, und doch leidet ihr unter Schuldgefühlen.

Wollt ihr einem jungen Menschen einen Geschmack von seiner inneren Wahrheit vermitteln, werdet ihr ihn darauf hinweisen müssen, daß es wichtig ist, sich zu fragen: »Was möchte ich denn eigentlich, was ist mein Impuls, worin besteht meine Lust?« Und ebenso könnt ihr, wenn ihr als Reife und Alte Seelen nach diesen Maßgaben lebt und handelt, ein wichtiges, ein hervorragendes Vorbild sein für alle, die es noch lernen wollen. Ihr wißt, daß kleine Kinder durch Imitieren lernen, sie brauchen keine Einsicht, sie brauchen kein Bewußtsein von den übergeordneten Zusammenhängen oder von den psychologischen Gesetzmäßigkeiten. Und auch Heranwachsende müssen nicht alles geistig durchdrungen haben, was ihre natürlichen Impulse in ihnen hervorbringen. Das alles kommt später.

Wenn ihr diese Frage nach euren Aufgaben stellt und von uns erwartet oder erhofft, daß wir euch detaillierte Handlungsanweisungen geben, müssen wir euch enttäuschen. Doch möchten wir alles tun, um euch die Möglichkeiten und die seelischen Aufgaben schmackhaft zu machen – Aufgaben, die wir nicht im Sinne einer Pflicht und Schuldigkeit verstehen, sondern im Sinne einer freudigen Erfüllung. Als Menschen mögt ihr bisweilen auch andere Aufgaben haben. Als Seelen jedoch ist euch nur eine Empfehlung zu übermitteln: Horcht in euch hinein, um herauszufinden, wer ihr wirklich seid! Das gilt im Kleinen wie im Großen. Es geht bei seelischen Dingen nicht nur um hehre, edle und göttliche Zusammenhänge, sondern um jeden Augenblick, um das Alltägliche. Und ihr werdet herausfinden, daß ihr im Kleinen jetzt dies und gleich das seid, heute dieses und morgen jenes und daß ihr, um euch zu erkennen, ausgesprochen flexibel werden müßt, daß ihr eure rigiden Vorstellungen von euch selbst nach und nach hinter euch lassen könnt, daß ihr dadurch, daß ihr ständig auf neue Botschaften und Weisungen aus eurem Inneren, aus eurer tiefsten Wahrheit lauscht, lebendig und schön werdet.

Es gibt Konstanten, und es gibt Variablen. Das, was wir euch über die archetypische Seelenrolle nahegebracht haben, ist eine Konstante. Sie wird sich nie im wesentlichen ändern, wohl aber im einzelnen. Aber bereits die Variablen eures Seelenmusters, der Matrix, hingegen lassen euch ein breites Spektrum an Möglichkeiten offen, und ihr könnt dadurch, daß ihr eure Seelenrolle über viele Inkarnationen hinweg immer neu mit Zielen und Mentalitäten, mit Körpern und Ängsten geschmückt habt, ein Verständnis für diejenigen aufbringen, die dies alles erst beginnen auszuprobieren – ein Verständnis, das durch nichts, durch gar nichts zu ersetzen ist. Und da wir so viel von Verständnis geredet haben, möchten wir euch zum Schluß noch auf eines hinweisen: Solltet ihr einmal durch genaues Hinfühlen und Horchen entdecken, daß ihr einfach kein Verständnis aufbringen könnt, so gibt es nichts Schöneres und Größeres, als gerade dafür Verständnis zu haben.

Wenn ihr zum Beispiel in Deutschland oder Mitteleuropa lebt, rufen wir euch auf: Habt Verständnis dafür, daß Menschen, die Hunger haben, und Menschen, die nach Erfolg streben, und Menschen, die gierig sind, und Menschen, die ihre Entwicklung beschleunigen wollen, euch dort aufsuchen. Ihre Seelen *müssen* das leben, was sie brauchen, dort, wo sie es erleben können. Habt auch Verständnis für diejenigen, die sich in ihrem Bestand bedroht fühlen. Laßt euch aber nicht verwickeln. Wirkt eher im Privaten als im Breiten. Eure Energiestruktur wird befriedend und beruhigend, wenn ihr euch nicht allzusehr den Ängsten und Bedrohungen eurer Umwelt aussetzt. Ihr könnt euch, wenn ihr euch in eurer Nische einrichtet, ohne eine Vogel-Strauß-Politik zu betreiben und von nichts mehr etwas wissen zu wollen, definieren als große Sender, die ununterbrochen, Tag und Nacht, eine besänftigende, beruhigende und tröstliche Energie-Musik ausstrahlen. Jedes Lächeln, das ihr einem Menschen schenkt, der es von euch nicht erwartet, ist ein Teil dieser Musik. Es ist nicht verschwendet. Jeder kleine Augenblick, den ihr darauf verwendet, euer Herz zu öffnen, ohne an einen bestimmten Menschen zu denken, ist ein Takt dieser Melodie. Mehr ist nicht nötig. Glaubt nicht, ihr müßtet euch der sogenannten Wirklichkeit ständig aussetzen. Sie wird euch da berühren, wo es unumgänglich ist. Das kann keiner von euch vermeiden. Aber sorgt dafür, daß ihr eure Energie ebenso ungehindert leben könnt, wie diejenigen, die in euer Land reisen, um dort ihre Energie zu leben. Auch ihr habt ein Recht darauf. In Österreich hat man mit dieser Form der zwischenmenschlichen Auseinandersetzung schon viel länger Erfahrung und dadurch eine viel größere Bereitschaft, zu verstehen und zu integrieren. Natürlich gilt das nicht für alle, sondern für die älteren und reiferen Seelen dort. Und noch viel größer ist die Bereitschaft in der Schweiz, obgleich euch die schweizerische Politik in mancher Hinsicht antiquiert oder borniert vorkommen mag. Die Möglichkeit und die Fähigkeit, Verständnis für das jeweils andere aufzubringen, ist dort seit Jahrhunderten weit entwickelt. Aber auch die Möglichkeit und Fähigkeit sich abzugrenzen, Ruhezonen zu kreieren und Sicherheiten zu schaffen, die es den Alten Seelen ermöglichen, ihre Energie zu schützen und zu leben, sind dort entsprechend weit vorangeschritten. Schaut also über den Zaun, informiert euch, nicht nur mental, sondern auch emotional, und lernt davon. Seht, wie andere schon vor hundert Jahren und mehr mit diesen Problemen umgegangen sind, wie sie es als Kollektiv und als Individuen bewältigt haben. Dann wird eure Angst vor der Zukunft abnehmen und euer Herz aufgehen.

Frage: **Was heißt es für unser Zusammenleben, wenn es auf der ganzen Erde immer mehr Reife und Alte Seelen gibt?**

Quelle: Es bedeutet vor allem, daß eine lange Erfahrung von Abgetrenntheit, von psychischer und seelischer Isolation, die gerade in den Ländern des Westens zunehmend beklagt wird und die Liebe unter den Menschen zu einer Ausnahmeerscheinung macht, schlagartig durch äußere Ereignisse, in denen Nähe und Zuwendung unbedingt erforderlich werden, aufgehoben wird. Vor einem erneuten Zusammenfügen muß eine Trennung zwischen den Menschen in Kauf genommen werden.

Ihr befürchtet, die Vereinzelung, die Einsamkeit und Isolation, die ihr unter euch und den jungen Menschen, die jetzt das Erwachsenenalter erreichen, beobachtet, sei ein endgültiger Zustand, eine fortschreitende Zersetzung. Nähe wird erst durch Not neue Formen und Dimensionen annehmen. Nicht die alten bekannten Handlungs- und Gedankenformen werden euch in schwierigen Zeiten tragen, sondern das, was eine immense Welle von Menschenseelen, die den Jungen Zyklus verlassen und den Reifen Seelenzyklus betreten, an eigenen Formen der Liebe entwickeln. Es handelt sich um Formen, die euch unbekannt sind, und die ihr noch mit großem Erstaunen von ihnen lernen werdet. Dies sind die Charakteristika der aktuellen Entwicklung.

Wir sprachen, wie ihr gehört habt, von einer Bewußtheit, die allumfassend ist. Wir könnten sie auch als allumfassendes Unbewußtes bezeichnen, doch wissen wir, daß ihr auf das Wort »unbewußt« wie auf ein Schimpfwort reagiert. Deshalb erwartet nicht, daß jeder Mensch, dessen Seele den großen Sprung in den nächsten Zyklus macht, plötzlich mit klaren Augen und tiefer Einsicht alles begreift. Junge Seelen, die reif werden, entwickeln nur eine andere Wahrnehmung von ihrer existentiellen Situation und können nicht anders, als sie in eigener Art und Weise zu transformieren.

In Deutschland wird sich viel weniger verändern als in Ländern der Dritten Welt, in den USA und Ländern der ehemaligen Sowjetunion. Die eigentliche Kraft der Wandlung und auch die Erschütterungen, die ihr vergegenwärtigen müßt, werden von dort ausgehen. Dort bereiten Milliarden von Seelen ihre Transgression vor, und dort leben zur Zeit die meisten Jungen Seelen, die die siebte Stufe erreicht haben. Sie warten schon lange, daß die Zeit reif werde. Die für euch beängstigenden ideologischen, politischen und gesellschaftlichen Verschiebungen, die nicht nur im ehemaligen Ostblock, sondern auch, wenngleich von euch weniger stark bemerkt, in den USA stattfinden, sind eine Vorbereitung für die Bereitschaft, neue Formen mitmenschlicher Nähe zuzulassen – aber erst, nachdem die vollendete Entfremdung erkannt wurde.

Kosmische Bewußtheit und das individuelle Bewußtsein von eurer zeitgebundenen Existenz, das heißt, die horizontale Betrachtung eures Seins, verbunden mit der vertikalen Betrachtung eurer existentiellen Bedingungen, werden sich in absehbarer Zeit zu einem geistigen Allgemeingut entwickeln, ebenso wie sich seit Anfang eures Jahrhunderts die Erkenntnis fast überall durchgesetzt hat, daß es in jedem Menschen eine psychische Dimension mit eigenen Gesetzmäßigkeiten gibt. Das Wissen von der Realität der menschlichen Seele, das vor Jahrtausenden bereits normal und selbstverständlich war, mit dem Abschied vieler Alter Seelen von eurem Planeten am Ende der letzten großen Inkarnationswelle jedoch versunken ist, kommt nun wieder auf. Die Tatsache, daß jede Seele sich viele Male in menschlicher Gestalt verkörpert, um alle Dimensionen des Menschseins zu erfahren, ist nur vorübergehend aus eurem Blickfeld gewichen. Sie wird jetzt, ohne großen Schwierigkeiten zu begegnen, wieder an den Platz rücken, der ihr zusteht.

Ohne Karma keine Liebe

Frage: **Wie entsteht Karma? Und woran erkenne ich eine karmische Verwicklung?**

Quelle: Karma entsteht keineswegs aus dem Nichts, durch den Zufall oder durch Willkür. Diese Vorstellung existiert nur in der Sichtweise jener, die sich notwendigerweise in die Blindheit der

Zeitgebundenheit begeben müssen, um zu leben. Von der astralen Realität aus betrachtet, tun sich immer nur diejenigen weh, die sich in irgendeiner Weise, ganz besonders aber durch vorangegangene engste Blutsverwandtschaft, eine Basis für diesen Schmerz geschaffen haben. Denn karmischer Schmerz ist notwendig, er ist nicht überflüssig, und er ist nicht zu vermeiden. Um das Unvermeidliche erträglich zu machen und ihm eine Dimension zu verleihen, die sinnhaft ist, ist in einem vorausgegangenen Leben die Knüpfung eines liebenden Bandes zwischen Menschen, die sich in einer späteren Existenz Leben und Freiheit nehmen, die Voraussetzung. Denn Karma ist niemals sinnlos. Karma ist durch das Prinzip des Ausgleichs bestimmt. Also werden niemals Leben und Freiheit nur genommen, sie werden auch geschenkt. Vorher und nachher kann diese Schenkung vollzogen werden. Karmische Bindungen ergeben sich selten innerhalb einer Seelenfamilie. Vielmehr verknüpfen Seelen sich in dieser Weise mit Mitgliedern verwandter Seelenfamilien aus dem Siebenerverbund (siehe Glossar).

Zunächst möchten wir euch in wenigen Worten unsere Definition von Karma, karmischer Belastung und karmischer Verstrickung mitteilen: Wenn ein Mensch einen anderen daran hindert, seinen individuellen Lebensplan zu erfüllen und diese Behinderung aus einer Motivation erfolgt, die mit Gewinnsucht im weitesten Sinne verknüpft ist, also auf Kosten des anderen, nennt man es Karma. Es kommt zu einem Ungleichgewicht. Einer macht sich am anderen schuldig – nicht nur an der Oberfläche, sondern im tiefsten Bereich der seelischen Planung. Karmische Verstrickung setzt also nicht nur bereits erfolgte Begegnungen in früheren Leben voraus, sondern ein Empfinden von Unrecht, eine böswillige Absicht, sei sie auch noch so unbewußt. Und wie wir sagten, hat dies Konsequenzen, die einen Menschen dazu bewegen, sein Leben als sinnlos zu empfinden oder es zu beenden.

Wenn ihr nun einem Menschen begegnet, mit dem ihr passiv oder aktiv als sogenannter Täter oder als sogenanntes Opfer karmisch verbunden seid, wird der Täter irgendwann das dringende Bedürfnis empfinden, das begangene Unrecht an diesem Menschen (und an keinem anderen) wiedergutzumachen, aber das Opfer wird oft große Schwierigkeiten haben, zu verzeihen. Denn wenn auch im Bewußtsein der beteiligten Personen alles vergessen wurde, so wurde doch noch nichts vergeben. Der Schuldige hat Schuldgefühle, von denen er nichts mehr weiß, die er jedoch spüren kann. Das Opfer einer lange vergangenen Handlung hat Haßgefühle, von denen es nichts weiß, die es nicht versteht, die aber emotional aktiv sind. Um nun zu einem Ausgleich zu kommen, gibt es nichts anderes als Liebe und Vertrauen. Wenn sie jedoch nicht vorhanden sind, ist in diesem bestimmten Leben ein karmischer Ausgleich nicht möglich.

Wie könnt ihr eine karmische Verstrickung erkennen? Ihr erkennt sie an einer unerklärlichen Mischung aus Liebe und Haß, aus Angst und Sehnsucht. Denn die Seele des Opfers und die Seele des Täters bedauern beide, was einst geschah, und möchten zu einer Harmonie zurückfinden. Oft ist es jedoch notwendig, daß diejenige Seele, die geschädigt wurde in der Durchführung ihres Inkarnationsplanes, zunächst einmal einen scheinbaren Ausgleich schafft, indem sie ihrerseits die betreffende Seele, die ihr karmischer Gegner ist, an einer Durchführung ihres Lebensplans behindert. Dies wird wieder und wieder eintreten, solange nicht beide – einer genügt nicht – bereit sind, einen anderen Weg zu versuchen. So erlebt ihr bisweilen und erinnert und fühlt, daß nicht nur einmal, sondern viele Male ein wilder Haß und eine wilde Liebe zwischen euch hin- und hergegangen sind. Dadurch entsteht eine Intensität, die ihr euch kaum erklären könnt und die euch große Angst macht.

Eine karmische Verstrickung erkennt man immer an ihrer enormen Intensität. Ihr könnt sie identifizieren an eurem Bedürfnis, euch gleichzeitig anzunähern und fortzulaufen. Anziehung und Abstoßung sind gleich stark, ihr seid ratlos! Und es gibt keine Vorschrift, wann, wie und wo diese Verstrickung zu lösen sei. Der Tag der Befreiung ist gekommen, wenn beide Beteiligten gleichermaßen bereit sind. Nicht bereit zu verzeihen – das wäre ein Kurzschluß –, sondern willens, die Liebe und die Angst, die simultan vorhanden sind, zu ertragen, sich nicht aus dem Weg zu gehen, so schwer es auch sein mag, zu bleiben. Doch möchten wir euch aus einem unbewußten Mißverständnis lösen, das euch einflüstern will, solche Beziehungen seien nur zwischen Mann und Frau, zwischen Liebenden, möglich. Ihr mögt glauben, nur zwischen Liebenden, die sich ganz einander hingeben, sei eine Lösung aus der Verstrickung möglich. Dies ist nicht der Fall.

Wir geben euch ein Beispiel: Ein Mensch hat einem anderen keine Hilfe geleistet, als dieser vor seinen Augen verblutete, obgleich er diese Hilfe hätte leisten können. Er wollte sich nicht verstricken lassen und hat sich dadurch verstrickt. Dies ist zum Beispiel bei einer Fahrerflucht der Fall. In einem späteren Leben ist es denkbar, daß derjenige, der seinen Mitmenschen einst verbluten ließ, ein Arzt ist oder eine Ärztin. Ein kleines Kind, das aus dem Fenster gefallen ist, wird in die Praxis gebracht und hat Verletzungen davongetragen, die es sehr schwierig, aber nicht unmöglich machen, dieses junge Leben zu retten. Der Arzt nun, aufgrund seines unbewußten Schuldgefühls gegenüber der Seele dieses Kindes, die er einst geschädigt hat, versucht sein Menschenmögliches, aus vollem Herzen und aus ganzer Liebe, um dieses Kind zu retten. Das Kind jedoch beschließt zu sterben. Es bedeutet, daß seine Seele die karmische Wiedergutmachung durch den Arzt verweigert. Dies mag den Arzt wiederum in einen Konflikt bringen, der sehr heilsam ist. Ein latentes Schuldgefühl kann aktiviert werden, ohne daß etwas Wesentliches verlorengeht. Vielleicht wird der Arzt ein Leben lang an dieses Kind denken. Denn diesmal liegt es nicht an ihm, daß das Kind das Zeitliche segnet. Es ist der Wille dieser Seele, ein Signal zu geben, um etwas Neues in Gang zu setzen. In einem späteren Leben dann kann eine weitere Situation geschaffen werden, wo der Ausgleich stattfindet.

Es ist also nichts Böses, wenn eine Seele die Lösung aus der

Verstrickung zunächst einmal verweigert, denn dadurch bringt sie eine neue Nähe, eine neue Intensität in die seelische Beziehung. Wir haben an anderer Stelle ausgeführt, daß niemand sich seelisch nähersteht als solche Seelen, die miteinander eine karmische Geschichte mit den entsprechenden Verstrickungen aufweisen. Die Liebe zwischen diesen seelischen Individuen wird um so größer im Laufe der Jahrtausende, je größer die Schuld war, die sie gegenseitig miteinander geschaffen haben. Wie könnt ihr eine solche karmische Verstrickung in eurem eigenen Leben erkennen? Zunächst einmal wird es beiden Beteiligten wie eine kalte Faust ans Herz greifen, wenn sie sich das erste Mal begegnen. Und wenn sie sich sodann nicht sofort fliehen, sondern sich aufeinander einlassen, ganz gleich in welcher Konstellation, ganz gleich in welcher Form von Beziehung, dann wird die Angst, etwas falsch zu machen, und der Wunsch, aus Liebe etwas gutzumachen, stets in gleichem Maße vorhanden sein.

Wenn die Begegnung mit dem Wunsch nach Nähe verknüpft wird, bleibt stets eine tiefere Schicht des Erlebens präsent – in Träumen, in unerklärlichen Phantasien, in nicht mit dem aktuellen Leben zur Deckung zu bringenden Erinnerungen und Assoziationen, die je nach Vorfall und Verteilung der Rollen als Wut oder als Schuld empfunden werden. Alles, was euch unerklärlich und auch nicht aus der psychischen Entwicklungsgeschichte seit der Kindheit erklärbar scheint, könnt ihr mit einigem Recht als Karma im von uns beschriebenen Sinne bezeichnen.

Für euch jedoch, die ihr Reife und Alte Seelen seid, ist eines wichtig: Fürchtet euch nicht vor neuen Verstrickungen! Ihr habt genug, was es aufzuarbeiten gilt. Ihr seid genug verstrickt, und ihr habt schon begonnen, euch zu lösen aus dem dichten Netz karmischer Beziehungen. Das Lösungsmittel ist die Liebe, eine Fähigkeit, die ihr in den vielen Leben, die ihr hinter euch habt, schon gelernt habt. Es ist fast ausgeschlossen, daß irgend jemand von euch sich gemeinsam mit anderen Seelen noch neues karmisches Leid aufbürdet.

Und ein weiteres möchten wir euch ans Herz legen. Ihr wäret

heute keine Reifen und Alten Seelen, wenn ihr euch nicht der bitteren Pflicht unterzogen hättet, karmische Verstrickungen einzugehen. Dies bleibt niemandem erspart, es gehört zu den Bedingungen menschlichen Seins. Die Bestürzung, die euch angesichts dieser Wahrheit überkommen mag, ist verständlich. Doch nur durch das, was ihr hinter euch gelassen habt, seid ihr, wo ihr seid. Tut also, was eurem Seelenalter angemessen ist. Bleibt dort, wo ihr die meiste Angst und die meiste Liebe verspürt. Stellt euch dem Haß, der aus der Sehnsucht nach Liebe entspringt. Das ist eure Aufgabe, das ist die Lösung.

Frage: Ich würde gern ein mögliches Mißverständnis klären. Löst sich Karma nur dadurch auf, daß jemand eine Liebesleistung erbringt, oder löst man Karma, indem man als ursprüngliches Opfer dem ursprünglichen Täter etwas Vergleichbares antut und dadurch ein Gleichgewicht herstellt?

Quelle: Wir deuteten an, daß die karmische Geschichte nicht in zwei Akten geschrieben wird, sondern in drei. Das Drama hat also drei Aufzüge: schuldhafte Handlung, Vergeltung und Vergebung. Im Stadium der Jungen und späten Jungen Seele ist es oft notwendig, Rache zu nehmen, doch Reife und Alte Seelen können solches nicht mehr tun. Sie sehen sich von ihrer Seele genötigt, eine andere Strategie anzuwenden, die nicht neues Leid anrichtet, weder in ihnen selbst noch beim anderen.

Vergeltung bringt zunächst ein Gleichgewicht des Hasses. Beruhigung entsteht durch die erfolgte Rache, doch die Seele ist damit nicht zufrieden. Und wenn jeder von euch in sich hineinhorcht, welche Befriedigung Rache verschaffen kann, so wißt ihr auch, daß diese Befriedigung nicht sehr lange anhält. Es handelt sich also um einen Ausgleich, der provisorisch zu nennen wäre. Der echte energetische Ausgleich kann nicht vollzogen werden, indem Gewalt gegen Gewalt und Behinderung gegen Behinderung gesetzt wird. Das Opfer muß verzeihen, und der Täter muß sich verzeihen und verzeihen lassen.

In aller Regel erfolgt nach der haßvollen Vergeltung eine längere Pause von zehn bis zwanzig Leben. Die beteiligten Seelen versuchen, sich aus dem Wege zu gehen, sich nicht erneut zu begegnen, damit der alte Haß nicht wiederum zu schädlichen Handlungen führt. Die Angst ist jedoch im allgemeinen unbegründet, wenn diese Seelen sich eine Pause gestatten. Wenn sie sich dann wiederbegegnen, sind sie in neuer Weise gereift, denn sie haben in der Zwischenzeit Erfahrungen in der Liebe zu anderen Seelen gemacht, sind entspannter, bereiter und können nun auf neue Weise kreativ werden, was die Angebote der Liebe betrifft.

Erst wenn zwei Seelen die Lust an der Rache verloren haben, werden sie sich in Liebe begegnen können. Sie werden eine Lust an der Liebe entwickeln, anstatt am Haß. Die Beharrlichkeit aufzubringen und die starken Empfindungen einer Haßliebe zu vereinigen, um nach und nach die Waagschale mit mehr und mehr Liebe zu füllen, damit das Gewicht des Hasses abnimmt, ist eine große Herausforderung. Sich einer solchen Beziehung zu stellen, Verständnis für sich selbst und den anderen zu gewinnen ist eine Leistung, die von enormer Bedeutung für die Auflösung von karmischen Banden ist. Die Auflösung ist kein Akt, sondern ein Prozeß. Sich auf diesen Prozeß einzulassen erfordert Geduld und Durchhaltevermögen. Mit einer einmaligen Bereitschaft zum Verzeihen ist es nicht getan; dies ist eine Illusion. Und wenn nur einer verzeihen will, geschieht gar nichts. Der andere muß ebenso verzeihen und dieses Angebot annehmen, sonst bleibt es in der Schwebe. Das Schwierigste jedoch ist, im Anschluß an die Versöhnung auf die einstmals so innig-starke Bindung zu verzichten. Beide Seelen wenden sich nach getaner Arbeit anderen Aufgaben zu. Ein wenig bedauern sie es, sich vorerst aus den Augen zu verlieren, und sie sehen einer endgültigen Verschmelzung der Energien am Ende ihrer Tage mit Freude entgegen.

V.

Sinnstiftung durch die Seelenfamilie

Das Thema »Seelenfamilie« liegt unserer transpersonalen Quelle besonders am Herzen. Sie besteht ja selbst aus einer solchen Seelenfamilie, einer Gruppe von 1164 Seelen, die allerdings, im Unterschied zu uns Menschen und unseren Seelengeschwistern, ihren gesamten Inkarnationszyklus auf der Erde bereits vor gut zweihundert Jahren abgeschlossen haben.

Nachdem wir die systematisch geordneten Informationen zu den drei Welten der Seele und Archetypen der Seele empfangen hatten, erfuhren wir zu unserer Überraschung, daß diese fundamental wichtigen Botschaften zur seelischen Dimension menschlicher Existenz unter anderem auch der Vorbereitung zu einem besseren Verständnis des Phänomens »Seelenfamilie« und der sieben universellen Grundenergien dienen.

In der Tat läßt sich die überindividuelle Funktion und die Aufgabenstellung einer Seelenfamilie nur begreifen, wenn man sich klarmacht, wie unterschiedlich die Grundenergien sind, aus denen sie sich zusammensetzen. Zwei, drei oder vier archetypische Seelenrollen verschmelzen zu einer solchen Familieneinheit, die im fragmentierten Zustand, das heißt, während sich einzelne ihrer Mitglieder inkarnieren, aus rund tausend seelischen Individuen besteht und dennoch energetisch eine Einheit bildet. Jeder Mensch ist seelisch verschwistert mit vielen anderen Einzelseelen. Trotz seiner Vereinzelung bleibt er Teil dieses Kollektivs, das ihn in seiner Entfaltung trägt, weil diese die Entfaltung des größeren Ganzen fördert. Menschen haben dies schon immer gespürt und ihr Empfinden mit verschiedenen Namen bezeichnet: Atman, Alman, Mahatma. C. G. Jung nannte es das »Selbst« oder den »Großen (alten) Menschen«.

Das Erkenntnisziel einer jeden Inkarnation ist eingebettet in ein größeres Anliegen, das von den Grundbedürfnissen aller Seelengeschwister geprägt ist. Die Sinnhaftigkeit eines Einzellebens ist also auf der Energieebene untrennbar mit der Sinnsuche der Seelenfamilie verknüpft. Die eigene Lebensaufgabe stellt einen wesentlichen Aspekt in bezug auf die funktionelle Aufgabe der Seelenfamilie dar. Das Kollektiv der Seelenfamilie ist das Selbst, die Einzelseele das Ich (die Identität) im weitesten Sinne. Einzelseele und Seelenfamilie sind aber energetisch eins. Vielfach wird dieses seelische Kollektiv auch als höheres Selbst bezeichnet. Es ist jedoch noch mehr als dies. Die »Quelle« vermeidet allerdings Hierarchien und Wertungen und weist insbesondere darauf hin, daß jeder ohne Ausnahme in ununterbrochenem Kontakt mit der eigenen Seelenfamilie ist. Die Unterschiede bestehen lediglich darin, daß manche diesen Kontakt zuweilen kognitiv erfassen oder körperlich erleben und andere nicht. Mancher Mensch findet im Dienst an den Aufgaben seiner Seelenfamilie seine höchste Erfüllung.

Während eine größere Gruppe der eigenen Seelengeschwister inkarniert ist, existieren die übrigen zwar ohne Körper, aber nicht weniger real in der astralen Welt. Sie knüpfen Kontakte zu ihren inkarnierten Geschwistern, die ja ein energetischer Aspekt ihres Selbst sind. Die Kommunikation findet meistens in Tiefschlafphasen statt. Doch sind auch Träume und Visionen oft Botschaften der Seelengeschwister. Die Botschaften helfen, erklären, leiten und trösten. Außerdem enthalten sie Hinweise auf die gemeinsame Aufgabe. Es kommt auch vor, daß sich Seelengeschwister oder Gruppen von Seelengeschwistern als Geistführer bemerkbar machen.

Wir geben zunächst drei Beispiele für höchst unerwartete Kontaktsituationen mit der eigenen Seelenfamilie, wie sie selten beobachtet wurden. Meditative Übungen, längere Isolationsphasen, Traumbeobachtungen und gewisse Ausnahmezustände von größter Intensität ermöglichen solche spontanen Kommunikationen, die das Wachbewußtsein nicht ausschalten.

Ein weiterer Abschnitt ist einer Reihe von Einzeldurchsagen aus Seelenfamilien-Seminaren gewidmet, die exemplarisch darstellen sollen, wie die energetische Zusammensetzung einer Seelenfamilie ihre selbstgewählte Aufgabenstellung prägt. Unter Hunderten solcher medialer Mitteilungen gab es noch niemals zwei identische, wohl aber konnten einige Seelengeschwister im Laufe der Jahre aufgrund der entsprechenden Informationen zusammengeführt werden. Diese sehr persönlichen Botschaften weisen stets dieselbe Struktur auf: Zunächst wird die Zusammensetzung der Familie nach Seelenrollen und deren jeweiligen Energieanteilen übermittelt. Daraus entwickelt sich folgerichtig die Zielsetzung eines energetischen Beitrags dieser Familie zur Erforschung der Gesetzmäßigkeiten der physischen Welt. Was ist in inkarniertem Zustand interessanter Lernstoff für Seelen? Was wird gebraucht?

Letztendlich Sinn und Zweck der Verkörperungen ist es herauszufinden, welche Einsichten und Erfahrungen durch diesen veränderten, unvertrauten »Aggregatzustand« für das seelische Kollektiv und darüber hinaus für das Allganze gewonnen werden können. Jede Einzelseele leistet, ausgestattet mit ihrer Seelenrolle, ihrem Seelenmuster (der Matrix) und durch die energetische Verbundenheit mit ihren Seelengeschwistern dazu einen unverzichtbaren, einzigartigen Beitrag.

Und selbstverständlich sind überall auf der Erde auch konkrete Begegnungen mit verkörperten Seelengeschwistern möglich, wie es manchmal sogar in unseren Seminaren geschieht. Ein entsprechendes Beispiel erzählt, wie zwei sehr verschiedene Frauen, eine pensionierte Juristin und eine junge Psychologin, unter dem Dach einer gemeinsamen seelischen Aufgabe in Liebe zusammenfinden. Ein anderes Beispiel zeigt, daß solche Begegnungen nicht immer nur einfach und beglückend sind.

Zwillinge haben bekanntlich innerhalb ihrer biologischen Familie eine gemeinsame persönliche Geschichte, sowohl in materieller als auch in psychischer Hinsicht. Welchen Sinn aber hat es, mit einem oder mehreren Doubles auf der Welt zu sein? Mehrlingsgeburten sind bei den meisten Tiergattungen üblich, stellen beim Menschen jedoch eine Ausnahme dar. Schon immer wurde beobachtet, daß Zwillingsgeschwister, besonders aber die eineiigen, eine außergewöhnliche Beziehung zueinander haben. Die genetische Forschung und die Verhaltensforschung sind diesbezüglich zu aufschlußreichen, hochinteressanten Ergebnissen gekommen. Im Rahmen unserer Seelenforschung mit der »Quelle« stellten sich uns weitere Fragen. Haben Zwillinge, Drillinge usw. identische Seelen? Sind sie vielleicht ein Verbindungsglied zu den Kollektivseelen der Tierwelt? Stammen die Seelen von Zwillingen aus derselben Seelenfamilie? Wozu gibt es überhaupt identische Körper, und was ist der Sinn einer solchen Doppelung? Die entsprechenden Antworten gab uns die »Quelle« erst, als uns ein Zwillingspaar aufsuchte.

Eine andere drängende Frage von Menschen, die mit einer bestimmten Person einen beglückenden, wenn auch gleichsam verstörenden Gleichklang verspüren, wurde immer wieder gestellt: Ist dieser Mensch meine Zwillingsseele? Wie kann ich es herausfinden? Gibt es einen Seelenpartner für mich? Was ist überhaupt eine Dualseele? Die »Quelle« hat sich bislang dazu erst selten geäußert, und es schien uns fast so, als sei sie vorsichtig und zurückhaltend mit den entsprechenden Informationen. Dennoch möchten wir einige Botschaften zum Thema »Dualseele« vorstellen, weil sie zumindest zeigen, daß es nicht angebracht ist, sich von dieser Seelenzwillingsschaft besonders romantische Vorstellungen zu machen. Es handelt sich um eine seelische Realität, die zwar enorme Wachstumsmöglichkeiten bereitstellt, aber auch eine gewisse Opferbereitschaft von den betreffenden Menschen verlangt. Der Kontakt ist von verzehrender Intensität und fordert beide Seelenzwillinge zur Preisgabe ihrer innersten Wahrheit heraus.

Zum Abschluß dieses Kapitels erfahren wir, wie sich die spezifische Zusammensetzung der sieben archetypischen Grundenergien im Alltag widerspiegelt – am Beispiel der Teamarbeit in einer Großküche!

Wenn ein Mensch erfährt, welche Kräfte ihm durch seine Seelenfamilie zur Verfügung stehen, und lernt, wie er seine Sinnsuche am besten einsetzen kann, ändert sich nicht selten seine

*ganze Perspektive auf die Welt, und auch die Sinnhaftigkeit sei-
ner Existenz im Rahmen eines größeren Ganzen wird ihm deutlicher erfahrbar.*

Kontakte mit der Seelenfamilie

Frage: **Seit zwei Jahren habe ich während meiner Meditationen
spontane Visionen von Gemälden und habe nach einigem Zö-
gern angefangen, sie zu malen. Sie sind sehr merkwürdig und
ausdrucksstark. Noch habe ich sie keinem Menschen gezeigt. Ich
möchte nun von der »Quelle« erfahren, was ich eigentlich damit
anfangen soll.**

Quelle: Du bist Botschafter. Wenn wir dir das sagen, möchten
wir dich nicht erschrecken. Du bist Botschafter, und es ist deine
Aufgabe, Botschaften zu übermitteln und zu überbringen. Du
bist ein Mensch, der schon seit seiner Kindheit in einem überaus
engen Kontakt mit seiner Seelenfamilie steht, mit den Seelengeschwistern, die zu dir gehören und doch nicht im Körper bei dir
sind. Du bist eine sehr alte Seele, und es liegen nicht mehr viele
Leben vor dir. Es wird deshalb – im Vergleich zu dem, was hinter
dir liegt – nicht mehr sehr lange dauern, bis du immer engeren
Kontakt mit deinen Seelengeschwistern knüpfst und immer
mehr mit ihnen zu einer innigen Einheit zusammenwächst. Und
nun hast du dich für dieses Leben bereit erklärt, ihr Botschafter
zu sein.

Seit kurzer Zeit malst du Bilder, obgleich du nie vorher einen
Pinsel in der Hand hattest. Die Seelengeschwister inspirieren
dich. Sie schicken dir Visionen. Sie geben dir Aufträge. Du stellst
dich zur Verfügung und führst diese Aufträge aus, bringst sie
dort zur Geltung, wo sie gesehen werden sollen und angenommen werden können. Das ist der Grund, warum du dich auf
diese visionäre Übermittlung schon lange vorbereitet hast durch

allerlei Übungen und Experimente, durch Meditationen und Phasen des Rückzugs. Denn ohne Vorbereitung kann ein Botschafter seinen Auftrag nicht ausführen. Wir haben bislang mit Bedacht das Wort »Medium« vermieden und möchten es auch weiterhin meiden, denn du bist kein Medium im herkömmlichen Sinne, und dennoch bist du ein Übermittler.

Und wenn du nach deiner Lebensaufgabe fragst, so sagen wir dir: Dies ist das Zentrum deines Lebens, auf das alles zuläuft. Und du brauchst für die Bewältigung deiner Aufgaben Möglichkeiten an Zeit und Raum, die dir gestatten, daß du deine Aufträge ausführst. Deine Seelengeschwister haben schon zu einem großen Anteil ihre Inkarnationen abgeschlossen, und ein anderer Teil deiner Seelengeschwister ist zum jetzigen Zeitpunkt nicht in Körpern. Sie ruhen zwischen ihren Leben und schmieden neue Pläne. Sie begleiten dich dennoch in allen Zeiten, in denen du zur Ruhe kommst und geöffnet bist für ihre Mitteilungen. Und es sind ihrer viele, die mit dir sprechen. Es sind ihrer viele, die dich mit allerlei Mitteln erreichen über formlose Impulse, über Visionen und auch über das innere Hören.

Als Kind konntest du das, was dir gesagt und vermittelt wurde, noch nicht verkraften. Und du hast aus lauter Angst einen fast erfolgreichen Versuch unternommen, deine Ohren durch eine Entzündung zu verschließen und das Zeitliche zu segnen. Denn es ist für dich damals eine angsterregende Vorstellung gewesen, einen Teil deiner Verantwortlichkeit und deines menschlichen Willens abzugeben und dich Kräften zu öffnen, die außerhalb von dir liegen, und ihren Weisungen Folge zu leisten. Wir sagen »Folge zu leisten«, denn es geht nicht um Gehorchen. Niemand befiehlt dir, etwas zu tun, und niemand straft dich, wenn du es unterläßt. Aber den Weisungen Folge zu leisten erfordert eine Bereitschaft, eine Öffnung, eine Entselbstung im Sinne einer Auflösung des Ego – Vorgänge, die einem jungen Menschen bedrohlich erscheinen und ihm Angst bereiten.

Damals also hast du deine Ohren verschlossen. Sie haben sich entzündet, und fast wärest du an diesen Giften zugrunde gegangen oder hättest dein Gehör verloren. Aber während der Krankheit, als du nahe daran warst, deinen Körper zu verlassen, warst du auch noch viel offener als sonst für die Hinweise und Tröstungen, für die Stimmen und Bilder, die dir von deinen Seelengeschwistern übermittelt wurden. Als du im Fieber lagst, hast du eine neue Klarheit gewonnen und neuen Mut zur Bewältigung deiner Aufgaben. Deshalb hast du dich dann doch noch bereit erklärt, deinen Körper weiterzunutzen, deine Gene, die dir gestatten, das zu bewältigen, was sich deine Seele vorgenommen hatte. Und du bist hervorragend ausgestattet. Du hast so viel mitgebracht aus früheren Leben, aber auch aus der Unverbildetheit deiner Familie, die dich nicht geplagt hat mit vorgeprägten Strukturen, daß du jetzt ganz aus dir schöpfen kannst, ganz aus deiner Tiefe, deiner Klarheit und deiner Reinheit.

Denn wisse, daß deine Seelengeschwister dir nur das übermitteln können, was du auch empfangen kannst! Und sie wollen dir etwas ganz Neues, etwas noch nicht Dagewesenes zeigen, damit du es anderen zeigst. Deshalb wäre es jammervoll schade, wenn du dich mit anderen Pflichten so überlasten würdest, daß du ihrem Ruf und ihren Visionen nicht mehr entsprechen könntest. Das ist ein Grund, den wir dir zu bedenken geben, wenn du überlegst, welchen Beruf du ausüben solltest. Überlege, ob du noch genug Zeit und Muße hast, deine seelischen Aufträge auszuführen, ob du dann immer noch malen kannst.

Diese Bilder sind von eminenter Wichtigkeit, und zwar deshalb, weil sie unmittelbar und wahrheitsgetreu das wiedergeben, was dir gezeigt wird. Sie sind deshalb wichtig, weil sie nur durch deine Übermittlung in ihrer materiellen Gestalt von anderen betrachtet werden können, von Menschen, die sie brauchen, aber nicht die Fähigkeit haben, sie so zu empfangen und so festzuhalten wie du. Diese Bilder müssen unter die Leute gebracht werden. Sie sind nicht nur für dich gedacht. Sie sind für all jene, die sich betroffen fühlen von der Botschaft, die du als Botschafter übermittelst. Sie müssen die Gelegenheit erhalten, die Klarheit und Wahrheit des übermittelten Bildes, der Vision, zu erblicken.

Wir meinen auch nicht, daß du malen solltest, um Erfolg zu haben. Denn wir wissen, daß Erfolg dir nicht wichtig ist, Erfolg im weltlichen Sinne, Erfolg in dem Maße, daß du weitbekannt und reich werden möchtest, daß du von allen beachtet und gelobt werden möchtest. Es ist uns ebenso klar wie dir, daß eine Alte Seele an solch einem äußeren Erfolg nur sehr wenig Interesse hat. Aber wenn wir überhaupt von Erfolg sprechen, dann reden wir vom Erfolg deiner Mission. Eine erfolgreiche Mission ist die gelungene Ausführung eines Auftrags. Und du hast eine etwas merkwürdige, aber doch entscheidende Mission übernommen. Du würdest sie auch in einem anderen Leben noch ausführen, wenn es dir in diesem Leben nicht gelingt. Denn du hast nicht umsonst so viel geübt und dich so gut vorbereitet. Du hast in früheren Zeiten schon gemalt. Deshalb fällt dir das, was du jetzt tust, vergleichsweise leicht. Du kannst zurückgreifen auf Wissen und Kenntnisse, auf Erfahrungen und auch schmerzhafte Erinnerungen, die hinter dir liegen.

Es könnte sich für dich als hilfreich und richtungsweisend herausstellen, wenn du deine Energien weglenken würdest von dem ständigen Fragen »Ist es das wert, bin ich es wert, sind die Bilder es wert, sind die Visionen es wert?« hin zu einer vorsichtigen, aber nachhaltigen Aktivität, die darauf zielt, deine Bilder genau den Menschen zuzuführen, die sich erreichen lassen wollen.

Und du darfst auch für diese Bilder einen angemessenen Preis verlangen. Du wirst sehen, diese Bilder sind es den Menschen wert, angemessen bezahlt zu werden. Erwarte nicht die große Masse oder die Vervielfältigung in Kalendern, auf Postkarten – darum geht es nicht.

Die Bilder sind Energieträger nicht nur durch ihren Darstellungsgehalt, sondern vor allem, weil du sie malst. Du tust in das Bild sehr viel von deiner eigenen Kraft, von deinen feinstofflichen Schwingungen. Widme einen beträchtlichen Teil deiner Kraft und deiner Zeit dem Ausführen deiner Anweisungen. Sie sind mehr als wertvoll, sie sind kostbar. Warte nicht bis an dein Alter, warte nicht so lange, bis die Gesellschaft dir gestattet, als

Rentner deine Tage mit Bildern zu füllen. Jetzt ist es soweit. Du hast dich lange genug vorbereitet. Du hast die Visionen erkannt, du hast nach ihnen gehandelt. Verschließe dich nicht – es wäre schade!

✳

Frage: Eines Nachts wurde ich halbwach und fühlte mich wie gelähmt. Ich hörte ein Heulen und Sausen, das heißt sonderbare Geräusche außerhalb meines Bettes, am Fußboden. Ich geriet in Panik, weil ich schreien wollte, aber nicht konnte. Mein Mann sagte mir am nächsten Morgen, ich hätte laute Töne von mir gegeben. Mir schien es lange zu dauern, bis ich meine Glieder wieder bewegen konnte. Ich war von einer sonderbaren Klarheit erfüllt, hatte ein angenehmes, entspanntes Körpergefühl. Dann bin ich wieder eingeschlafen. Was bedeutet das?

Quelle: Es ist verständlich, daß dieser außerordentliche Kontakt dich erschreckt und erschüttert hat. Es war ein außerordentlicher Kontakt deshalb, weil es im allgemeinen nicht passiert, daß ein Mensch, während er im Schlaf und im Traum von Energien aufgesucht wird, die ihm etwas mitzuteilen haben und mit ihm arbeiten, erwacht. Dieser Kontakt hat dich erschreckt, doch wollen wir dir sagen, daß du etwas Besonderes erlebt hast, weil nur wenige Menschen mit ihrem Bewußtsein diese Schichten erreichen. Nur deshalb ist dir dies möglich geworden, weil du mit so großer Sehnsucht und so großem Nachdruck an der Öffnung deiner Empfangskanäle gearbeitet hast. Daß du überhaupt so konkret und real einen Kontakt mit einer Manifestation deiner Seelengeschwister erleben durftest, ist ein Geschenk und eine Belohnung für all deine Bemühungen. Nun wollen wir dir sagen, daß die Energie, die dich aufgesucht hat, nicht zum erstenmal bei dir war, daß du sie aber jetzt und in Zukunft häufiger als zuvor bewußt erleben kannst, und je weniger du über den dadurch ausgelösten Zustand von Abgetrenntheit und Lähmung erschrickst, um so deutlicher werden die Erlebnisse in deinem Gedächtnis haften bleiben, und um so mehr wirst du nicht nur den Schrecken, sondern auch die Schönheit dieses Kontakts spüren können. Wer hat dich aufgesucht? Wir sagten, es waren deine Seelengeschwister, und zwar sind es diejenigen, die sich zeitgleich mit dir in einem menschlichen Körper befinden, und die deshalb ganz anderen Zugang haben zu leiblichen Manifestationen, wie du sie erlebt hast, als die Seelengeschwister in der astralen Welt, die zur Zeit keinen physischen Körper bewohnen. Doch sind diejenigen, die jetzt mit dir Menschen auf der Erde sind, ebenso unfähig wie du, sich auf einer bewußten Ebene des Alltags untereinander auszutauschen. Ihr alle seid sehr dynamische Menschen, die versuchen, den animalischen, im besten Sinne vitalen Anteil ihrer Existenz in den Dienst einer seelischen Aufgabe zu stellen und dadurch zu sublimieren. Was du gehört hast – das Rascheln und Krabbeln und Heulen – war eine manifeste Erinnerung daran, daß du des Nachts, wenn du schläfst und gar nichts tust im Sinne eines alltäglichen Tuns oder einer Arbeit deines Verstandes, du doch an diesem Projekt mit aller Kraft mitwirkst.

Wir möchten an dieser Stelle sagen, daß die Aufgabe einer Seelenfamilie zwar zu Beginn in groben Zügen festgelegt wird, daß es sich dabei jedoch um eine Reihe einzelner Arbeitsprojekte handelt, die im Laufe einer Jahrtausende währenden Entwicklung neu gestaltet, neu definiert, flexibel gehandhabt werden und sich den veränderlichen Verhältnissen anpassen, ohne den Rahmen der ursprünglichen Aufgabe zu verlassen.

Wir wollen dir die Aufgaben, denen du dich des Nachts mit deinen seelischen Kräften widmest, noch ein wenig ausführlicher beschreiben. Es geht darum, deine Urvitalität zu verfeinern, ohne die kraftvolle Energie zu verlieren, die in dir wie in den anderen beteiligten Seelengeschwistern steckt. Wozu wird diese Urkraft benötigt? Ihr alle seid mit euren Mentalkräften dabei, eine Art energetisches Sprungtuch herzustellen und zu bilden, das geeignet ist, Menschen, die aus großer spiritueller Höhe und Erkenntnis ganz plötzlich psychisch abstürzen, aufzufangen und zu bergen, ihnen Mut zuzusprechen, sie zu beruhigen, sie zu versorgen, bis sie sich wieder kraftvoll genug fühlen, um erneut in die einsamen Höhen hinaufzusteigen. Du verstehst, was wir meinen, wenn du dich an die Hilfsmittel erinnerst, die Feuerwehrleute bereitstellen, wenn sie bei Katastrophen Menschen aus Hochhäusern den Sprung in die Tiefe als Rettung anbieten. So bemüht ihr euch, ein jeder auf seine Art, dieses Netz oder Tuch immer fester und feiner zu weben, und ein großer Teil eurer Vitalenergie wird dafür gespendet, diese Notfallhilfe bereitzustellen. Ein jeder von euch wird im Laufe seines Lebens ein und mehrere Male zu einem Werkzeug seiner Seelenfamilie gemacht und als Nothelfer bereitstehen, um eine verängstigte Seele nach einem überwältigenden Energieerlebnis vor einem zerschmetternden Aufprall in der Alltagsrealität zu bewahren.

Diese Aufgabe steht mit dem Symbol des Wolfshundes in Verbindung. Der Wolfshund ist Ausdruck einer Kraft, die schützt und verteidigt und zur Seite steht, ohne an eigene Nöte zu denken, solange sein Einsatz von seinem verunglückten Herrn dringend benötigt wird. Ein Wolfshund wird, wenn er einmal Zuneigung gefaßt hat zu einem einzelnen Menschen, selbst Hunderte von Kilometer entfernt Hilfe suchen oder auch bereit sein zu verhungern, um seinem Herrn Nahrung zu beschaffen. Das ist nicht konkret und nicht wörtlich gemeint. Du wirst niemals verhungern müssen, um einen anderen Menschen zu retten. Deine Lebensenergien wirst du für einige Tage oder Wochen in hohem Maße einem anderen Menschen zur Verfügung stellen können, ohne daran selbst zugrunde zu gehen. Und darin bist du einer großen Gruppe von mehr als einhundertfünfzig Seelengeschwistern sehr eng verwandt. Euch alle kennzeichnet eine ungeheure Loyalität, ein Bedürfnis nach Treue und Unterstützung jener, die ganz speziell in dem beschriebenen Sinne eurer Hilfe bedürfen.

✳

Frage: An einem ganz normalen Tag hatte ich plötzlich eine unerklärliche Todesangst, in die Badewanne zu steigen, und kurz darauf fand man einen Politiker tot in der Badewanne. Besteht da ein Zusammenhang? Das ist mir nie vorher und nie nachher passiert. Aber ich kann es nicht vergessen.

Quelle: Der Mensch, der auf diese Weise getötet wurde, gehört zu deiner Seelenfamilie. Und weil du mit deiner Seelenfamilie sehr eng verbunden warst und es immer noch bist, hast du das, was einem deiner Seelengeschwister geschah, sehr stark mitempfunden. Es ist für dich jedoch sehr wichtig zu lernen, dich mit dem, was dir deine Sensibilität und dein starkes Mitgefühl an Visionen übermittelt, nicht dermaßen zu identifizieren, daß es dich nicht losläßt. Unbewußt bist du mit allen Mitgliedern deiner Seelenfamilie stets verbunden, ganz gleich, ob sie zur Zeit im Körper weilen oder nicht. Und du nimmst Anteil an ihrem Schicksal auf einer tiefen Ebene, die dir nicht bewußt sein kann und nicht bewußt sein darf. Aber wenn du etwas spürst, was ein anderes Mitglied deiner Seelenfamilie betrifft, einen deiner Brüder oder eine deiner Schwestern, dann trenne das, was du spürst, ab von deiner eigenen Person.

Nimm es wahr. Erkenne es an. Und schicke gute Gedanken zu dem Menschen, der sich in Gefahr befindet oder in einer Stunde der Not. Spüre die Menschen aus deiner Seelenfamilie und gehe dann deiner Wege. Du bist ein Teil von ihnen, und sie sind ein Teil von dir. Deshalb kann man das nicht trennen. Und deshalb fühlst auch du dich nicht abgetrennt. Sie sind mit dir in derselben Verbindung, wie du mit ihnen. Wenn es dir nicht gutgeht, spüren sie es auch, ob sie nun im Körper sind oder nicht. Diese Vision war einer der seltenen Augenblicke, wo du ganz klar deine Verbundenheit gespürt hast. Und du empfindest sehr korrekt, daß da eine Übereinstimmung besteht, die nicht zufällig ist. Aber mache dir auch klar, daß du nicht das Leid der ganzen Welt in deinem Leib empfinden mußt. Es handelt sich nur um diejenigen, die ganz eng zu dir gehören. Und diese erleben nicht in jedem Augenblick etwas Schreckliches, was dich belasten muß. Du empfängst von deinen Seelengeschwistern nicht nur das, was ihnen Leid bereitet, sondern auch das, was ihnen Freude macht. Und wenn es dir gutgeht, wenn du deine Energie so lenkst, daß sie hohe feine Schwingungen entwickelt, tust du deiner ganzen Seelenfamilie viel Gutes an, denn sie spüren es wie du.

Seelenfamilie und persönliche Lebensaufgabe

Es folgt nun eine Reihe von Botschaften, die Teilnehmer von Seelenfamilienseminaren im Rahmen der Veranstaltung erhielten. Alle Fragenden haben bereits ihre Seelenmatrix seit einigen Monaten erforscht. Sie wissen aus diesem Grund nicht nur, welche Seelenrolle sie innehaben, sondern können auch die sieben seelischen Grundenergien unterscheiden (siehe Einleitung und Glossar). Wir wollen hier einige der sehr persönlichen Durchsagen vorstellen, um dem Leser einen Eindruck von der Intensität und der Tragweite dieser Erfahrung zu vermitteln. Über die Personen wollen wir nichts bekanntgeben. Es handelt sich nicht um gewöhnliche Fallgeschichten, sondern um individuelle Seelengeschichten, die zeigen können, wie der Lebenssinn eines Menschen seine Prägung durch die Zugehörigkeit zu einer bestimmten Seelenfamilie erhält, die im gesamten Kosmos nicht ihresgleichen findet. Alle Seelenfamilien, die auf dem Planeten Erde ihre Erfahrungsreise beginnen und abschließen, tragen mit all ihren einzelnen Inkarnationen dazu bei, das Wissen über die Möglichkeiten allen Seins zu erweitern. Und auch hier wird wieder ersichtlich, daß die Liebe der Urgrund aller Dinge ist. Nur die seelische Gemeinschaft und die Speicherung unserer Erlebnisse in unserer Welt zum Wohle aller macht unser Wirken im täglichen Leben zu einer Erfahrung, die ihren absoluten Wert besitzt.

Die energetische Zusammensetzung ist so variabel und vielfältig, daß wir, um dem Leser einen Eindruck davon zu geben, über jedem Abschnitt die Definition der betreffenden Seelenfamilie in Form einer Zahlenallegorie darstellen. Dabei steht die erste Zahl für den Majoritätsanteil, die zweite für die nächstgrößte Energie und die dritte beziehungsweise vierte für jene Energieanteile, die sich der Erfüllung der Aufgabe unterstützend widmen. Jede einzelne dieser Seelenfamilien-Aufgaben bleibt im Laufe aller Inkarnationen gültig; sie kann in zeitspezifischer Abwandlung in allen Epochen der Kulturgeschichte, an allen Orten der Erde und von jedem der Seelengeschwister in jedem seiner Einzelleben bearbeitet werden.

Ob ein Mensch sein Leben als sinnhaft betrachtet und als sinnerfüllt empfindet, hängt nicht zuletzt davon ab, wieviel seiner Zeit und seiner Kraft er dieser Aufgabe im allgemeinen oder im besonderen schenkt, obgleich nicht jede Inkarnation voll und ganz diesen Zielen gewidmet ist oder sein sollte. Die innere Widmung kann passiv oder aktiv, forschend, leidend oder handelnd, beobachtend oder vollkommen verstrickt, im Zentrum oder am Rande des Geschehens vollzogen werden. Es ist, soweit wir erfahren haben, nicht möglich, ein Leben abzuschließen, ganz ohne einen Beitrag zum Anliegen der eigenen Seelenfamilie geleistet zu haben. Die Einsicht in die Zusammensetzung und die Zielsetzung der eigenen Seelenfamilie dient der bewußten Wahrnehmung des individuellen Beitrags zum Ablauf der Menschheitsgeschichte.

Zur Erinnerung noch einmal die sieben Grundenergien, die universelle Bedeutung haben und anscheinend auf vielen Ebenen der materiellen und nicht materiellen Realität wirksam sind. Zur Erläuterung setzen wir ihre jeweiligen Entsprechungen auf der Ebene der Seelenrollen beziehungsweise ihre Prinzipien in Klammern:

- Energie 1 (Archetyp Heiler, Prinzip Unterstützen)
- Energie 2 (Archetyp Künstler, Prinzip Gestalten)
- Energie 3 (Archetyp Krieger, Prinzip Kämpfen)
- Energie 4 (Archetyp Gelehrter, Prinzip Lernen/Lehren)

- *Energie 5 (Archetyp Weiser, Prinzip Mitteilen)*
- *Energie 6 (Archetyp Priester, Prinzip Trösten)*
- *Energie 7 (Archetyp König, Prinzip Führen)*

1. Seelenfamilien mit unterstützenden Aufgaben

Frage: **Meine Seelenrolle ist »Künstler«, und ich arbeite als Körpertherapeutin. Wie setzt sich die Kraft meiner Seelenfamilie zusammen?** *(Zusammensetzung 1, 2, 3)*

Quelle: Die Energien von Künstlern, Kriegern und Heilern vereinigen sich in der Energie deiner Seelenfamilie. Die Heiler bewirken mit ihrer überwiegenden Energie, daß sich auch die Künstler und Krieger dieser Familie seit Jahrtausenden mit den Übergängen zwischen den materiellen und den existentiellen Bereichen befassen. Mit Geburt also und mit Tod, mehr aber noch mit Schwangerschaft und Sterben. So wie die menschliche Schwangerschaft mehr oder weniger lang, jedoch meistens ein dreiviertel Jahr dauert, so ist auch das Sterben selten ein punktueller Vorgang, in aller Regel nimmt er seine Zeit in Anspruch. Deine Familie kümmert sich nicht um das Punktuelle, sondern um die Gestaltung der fließenden Übergänge. Andere Seelenfamilien wiederum beschäftigen sich mit abrupten Beendigungen von Schwangerschaften und abrupten Beendigungen von kurzen oder langen Leben.

Für dich und deine Familie also geht es darum, die Vorgänge zu verlangsamen, hinauszuzögern, behutsam zu begleiten: dort noch zu heilen, wo nichts Körperliches zu heilen ist, wo andere schon aufgegeben haben, dort noch zu erfreuen und lustig zu sein, wo andere nur Grund zur Trauer sehen, auch dort noch aktiv zu werden (dies stammt von den Kriegern in deiner Familie), wo andere nichts mehr zu tun vermögen oder nichts mehr tun wollen. Es geht also um Sterbebegleitung, aber auch um Schwangerschaftsbegleitung. Und wir legen den Akzent auf die

Begleitung. Was bedeutet Begleitung? Es heißt: dasein, ein wenig stützen, aber nicht tragen. Zuhören, im Dialog bleiben, fürsorglich sein, zur Verfügung stehen. Es bedeutet nicht, einem anderen sein Gehen abnehmen oder es verhindern. Wenn ein Mensch den anderen begleitet, ist es gut, wenn er neben ihm hergeht oder ihm allenfalls die Hand hält oder den Arm reicht. Mehr fällt nicht unter den Begriff Begleitung.

Dein eigener Beitrag zu diesem Thema ist dir bereits weitgehend bewußt. Wichtig ist, daß du mehr und mehr die kriegerische Kraft, den künstlerischen Einfallsreichtum und vor allem die heilende Stille der Heiler in deiner Familie in deiner Begleitung spürst, daß auch du dich begleitet fühlst, anstatt alles allein machen zu müssen, alles ganz allein leisten zu müssen. Und etwas anderes ist ebenfalls wichtig: Um eine solche Arbeit zu leisten, mußt du ausgeruht sein, mußt du bei dir sein. Wie kannst du einen Menschen begleiten, wenn du selbst Begleitung brauchst? Deshalb pflege die Perioden, in denen du nicht in Anspruch genommen wirst von anderen Seelen, und genieße den Urlaub, den deine Seelenfamilie dir immer wieder von dieser Anstrengung einräumt. Genieße deinen Urlaub! Und das bedeutet auch, daß du einmal selbst in Anspruch nehmen darfst, daß andere dich umsorgen, daß andere für dich da sind, in höherem Maße, als du es bisher für möglich gehalten hast. All dies gehört zu deinem Beitrag. Und du wirst sehen, daß dich das, was anderen allzu schwierig, allzu belastend vorkommen mag, leicht macht, froh macht, dankbar macht und daß du als Künstler gerade mit dieser Leichtigkeit am besten vorankommen wirst.

Frage: Ich bin »Weiser«. Welche Energien in meiner Seelenfamilie unterstützen mich? *(Zusammensetzung 1, 5, 7)*

Quelle: Deine Familie setzt sich aus Weisen, Heilern und Königen zusammen. Die Heiler sind in der Überzahl. Weise und Könige unterstützen die Heiler darin, in der Kommunikation über die körperliche Berührung und den Augenkontakt die essentielle Würde eines jeden Menschen und seine seelische Unantastbarkeit zu ergründen und zu erkennen, aber auch zu verteidigen. Die Weisen unter euch sind von Heilerenergie durchdrungen, und deshalb sind sie stille Weise, gefühlvolle Weise, lauschende Weise. Sie kommunizieren weniger durch das laut tönende Wort, sondern mehr über die Geste, den Blickkontakt und die Berührung. Die Könige in dieser Seelenfamilie vermitteln sowohl den Weisen als auch den Heilern die innere Fähigkeit, die unantastbare Würde eines jeden Menschen zu erfassen und zu achten.

Du selbst wirst in deinem Leben eine besondere Beziehung zu Würde und Würdelosigkeit entdecken, und darin liegt auch deine persönliche Aufgabe. Denn niemand kann sich für Würde und Würdigkeit einsetzen, der nicht Entwürdigung und Würdelosigkeit kennt und sie somit identifizieren kann. Auch du wirst in deinem Leben eine Reihe von Situationen erfahren, in denen du diese Grenzbereiche abtastest, an dir selbst oder bei anderen. Du wirst in der Lage sein, eine begrenzte Anzahl von Menschen aus einem Zustand der Würdelosigkeit oder auch der Entwürdigung zurückzuführen in eine Haltung der Gelassenheit und des gesunden Stolzes, in ein Selbstbewußtsein, das ihnen abhanden gekommen war und das unabhängig von den Umständen und äußeren Gegebenheiten wieder eingesetzt werden muß.

Wenn du also einen Menschen siehst, der dein sensibles Empfinden für Würde und Würdelosigkeit berührt, dann halte dich nicht zurück. Nutze deine Weisen-Energie, um Kontakt aufzunehmen, auch wenn er dir anmaßend vorkommt oder vielleicht zuwider ist, und sprich nur wenige Worte, berühre diesen bestimmten Menschen mit deinen Augen oder deinen Händen, um ihn darauf aufmerksam zu machen, daß er etwas verloren zu haben scheint, was ihm doch immer und für alle Zeiten gehört. Stelle einen geheilten Zustand wieder her. Nimm kein Blatt vor den Mund, schone dich und den anderen nicht, sei mutig! Dulde keine Entwürdigung, wenn sie nicht unbedingt notwendig ist für das Empfinden für Würde, und nimm nichts hin, was deinem eigenen Gefühl zuwiderläuft. Achte auch auf deinen eigenen Wert, auf dein Selbstbewußtsein und deine eigene Würde. Überprüfe dein Leben auf Elemente von Erniedrigung, auch selbst auferlegte oder selbst zugefügte, und ändere dies in allererster Linie. Dann hast du genug und mehr als genug für deine Lebensaufgabe und für die Anliegen deiner Seelenfamilie getan.

✳

Frage: **Meine Seelenrolle ist »Künstler«. In diesem Leben bin ich Architekt. Da sehe ich einleuchtende Verbindungen. Aber vielleicht gibt es noch weitere Einflüsse.** *(Zusammensetzung 1, 2, 5)*

Quelle: Weise, Künstler und Heiler bilden deine Familie. Die Heiler sind in der Überzahl. Die Weisen machen nicht mehr als zehn Prozent aus. Kommunikation und Gestaltung stehen im Dienst der Einsicht, daß Seelen sich auf dem Planeten Erde, der ihnen so viele gewollte und sinnvolle Beschränkungen auferlegt, eine Unterstützung erfahren müssen durch die Integration der Flüssigkeiten, die auf diesem Planeten zur Verfügung stehen. Damit ist gemeint jegliche Flüssigkeit – vom Ozean über die Muttermilch bis hin zu den Tränen. Die Seele fährt in einen Körper ein, der zu über sechzig Prozent aus Wasser, aus Flüssigkeit besteht. In dieser Flüssigkeit macht sich die Seele in ihrem materialisierten Aspekt heimisch. Deshalb ist der Mensch in seiner Körperlichkeit aufs engste an Flüssigkeit gebunden. Eure Familie hat es sich, seitdem sie sich aus dem Großen Ganzen vereinzelt hat, zur Aufgabe gemacht, die Wirkung dieser Flüssigkeit auf den Menschen zu studieren, um dadurch hilfreiche Konstruktionen und unterstützende Maßnahmen einleiten zu können.

Wir sagten, daß Flüssigkeiten lebenserhaltend sind, weil sie die Seele im Körper binden. Und deshalb ist dein eigener Beitrag als

Architekt zum Anliegen deiner Seelenfamilie und ihrer vielen Geschwister darin erkennbar, daß du, wann immer du ein Gebäude errichtest oder eine Konstruktion planst, auf die Feuchtigkeitsverhältnisse und den Austausch von Feuchtigkeit oder die Isolation von unguter Feuchtigkeit ganz besonders achtest, und daß du vor allem innerhalb deiner jetzigen Existenz ein Baukonzept entwickelst, das das Fließen von Wasser nicht nur auf unsichtbare Leitungen beschränkt, die in ihren Funktionen peinlich verborgen werden müssen, sondern dadurch, daß offenes, fließendes Wasser in die Gestaltung von Räumen, besonders öffentlichen Räumen, mit einbezogen wird – nicht im Sinne eines plätschernden Zierbrunnens, sondern im Sinne einer fließenden, reinen Energie. Vorhänge aus Wasser, Besprühungsanlagen, die zu Zeiten, wenn der Raum nicht von Menschen belebt wird, eingesetzt werden können, um atmosphärisch zu reinigen, hätten eine heilende Wirkung. Wir wollen dir nicht viel vorgeben, denn wir vertrauen deiner Kreativität, dieses Projekt umzusetzen. Dafür ist es wichtig, daß du an dir selbst die purifizierende Kraft des Wassers noch deutlicher experimentell erprobst. Trinken, ausscheiden, weinen, schwitzen und baden – all diese Bereiche der Erfahrung sind für dich eine experimentelle Investition in deine Einmaligkeit und in deinen ebenso einmaligen Beitrag zu den Zielen deiner Familie.

2. Seelenfamilien mit gestalterischen Aufgaben

Frage: **Meine Seelenessenz ist »Künstler«. Welche Energien gehören über meine Seelenfamilie außerdem zu meinem Potential, und wie kann ich sie nutzen?** (*Zusammensetzung 2, 1, 6*)

Quelle: In deiner Familie gibt es Künstler, Priester und Heiler. Die Künstler sind in der Überzahl. Eure gemeinsame Aufgabe befaßt sich mit der Gestaltung zwischenmenschlicher Kontakte. Die Künstler bedienen sich der inspirierten Kräfte von Heilern und Priestern und vor allem ihrer Gefühlserfahrungen, um die Kunst des Heilens durch Geschehenlassen, Passivität, Zuhören, Nichtstun zu fördern. Dieses Geschehenlassen, Zulassen, Aufnehmen, Nachspüren und Hinfühlen ist eine hohe, in deiner Kultur zur Zeit fast in Vergessenheit geratene Kunst, die du als Mitglied deiner Familie und als Erfahrene auf diesem Gebiet auch selbst in hohem Maße beherrschst und weiterentwickeln kannst. Laß den Dingen ihren Lauf!

In aller Regel verstehen Menschen Hilfe und Unterstützung als ein bewirkendes Verändern, als ein Tun, als eine Arbeit, und sie sehen nicht, welch kunstvoller Selbstbeschränkung, Egolosigkeit, welchen Einfühlungsvermögens es bedarf, einem anderen Menschen den Raum zu geben, den er beansprucht, unabhängig davon, ob es zu Recht oder zu Unrecht geschieht, und den Raum zur Verfügung zu stellen, den er sich noch nicht traut auszufüllen mit seinen Handlungen, seinen Gefühlen, seinen Möglichkeiten. Du wirst als eigene Aufgabe in deinem Leben eine Reihe von Gelegenheiten finden, eine solche heilende Tätigkeit auszuüben – weniger im professionellen Umfeld, eher im privaten Leben. Wir nennen es Tätigkeit, aber es ist eigentlich ein Verzicht auf Tätigkeit, ein Nichtstun und doch Bewirken, eine Fähigkeit, sich einzubringen, indem man sich zurücknimmt, und eine Bereitschaft zu einer Offenheit für Überraschungen. Diese Seite wird deiner Künstler-Essenz sehr entgegenkommen. Allerdings wirst du auch verstehen, daß die Fähigkeit, die Angst zu überwinden, daß du durch Nichtstun, Nichteingreifen irgendeine wichtige Gelegenheit verpassen oder dich schuldig machen könntest, eine Mühe und eine Leistung darstellt. Eine entsprechende Lebensaufgabe ist es für dich, das richtige Maß an Geschehenlassen zu bestimmen. Diese Einsicht hat Aktivität durch Handeln und gezielte Einflußnahme auf anderen Gebieten zur Voraussetzung. Wir empfehlen dir also nicht die vollkommene Passivität. Deshalb bemühe dich auf keinen Fall, immer nur zulassend zu sein oder so zu wirken. Beschränke dich auf einen bestimmten Anlaß oder einen spezifischen Fall. Falls du dir vornehmen solltest, diese Grundhaltung zu deinem alldurchwebenden Ideal zu machen, wirst du das Gegenteil erreichen, denn dein Ich wird auf sein Recht pochen, sich zu manifestieren.

Deine Aufgabe besteht also darin, die Gelegenheit beim Schopf zu ergreifen und in einem eng abgegrenzten Feld ein Experiment zu wagen, das dir und einem anderen Menschen – jeweils nur einem zur Zeit – einen neuen Impuls und eine kreative Lösung für sein Problem anbietet.

Frage: Ich bin »Priesterin«. Ich meinte anfangs, eine »Künstler«-Seele zu haben. Hat das vielleicht mit der Zusammensetzung meiner Seelenfamilie zu tun? *(Zusammensetzung 2, 4, 6)*

Quelle: Deine Familie besteht aus Priestern, Künstlern und Gelehrten. Die Künstler sind in der Überzahl. Sie arbeiten gemeinsam mit den Priestern und Gelehrten an einem Vorhaben, das der Kreation neuartiger, individueller, vor allem aber vergänglicher optisch-geistiger Reize gewidmet ist. Um dir klarzumachen, wozu dieses dienlich ist und worum es sich unter vielem anderen auch handeln kann: Der Erfinder eines Spielzeugs namens Kaleidoskop gehört zu deiner Seelenfamilie. Die Spiegelungen, die durch einige lose bunte Steine und Gegenstände und durch das Schütteln des Rohrs entstehen, sind von staunenswerter Schönheit und Vergänglichkeit. Und nun arbeitet deine Familie daran, die vergängliche Schönheit zu benutzen, um in einem Sekundeneffekt die ganze ewige Schönheit der Schöpfung zu offenbaren. So kann ein Blumenarrangement ebenso wie eine Sandburg diesen Zweck erfüllen, und ihr alle seid mit großer Begeisterung dabei, Gegenstände, Materialien, Farben, Formen und Vorstellungen sowie symbolische Bedeutungen miteinander zu verbinden in einer Weise, die noch niemals existiert hat und die auch nicht auf Dauer angelegt ist. Eines deiner Seelengeschwister hieß *Joseph Beuys.*

Du selbst hast teil an dieser Aufgabe, wenn du dich in deinem Leben mit der Vergänglichkeit von Wirklichkeitscollagen und Realitätsarrangements befaßt und auch abfindest. Das bedeutet, daß du dich in deiner eigenen Wirklichkeit, in deinem eigenen Lebensbild wie eine wunderschöne, aber vergängliche Dekoration sehen darfst, die zugleich nur dann zur Geltung kommt, wenn sie sich mit der entsprechenden Erhöhung durch Herausarbeitung abgibt. Auch dieses müssen wir für dich konkreter machen, damit du verstehst, worum es geht: Es gibt eine Stimme, die seit deiner Kindheit ruft, schreit und weint: »Ich will um meiner selbst willen wahrgenommen werden! Ich will erkannt werden, auch wenn ich gar nichts bin und gar nichts aus mir mache und niemand zu sein vorgebe, der ich nicht bin!« Und eine andere Stimme sagt dir: »Wer sich nicht zeigt, wird nicht gesehen.« Du weißt, daß die Gestalt, die du annimmst, einen Reflex im Auge und im Herzen deines Gegenübers auslöst. Und wenn du dich selbst einmal als ein Kunstwerk betrachtest, wie ein Gemälde, das du mit unterschiedlichen Rahmen umgeben und an verschiedene Wände hängen kannst, die in verschiedenen Zimmern, in verschiedenen Häusern oder Museen, in verschiedenen Städten und Ländern hängen können, dann wirst du merken, daß du immer, wie dieses Bild, dieselbe bleibst und unvergänglich bist. Aber die Umstände deines Erscheinens sind von großer Vergänglichkeit und wechselhafter Schönheit und stets begleitet von neuen optischen, geistigen und emotionalen Reizen.

Die Aufgabe deiner Seelenfamilie hat gewissermaßen etwas Abstraktes, aber diese Aufgabe hat für dich wie für alle deine Seelengeschwister auch durchaus praktische und praktikable Seiten. Nun lasse deine Phantasie spielen, und bedenke immer, daß es für diese Familie um die Obertöne der eigentlichen Darstellung geht, um die Möglichkeit, über die Manifestation des Vergänglichen die Schönheit der ewigen Schöpfung symbolisch mitzuteilen. Die Schöpfung selbst kann nichts dafür tun, sich zu zeigen. Sie muß gezeigt werden durch die Geschöpfe und das Geschaffene.

Wenn du danach Ausschau hältst, ob sich andere Menschen mit Leib und Seele auf irgendeine Weise dieser von uns beschriebenen Aufgabe deiner Familie hingeben und auch ein Interesse an wechselnden Formen und der Schönheit der Vergänglichkeit zeigen, kannst du im Laufe deines Lebens einige Seelengeschwister ausfindig machen.

✳

Frage: Ich bin eine »Krieger«-Seele. Ich war jedoch überzeugt, ein »Heiler« zu sein. Hat das mit meiner Seelenfamilie zu tun? *(Zusammensetzung 2, 3, 1)*

Quelle: Deine Familie besteht aus Kriegern, Künstlern und einem kleinen Anteil Heilern. Die Künstler sind in der Überzahl. Das Anliegen dieser Seelenfamilie ergibt sich aus dem Wunsch der Künstler, Lebensfreude und die Leichtigkeit des Seins in Bereiche zu vermitteln, die den Menschen so belastet erscheinen, daß sie sich nicht vorstellen können, angesichts des subjektiven oder objektiven Elends noch Lebenslust und Leichtigkeit des Seins verspüren zu können. Das ist in den Randfeldern jeglichen Krieges der Fall, und das ist auch dort anzutreffen, wo Menschen so arm sind, daß sie sich kaum ein Dach über dem Kopf leisten können und nicht genügend zu essen haben und wo jeder andere, der mehr hat oder der sich weniger bedroht fühlt, vor Mitgefühl zerfließen oder vor Entsetzen erstarren möchte, wenn er sich vorstellt, daß er unter solchen Umständen niemals mehr froh oder glücklich oder gelassen oder leichtherzig sein könnte.

Alle Mitglieder deiner Familie haben im Laufe ihrer vielen Inkarnationen bereitwillig die Erfahrung gemacht, unter bedrohlichsten Umständen – unter dem Hagel der Pfeile und angesichts der Brandschatzung ganzer Städte, auf der Flucht oder im Schützengraben, unter Bombenhagel und im Dschungelkrieg – Momente, oft Stunden und sogar Tage unerklärlicher Glückseligkeit und köstlicher Leichtigkeit zu erfahren. Sie haben sich der Angst ausgesetzt, um über sie hinauszuwachsen, um zu erkennen, daß in der Angst selbst ein großes Potential für Befreiung gerade von dieser Angst stecken kann. Daß, wer Angst um sein Leben hat, ganz plötzlich erkennt, wie wunderbar und kostbar dieses Leben ist. Und ähnliches gilt auch für diejenigen, die sich während einer Inkarnation bereit erklärt haben, auf materielle Güter zu verzichten, um zu erfahren, wie wohltuend es ist, sein Gesicht am frühen Morgen der Sonne entgegenzuhalten, weil man mehr nicht hat als dies. Wie köstlich ein altes Stück Brot schmecken kann, wenn nichts anderes da ist, und wie gut der Regen tut, wenn ein Mensch durstig ist und einige Tropfen dieses Regens auf seine Zunge fallen können.

Du selbst, als ein in Freud und Leid erprobter Krieger, hast den Künstlern in deiner Familie viel zu verdanken, denn sie haben dir zu jeder Stunde deines Lebens die Fähigkeit verliehen, dich mit wenigem zu begnügen und dich allerlei Bedrohungen, wenn auch nicht von Krieg und Armut, auszusetzen, ohne den Lebensmut und die Lust an der Existenz zu verlieren. Von den Heilern hast du viel Mitgefühl. Dir steht noch eine Herausforderung bevor, die du jedoch mit Freude und Leichtigkeit bewältigen wirst, nämlich der zunehmende Verlust deiner körperlichen Abwehrkraft, denn du bist jetzt nicht mehr ein junger Krieger, und du ziehst nicht mehr in den Kampf, sondern es geht bei dir um den Kampf innerhalb deiner selbst und innerhalb deines Körpers. Und in diesem Alterungsprozeß die Lebenslust nicht zu verlieren, sondern neue Lebenskraft und echtes Vergnügen zu gewinnen, das ist die Aufgabe, der du dich bereits begonnen hast zu stellen. Sie ist nicht schwer zu erfüllen, aber sie erfordert viel Aufmerksamkeit. Also laß dich nicht entmutigen! Vertraue auf die kriegerische Kraft und die künstlerischen Einfälle, auf den Reichtum an Phantasie, der dir zur Verfügung steht. Und genieße das, was vor dir liegt, mehr noch als das, was hinter dir liegt.

3. Seelenfamilien mit kämpferischen Aufgaben

Frage: Ich möchte gern wissen, aus welchen Grundenergien oder Seelenrollen sich meine Seelenfamilie zusammensetzt. Welchen Einfluß hat die Zusammensetzung meiner Seelenfamilie auf meine Lebensaufgabe? Meine eigene Seelenrolle ist »Weiser«. *(Zusammensetzung 3, 5)*

Quelle: In deiner Familie gibt es Weise und Krieger. Die Krieger sind zu achtundfünfzig Prozent vertreten, der Anteil der Weisen beträgt zweiundvierzig Prozent. Diejenigen Mitglieder einer Familie, die energetisch das Übergewicht tragen, bestimmen, wie auch im menschlichen Leben, jeweils die Faktoren, die den Beitrag der Seelenfamilie zur Entfaltung eines größeren Ganzen ausmachen. Deine Familie nun macht es sich zur Aufgabe – und wir formulieren mit Bedacht: »Sie *macht* es sich zur Aufgabe«, sie hat ja die Aufgabe nicht übertragen bekommen! –, auf der Ebene von Ideen, Gedanken, Vorstellungen und Handlungen im Bereich der kämpferischen Kommunikation aktiv zu werden.

Ihr alle beschäftigt euch auf die unterschiedlichste und vielfältigste Art und Weise mit der Kunst des Duells. Damit meinen wir einen Zweikampf, der mit allerlei Waffen ausgeführt werden kann: mit spielerischen, mit tödlichen, mit den Waffen des Wortes, mit den Waffen der Konfrontation, mit den Waffen der Wahrheit und der Lüge. Es gibt nichts, was zwischen Menschen nicht zu einem Duell führen kann, und es geht euch Seelengeschwistern dabei um die Möglichkeiten, zwei Menschen miteinander in Kontakt zu bringen. Wir meinen nicht, daß es dabei stets um Feindseligkeiten gehen muß, obgleich wir, die wir zu euch sprechen, Feindseligkeiten nicht so negativ sehen, wie ihr es in der Regel tut. Für uns sind gegnerische Auseinandersetzungen, die unter Umständen sogar mit dem Tod eines der Beteiligten oder beider Beteiligten enden können, eine Möglichkeit, wichtige Erfahrungen zu machen und Energien freizusetzen, die freigesetzt werden müssen. Ihr könnt grundsätzlich davon ausgehen, daß es stets und grundsätzlich zu einem Ausgleich von Energien kommen wird. Nichts geht verloren, und alles kehrt wieder. Das heißt, wer einem Menschen das Leben nimmt, wird es ihm auch wieder schenken. Wer es einmal geschenkt hat, wird es ihm irgendwann auch wieder nehmen.

Nun geht es also bei eurer Familie um Möglichkeiten des intimen, innigen Kontaktes, um Möglichkeiten von Nähe, die nur durch eine Konfrontation im Sinne einer Gegenüberstellung, einem Messen der Kräfte zustande kommen. Du hast auf diesem Gebiet bereits reichliche Erfahrung, und es geht jetzt und in Zukunft für dich als Mitglied deiner Seelenfamilie darum, die Methoden des Duells immer mehr zu verfeinern, so wie du bereits von scharfen Waffen auf ein stumpfes Florett umgestiegen bist, vom stumpfen Florett auf die Auseinandersetzung mit Worten, von der Auseinandersetzung mit Worten auf die Auseinandersetzung mit Gedanken, von den Gedanken auf eine Auseinandersetzung mit Energien. Deshalb wirst du dich in diesem Leben nicht nur mit anderen Menschen heftig konfrontieren, sondern auch mit Gedankenbildern, Ideen, Programmen und inneren Vorstellungen. Es geht um die Fertigkeit, solche Energien zu transformieren, herauszufinden, was Menschen zu Feinden oder Freunden machen kann.

Darin besteht deine persönliche Aufgabe, und du kannst zu den Kontaktzielen deiner Seelenfamilie einen wichtigen Beitrag leisten, wenn du deine eigene Lust an der Auseinandersetzung verstärkst, ohne die Angst, daß du durch das Verstärken einer kriegerischen Energie in dir etwas Wichtiges oder Wesentliches, nämlich deine Weisheit, verlierst. Wer ehrlich gekämpft hat, wird angenehm müde und findet seine Ruhe. Er hat sich die damit verbundene Harmonie verdient und wird sich ihr hingeben können ohne schlechtes Gewissen.

Frage: Ich habe eine »Priester«-Seele, fühle aber auch eine Menge Kampfkraft in mir. Gibt es vielleicht »Krieger« in meiner Seelen-familie? *(Zusammensetzung 3, 6, 1, 5)*

Quelle: In deiner Familie gibt es außer den Priestern noch Krie-ger, Weise und Heiler. In dieser Familie sind vier Energien ver-treten. Und du spürst auch in dir eine kriegerische Kraft, die von deinen Seelengeschwistern herrührt, die die Krieger-Essenz ver-treten, denn sie sind in der Überzahl. Priester, Heiler und Weise gestalten gemeinsam mit den Kriegern die Aufgabe, für Fort-schritte auf dem Gebiet der Ernährungslehre zu kämpfen. Die Priester unter euch wissen (und auch du weißt), daß Ernährung und Glaube, Ernährung und Ideologie, Ernährung und Über-zeugung sehr eng miteinander zusammenhängen.

Es wird oft angenommen, daß ein Mensch davon bestimmt wird, was er zu sich nimmt. Doch wir behaupten: Es verhält sich eher umgekehrt. Der Mensch bestimmt, was er ißt, und das, was er ißt, bestimmt wiederum seine Handlungs- und Denkweise. Es handelt sich um eine Wechselwirkung. Die Krieger unter euch kämpfen für eine Entlastung der Nahrung von Ideologien und Glaubensvorstellungen, denn Nahrung ist sowohl ein kulturel-ler als auch ein absolut individueller Faktor. Nahrung ist abhän-gig von den existentiellen Bedingungen, die eine Seele auf dem Planeten vorfindet, und doch ist es die Seele, die sich hier oder dort inkarniert – in einer fruchtbaren Landschaft oder in einer Zeit des Überflusses, in einer kargen Landschaft oder in einer Zeit des Mangels. Deine Familie, aus Kriegern, Priestern, Hei-lern und Weisen bestehend, ist deshalb aus vier Seelenrollen zu-sammengesetzt, weil so viele Energieaspekte nötig sind, um das grundlegende Bedürfnis eines beseelten biologischen Körpers nach Nahrung zu stillen. Und du wirst ja wissen, daß ein Kran-ker eine andere Nahrung braucht als ein Gesunder, ein Alter eine andere Nahrung braucht als ein Junger, ein Mann oft eine andere als eine Frau. Es hat keinen spirituellen Sinn, Grundsätzliches festzulegen. Ihr seid in eurer Familie damit beschäftigt, Tabus zu brechen, überflüssige religiöse Vorschriften ad absurdum zu führen. Ihr wollt die wahre Hilfe entdecken, die heute in dieser und morgen in jener Nahrungssubstanz steckt. Ihr alle in eurer Familie wollt flexibel mit Nahrung umgehen lernen und erfahren, was Nahrungsentzug und Überfülle an Nahrung bewirken. Und immer wieder geht es euch darum, die Begrenzungen, die durch blind befolgte Vorschriften oder durch Verbote entstehen, aufzudecken und zu entmachten.

Du selbst bist in deinem jetzigen Leben bereits mit einer Reihe von Nahrungsideologien, aber auch mit der Macht selbstauferlegter Vorschriften in Berührung gekommen. Du hast dir mal dieses und mal jenes zurechtgelegt und hast versucht, daran zu glauben, daß dir eine bestimmte Diät nicht nur im Moment, sondern für alle Zeiten guttun wird. Für immer möchtest du dieses oder jenes zu dir nehmen oder fortlassen. Deine persönliche Forschungsaufgabe besteht nun darin, bei dir selbst und bei anderen Menschen zu überprüfen, was eine solche Entscheidung, eine innere oder äußere Diätvorschrift, wirklich nach sich zieht. Und du hast die innere Pflicht übernommen, an jedem Morgen und an jedem Abend zu überprüfen, was deine Vorstellung von einer gesunden Nahrung für dich selbst dir diktiert und worauf dein Körper oder dein Geist wirklich Appetit und Lust verspürt. Ein Großteil deiner Lebensfreude ist daran gekoppelt, daß du dir nichts verwehrst und dir auch nichts zuführst, was dir in irgendeiner noch so subtilen Weise widerstrebt. Und diese Aufgabe wird in dem Moment, wo du sie als solche akzeptierst, ein wichtiger Bestandteil deiner Sensitivität und deiner Spiritualität werden, denn sie wird dich ganz ins Hier und Jetzt zurückführen. Für einen Priester, wie du es bist, ist das Erleben des gelebten Augenblicks, der Dimension des reinen Seins, von höchster Bedeutung.

Frage: **Als »Weise« möchte ich mit meinen Seelengeschwistern mehr Kontakt haben. Wer sind sie?** *(Zusammensetzung 3, 1, 5)*

Quelle: Weise, Heiler und Krieger bilden das Energiegefüge deiner Seelenfamilie. Die Krieger geben den Ton an. Doch die Heiler sind fast ebenso stark vertreten. Als Weise bist du also in der Minderheit, aber du profitierst von der Vitalität der Krieger und von der Hilfsbereitschaft der Heiler.

Das Anliegen dieser Seelenfamilie konzentriert sich auf die außerordentlich überzeugende und klärende und dynamische Form des sprachlichen Ausdrucks, wenn er der Wahrheit dient, einer Wahrheit, die schmerzhaft sein muß, um eine heilsame Wirkung hervorzubringen, so wie eine bittere, übelriechende Medizin. Eine solche Medizin darf nicht geschönt oder gesüßt werden, wenn sie ihre volle Heilkraft entfalten soll. Deine Familie also, um es dir noch deutlicher zu erläutern, ist damit beschäftigt, mit kriegerischer Direktheit und gleichzeitig unerschütterlicher Loyalität, gewürzt mit einer Prise Weisheit und einer warmherzigen Bereitschaft, den anderen in seinem Schmerz aufzufangen, das zu sagen, was notwendig ist, das mitzuteilen, was den anderen vielleicht verletzt, und doch am Ende gesünder macht, als er vorher war. Alles, was deine Familie tut, ist mit dem Ausdruck »kein Blatt vor den Mund nehmen« konzentriert beschrieben. Und wenn ihr diese Weisung befolgt, und jeder von euch tut es immer und immer wieder, dann ist damit auch verbunden, daß es euch mehr und mehr gleichgültig wird, je älter eure Seelen werden, welche Wirkung ihr im Moment auf eure Umwelt habt. Die langfristige Wirkung ist es, die euch beschäftigt, nicht die kurzfristige.

Du selbst hast in diesem Zusammenhang die persönliche Aufgabe in diesem Leben, anderen Menschen Unangenehmes so zu sagen, daß sie es annehmen können, ihnen mit der Weisheit des Herzens eine oberflächliche Wunde zuzufügen wie für eine Impfung. Du wirst ihnen mit dem richtigen Wort, dem richtigen Satz und der passenden Energie eine kurze Krankheit der Verwirrung und der Bestürzung zufügen, an der sie von einem chronischen Zustand, der ihnen nicht bewußt ist, genesen können. So bist du also wie ein Feldarzt, und wenn du dich in dieser Weise verstehst, wirst du auch begreifen, daß ein Feldarzt nicht alle Patienten, die ihm zugesandt werden, stets nur mit Samthandschuhen anfassen kann. Er tut das, was notwendig ist, um unter den gegebenen Umständen zu heilen. Das sei deine Richtschnur, daran halte dich, und befürchte nicht, daß es sich gegen dich wendet, das kann es nicht und wird es niemals tun, wenn du das Herz und die Weisheit mit der Impfung verbindest.

4. Seelenfamilien mit forschenden Aufgaben

Frage: **Ich habe eine »Heiler«-Seele. Schon lange suche ich nach meinem Lebenssinn, doch wenn ich glaube, ihn gefunden zu haben, entschwindet er mir wieder. Bitte erklärt mir, über welche Energien meine Seelenfamilie verfügt, damit ich sie mir besser zunutze machen kann.** *(Zusammensetzung 4, 6, 1)*

Quelle: In deiner Familie gibt es Heiler, Priester und Gelehrte. Die Gelehrten sind in der Überzahl. Deshalb prägen sie die Aufgabe der Familie, die darin besteht, Wissen über die Auswirkungen eines ständigen Kontaktes zwischen Menschen und bestimmten Tieren, die sie als ihre Freunde betrachten, zu sammeln und auszuwerten. Es geht dabei in erster Linie darum (und das ist ein Anliegen der Priester), wie ein Tier sowohl eine Hilfe als auch ein Trost für einen Menschen sein kann. Die Gelehrten wollen erforschen, wie ein Mensch, der sich anderen Menschen aufgrund bestimmter Ängste, Verletzungen oder Nöte nicht ohne weiteres zuwenden kann, dennoch in der Beziehung zu einem Tier Gelegenheit findet, sein Herz in Liebe zu öffnen. Dabei helfen ihnen die Priester und Heiler der Familie.

Wir geben dir einige Beispiele: Ein Blinder, der ohne Augenlicht geboren wurde, kann andere Menschen nicht sehen. Und viele Menschen mögen ihn nicht sehen oder möchten möglichst wenig mit ihm zu tun haben. Er aber hat Freundschaft geschlossen mit seinem Blindenhund, der ihm dient, indem er ihn führt, und der auch sein Trost ist, da er ihm körperliche Wärme, unbedingte Loyalität und eine zuverlässige Nähe schenkt, auf die der Blinde sonst oft verzichten muß. Oder denke an einen einsamen alten Menschen, der durch den täglichen Gesang seines Kanarienvogels ein wenig Sonnenschein in seinem Herzen spürt. Der kleine Vogel bringt auch eine gewisse Erfüllung in sein Leben, weil er ihm nicht nur eine Gesellschaft ist, sondern ihn auch braucht und ihm dadurch dient, daß er täglich Bedürfnisse an Nahrung und Sauberkeit hat.

So wird eure Familie stets auf die eine oder andere Weise mit der Vorstellung beschäftigt sein, wie ein Tier und ein Mensch nicht nur in einer Beziehung von reinem Nutzen und auch nicht nur in einer Beziehung von reinem Trost stehen können, sondern in beidem. Und wenn du zu dieser Forschung beiträgst, indem du einige Beobachtungen sammelst in deiner persönlichen Umgebung oder auch außerhalb dieser Umgebung, zum Beispiel durch Lektüre, Filme oder Kontakt mit Menschen, die eine solche Beziehung zu einem Tier pflegen, dann hast du alles getan, was notwendig ist, um den Zielen deiner Familie zu dienen. Du dienst dem Ganzen als Heiler, du setzt eine gewisse Energie ein und aktivierst dadurch deine Seelengeschwister. Du kannst vor allem auch beobachten, wie häufig eine Kraftübertragung von einem Tier auf einen Menschen stattfindet im Sinne einer emotionalen Heilung, ohne daß das Tier sich dieser Aufgabe bewußt ist, wie ein Mensch sich dessen bewußt sein kann. Das wird dich interessieren und inspirieren.

Frage: **Als »Heiler« wüßte ich gern, wie ich meine Seelenfamilie unterstützen kann. (***Zusammensetzung 4, 1, 6***)**

Quelle: Heiler, Priester und Gelehrte bilden die Energiestruktur deiner Seelenfamilie. Und aus dieser Energiestruktur leitet sich auch das Anliegen dieser Familie ab. Der Schwerpunkt liegt bei den Gelehrten, doch bilden Heiler und Priester gemeinsam eine inspirierte Kraft, die prozentual den Gelehrten überlegen ist. Und deshalb bewegt sich das Anliegen dieser Familie zwischen den Bereichen des Aufgehens in den Mitmenschen und der notwendigen Distanz zu ihnen hin und her.

Die Gelehrten wollen gemeinsam mit Heilern und Priestern herausfinden, wie nahe Menschen sich kommen können und kommen dürfen, ohne ihre eigenen Nöte, Belange, Wünsche und Bedürfnisse aus den Augen zu verlieren, wo also jeweils zwischen zwei Menschen Nähe entsteht und auf welcher Bandbreite diese variieren darf, ohne daß die unerwünschte Verschmelzung oder die unerwünschte Kälte in der Distanz eintritt.

Dies ist ein Forschungsvorhaben, das sich dadurch definiert, daß alle Beteiligten, alle Geschwister dieser Seelenfamilie, sich in jedem Leben wieder in das Gefüge einer oder mehrerer Beziehungen hineinbegeben, um diese Bandbreite auszutesten und dann das jeweils Erforschte an ihre Seelenfamilie zurückmelden. Das bedeutet auch, daß jedes dieser Seelengeschwister immer und immer wieder die optimalen Grenzen zu der einen oder anderen Seite hin überschreitet und das entsprechende Leid miterdulden muß.

Eure Familie also zeichnet sich im Vergleich zu anderen durch eine erhöhte Leidensbereitschaft in Beziehungen aus. Und diese Leidensbereitschaft besteht im vorübergehenden Verlust der Ich-Grenzen und der persönlichen Strukturen mit der darauf folgenden Anstrengung, sie wiederzugewinnen und eine neue Dimension des Ich zu finden, das einem anderen begegnen kann, ohne wieder verlorenzugehen. Dein eigener Beitrag zu diesem großen Forschungsvorhaben wird dir bereits klar sein, denn du bist an fast allen Tagen deines Lebens in Gedanken, in Worten und in Taten damit beschäftigt, die für dich richtige Distanz zu denen, die du liebst und die dich lieben, einzuhalten. Du hast auf diesem Gebiet schon viel erkannt. Du hast auch danach gehandelt, und manchmal war es zuviel, und manchmal war es zu wenig. Wenn du dich damit anfreunden kannst, daß es mit diesen

Schwankungen seine Richtigkeit hat, daß nur der etwas erforschen kann, der sich auch Irrtümer zugesteht, dann bist du auf dem richtigen Weg und leistest den erwünschten, ersehnten Beitrag zu der Aufgabe deiner Seelenfamilie.

✳

Frage: Ich bin »Gelehrter«. Womit beschäftigt sich meine Seelenfamilie? Was ist ihr Forschungsgebiet über Zeit und Raum hinweg? *(Zusammensetzung 4, 2, 3)*

Quelle: In deiner Familie sind Gelehrte, Künstler und Krieger. Die Gelehrten und Künstler sind zu gleichen Teilen vertreten, jeweils zweiundvierzig Prozent, der Rest sind Krieger. Es geht dieser Seelenfamilie darum, Einfälle zu sammeln, wie auf eine noch nicht dagewesene, originelle Art und Weise, die jeweils einer spontanen Genese gegenüber offenbleibt, ein Weg gefunden werden kann, um Traditionen zu bewahren oder wiederzubeleben, die in einem Zusammenhang stehen von körperlicher Ertüchtigung, geistiger Gesundheit und kultureller Leistung.

Um dir verständlich zu machen, was damit gemeint ist, erinnern wir dich daran, daß zum Beispiel gegen Ende des dritten Jahrhunderts eurer Zeitrechnung das römische Weltreich durch Trägheit, Vernachlässigung körperlicher Ertüchtigung, Völlerei und sexuelle Ausschweifungen sowie maßlosen Alkoholkonsum seine Kraft so geschwächt hatte, daß die einmal erlangten kulturellen Leistungen nicht nur in Kunst und Architektur, sondern vor allem im Bereich der Verwaltung, Strukturierung und Organisation nicht mehr aufrechterhalten werden konnten.

Die geistige Leistung eines jeden Menschen ist von einem Mindestmaß an Wohlbefinden und mentaler Klarheit abhängig, und diese mentale Klarheit wird fundamental vernebelt durch Schläfrigkeit, ununterbrochene Verdauungsprozesse und Alkohol oder Aphrodisiaka, die seine Energie vom Kopf abziehen und an Bereiche abgeben, die weder organisieren können noch vorausschauen, so wie es der Geist vermag. Es geht demnach auch für dich darum, einen Teilbereich dieser Zusammenhänge in jedem Leben neu zu erkunden, einen kleinen Bereich nur – das wird genügen. Und dafür mußt du, wie es sich für einen künstlerisch geprägten Gelehrten geziemt, dich selbst immer wieder experimentell in Berührung bringen mit Wirkstoffen, die deinen Kopf zuerst vernebeln, deine Gedanken aber bei ihrem Abklingen zu einer neuen Klarheit führen.

Deshalb halte dich nicht allzu fern von Exzessen, aber nähere dich auch nicht allzu sehr dem einen oder dem anderen Wirkstoff. Setze, wenn dir danach zumute ist (und nur dann wird dieses Experiment Erfolg haben), im Laufe deines Lebens einige Versuche an, die davon ausgehen, daß du mit starker körperlicher Bewegung einerseits oder weitgehender Bewegungslosigkeit andererseits, mit enormer Nahrungsaufnahme oder vollständigem Fasten, mit reichlicher Alkoholzufuhr oder völliger Abstinenz die verschiedenen Zustände an dir erprobst, die zu mehr oder weniger klarer geistiger Planungsfähigkeit beziehungsweise zu einer kulturellen Leistung ermuntern, die ganz Neues im Bereich von Vorausschau, Planung und Organisation bewirken.

Wir meinen damit insbesondere einen Bereich, der dir jetzt noch nicht ganz zugänglich ist, und das ist das Gebiet der inspirierten Vorausschau im Sinne einer Hellsichtigkeit, die sich auf Planung größerer Zusammenhänge erstreckt. Du wirst im Laufe der Zeit erfahren, daß zum Beispiel ein gewisses Zeitmaß an heftiger Bewegung, ein geringes Quantum an Alkohol und ein wenig Trägheit sowie ein klarer Mut die sinnhafteste und erfolgversprechendste Mischung abgeben. Diese besondere Mischung, die dir entspricht, kannst du jedoch erst herstellen, wenn du sowohl den einen als auch den anderen Zustand, den abstinenten und den berauschten, kennst.

Du wirst im Laufe deines Lebens der einen oder anderen Lust nachgeben, und es braucht nichts anderes, als die eintretenden Zustände als solche bewußt auszuwerten und deine Rückschlüsse daraus zu ziehen. Was passiert eigentlich, wenn du bewußt oder betäubt, halbbewußt, schläfrig oder überwach bist? Was immer du anstrebst, wird deinem Experiment und dem Erfahrungsschatz deiner Seelenfamilie wichtige Daten hinzufügen.

✳

Frage: Ich bin nicht nur Universitätsdozentin, sondern auch seelisch eine leidenschaftliche »Gelehrte«. Welche anderen Seelenrollen sind in meiner Seelenfamilie vertreten? Was will sie auf der Erde auskundschaften? *(Zusammensetzung 4, 5)*

Quelle: Deine Familie ist aus Gelehrten- und Weisen-Energien zusammengesetzt. Und da auch wir, die ihr die Quelle nennt, Gelehrte und Weise sind, möchten wir dir deine Familie erläutern, indem wir über unsere eigenen Funktionen sprechen.

Deine Familie ebenso wie die unsere ist befaßt mit Strukturen, Theoremen, mit Ordnungen und dem Thema der Übersichtlichkeit. Aber dies ist nicht genug. Denn wenn die Strukturen nicht vermittelt, die Theoreme nicht erläutert, die Ordnungen nicht verwirklicht werden können, das heißt, wenn der Empfänger dieser Informationen, wer immer er sei, nicht erreicht werden kann, um das, was die Gelehrten ersinnen, anzunehmen und umzusetzen, zu verbreiten und zu vermitteln, dann ist ihre Arbeit vergeblich. Gelehrte können ohne die Hilfe anderer nicht wirklich aus sich heraus. Alles Wissen bleibt in ihnen, und die Gefahr besteht, daß es auch mit ihnen untergeht. Aber wie ihr erfahren habt, ist keiner wirklich allein. Und deshalb haben die Gelehrten in deiner und auch in unserer Familie die Weisen beigesellt bekommen, damit das, was erfahren und erkundet wurde, jedoch noch in der ruhenden Position wartet, in eine aktive Vermittlung übergeführt werden kann.

Du als Gelehrte trägst viel Weisen-Energie in dir. Und diese Energie macht dich munter, sie macht dich lebendig und temperamentvoll, sie macht dich mitteilsam. Und es geht bei der Aufgabe deiner Familie speziell darum, Formen und Strukturen in Lebensläufen zu analysieren, die Ordnungen darin zu erkennen und zu studieren und diese Untersuchung zu einer lebendigen Theorie zu formen, aus der wiederum Erkenntnisse und Gewißheiten abgeleitet werden können, um sie anderen Menschen wie Lehrbeispiele vor Augen zu halten. Wichtig ist, daß aus den individuellen Lebensläufen und Geschichten etwas Allgemeingültiges abgeleitet werden kann, was wiederum zu einer Hilfe für die noch im Erleben sich befindenden Menschen werden kann. Wir wollen aber für dich auch einige leicht verständliche Beispiele bringen, damit du diese Arbeit deiner Familie besser noch, als du es bisher ohnehin schon tust, anwenden kannst. Wenn du in einen Buchladen gehst und dein Blick auf eine Biographie fällt, so ist es für dich gewiß interessant, dich mit dem Leben irgendeines Menschen, sei er erst kürzlich oder vor schon langer Zeit verstorben, zu befassen. Wenn du jedoch aus dieser Biographie die inneren Strukturen herausschälst, so daß sich aus diesem einen individuellen Leben eine allgemeinere Gesetzmäßigkeit ableiten läßt, die nicht nur für jenes Einzelwesen gilt, sondern auch übertragbar ist, so hast du noch viel mehr gewonnen. Die Lektüre ist dann nicht nur anregend und unterhaltsam oder auch instruktiv, sondern sie wird dir Einsichten oder Erkenntnisse vermitteln, die du mit großem Gewinn für dich und andere weitergeben kannst.

In dieser Hinsicht sind die Belange deiner Seelenfamilie und deine eigenen, ganz persönlichen, nicht zu trennen. Wenn du aber ein Weiteres dazu tun möchtest, dann lasse dir Geschichten erzählen. Die Lebenshistorien von Menschen, die niemals eine Biographie schreiben werden, die auch niemals Anlaß geben würden für andere Autoren, eine Lebensgeschichte zu verfassen und schriftlich niederzulegen, sind für dich besonders interessant. Lasse dir Leben erzählen. Und mit deiner Fähigkeit, den Überblick zu gewinnen, Strukturen und Gesetzmäßigkeiten zu erkennen, wirst du manchem helfen können, seine ihm selbst wirr und unzusammenhängend vorkommende Geschichte besser zu verstehen, zu ordnen und zu verarbeiten. Das also ist im engeren Sinne deine Lebensaufgabe. Wichtig ist jedoch, daß du über all dem das Vergnügen nicht vergißt. Denn wenn du zuhörst, darf auch gelacht werden. Und wenn du bei einer noch so traurigen und tragischen Geschichte die helle Seite, den vielzitierten Silberstreifen am Horizont, nicht übersiehst, dann tust du auch viel für dich und deine Seelenfamilie.

Falls du magst, kannst du mit deinem eigenen Leben beginnen. Als Gelehrter ist dir klar, daß du es auf diese und jene Weise betrachten kannst, und es wäre für dich von großem Vorteil, wenn du versuchen wolltest, eine Ordnung in deine eigene Lebensbetrachtung zu bringen. Versuche dies folgendermaßen: Schreibe deine Lebensgeschichte einmal so schwarz, düster und bedrückend wie möglich auf, und dann erzähle dasselbe Leben von der anderen, hellen Perspektive. So wirst du erkennen, daß du die Fähigkeit hast, deine eigene Stimmung auf die eine oder andere Weise zu verändern, und du wirst über die schwarze Geschichte ebenso lachen müssen wie über die rosarote. Gewiß liegt die Wahrheit in der Mitte. Aber was dahintersteckt, wenn du diese interessante Übung in der Zukunft einmal unternimmst, zum Beispiel wenn du mit einer Grippe im Bett liegst oder auch an einem dir angenehmen Urlaubsort, wenn es regnet, dann wirst du noch viel mehr erkennen, was wir dir jetzt noch nicht enthüllen möchten, denn wir möchten dir den Spaß an der Entdeckung nicht nehmen.

5. Seelenfamilien mit kommunikativen Aufgaben

Frage: **Nun bin ich auch neugierig geworden und will etwas über meine Seelenfamilie erfahren. Welches Potential schlummert noch in mir? Ich bin eine »Weise«.** *(Zusammensetzung 5, 7, 3)*

Quelle: In deiner Familie sind außer einer großen Schar von Weisen noch elf Prozent Könige und sechs Prozent Krieger. Die

Weisen bestimmen die Aufgabe der Familie, Könige und Krieger unterstützen mit ihrer Handlungsbereitschaft die expressiven Bedürfnisse und die Mitteilungsfunktionen der seelischen Gemeinschaft. Die Aufgabe deiner Familie dreht sich unablässig um die Thematik von Hören und Gehörtwerden, sich Gehör verschaffen, hörig sein, aber auch taub sein. Alles, was physisch, symbolisch oder allegorisch mit der Fähigkeit, zu hören oder nicht zu hören, zu tun hat, ist euer irdisches Forschungsgebiet. In der astralen Welt kommuniziert man auf andere Art. Auf der Erde haben Seelen Ohren. Ihr alle seid immer und überall damit beschäftigt, eure Sinne zu schärfen, in fortgeschrittenem Seelenalter zum Beispiel auch damit, das Unhörbare zu hören, euch für das Unsagbare Gehör zu verschaffen, nicht eher zu ruhen, bevor ihr nicht Resonanz gefunden habt, und manchmal auch zu brüllen, um andere Geräusche zu übertönen. Könige und Krieger geben ihre große Kraft in den Wunsch hinein, auch die ganz Tauben noch zu einer Reaktion zu zwingen. Und wenn es nicht anders geht, dann schießen sie ihnen kleine Energiepfeile in den Rücken, damit sie sich umdrehen, oder schlagen ihnen ein Buch auf den Kopf, damit sie aufwachen. Denn wer schläft, hört zwar manches besser, aber vieles wiederum nicht so gut.

(Varda lacht in der Trance: »Das sind wieder die Weisen der Quelle, die solche Witze machen!«)

Die Könige klopfen mit ihrem Zepter auf den Boden, bis alle still sind, und wenn sie die Wut packt über ihre Unfähigkeit, ihren Willen durchzusetzen, dann sind sie auch bereit, sich die Krone vom Haupt zu reißen und quer durch den Raum zu schleudern. Alle Mittel und Methoden, alle Vorgehensweisen sind ihnen recht. Selbstverständlich haben die vielen, vielen Weisen in deiner Familie, zu denen zu gehörst, auch subtilere Methoden. Dazu gehört die Gastfreundschaft, dazu gehört der Witz, bei dem alle die Ohren spitzen, oder auch die berühmte Fähigkeit zum beredten Schweigen, das die Zuhörer dazu aufruft, auf andere Weise zu lauschen, ihre inneren Ohren aufzusperren und Mitteilungen zu verstehen, die mit Worten nicht übertragbar sind. Vergiß auch nicht die Gestik und Mimik, das Räuspern und das Türenschlagen. All diese Möglichkeiten stehen dir als einer Weisen zur Verfügung. Was du inhaltlich sagen willst, kannst du dir aussuchen. Denn kein Weiser (und jetzt kommen wir zu deiner persönlichen Aufgabe) kann guten Gewissens planen, was er morgen oder übermorgen oder nächstes Jahr oder in zehn Jahren sagen wollen wird, wenn er essenznah leben will.

Du als Weise mußt das ausdrücken, was im Moment in dir entsteht. Unmittelbarkeit der Mitteilungen sei dir alles. Nimm dir nicht mehr vor, als notwendig ist, und halte dich offen für jegliche Art spontaner Eingebung. Lausche auch auf alles, was dir einfällt. Gib unzensiert weiter, was dir ein- und auffällt, denn du weißt vorher nicht, wie viele dieser Kommunikationsperlen aus Glas sind und wie viele aus den Muscheln der Tiefsee stammen.

Wenn wir also deine Aufgabe auf eine Formel bringen sollen, dann nennen wir sie »Abbau jeglicher innerer Zensur«, denn das Hören der inneren Stimmen und das Vernehmen der spontanen Impulse kann sich nur vollziehen, wenn die Stimme der Angst so leise wird, daß sie kaum noch vernehmlich ist. Stelle dich taub für die Stimmen deiner Angst. Spitze die Ohren für alle anderen Mitteilungen, und wenn die Stimmen deiner Angst lauter werden, um sich Gehör zu verschaffen, dann beachte und äußere sie, indem du sie identifizierst als das, was sie sind. Sprich darüber. Sei dir nicht zu gut, all das, was sich in dir auftut, unzensiert weiterzugeben, wann immer du dich unter Freunden befindest. Achte nicht auf deine Wertigkeit. Deine Würde liegt in deiner Unbekümmertheit. Du besitzt sie ohnehin durch deine individuelle Existenz, aber auch durch die Präsenz der Könige in deiner Familie. Aber sei weise, und richte die Lautstärke deiner Äußerungen nach dem Hörvermögen deiner Zuhörer. Wenn du zu Tauben flüsterst, werden sie dich nicht vernehmen können. Wenn du Hochempfindliche anbrüllst, werden sie sich die Ohren zuhalten. Bleibe flexibel, und übe dich in der Kunst der Vermittlung.

✳

283

Frage: Ich bin auch eine »Weise«. Und ich wette, daß in meiner Seelenfamilie ebenfalls »Könige« sind! *(Zusammensetzung 5, 3, 7)*

Quelle: Du hast recht. Weise, Könige und Krieger bilden deine Seelenfamilie. Die Krieger betonen gemeinsam mit den Königen die aktive Seite, obgleich die Weisen in der Überzahl sind. Die Weisen machen fünfundvierzig Prozent aus, die Krieger vierunddreißig Prozent, und die übrigen sind Könige. So sind die Weisen trotz ihrer Überzahl stets und ständig in Aktion und Bewegung. Sie profitieren von der Energie und Vitalität der Krieger, sie lassen sich auf die Führung der Könige in dieser Familie ein und lernen von ihnen, ihre kommunikative Kraft im Sinne einer Vorbildfunktion einzusetzen.

Das Anliegen dieser Familie besteht darin, mit den Phänomenen von Wohlstand und Frieden, von Überfülle und gesicherter Würde, von Einfluß und Schubkraft eine Dimension persönlicher Einsichtsfähigkeit und Selbstironie, eine Bereitschaft zur Infragestellung der Motivationen und Auswirkungen zu verbinden. Die Weisen in deiner Familie, zu denen auch du gehörst, sind also der Motor für eine Infragestellung all dessen, was in der Welt erstrebenswert und gesichert erscheint, dessen, was so notwendig aussieht, aber es vielleicht gar nicht ist – oder vielleicht doch ist! Man kann sagen, die Weisen haben es sich zur Aufgabe gemacht, gemeinsam mit den Königen und Kriegern das in Frage zu stellen, was sonst niemand hinterfragt, das anzuzweifeln, was über allen Zweifel erhaben scheint. Diese Familie will vor allem diese Zweifel, die echten nagenden Zweifel in das Herz der Menschen pflanzen. Denn Zweifel bedeutet Dialog mit sich selbst. Und darin sind die Weisen in deiner Familie, unterstützt von den königlichen und kriegerischen Energien, echte Meister.

Du hast mit dir selbst und bei dir selbst schon vor langer Zeit begonnen, Fragen zu stellen und konstruktiven Zweifel zu äußern an dem, was allen wichtig und notwendig und unverzichtbar erscheint. Für dich ist nun von entscheidender Bedeutung, bei allem Zweifel, der ja für dich gut und heilsam ist, nicht in irgendeine Form von destruktivem Zynismus zu verfallen. Darin besteht deine persönliche Aufgabe. Wenn wir von destruktivem Zynismus sprechen, so meinen wir damit alles, was Dinge schlechtmacht, die nur hinterfragt werden sollten, alles, was etwas herabwürdigt, was doch nur angezweifelt gehört. Und dabei geht es für dich darum, den Mitmenschen in seinem Bemühen um Glück liebevoll im Auge zu behalten. Erst wenn du dich nicht hinter auch nur leichteren Formen von Zynismus verbirgst, kannst du anderen ins Herz schauen und die rührende Hilflosigkeit erkennen, mit der sie suchen.

Die Frage, ob Zynismus nicht der bessere Weg ist, um die Panzerung von ihren Herzen fortzunehmen, ist von den Kriegern hergeleitet, denn Krieger schlagen gern zu, und in deiner Familie gibt es viele von ihnen. Aber du wirst als kommunikationserprobte Weise erkennen können, daß eine auch nur geringfügig zynische Bemerkung eine Verletzung hinterläßt, die dein Gegenüber eher verschließt, anstatt es zu öffnen, und daß es weise ist, so zu kommunizieren, daß es zu einem kommunikativen Dialog zwischen dem Ich und dem Selbst beim anderen kommt, indem du den konstruktiven Zweifel im Gemüt deines Gegenübers einnistest. Es handelt sich um eine recht konkrete und doch abstrakte Aufgabe. Du wirst begreifen, daß die Form deiner Mitteilung von entscheidender Bedeutung ist. Hiermit meinen wir eine bewußte Gratwanderung zwischen der öffnenden und verschließenden Bemerkung.

Frage: **Was ist das Anliegen meiner Seelenfamilie? Als »Weise« möchte ich mit meinen Seelengeschwistern reden können.** *(Zusammensetzung 5, 7, 2)*

Quelle: In deiner Familie gibt es außer den Weisen noch Könige und einige Künstler. Die Weisen bestimmen die Aufgabe der Familie. Sie befaßt sich mit der Überlieferung von Gedankengut im allgemeinen, speziell jedoch mit all den Einsichten, die Menschen in Sentenzen, Sprüchen, Sprichwörtern, Aphorismen, Gedankensplittern und ähnlichen geschliffenen Formen, die jedoch keinen großen Umfang besitzen, niederlegen. Die Beschäftigung mit solchen gedanklichen Einheiten, in denen eine Idee zu Ende gedacht wird in einer Weise, daß sie nicht anstrengend, sondern entspannend wirkt, und durch die Einsicht, die sie hervorbringt, eine Veränderung erzielt, ist den Weisen sehr kongenial. Sie entspricht ihrer Synthesefähigkeit, der Bereitschaft, über den verschmitzten Humor zu kommunizieren und ein Lächeln zu provozieren.

Die Könige und Künstler in deiner Familie tragen zur Wirksamkeit eurer Aufgabe zum einen dadurch bei, daß solche Einsichten und geschliffenen Gedankenformen blitzartig im Gehirn eines Beteiligten auftauchen, ihm einfallen oder von ihm erinnert werden. Die Könige sind in der Lage, dafür Verantwortung zu übernehmen, daß solche kostbaren Einsichten, solche Aphorismen und Sentenzen, solche Sprichwörter und Sprüche eine breite Öffentlichkeit erlangen. Sie sorgen dafür, daß sie dauerhaft festgehalten werden, in Stein gemeißelt, gedruckt oder auf Flugblättern verteilt. Durch eine solche Verbreitung wird bei einzelnen Menschen vieles geistig in Bewegung gesetzt, was sonst stagnieren würde, denn eine neue Einsicht, angenehm verpackt und leicht zu verdauen, ist ein Motor, der der König-Energie entspricht.

Die Weisen unter euch lassen stets ihre Bereitschaft erkennen, diese Einsichten zu artikulieren, also von sich zu geben und auszudrücken. Du gehörst auch dazu, und deine eigene Aufgabe besteht in erster Linie darin, nicht nur eigene Einsichten in Worte zu prägen oder unveröffentlichte Gedanken von anderen zu sammeln, sondern sie in einer Weise herauszugeben, daß ihr Gehalt nicht von anderen Ideen, die weniger bedeutsam sind, verwässert wird. Wenn du dir vorstellst, daß eine solche Sentenz, ein solch entscheidender und verändernder Gedanke, wie ein Gläschen starken Südweins auf einen Menschen wirken kann, mache dir klar, daß die Süße, der feine Alkohol und die geringe Menge bei ihm etwas ganz anderes auslösen als ein Liter Bier. Dann wirst du verstehen, daß du ein solches kleines Gläschen erstklassigen Portweins nicht etwa mit Wasser verdünnen darfst, um den Alkoholgehalt herabzusetzen, im Glauben, dieses Getränk dadurch bekömmlicher zu machen.

Wir möchten dir deine Aufgabe jedoch auch noch einmal in klaren, etwas dürren Worten beschreiben, ohne unser eigenes Bild verwässern zu wollen: Wenn du spürst, daß in dir eine sentenzenhafte Einsicht aufkommt, dann halte vorher und nachher den Mund, um sie um so prägnanter äußern zu können! Versuche nicht, wie wir es jetzt tun, sie langatmig zu erklären. Laß es dabei bewenden! So erhalten deine wertvollen Einsichten eine ebenso wertvolle Fassung, und das Juwel, das von dem Ganzen gebildet wird, von dem kostbaren Stein und der Fassung aus Ruhe und Konzentration, wird um so mehr bewundert und um so dankbarer empfangen werden. Denn was du zu geben hast, sind kostbare Geschenke. Sie in Packpapier einzuwickeln ist nicht die rechte Art.

6. Seelenfamilien mit tröstenden Aufgaben

Frage: **Wie kann ich als »Weise« die Anliegen meiner Seelenfamilie unterstützen? Ich arbeite im psychotherapeutischen Bereich. (*Zusammensetzung 6, 2, 5*)**

Quelle: In deiner Familie sind Weise, Priester und Künstler. Die Priester sind in der Überzahl, die Weisen in der Minderzahl. Priester, Weise und Künstler miteinander haben sich vorgenommen, auf der Schnittebene von Angst als einem geistig-psychischen Phänomen und der Manifestierung dieser Angst im materiell-körperlichen Bereich einige wichtige Veränderungen und Neuerungen durchzusetzen. Insbesondere geht es dabei um die Angst vor Strafe und die Angst durch Strafe. Und dieses Projekt ist weit gefaßt, weil es sowohl die vielen Ängste betrifft, die vor imaginären Strafen bestehen, vor phantasierten oder erinnerten Strafen, als auch um verschiedenartige Strafmethoden und um die Auswirkungen, die entsprechende Instrumente und Methoden und die Angst vor der Strafe als solche auf den Körper des Menschen haben.

Wir geben dir ein Beispiel: Wenn einem Menschen zur Strafe für einen Diebstahl die Hand abgehackt wird, so hat das für seinen Körper, für seine Statik, für sein gesamtes Verhalten und auch für die Art, wie er des weiteren mit der Welt Kontakt machen wird, eine bedeutsame Wirkung. Wenn ein Mensch Angst vor Liebesentzug hat, so wird dies sich ebenfalls in seinem Körper auf deutliche Art und Weise manifestieren. Wenn jemand ein Instrument benutzt, sei es materieller oder psychischer Art, um einem anderen Menschen Angst einzujagen und ihn mit Strafe zu bedrohen, zum Beispiel einen Rohrstock, der stets in Sichtweite an der Wand hängt, um für die Kinder benutzt zu werden, oder einen Pranger, der auf dem Marktplatz steht, so hat auch dies auf die Psyche eines Individuums und auch eines Kollektivs eine körperliche Wirkung, die manifest wird durch Haltungen, Spannungen, Augenstellungen, Gesichtsausdruck, Gangart usw. Eure Familie ist seit jeher damit beschäftigt, Ängste, die sich einmal gebildet und verfestigt haben, wieder aufzulösen und das Erstarrte wieder zum Fließen zu bringen.

Deine eigene Aufgabe knüpft an die Aufgabe deiner Familie unmittelbar an. Es geht dir in erster Linie um eine vielfältige Methodik der Lösung von Angst, und dabei wirst du deine Seelenrolle des Weisen in mehrfacher Hinsicht gezielt oder unbewußt einsetzen können. Die Kontaktmöglichkeiten, die du anbieten kannst, die Bereitschaft, nicht nur mit der Sprache, sondern auch mit deinem ganzen Körper zu kommunizieren, löst bei angstvollen Menschen unmittelbar etwas von ihrer Verkrampfung, und wenn du dann noch ein wenig nachhelfen kannst mit einer Technik oder einem gezielt plazierten Wort, dann ist es um so besser.

Dies ist gut, aber nicht notwendig. Viel wichtiger ist es, daß du dir selbst über die Zusammenhänge von Angst und Strafe noch mehr Gedanken machst, auch in bezug auf den historischen Werdegang, den ein Mensch durchgemacht hat – nicht nur in diesem Leben, sondern auch in seiner Kultur und in seinem Kollektiv, die Erinnerung an vergangene Leben oder auch die kollektive Erinnerung seiner Nation oder seines Volkes. Die körperlichen Fehlhaltungen eines Menschen drücken viel, viel mehr aus als nur ein Kindheitstrauma oder eine orthopädische Verdrehung. Sie haben tiefere, weitere und bedeutsamere Gründe. Wenn du bei allen Methoden und Instrumenten, die du anwendest, deine eigene assoziative Phantasie spielen läßt und auch die Phantasien der Menschen, die deine Hilfe suchen, mit zu Rate ziehst, um Bilder und Erinnerungen zu entwickeln, die dir hilfreich sein können, um die spezifische Angst vor Strafe oder die Erinnerungen an erfolgte Strafen zu lösen, wirst du im Rahmen deiner Familie und für dich selbst und für andere, die nicht zu deiner Familie gehören, gute Arbeit leisten.

Frage: **Meine Seelenrolle ist »Krieger«. Was könnt ihr mir über meine Seelenfamilie sagen?** *(Zusammensetzung 6, 3, 5)*

Quelle: Deine Seelenfamilie besteht aus Kriegern, Priestern und Weisen. Die Priester sind in der Überzahl. Ihr verfügt nur über wenige Weise, doch diese haben wichtige Aufgaben für die Verbreitung eures Anliegens übernommen. Die Krieger machen sechsunddreißig Prozent aus.

Die Priester und Krieger pflegen gemeinsam mit den wenigen Weisen eine Aufgabe, die sich mit den Verbindungen zwischen den universellen Gesetzmäßigkeiten und den auf der Erde gültigen Naturgesetzen befaßt. Es geht dabei um die vielfältigen Zusammenhänge, die Entsprechungen und auch die Unterschiede zwischen dem, was allgemein gültig ist, und dem, was nur hier und jetzt oder für eine bestimmte Zeitspanne seine Gültigkeit erhält. So ist zum Beispiel die Schwerkraft in ihrer aktuellen Form ein Naturgesetz des Planeten Erde, aber sie gehört nicht zu den universell gültigen Gesetzmäßigkeiten der Existenz. Aber die Beziehung zwischen Schwerelosigkeit und Schwerkraft ist eine durchaus spirituelle Angelegenheit. Solche und ähnliche Dinge erforscht deine Familie.

Die Krieger, zu denen auch du gehörst, haben dabei die Aufgabe, das Ganze und das Detail, das Leichte und das Schwere, das Allgemeine und das Spezielle in ihrem eigenen Leben zu erkunden und für eine Anerkennung der doppelten Prägung, der Menschen unterliegen, zu kämpfen. Und du weißt aus deinem jetzigen Leben sehr genau, daß du sowohl ein Großes als auch ein Kleines bist, sowohl ein Gesundes als auch ein Krankes, du bist unendlich und du bist endlich. Du bewegst dich auf dem Planeten und außerhalb des Planeten. Und wenn du zurückschauen könntest auf deine vielen Inkarnationen und auf die Inkarnationen deiner Seelengeschwister, so wüßtest du, daß euch alle die doppelten Empfindungen und die zwiefachen Zustände stets beschäftigt haben.

Eure Familie hat von Anbeginn mit bewußtseinsverändernden Substanzen und Drogen experimentiert, sie hat sich mit Träumen und Visionen befaßt, denn das wollen die Priester unter euch. Die Krieger haben die Erfahrung beigesteuert, wie Schmerz und Schmerzlosigkeit zu entkörperten oder entgrenzten Zuständen führen können, sie erkunden, wo die Grenzen der Kraft sind; und die Weisen unter euch haben davon berichtet, sie haben erzählt und die Kunde verbreitet und haben sich immer wieder mit den Bedingungen befaßt, die ein Mensch braucht, um sich an das Außermenschliche anzubinden.

Wir möchten dich insbesondere darauf aufmerksam machen, daß es einen jüngst berühmt gewordenen Weisen aus eurer Familie gibt, der das Priesterliche und das Kriegerische in sich selbst besonders zum Tragen gebracht hat, und diese Seele hieß bis vor nicht langer Zeit *Albert Einstein*. Dieser Mensch hat es verstanden, über die Naturgesetze seiner Zeit hinauszugreifen aus einem tiefen Wissen davon, daß es noch anderes gibt: das universell Gültige, das den bekannten Regeln nicht gehorcht und niemals gehorchen wird.

Deine besondere Aufgabe in diesem aktuellen Leben besteht nun darin, nach einem Weg zu suchen, der es dir erlaubt, ein Sowohl-als-auch zu leben und damit eine Verbindung herzustellen zwischen einem banal erscheinenden unbedeutenden Alltag und einer Allnacht, die dir erlaubt, Visionen zu haben und Zustände zu erleben, die zu deinem Alltag nicht passen wollen und doch eng mit ihm in Verbindung stehen. Die Doppelung, die du erlebst, sollst und darfst du nicht für dich behalten. Gewiß mußt du wählen, wem du davon berichtest, und gewiß wird nicht jeder Verständnis dafür haben. Aber du hast aufgrund deiner Familiengeschichte und Thematik eine Tagseite und eine Nachtseite. Und diese Tag- und Nachtseite müssen nicht unbedingt mit der Tageshelligkeit und dem Dunkel der nächtlichen Stunden korrespondieren. Du kannst deine Nachtseite auch am Tage zeigen und deine Tagseite in der Nacht leben. Das bedeutet ganz einfach, daß es Nächte gibt, in denen du ganz einfach nur einen ruhigen und erholsamen Schlaf schläfst, und Tage, an denen du geistig-seelische Reisen unternimmst, die dich weit forttragen. Auf die Doppelung kommt es an und auf die Erfahrung, daß die allgemein anerkannten Grenzen nur Normen sind, denen du dich nicht beugen mußt, und die keineswegs universell oder auch nur allgemein für alle Menschen gültig sind.

Wir möchten dir zum Abschluß noch einen Rat geben, indem wir uns mit den Weisen in deiner Familie solidarisieren und dir etwas über ihre Energie, die in dir selbst wohnt und lebt, mitteilen: Nimm alles, was dir widerfährt und was du bist, nicht so schwer und nicht so ernst. Wenn du die Fähigkeit in dir wieder weckst, deine besondere Erlebnisform von Realität mit einem Fünkchen Humor zu betrachten, wird es dir nicht nur leichter fallen, den Alltag und die Allnacht zu leben, sondern du wirst auch noch daran Vergnügen finden. Und dieses Vergnügen wünschen wir dir für dieses Leben und deine letzten zwei Inkarnationen.

Frage: **Ich möchte mehr über meine Seelenfamilie erfahren. Meine eigene Seelenrolle ist »Priester«.** *(Zusammensetzung 6, 4, 3)*

Quelle: Die Energie deiner Seelenfamilie ist zusammengesetzt aus Priestern, Gelehrten und Kriegern. Die Priester sind in der Überzahl, die Gelehrten sind ebenfalls zahlreich, und die Krieger stellen einen kraftvollen, aber geringen Anteil dar. Die Aufgabe dieser Familie, von der Priester-Energie geprägt, besteht darin, Methoden, Techniken, Maßnahmen, Handreichungen und Hilfestellungen zu entwickeln, um Menschen, die auf ihrem Weg ins Wanken geraten oder gestrauchelt sind, wieder auf die Beine zu helfen. Dies soll mit einer hilfreichen, nicht verstrickten und doch liebevoll anteilnehmenden Distanz geschehen, und solches lernen die Priester von den Gelehrten. Sie erfahren, wie wohltuend die rechte Mischung von Distanz und Nähe, von Anteilnahme und Neutralität sein kann, um einem Menschen, der sich seiner Schwäche schämt und seiner Unzulänglichkeiten und Fehler bewußt ist, wieder einen Eindruck von seinem existentiellen Wert zu vermitteln. Die Krieger in dieser Familie tragen energetisch ihre reiche Erfahrung von Niederlagen angesichts einer Übermacht oder eines stärkeren Widersachers bei. Und sie unterstützen die Aufgabe dieser Familie, die darin besteht, die Gestrauchelten wieder aufzurichten, ihre Scham zu achten und sie gleichzeitig nicht erneut zu beschämen durch eine allzu große Betulichkeit oder eine herablassende Haltung, die Priester gern einnehmen, wenn sie sich veranlaßt fühlen, einem anderen die Hand zu reichen, um ihn wieder emporzuziehen. Eure Krieger wissen, daß sie kein Mitleid wollen, wenn sie eine Niederlage erlitten haben, sondern einfach eine Handreichung, um sich mit ihren Verletzungen ins Lazarett schleppen zu können. Und jeder Krieger weiß (was Priester und Gelehrte nicht aus ihrer eigenen

Erfahrung einbringen können), daß es keine Schande ist und deshalb kein Schamgefühl auslösen muß, von einem Hieb, einem Speer oder einer Kugel getroffen worden zu sein und am Boden zu liegen.

Deine eigene aktuelle und persönliche Aufgabe als Priesterin besteht darin, daß du sehr aufmerksam und bewußt deine Neigung betrachtest, dich zu den Gestrauchelten auf den Boden zu setzen und mit ihnen über ihr Unglück zu weinen. Du empfindest dich selbst als gestrauchelt und meinst außerdem, du hättest in irgendeiner Form versagt, wenn ein anderer in deiner unmittelbaren Umgebung seiner Kräfte nicht mehr mächtig ist, sich schwach fühlt und fällt. Du fühlst dich für das Versagen deiner Mitmenschen verantwortlich. Deine Aufgabe besteht deshalb in erster Linie darin, täglich die rechte Distanz zu wahren und den Gelehrten-Anteil in dir zur Hilfe zu nehmen, um das innere Wissen und die ewige Gewißheit von der Berechtigung aller Ereignisse zu wecken, die in dir schlummern. Dann wirst du das Straucheln deiner Mitmenschen und auch deine eigene Bereitschaft, Fehler zu machen und zu stürzen, mit anderen Augen sehen. Nichts anderes als diese Bewußtseinslage ist der Beitrag, den du zu dem allgemeinen Ziel deiner Seelenfamilie jetzt beitragen mußt.

7. Seelenfamilien mit führenden Aufgaben

Frage: **Ich bin »Künstlerin«. Und wer ist noch in meiner Seelenfamilie?** *(Zusammensetzung 7, 3, 2)*

Quelle: Künstler, Krieger und Könige bilden die Grundenergie deiner Seelenfamilie. Die Könige sind mit zweiundvierzig Prozent ungewöhnlich stark vertreten, die Künstler sind in der Minderzahl, und somit ergibt sich ein starkes, aktives Gewicht, das von den Künstlern durch Spontaneität, Verspieltheit und Lustigkeit, durch mentale Beweglichkeit und Originalität gewürzt wird. Die Handlungsbereitschaft aller Geschwister deiner Seelenfamilie ist jedoch stark und unverkennbar. Ihr alle verfügt über eine unverwüstliche Vitalität und Widerstandskraft.

Die aktiven Energien 3 und 7 ergänzen sich in dem Wunsch, Bewegung und Veränderung in ihrem Zusammenspiel zu erproben und zu erforschen, und diese Prinzipien der Bewegung und Veränderung betreffen alle sich in irgendeiner Form anbietenden Situation und Lebensbereiche. Ein Bereich ist zum Beispiel die Krankengymnastik, ein anderer ist die Geologie. Sie scheinen miteinander wenig zu tun zu haben, doch ist ihnen gemeinsam die Dynamik von Bewegung und Veränderung. Denn wenn ein Erdrutsch ein Tal verschüttet, so ergibt sich für alle, die daran beteiligt oder davon in irgendeiner Weise betroffen sind, eine existentielle Veränderung. Auch die Landschaft wird durch diese Bewegung neu strukturiert. Die Künstler haben daran, solange sie nicht an Leib und Leben bedroht sind, ihre Freude. Und sie sind die ersten, die in dieses Tal eilen, um es zu bebauen und zu befestigen und aus der veränderten Lage das Beste zu machen, indem sie sich etwas einfallen lassen, um mit der neuen Situation etwas Originelles anfangen zu können. Die Könige und Krieger übernehmen in allen ihnen zugänglichen Situationen, in denen starke Bewegung oder starke Veränderung entweder erduldet werden muß oder erwünscht ist, eine führende Position. Sie sind bereit, sofort zu handeln und etwas zu unternehmen.

Wir wollen dir ein weiteres Beispiel erzählen, damit du das Prinzip eurer Seelenfamilie noch besser verstehst. Eure Zeit ist in nie dagewesenem Ausmaß in Bewegung gekommen bis hin zur Überschallgeschwindigkeit und zu Raketen und Raumflügen, aber ein für euch inzwischen selbstverständliches Mittel der Bewegung ist der Personenwagen. Und wenn Bewegung außer Kontrolle gerät, dann gibt es unerwünschte Veränderung. Die Könige und Krieger, die zu deiner Seelenfamilie gehören, sind die ersten, die an einer Unfallstelle entweder anhalten oder beginnen zu handeln, zu retten, zu verbinden, zum Telefon zu laufen, alles zu unternehmen, was notwendig ist, damit die Veränderung das bestmögliche Ergebnis erreicht und nicht übermäßig schädlich endet. Sie achten dabei nicht auf ihren eigenen Vorteil, sondern handeln so spontan, wie es ihnen die Künstler-Energien vorschreiben.

Deine eigene Aufgabe als Künstler innerhalb des großen Ganzen eurer Familienthematik läßt sich folgendermaßen beschreiben: Du besitzt die Führungsenergie eines Königs sowie die Schlagkraft eines Kriegers und verbindest sie mit deiner sensiblen, ästhetisch empfindsamen und mental orientierten Künstler-Energie. Diese Verbindung, die dir aus Jahrtausenden vertraut ist, kannst du in diesem Leben einsetzen, indem du auf die Ästhetik von Beweglichkeit und Veränderung besonders genau achtest und dich darum bemühst, unästhetische Veränderungen, die durch falsche Bewegungen zustande gekommen sind, zu korrigieren. Wir haben bereits am Anfang von Krankengymnastik gesprochen, aber dies ist nur ein Teil deiner Möglichkeiten. Du kannst durch Tanz, durch sanfte Körperkorrekturen, durch Haltungsveränderungen, durch Rückenschulung, durch feine Bewegungen der Hände Fehlkonstruktionen des menschlichen Körpers beobachten und korrigieren. Du kannst dir selbst neue Impulse geben, du kannst andere auf unnötige, vor allem unschöne Verzerrungen sowohl in ihrer Mimik als auch in ihrer Gestik, ihrem Gang oder ihrer Haltung aufmerksam machen. Und du darfst, weil du so viele Krieger und Könige in der Familie hast, dich nicht auf deine künstlerische Schüchternheit zurückziehen, sondern du mußt geradeheraus sagen, was dir auffällt, anstatt den anderen schonen zu wollen.

Denn deine Aufgabe liegt darin, wie wir schon andeuteten, das ästhetisch Notwendige zu wahren und nur das absolut Unabänderliche hinzunehmen. Du kannst deine Fähigkeiten noch verfeinern, indem du dich zunehmend mit dem menschlichen Gesicht befaßt, indem du dich mit seinen Ausdrucksformen beschäftigst und zum Beispiel untersuchst, wie die starken inneren Bewegungen von Angst oder Freude zu mehr oder weniger starken Verzerrungen und chronischen Grimassen in Gesichtern führen; und du kannst lernen, mit deinen Fingern und deinem Geist und deinem Gefühl für Schönheit solche erstarrten Grimassen wieder in eine ästhetisch fließende und schöne Form zurückzuführen. Und dafür hast du noch viel Zeit. Je älter du wirst, um so leichter wird es dir auch fallen, deine Worte zu wählen, die Hemmungen abzulegen und dich auf deine Aufgabe zu besinnen; sie ist eine beglückende, für dich und für andere.

✳

Frage: Wer außer den »Königen«, zu denen ich gehöre, trägt noch zu der Energie meiner Seelenfamilie bei? *(Zusammensetzung 7, 2, 1)*

Quelle: In deiner Familie gibt es vierundvierzig Prozent Könige, zweiunddreißig Prozent Künstler, und die übrigen sind Heiler. Die Könige haben die Anregung gegeben zur Herausbildung einer gemeinsamen Aufgabe, die eine neue Kunst der mitmenschlich verantwortlichen Führung und des dienenden Führens entwickeln will. Gemeint ist Führung als Kunst und nicht als Machtinstrument, Führung als Dienst am Ganzen, nicht als Herrschaft. Darin verwirklicht sich das Anliegen eurer Familie. Alle Mitglieder, alle deine Seelengeschwister (und auch du selbst) fühlen sich aufgerufen, das Ihre dazu beizutragen, Führung in einer unaufdringlichen Weise mit Verantwortung zu verbinden und sich dafür viel Originelles, Ungewöhnliches und Neues einfallen zu lassen. Man könnte auch sagen, in eurer Familie gibt es nur ausgesprochen originelle, einfallsreiche Könige, die sich auch gern kunstvoll verkleiden, um ihren Aufgaben gerecht zu werden, die sie dahin führen, ihre Kraft dienend einzusetzen.

Du kannst dir vorstellen, wenn ein König sich als Kellner verkleidet, kann er menschlichen Zugang zu Kellnern finden, die vor einem echten König in vollem Ornat zurückweichen und vor Ehrfurcht erstarren würden. Ehrfurcht trennt, anstatt zusammenzuführen. Wenn aber ein König sich einfühlen will in das, was ein Kellner ist und braucht und tut und erfahren möchte, wie die Perspektive aus der Welt eines Dienenden aussieht, ist es eine gute Idee, einmal in diese Rolle zu schlüpfen, ohne zugleich auf den alten Stammbaum zu pochen und zu sagen: »Eigentlich gehöre ich natürlich nicht zu euch.« Deine Familie pflegt also Bescheidenheit und echte Demut wie eine feine Kunst der Menschenannäherung und der verantwortlichen Führung.

In diesem Leben kannst du deine eigene Aufgabe jedoch am besten erfüllen, wenn du die Energie der 2, also die Energie des Künstler-Anteils in deiner Familie, besonders zum Tragen bringst, indem du das Einfallsreiche, das Originelle, das Ungewöhnliche in dir pflegst und dir Ideen zufallen läßt von den nicht im Körper befindlichen Mitgliedern deiner Familie, wie du am besten deine Königs-Essenz mit dem Anliegen eurer Familie verbinden kannst. Du wirst diesen Künstler-Anteil in dir besonders leicht entdecken und dir bewußtmachen können, wenn du dich in Kreisen bewegst, die kreativ, verspielt, lustvoll und kindlich das Neue suchen.

Erinnere dich jedoch stets daran, daß es vor allem darum geht, Führung und Dienen miteinander zu verbinden. Die Künstler sind bei euch diejenigen, die die Brücke bilden und die guten Ideen zu der Vereinigung zweier Extreme beisteuern. Aber jeder in eurer Seelenfamilie ist zugleich auch ein Künstler, ein Heiler und ein König mit verschiedenen Energieanteilen. Du gehörst zu denen, die sich immer wieder verschiedener Rollen bedienen müssen, um anderen nahezukommen.

Seelengeschwister

Zwei Frauen, eine ältere und eine jüngere, waren sich in einem Selbsterfahrungswochenende begegnet. Sofort spürten sie eine große, liebevolle Anziehungskraft, obgleich sie vom Wesen her

äußerst verschieden sind. Nachdem sie von der Möglichkeit einer
Verwandtschaft durch die Seelenfamilien gehört hatten, fühlten
beide, daß dies die Erklärung für ihre ungewöhnliche Freund-
schaft sein könnte. Sie sprachen jedoch nicht mit uns darüber, bis
die »Quelle« von selbst dazu Stellung nahm. Bevor die Durchsa-
ge zur Seelenfamilienaufgabe erfolgte, sagte eine von ihnen: »Ein
unmittelbar aufgetretenes Gefühl, daß wir zur selben Seelenfa-
milie gehören könnten, wurde uns soeben von der ›Quelle‹ bestä-
tigt. Das macht uns glücklich. Wir spüren eine starke Verbin-
dung. Wie sieht nun die Aufgabe dieser Familie aus, und was
können wir gemeinsam mit unserer Lebensarbeit dazu beitra-
gen? Meine Freundin ist ›Heilerin‹, und ich bin ›Künstlerin‹.«
(Seelenrollen 2, 4, 1)

Quelle: Heiler, Künstler und eine beachtliche Anzahl von Gelehrten bilden eure Seelenfamilie. Die Künstler sind in der Überzahl. Die Gelehrten betragen einen Anteil von achtundzwanzig
Prozent. Die Künstler sind zu zweiundfünfzig Prozent vertreten.

Die Künstler erkunden gemeinsam mit Heilern und Gelehrten, deren Unterstützung sie dafür dringend in Anspruch nehmen müssen, den Wert einer Wechselwirkung von Konzentration und Ablenkung. Dies bezieht sich auf eine Neugestaltung
von Objekten einerseits und auf die Entwicklung von Lebensformen andererseits. Konzentration und Ablenkung tragen gemeinsam zum Entstehen von Neuerungen bei. Die Aufgabe dieser Familie bewegt sich vorwiegend im Reich des Mentalen, im
Reich der Ideen und Einfälle. Die Neuerungen werden zunächst
nur mental entstehen können, wenn die Mitglieder dieser Seelenfamilie in der Lage sind, an etwas ganz anderes zu denken als an
ihre Ziele, die sie als solche für sich persönlich herausgebildet
haben. Das Wesentliche passiert also, wenn sie scheinbar unkonzentriert, verträumt, verspielt oder auch geistesabwesend bis hin
zur Senilität sind. Die ganze Bandbreite von Unkonzentriertheit
und Abwesenheit von Zielrichtung kennt eure Familie wie kaum

eine andere. Nun bildet eine solche Unkonzentriertheit – wir nennen es nicht einen Mangel an Konzentration, denn es ist kein Mangel, sondern ein Reichtum und eine Fülle – einen Nährboden in den Zwischenräumen der großen Konzentrationsblöcke. Ihr könnt euch das Bild einer riesigen Pyramide vor Augen halten, eines ehrwürdigen und wohldurchdachten, unvergänglichen Baus, dessen Ritzen zwischen den riesigen Quadern vom Sediment der Jahrtausende gefüllt wurden und in denen sich allerlei Samen und Lebewesen heimisch machen können. Sie erfüllen diesen Bau mit einer Vitalität, die einen wesentlichen Beitrag zu seinem Überleben darstellt und auch dazu beiträgt, daß die Architektur aus Quadern von Granit nicht steril und bar jeder Lebendigkeit die Zeiten überdauert. Das Konzentrierte des Granits braucht, um zusammenzuhalten, einen lebendigen Zwischenstoff aus Zufälligkeiten. Daraus erst kann auch für euch und eure Familie die wahre Konzentration entstehen, die euch dorthin führt, wohin ihr gehen wollt, nämlich zu einer Lebensgestaltung, die dem kreativen Zufall als Gesetzmäßigkeit gehorcht. Wir können auch noch mit einem anderen Beispiel eure Familie und ihre Aufgabe beschreiben. Die Musik wäre nichts ohne die Pause. Takt, Ton, Rhythmus, jeglicher Klang, der von einem künstlerischen Geist geformt wurde, benötigt die Pause. Konzentration ist Musik. Pause ist Verspieltheit, und doch entspannen Musik und Pause gleichermaßen.

Die Künstlerin unter euch wird Konzentration und Geistesabwesenheit in anderer Weise nutzen als die Heilerin. Und doch tragt ihr beide zu dem großen, umfassenden Erfahrungsfeld eurer Familie ein Wesentliches bei. Die Künstlerin erfährt Konzentration und eine innere Abwesenheit auf dem Feld der Liebe, auf allen Gebieten, die mit bewegten Gefühlen zu tun haben, im Bereich der Verbindung und der Trennung. Ein Wechsel durch Präsenz von Liebe und Abwesenheit von Liebe, Konzentration auf Liebe und das Verlieren in dem Nichts ihrer Abwesenheit kennzeichnet diesen deinen Weg. Wenn du verstehst, daß das eine die Vorbedingung des anderen und wiederum des einen ist, und wenn du weißt, daß du die Höhepunkte der Liebe nur über die Erfahrung ihrer Abwesenheit und deiner inneren Leere und deines Denkens an ganz andere Dinge als an Liebe erreichen kannst, wirst du mit dir selbst Frieden schließen können und zugleich deinen Beitrag für die Familie leisten, ohne allzusehr an seiner Durchführung leiden zu müssen.

Die Heilerin aus eurer Familie erkundet den Spielraum zwischen Genauigkeit und Ungenauigkeit, zwischen Verengung und Ausweitung, und zwar durch Fühlen, nicht durch Denken. Das Denken ist in deinem Leben nicht nur von großer Bedeutung und auch entscheidender Berechtigung, sondern vielfach auch ein Schutz vor dem Fühlen. Du selbst wirst den Aufgaben deiner Familie und deinem eigenen Beitrag am allerstärksten gerecht, wenn du das Prinzip der Konzentration und der Geistesabwesenheit auf die Fähigkeit anwendest, genau zu sein in deinen Wahrnehmungen und die Ungenauigkeit ebenso zeitweilig zuzulassen, aber in einem geradezu künstlerisch geprägten Rhythmus, denn die Künstler in eurer Familie haben ein energetisches Gewicht, das auch dir zugute kommt.

Die Rhythmik sollte deshalb ebenso geordnet wie ungeordnet sein. Das bedeutet, setze dir bestimmte, festgelegte Zeiten am Tag und zur Nacht, in denen du die Konzentration auf die präzise Wahrnehmung deiner Realität richtest. Und gestatte dir davon deutlich abgegrenzte weitere Perioden, in denen du dir keinerlei Mühe gibst, irgend etwas genau zu verstehen, sondern dem inneren, beunruhigend wohltuenden Chaos seinen Raum läßt, damit du die Kraft aufbringen kannst, in anderen Situationen, die zeitlich begrenzt und immer zur selben Zeit stattfinden sollten, genau hinzuschauen, was wirklich geschieht mit dir, mit anderen, mit deiner Welt, mit deinen Gedanken, mit deinen Gefühlen. Wir meinen damit nicht unbedingt eine Form der Meditation, sondern ganz klar und deutlich nur eine Form der Konzentration. Diese Konzentration kannst du, weil sie dir geläufig ist seit Tausenden von Jahren, aufbringen, während du einkaufst oder einen Spaziergang machst oder deine Küche säuberst. Es ist nicht nötig, oder allenfalls am Anfang, bei dieser für dich lust-vollen Beschäftigung eine bestimmte Form der Ruhe dabei ein-zuhalten. Im Gegenteil, solche Ruhe würde dich häufig eher ner-vös machen und deine Konzentration stören. Nur eines sei dir empfohlen, wenn du irgendeiner Aktivität nachgehst. Konzen-triere dich auf diese Aktivität, und denke nicht an irgend etwas anderes. Gemeinsam, das möchten wir euch anempfehlen, könnt ihr euch in euren unterschiedlichen Aspektierungen desselben Projekts stützen, indem ihr euch berichtet und berichtigt. Kor-rektur ist nicht Kritik. Das ist für euch beide ein wichtiger Satz.

✳

Die beiden Frauen, die sich in der folgenden Situation begegnen, sind Seelengeschwister. Sie reagieren verblüfft und erschrocken. Die Vorstellung, daß sie zusammenkommen sollen, um mitein-ander zu streiten, behagt ihnen gar nicht. Obgleich sie bereits einige Monate zuvor neugierig voneinander Notiz genommen haben, hatten sie noch keinen verbalen Kontakt miteinander. Auch nach dieser Durchsage blieb es schwierig. Nachdem einige Verabredungen an den ständig drohenden Auseinandersetzun-gen und Mißverständnissen gescheitert waren und ihnen keiner-lei Spaß machten, beschlossen sie, sich vorerst nicht mehr zu tref-fen. (Seelenrollen 1, 3)

Quelle: Rufe Vera an deine Seite, denn ihr gehört beide zu einer Seelenfamilie. Diese Familie besteht aus Heilern und Kriegern. Jetzt, wo ihr die Möglichkeit habt, euch zu erkennen, könnt ihr euch darin behilflich sein, die Aufgaben eurer Familie zu konkre-tisieren und euren Anteil einzubringen in das gemeinsame Vor-haben, das Dienen und das Streiten zu einer fruchtbaren Einheit zu verschmelzen. Denn das ist euer Ziel. Ihr wollt mit eurer gan-zen Familie eine neuartige Verbindung herstellen zwischen dem Neinsagen und dem gleichzeitigen Aufeinanderzugehen in dem Bewußtsein, daß das Nein einer vertieften Verständigung dient.

Wenn ihr also erleben werdet, daß ihr jetzt oder in Zukunft zueinander nein sagt, ist das zu verstehen als ein Dienst an eurem jeweiligen Gegenüber und keineswegs als ein Hinweis darauf, daß ihr miteinander nicht verschwistert seid. Das Mögen und das Lieben erwächst in vieler Hinsicht erst aus der Bereitschaft, nein zu sagen, um dem anderen zu dienen. Und beide könnt ihr erfahren, wie man an einer solchen Bereitschaft wachsen kann. Die Heiler aus eurer Familie lernen in all ihren Verkörperungen von den verschwisterten Kriegern, daß es wichtig ist, sich nicht zu ducken, wenn ein anderer angreift. Die Krieger lernen von den Heilern, wie wunderbar es sein kann, sich vor demjenigen zu verneigen, der einem einen Schlag versetzt.

Ihr werdet in diesem jetzigen Leben eine Verbindung wiederaufnehmen, die vor mehr als dreitausendfünfhundert Jahren ihren Anfang nahm. Ihr habt euch seither nicht mehr mit leiblichen Augen erblickt. Deshalb gibt es viel zu berichten. Ihr findet euch zusammen, als hättet ihr euch in diesem Leben zuletzt als Neugeborene auf der Säuglingsstation gesehen und würdet nun herausfinden, daß ihr von verschiedenen Familien adoptiert wurdet, aber trotzdem Geschwister seid.

Wir wünschen euch, daß ihr für diesen intensiven und sinnstiftenden Austausch eine eigene, miteinander abgesprochene Form findet und hoffen, daß ihr euch Zeit nehmt und Zeiten setzt, wo diese starke innere Verwandtschaft Raum findet, sich zu bestätigen. Und vergeßt nie, daß es vor allem darum geht, sich kräftig zu streiten, um gerade die Dinge klar und deutlich hervortreten zu lassen, die unter euch verbindend wirken.

Frage: **Wir beobachten, daß für manche Menschen die Verwirklichung der Aufgaben der Seelenfamilie sehr breiten Raum in dem aktuellen Leben einnimmt, und in anderen Fällen scheint sie mehr am Rande zu stehen. Warum ist das so?**

Quelle: Jedes seelische Fragment ist stets und ständig, unabhängig von seinem Bewußtsein, mit den Zielen der Familie beschäftigt. Doch einige Seelen rücken in gewissen Leben in das Zentrum der kollektiven seelischen Arbeit, und manche stehen in vielen Leben auch nur am Rande und arbeiten zu, so daß im Zentrum viel erledigt werden kann. Das ist der eine Aspekt. Jeder Beitrag hat gleiche Gültigkeit, und doch besitzt er nicht gleiche Wertigkeit. Der andere Aspekt besteht darin, daß es außer den Belangen der Seelenfamilie noch weitere wichtige Inkarnationsaufgaben und Anliegen gibt, die zuweilen für ein ganzes Leben oder für einen Teil einer irdischen Existenz in den Vordergrund oder Mittelpunkt rücken.

Wenn zum Beispiel eine karmische Beziehung alle Kraft erfordert und diese Beziehung nicht primär im Zusammenhang mit der Aufgabe der Seelenfamilie steht, dann wird das Anliegen der Seelenfamilie nur am Rande, in Gedanken, in Träumen oder durch eine Fernwirkung mitgetragen werden. Zu anderen Zeiten wiederum wird es in den Fokus rücken, wenn es gebraucht wird. Und dies kann sehr plötzlich, völlig unerwartet geschehen. Wir möchten stets betonen, daß jeder Mensch seine eigene Art hat und daß es niemals auf die zeitliche Dauer eines Beitrags ankommt, sondern lediglich auf seine Intensität und seine Energie, auf die Motivation und in höheren Seelenaltern auch auf die Bewußtheit, mit der die Aufgabe vollzogen wird. Die Intention, bewußt oder unbewußt, ist jedoch entscheidend, die Bejahung des Aktes, ganz gleich wie er sich dem lebenden, begrenzt wahrnehmenden Individuum darstellen mag. Einen Menschen, der in seiner inkarnierten Form ununterbrochen und ausschließlich mit den Zielen seiner Familie beschäftigt ist, gibt es nicht.

Die Dimension der Seelenfamilie und ihrer Aufgabe ist nur eine von vielen Dimensionen seelischer Verwirklichung, allerdings eine sehr wichtige. Aber ihr könnt gewiß sein, daß es keinen einzigen Menschen gibt, der nicht einen Beitrag leistet zu dem Ganzen und wenn er nur eine Sekunde dauern sollte. Die Existenz einer Seelenschwester oder eines Seelenbruders in der astralen Welt ist hingegen fast ausschließlich der Pflege der Beziehungen zwischen den Seelengeschwistern gewidmet. Die Körperlosigkeit und die damit verbundene, weitreichende Sorglosigkeit sowie die Befreiung vom Zwang zum Handeln und Entscheiden auf der astralen Ebene lassen viele Möglichkeiten entstehen, für die Seelengeschwister zu agieren und dazusein, die einer Seele im eingekörperten Zustand verwehrt bleiben müssen.

Im Zusammenhang mit der Lebensaufgabe und den Anliegen der Seelenfamilie kann auch von einer inneren Berufung gesprochen werden. Der Begriff »Berufung« jedoch wird von vielen von euch ein wenig überstrapaziert. Sie verbinden damit geradezu eine mystische oder religiös geprägte Aufgabe, und sie glauben, daß sie ihr Leben nicht sinnvoll leben können, wenn sie dieser Berufung nicht folgen. Echte Berufung wird dann sichtbar, wenn das Ego langsam aufhört, in dem ganz Besonderen, das ein Mensch in Arbeit und Beruf erreichen kann, seine Befriedigung zu finden. Berufung – so wie wir sie verstehen – ist nichts Spektakuläres. Berufung erlöst niemanden aus einer existentiellen Langeweile. Berufung ist eine Mischung von Essenznähe und sehr realen Umständen. Was wir unter Berufung verstehen, ist die Fähigkeit eines Menschen, nicht weit entfernt von seinen eigentlichen Bedürfnissen zu leben, zu lieben und zu arbeiten. Jeder kann diese Berufung in sich spüren. Und jeder von euch weiß ganz genau, ob er seine Tage mit Beschäftigungen und Arbeiten und Personen verbringt, die nichts, aber auch gar nichts mit ihm und seinen innersten Bedürfnissen zu tun haben, und ebenso weiß jeder von euch genau, wann er etwas denkt oder tut, was ihn in seinem innersten Kern berührt. Wer diese Haltung auch zu seiner Berufstätigkeit machen kann, hat seltenes Glück. Aber das ist nicht notwendig, um ein sinnerfülltes Leben zu führen. Dies also verstehen wir unter Berufung, und wir möchten diesen Begriff gern ein wenig entlasten von allzu hohen Erwartungen, von allzu hohen Ansprüchen und von dem pseudohehren Gefühl, etwas Ungewöhnliches, Einmaliges und äußerst Auffälliges tun zu müssen, um die eigene Existenz zu rechtfertigen.

Biologische und seelische Zwillinge

Frage: **Warum sind wir eineiige Zwillinge? Was sollen meine Schwester und ich miteinander erledigen?**

Quelle: Ihr sollt gar nichts erledigen. Ihr habt aber die Möglichkeit, etwas zu erleben! Ihr beiden könnt zusammen etwas leben, wenn ihr es wollt. Alles Erleben ist freiwillig, auch wenn es zunächst nicht so aussehen mag, daß ihr euch diese Form von Doppelung frei gewählt haben könntet. Wenn wir sagen »ihr«, dann sprechen wir zunächst von eurem inkarnierten Bewußtsein. Es ist begrenzt, und das ist gut so. Eure Seelen hingegen wußten sehr genau was sie wollten, als sie sich in dieser Weise in zwei fast identischen Körpern verwirklichten. Eure Seelen also haben ein Verfahren gewählt, wir nennen es einmal ganz kühl »Verfahren«, das ihnen erlaubt, in der Verkörperung eine Nähe zu erleben, die sonst auf der Erde in keiner Weise möglich ist, wo jeweils nur eine Seele einen Körper bewohnt. Es gibt keine größere Nähe, es gibt keine größere Intimität und Identität, es gibt keine Möglichkeit für ein größeres Verständnis, als es eineiige Zwillinge füreinander aufbringen können, weil ihr Potential dergestalt geschaffen wurde.

Wenn du nun also fragst, was ihr daran lernen könnt, dann antworten wir euch: eine ganz bestimmte, eine besondere Form der Liebe. Diese ganz besondere Form der Liebe ist anders nicht erfahrbar. Du kannst einen anderen Menschen, der nicht aus demselben genetischen Material entstanden ist wie du selbst, niemals in der gleichen Weise lieben, du kannst ihm niemals so begegnen, wie du deiner Zwillingsschwester begegnen kannst. Nun wirst du ahnen, daß körperliche Identität keineswegs seelische Identität voraussetzt. Ihr habt zwei sehr unterschiedliche Seelen. Die eine eurer Seelen – wir wollen dir jetzt nicht sagen welche, damit es nicht zu einer Konkurrenz zwischen euch kommt –, die eine eurer beiden Seelen also ist schon sehr lange im Inkarnationsprozeß begriffen, und die andere ist noch nicht so lange dabei.

Eure Seelen also haben eine besondere Form menschlicher Nähe gewählt, damit eine der anderen ein wenig hilft, einen Sprung zu machen, den sie bis jetzt gescheut hat. Alles ist an euch gleich, nur die Seelen sind sehr verschieden. Die Seelen bekleiden auch unterschiedliche Seelenrollen. Die eine Seele hat eine Künstler-Essenz, die andere eine Heiler-Essenz. Und die ältere ist die mit der Heiler-Seele. Sie hat sich in der astralen Welt bereit erklärt, der Künstler-Seele über einige Hürden hinwegzuhelfen, die damit zu tun haben, daß die jüngere Seele noch Ängste hat, die die ältere schon lange überwunden hat. Zum Beispiel geht es dabei auch um das Thema »Sterben und Leben«. Die ältere Seele, die Seele des Heilers, ist schon so viele Male und so viel öfter gestorben als die jüngere, daß sie ihr ein wenig von ihrer Besorgnis nehmen kann. Und sie hat auch energetisch schon anderen Zugang zu den Welten des nicht Sichtbaren, des nicht Überprüfbaren als die jüngere Seele, die die Rolle des Künstlers bekleidet. Nun lernt aber nicht nur der Künstler vom Heiler, auch umgekehrt findet ein Lernprozeß statt. Und das ist nicht nur einfach so dahingesagt, weil ja jeder von jedem immerzu lernen kann, das gilt für alle Menschen. In ganz spezifischer Weise kann eine Heiler-Seele, die durch ihr ständiges Helfen, ihr vieles Dasein für andere und ihr unermündliches Dienen ein wenig kraftlos und ein wenig müde geworden ist, von der Künstler-Schwester lernen, wie man sich durch mancherlei phantasievolle Einfälle, durch mancherlei neuartige Methoden energetisch aufladen kann, stärken kann, sich wieder mit deiner essentiellen Energie versorgen kann, die so leicht abhanden kommt, wenn ein Mensch sich entselbstet. Und wir fördern diese Art von Entselbstung nicht.

Laßt euch also aufeinander wirklich ein. Dann könnt ihr das erreichen, wozu ihr euch gemeinsam im Mutterleib inkarniert habt. Laßt euch aufeinander ein, lernt voneinander, belebt euch gegenseitig, dient einander, und vergeßt nicht: Liebe ist nicht dasselbe wie Liebhaben. Liebe bedeutet, den anderen in seinem Werden, in seinem Sein, in seinem Wachstum zu unterstützen, auch wenn er sich ganz anders anfühlt als man selbst. Liebe setzt nicht voraus, daß der andere genauso ist, genauso fühlt wie du.

✳

Frage: **Gibt es für manche Menschen oder vielleicht auch für alle Menschen so etwas wie einen Seelenpartner, und gibt es eine Seelenpartnerin für mich? Wenn ja, wie kann ich sie erkennen, kenne ich sie bereits? Wenn nicht, wie kann ich sie finden?**

Quelle: Es ist eine Tatsache, daß jeder Seele auf seelischer Ebene eine identische Seele zugeordnet ist – identisch in all ihren Merkmalen, identisch in all ihren Wünschen und Entwicklungsmöglichkeiten, in all ihren Fähigkeiten und in ihrem Wollen. Diese Identität der Seelen, die eine jede Seele nur mit einer einzigen anderen kennt, kann man die Zwillingsseele nennen oder auch, wie manche von euch sagen, Dualseele. Jedes beseelte Fragment besitzt unter den anderen Seelen eine vollkommene Entsprechung und besitzt sie nicht nur in fragmentarischem Zustand, sondern auch in seiner vereinten Form. Denn Vereinigung bedeutet zwar Auflösung von Individualität, jedoch nicht Aufgabe von Identität. Und Identität bedeutet nicht Persönlichkeit, sondern energetische Einmaligkeit. Der Begriff »Dualseele« ist nicht schlecht gewählt, denn er beschreibt die Zweiheit in der Einheit. Doch auch wenn ihr das Wort »Zwilling« in seiner Qualität als Bezeichnung für eineiige Zwillinge versteht, trifft es den Kern.

Eineiige Zwillinge sind von ihrer genetischen Ausstattung aus gesehen vollkommen identisch, und doch besitzen sie zwei Seelen und zwei Körper. Sie besitzen zwei verschiedene Willensprägungen, obgleich sie sich unendlich nahe sind und niemand in verkörpertem Zustand ihnen jemals näher kommen kann als eben ihr identischer Zwilling. Sie besitzen zwei Herzen, zwei Körper, zwei Seelen und sind doch gleich. Das ist ein Mysterium. Ihre Lebenswege können sich unterscheiden und werden sich in der Regel unterscheiden. Dennoch bleiben sie sich nah und tauschen sich in einer Weise aus, wie es Menschen, die keinen irdischen Zwilling haben, nicht möglich ist.

Und das gilt auch für den seelischen Zwilling oder die Dualseele. Wenn wir von Dualseele sprechen, meinen wir einen anderen Aspekt derselben Sache. Denn der Begriff »Dualseele« nennt beide Seelen in einem Wort. Er vereint beides und berücksichtigt doch den dualen Aspekt, der sie kennzeichnet. Das Wort »Zwillingsseele« hingegen betont das Zweigeteilte. Die Identität, nicht die Ähnlichkeit, ist schwer zu begreifen, denn Zwillingsseelen sind oft, mit menschlichen Augen gesehen, äußerst verschieden. Sie nehmen Körper an, die unterschiedlichen Rassen oder unterschiedlichen Altersgruppen angehören. Sie sind oft nicht desselben Geschlechts, sie können sogar – doch das ist sehr selten – ein unterschiedliches Seelenalter haben. In den allermeisten Fällen jedoch verbindet sie dieselbe Seelenrolle. Sie sind also zum Beispiel zwei Priester, zwei Weise oder zwei Heiler. Nicht immer ist dies der Fall, doch ist es die Regel.

Nun willst du erfahren, was eine Dualseele oder Zwillingsseele ist. Wir wollen es dir erklären mit folgendem Modell: Du kennst bereits den Begriff der Seelenfamilie, und du hast gehört, daß in einer Seelenfamilie über tausend Mitglieder Platz haben. Sie alle haben ihren numerischen Platz in der Reihenfolge ihrer Ausschüttung. Wir benutzen dafür das Bild von der sich selbsttätig öffnenden Samenkapsel, die ihre Samen verbreitet. Alle Samenkörner sind gleich, gleichwert, gleichalt, nichts unterscheidet sie voneinander, und dennoch gelangt das eine früher auf den Erdboden als das andere. Wenn du dir nun vorstellst, daß die Geschwister einer Seelenfamilie im Augenblick ihrer Fragmentierung bzw. Ausschüttung eine Ordnungsziffer erhalten, so gibt es in jeder Seelenfamilie zum Beispiel die 31. Seele und die 954. Seele. Seelenfamilien wiederum gesellen sich zu Siebenergruppen. Innerhalb eines Seelenverbunds von sieben Seelenfamilien entspricht jeweils eine Seele mit einer bestimmten Ordnungszahl einer einzigen anderen Seele in einer anderen

Seelenfamilie dieses Verbundes. Das geschieht deshalb, weil die Fragmentierung oder Ausschüttung mit einer gewissen Angst verbunden ist, die die Seele deshalb so schmerzlich spürt, weil sie nie zuvor allein war. Es ist eine elementare Trennungsangst. Im Moment der Fragmentierung also wird der zum erstenmal vereinzelten Seele ein Gefährte zugesellt, und dieser Gefährte ist über alle Leben hinweg und während aller Perioden zwischen den Leben das innigst vertraute Wesen, das Allerhöchste, das es für das Fragment gibt.

So allein also, wie sich die vereinzelte Seele in ihrer existentiellen Angst fühlt, ist sie niemals. Das bedeutet jedoch keineswegs, daß alle Leben gemeinsam gestaltet werden. Ganz im Gegenteil: Jede der beiden Seelen geht, wie es auch bei menschlichen Zwillingen sein sollte, ihren eigenen Weg. Und doch gibt es immer wieder Momente der Begegnung, Leben, die eine mehr oder minder starke Berührungsmöglichkeit bieten. Diese Begegnungen sind nicht immer von einer Art, die der Mensch mit seinem begrenzten Bewußtsein als beglückend oder erfreulich bezeichnen würde. Denn Seelenzwillinge, die eine Dualseele teilen – was nicht bedeutet, daß sie nur eine Seele haben, sondern daß sie identische Seelenpositionen besitzen –, sind sich die wichtigsten Helfer auf dem Weg zur neuerlichen Vereinigung. Und weil sie sich wahrhaft helfen wollen, werden sie sich auch aneinander reiben. Sie werden sich herausfordern zu scharfen Duellen, sie werden einander nicht lockerlassen, bis sie das gemeinsame Seelenziel erreicht haben, wie immer es gestaltet und geplant sein mag. Dennoch hat die Begegnung zweier Seelenzwillinge im Körper eine ekstatische Qualität, sie ist von unüberbietbarer Intimität. Denn jeder weiß vom anderen, daß er für ihn zu entziffern ist wie ein aufgeschlagenes Buch, daß es keinen Zweck hat, irgend etwas zurückzuhalten oder zu verbergen, daß es schmerzt, Trennung aufrechterhalten zu wollen, wo keine Trennung ist. Die Berührung dieser Zwillingsseelen dient dem Wachstum und nicht dem Traum vom irdischen Glück.

Du willst wissen, ob es auch für dich eine solche Seele gibt, die dir zugeordnet ist und der du zugeordnet bist, und wir antworten dir mit Ja. So wie jeder lebende Mensch hast auch du in der Gemeinschaft der Seelen eine vollkommene Entsprechung. Deine Seele weiß darum, aber dein Geist im Körper eines Mannes Anfang Vierzig beginnt erst, es zu ahnen. Der Körper aber, den deine Zwillingsseele jetzt, in diesen aktuellen Jahren bewohnt, ist der Körper eines sechsundfünfzigjährigen Mannes.

(Varda: »Ich wechsle die Ebene. Ich sehe einen Mann mit asiatischen Gesichtszügen, kann ihn aber nicht einordnen. Asien ist so groß, es könnte sich um einen Koreaner handeln. Ich kann sagen: Es ist kein Chinese, kein Japaner.«)

Du hast, wenn du es wünschst, die Möglichkeit, ihm zu begegnen, doch wirst du dich ihm auf eine Weise nähern müssen, die ihn innerlich erreicht, bevor es zu einem spontanen seelischen Wiedererkennen kommen kann. Du wirst die Identität nicht an äußeren Faktoren erkennen können, wohl aber an einer Empfindung von äußerster Geborgenheit, an einer Intimität, die keiner Worte bedarf, und vor allem an einem Gefühl, als stünde er stets neben dir. Denn der Seelenzwilling, der ja nicht deiner eigenen Seelenfamilie entstammt, unterscheidet sich von allen anderen Menschen, die dir nahetreten und dich seelisch berühren, dadurch, daß er von Natur aus kein Gegenüber, sondern ein zweites Selbst ist.

Der Seelenzwilling also ist an deiner Seite. Als Liebespartner ist er deshalb nicht besonders gut geeignet. Du wirst es auch daran erkennen, daß du zusammen mit ihm ein Bedürfnis entwickelst, nebeneinander zu stehen, zu gehen und zu sitzen, und daß Worte selten notwendig sind, um ein inneres Einverständnis zu erzielen. Wenn Seelenzwillinge sich einmal im Körper gefunden haben – was keineswegs in jedem Leben der Fall ist und auch nicht sein soll –, dann werden sie den Kontakt auf irgendeine Weise immer aufrechterhalten, sei es durch telepathische Verbindung, sei es durch Briefe und Besuche oder durch das gegenseitige Übersenden von heilenden, liebenden Kräften, die der Seele so guttun. Für dich gilt auch, daß du, wenn du diesem Men-

310

schen einmal begegnen wirst, niemals ein Verlangen verspüren wirst, dich von ihm zu trennen, und dennoch wird Trennung aufgrund eurer so überaus verschiedenen Lebensumstände notwendig werden. Du wirst, wenn du ihn zum erstenmal erblickst, spüren, wie dir die Tränen über die Wangen laufen, ohne daß du begreifst, warum. Und du wirst auch Tränen vergießen, wenn du dich genötigt siehst, ihn wieder zu verlassen. Denn wisse, er ist eine Königs-Essenz wie du, und du wirst in ihm deine eigene Spiegelung erfahren, das, was du bist, und der, der du sein kannst, obgleich die anderen Elemente seines Seelenmusters sich von den deinen unterscheiden. Und weil er ein König ist, wird es dir leichter sein, ihn zu finden, wenn du dich auf die Suche machst. Er ist in einem Entfaltungsstadium, das ihm erlaubt, eine Gruppe von Menschen um sich herum zu scharen, die von ihm lernen, ohne daß er viele Worte machen muß.

Frage: **Ich bin ein Mann von sechsunddreißig Jahren. Ich möchte gern wissen, ob ich meiner Seelenpartnerin schon begegnet bin oder wann ich ihr begegnen werde. Welchen Einfluß kann sie auf meine Entwicklung haben? Und ihren Namen wüßte ich auch gern.**

Quelle: Dein Seelenpartner im allerengsten Sinne – das bedeutet, deine Zwillingsseele, der Mensch, der dir auf der ganzen Welt innerlich am ähnlichsten ist – ist ein Australier, ein Mann Anfang der Dreißiger, der an einem Strand eine Hütte besitzt, von der aus er Getränke, frisch gepreßte Säfte und Sandwiches verkauft. Er ist ein Mensch, der mit sich und der Welt recht zufrieden ist, der aber vom Leben nicht mehr erwartet, als ihm seine Eltern zugestanden haben. Und auch darin ist er dir sehr ähnlich, wenngleich du es auf andere Weise manifestierst. Ihre beide könntet noch ein wenig mehr erwarten, aber es ist nicht falsch, zufrieden zu sein. Wir sind der Ansicht, daß du ihm in diesem Leben noch begegnen kannst, wenn du es wünschst und dir ein wenig Mühe gibst. Aber du mußt ihn suchen. Er wird sich nicht von der Stelle bewegen. Er hat keinen Anlaß, nach Europa zu reisen, er hat weder den Wunsch noch das Geld, um eine größere Reise zu unternehmen. Er wird jedoch gut zwanzig Jahre diesen Kiosk betreiben. Er hat nicht vor, einen anderen Ort aufzusuchen, und wenn du willst, falls du wirklich das Bedürfnis verspürst, ihn zu sehen, zu fühlen und zu lieben, dann kannst du ihn suchen. Wir dürfen dir nicht sagen, wo genau er zu finden ist, denn es ist die Aufgabe deiner Seele, ihn zu suchen und ihn zu erkennen. Solche Begegnungen sind einmalig, sie sind stark, man muß sie wollen, um sie ertragen zu können. Sie sind nicht immer eitel Freude, sie sind erschütternd. Du wirst von diesem Menschen in mancher Hinsicht nie wieder loskommen und loskommen wollen, wenn du ihn einmal gefunden hast.

Und du mußt vorher entscheiden, ob du das willst oder nicht. Vielleicht mußt du noch älter werden, bevor du eine solche Entscheidung treffen kannst. Es ist schön, seinem Seelengefährten zu begegnen, bei ihm zu sein. Es ist wunderbar, aber es ist nicht einfach. Und fast unmöglich ist es, sich wieder von ihm zu trennen.

Frage: **Vor dreißig Jahren habe ich ein merkwürdiges Symbol geträumt. Das war ein Kreuz mit drei Querbalken. Das Zeichen war rot, und unter dem obersten Zeichen ging ein schwarzer Kranz herum, der die zwei unteren Zeichen umfaßte. Das dritte ragte heraus. Da sagte eine Stimme: »Dies ist dein Zeichen.« Was sagt die »Quelle« dazu? Meine Seelenrolle ist »Künstler«, und von Beruf bin ich Psychoanalytikerin. Mein eigener Deutungsversuch befriedigt mich aber nicht.**

Quelle: Das schwarze eiförmige Oval, der Kranz, ist deine jetzige Gestalt, deine jetzige Form, das, was du in diesem Leben an Hülle mit dir trägst. In diesem Ei, in dieser Schale nun liegt doppelt soviel, wie du nach außen zeigst. Nach innen richten sich zwei Kreuze, nach außen eines. Du hast immer so gelebt, als müßtest du die zwei inneren Kreuze auch nach außen zeigen.

Deine Umgebung, deine Umwelt hat dir signalisiert, daß du nicht genug nach außen bringst. Und du hast diese Sichtweise übernommen, hast deshalb oft ein unbestimmtes Schuldgefühl gehabt, ein Gefühl, noch nicht alles erreicht zu haben. Du bemühst dich auch jetzt noch, etwas zu werden, was du längst bist. Du hast das äußere Kreuz höher bewertet als das Doppelkreuz in der Hülle. Aber du bist nun mal ein Mensch, der innen sehr viel mehr hat, als er nach außen zeigen mag. Was ist daran verkehrt? Das ist keine Schwäche, es ist eine Form von Realität. Als Schwäche wurde es von denen gedeutet, die das, was du innen trägst, nicht verstehen, die das, was du innen trägst, nicht sehen können. Gedeutet wurde deine Struktur als »noch nicht genug«, als Schwäche von denen, die durch das, was du in dir trägst, verunsichert und beunruhigt waren. Das Innere, Doppelte, Stärkere ist das, was andere für verrückt halten. Es ist etwas, was sie nicht begreifen.

Nun hast du gedacht, es sei deine Aufgabe, dich innen verständlich zu machen, auch so zu sein wie sie, um von ihnen anerkannt zu werden. Aber siehe: Dies ist dein Zeichen. Dein Zeichen ist ein Zeichen, das niemand kennt. Dein Zeichen ist ein Zeichen, das keine Vorbilder hat. Du hat es erschaffen. Es spiegelt deine unverwechselbare, ganz einmalige Individualität. Obgleich es aus archetypischen Ursymbolen besteht, dem Ei und dem Kreuz, obgleich es also aus dem Bekannten zusammengesetzt ist, ist es doch in einer Weise zusammengesetzt, die nur dich beschreibt – ein Drittel außen, zwei Drittel innen. Ein schwarzer Kreis und rote Kreuze. Die Kreuze an sich sprechen nicht nur von Leid und Schmerzen, sondern vor allem von einer glücklichen Kombination zweier Elemente. Die Längsbalken und die Querbalken bilden eine Synthese, die Symbolkraft wirkt, sie vermittelt, daß zwei sich gefunden haben. Und was dich und deine Besonderheit ausmacht, ist, daß sich in dir zwei gefunden

313

haben. Der zweite Querbalken war ein Hinweis darauf, daß es dir in diesem Leben vergönnt sein würde, deine Ergänzung, deine Dualseele, deinen Seelenzwilling zu finden. Und inzwischen ist dies eingetreten.

Aber diese Erfahrung kannst du nur innen spüren. Sie ist nach außen hin nicht mitteilbar. Deshalb ist das äußere Kreuz nicht mit zwei Querbalken versehen. Nur das Innere, nur die innere Wahrheit, nur das innere Empfinden ist dir erfahrbar. Nur deine seelische Erkenntnisfähigkeit hat die Augen zu schauen, was in dir bei einem anderen Menschen und nur bei diesem eine Resonanz findet, die kostbar und selten ist und jenseits allen Verstehens, bestehend aus reiner Liebe, unabhängig von Charakter und Persönlichkeit. Es ist der Kontakt von zwei Wesen, die sich kennen wie keine anderen zwei. Der Kontakt von zweien, die sich lieben ohne Grund, die es sich selbst nicht erklären können, weil diese Liebe jenseits von Erklärungsfähigkeit und Logik sein muß, und die sich schon früher hätten begegnen können, wenn sie nur weicher, offener gewesen wären – beide zur gleichen Zeit am gleichen Ort.

Erst die Kur, die du gerade hinter dir hast, die Muße und die Beschäftigung mit dem eigenen Inneren während dieser Kur, haben beide Urfreunde so entspannen können, daß sie sich zu erblicken vermochten. Nicht nur mit den Augen des Körpers, sondern mit den Augen der Seele. Unerklärlich, unbegreiflich und doch real, realer als alles, was die beiden in ihrem bisherigen Leben erlebt hatten. Und das ist dein Zeichen – das Zeichen eines Menschen, der die Herausforderung annimmt, seinem Ich in zweiter Gestalt zu begegnen, nicht der Maske der Persönlichkeit, sondern der wahren Spiegelung, der authentischen Entsprechung, die sich manifestiert in einem Körper, der ganz anders ist, in einer Persönlichkeit, die eine andere Historie hat. Und dennoch ist die Gleichheit offensichtlich, die seelisch-energetische Identität.

Die Gleichheit ist es, die euch bewegt und euch zusammengeführt hat jenseits allen Verstehens, jenseits eurer Erziehung. Die äußeren Faktoren der Sympathie kamen hinzu, doch die Bindung beruht auf viel tieferen Wahrheiten. Und wir sind gern bereit, dir zu erläutern, worin diese alte, diese uralte und immerwährende Bindung besteht. Jede Seele, ganz gleich, ob sie inkarniert ist oder nicht, hat unter den Milliarden anderer Seelen eine, die ihr in allen Dingen, in allen Erfahrungen, in allen Entwicklungen vollkommen entsprechend gestaltet ist. Und diese Seele wird zum Gefährten, zum Kameraden über alle Zeiten und Räume hinweg und gewährleistet, daß niemand allein dasteht mit dem, was seine Seele sich vorgenommen hat zu lernen. Die Existenz der Dualseele garantiert, daß niemand isoliert ist. Jeder kann alle Erfahrungen mit seinem Seelenzwilling teilen.

Es bedeutet allerdings keineswegs, daß jeder inkarnierte Mensch in jedem Leben diesem Gefährten seiner Seele begegnen muß. Vielmehr sind die Begegnungen selten, da sie von ungeheurer Intensität und von ungeheurer Tragweite sind und vielfach kaum zu ertragen in den Auswirkungen solch unerklärlicher Nähe. Erst eine Reife und später eine Alte Seele ist in der Lage, die Spannung, die Intimität auszuhalten und zu ertragen, daß sie ständig in den Spiegel der anderen Seele schauen muß und sich dabei selbst neu definiert, mit allen ihren Ängsten konfrontiert wird, mit all ihrer Liebesfähigkeit und aller Herausforderung, die eine solche Intimität zeigt. Deshalb vermeiden die Zwillingsseelen es häufig, sich allzu nahe zu kommen. Und erst wenn sie bereit sind, eine solche Begegnung in ihr Leben zu integrieren, erkennen sie sich und sind von dem Augenblick an, wenn sie sich bewußt einander nähern, unzertrennlich, als wären sie zusammengewachsen.

Wenn eine Seele im Laufe einer Inkarnation, ganz gleich, wann dies geschieht, ihrem Seelenzwilling begegnet, kann und will sie sich nie mehr von diesem lösen. Die besondere Geborgenheit, die Intimität, die niemand erklären kann, ist so kostbar, so einmalig, daß es keine äußere Veranlassung gibt, keinen Streit, keine Verletzung, die diese beiden dauerhaft trennt.

Das ist es, was du vor kurzem erlebt hast. Es war dir vergönnt, aber du hast es dir auch erarbeitet. Denn wenn du nicht diejenige geworden wärest, die du jetzt bist, durch alle Widrigkeiten hindurch, durch deinen Willen, dich dir selbst, deinen Ängsten und Nöten zu stellen, durch deine Therapie, durch deine notwendige, aber doch nicht zwingende Entwicklung, wärest du nicht in der Lage gewesen, im rechten Augenblick die Stimme deines Herzens zu vernehmen und dich den Herausforderungen, den Schwierigkeiten und auch der Intensität einer Begegnung mit deinem Seelenzwilling zu stellen. Deshalb war es vorher nicht möglich, obgleich ihr euch hättet begegnen können. Einmal habt ihr – es ist mehr als zwanzig Jahre her – gemeinsam in einem Konzert gesessen und wart nur wenige Meter voneinander getrennt. Ihr hättet euch in der Pause ansprechen können, aber es war noch nicht soweit. Es war noch nicht möglich, weil ihr beide noch nicht gewillt wart, der Liebe, der unglaublichen, erschütternden und unbegreiflichen Liebe in eurem Herzen den Platz einzuräumen, der dieser Beziehung, dieser Begegnung entsprach. Zuviel hielt euch noch ab, zuviel Hemmungen und Schüchternheit auf deiner Seite, zuviel Stolz, zuviel Diesseitigkeit von der Seite deiner Freundin.

Aber wir sagen dir, darauf kommt es nicht an. Nicht auf die Dauer der Beziehung kommt es an, sondern auf die seelischen Regungen und Empfindungen, die sie ausgelöst hat. Dann kann ein Jahr so lang sein wie hundert Jahre. Eine Stunde hat dieselbe Gültigkeit wie ein Jahr. Nicht die Dauer in Monaten ist entscheidend, sondern was zwischen euch entstanden ist, und das ist jenseits von Zeit und Raum. Ihr habt euch erkannt. Ein einziges Jahr lang habt ihr euch aneinander erfreut. Ihr habt euch gestritten wegen eurer sehr unterschiedlichen Persönlichkeiten. Aber das spielte keine Rolle. Deine Freundin war dreißig Jahre älter als du, eine alte Dame. Nun ist sie gestorben, und du leidest die Qualen der Trennung. Aber es wird nicht lange dauern, nach menschlichen Maßstäben, nach irdischer Zeitrechnung, bis ihr eine neue Gelegenheit sucht und auch ergreift, um euch erneut nahezukommen. Deine Freundin wartet auf dich, bis du soweit bist und das abgeschlossen hast, was du in diesem Leben noch zu erledigen hast. Das ist einiges – wir werden noch darüber sprechen.

Deine Freundin wartet auf dich. Zeit spielt dort in der astralen Welt, wo sie jetzt ist, keine erhebliche Rolle. Und sie wartet auf dich, um mit dir eine neue Verabredung zu treffen, um mit dir Pläne zu machen für eine nächste Inkarnation, in der ihr euch früher begegnen wollt, in der ihr mehr Gemeinsames erleben möchtet und in der ihr das, was ihr jetzt begonnen habt, fortführen könnt. Du darfst dich also freuen auf eine Fortführung. Nicht auf eine Wiederholung, sondern auf eine Weiterentwicklung dessen, was in diesem einen Jahr eurer Liebe entstanden ist. Ihr seit jetzt beide soweit, daß ihr keine größeren Pausen mehr einlegen müßt zwischen euren Begegnungen. Ihr kennt euch aus mehreren Leben schon sehr gut. Ihr habt manches miteinander durchgemacht. Viele Schwierigkeiten sind ausgeräumt. Vieles muß nicht mehr schmerzhaft gelebt werden, sondern kann sich in Zukunft einer neuen Zielsetzung zuwenden, und diese Zielsetzung geht weiterhin in die Richtung, die sich bereits angedeutet hat: zu lieben ohne Grund, über das oberflächliche Verstehen und Verstandenwerden hinauszugehen, einfach zu begreifen, daß Liebe mehr und anderes ist als die Summe der gemeinsamen Erfahrungen oder der gemeinsamen Interessen.

Freue dich auf das, was vor dir liegt, und betrauere nicht länger, was hinter dir liegt. Es war in diesem Leben eine Stufe, die ihr beide erklommen habt, um über eine Mauer schauen zu können. Im nächsten Leben werdet ihr jenseits dieser Mauer sein, und es werden sich für euch neue Paradiese auftun. Paradiese machen nicht immer glücklich, und dennoch tragen sie dazu bei, daß alles farbiger, echter und klarer erscheint. Du wirst mit deiner Freundin noch viele gemeinsame Stunden verleben in Körpern, die sich nahe sind, nicht als Liebespaar, sondern in einer Form, die auf Sexualität weitgehend verzichten kann, weil Sexualität nicht wichtig sein wird für die Intensität und Intimität eurer Seelenfreundschaft.

Du wirst dich jetzt auch ihrer Leitung und Führung aus der

317

astralen Welt anvertrauen können. Du bist ja ständig mit ihr in Verbindung, und sie ist es mit dir. Zwei Seelen, die sich so nahe sind, lassen einander nicht los, sondern verharren weiter in liebender Umarmung, auch wenn nicht mehr beide einen Körper zur Verfügung haben. Du kannst aber jederzeit darauf vertrauen, daß sie dich begleitet und daß sie dir auch Anregungen und Anleitungen geben wird dafür, wie du dein weiteres Leben sinnvoll, erfüllt und vor allem kreativ gestalten kannst. Denn das ist, was sie dir jetzt bedeuten möchte: »Ich bin bereit, dir mit meiner Kreativität zu zeigen, wie man es macht, etwas Eigenes und ganz Ungewöhnliches auf die Beine zu stellen. Vertraue dich meiner Führung an. Verzage nicht, entwickle deinen eigenen, ganz eigenen Standpunkt aus dem Wissen heraus, daß du alles in dir trägst, was notwendig ist, um dein inneres Lebensziel zu erreichen. Und dieses Lebensziel ist eines, das erst am Ende erreicht wird. Die Jahre, die du noch vor dir hast, sind Jahre der Fülle.«

Frage: **Ich bin überzeugt davon, im Alter von dreizehn Jahren meiner Dualseele begegnet zu sein, woraus sich eine sehr schwierige, komplizierte Beziehung ergeben hat. Was soll ich daraus lernen?**

Quelle: Hast du wirklich den Eindruck, daß du daraus noch nicht genug gelernt hast? Wenn du spürst, daß alles noch offen ist, obwohl eine Überfülle vorhanden war an Gutem und an Schmerzhaftem, das ebenfalls gut war, dann sei dir gewiß, daß das Lernen an einer Beziehung, die wirklich auf der Begegnung von zwei urverwandten Seelen beruht, auch weiterhin gültig bleibt, wenn Trennung, Schmerzen, Verständnislosigkeit und andere Phänomene, die Menschen als schwer bezeichnen, auftauchen. Wir sagen, du hast genug gelernt, aber du kannst auch weiterhin lernen, das schließt sich nicht aus. Vor allem kannst du lernen, daß Liebe und Problemlosigkeit keineswegs gute Gefährten sein müssen. Tiefe Liebe, tiefe Bindungen beruhen in aller Regel nicht auf Freiheit von Problemen, auf Konfliktlosigkeit und Harmonie. Tiefe Liebe wird erst dann herausgefordert, wenn das Ego überwunden werden muß, um den anderen zu erreichen. Und diese Überwindung darf nicht auf Kosten der eigenen Identität geschehen. Das charakterisiert die Begegnung mit der dualen Seele und ist eine Herausforderung besonderer Art. Oft braucht ein solches Gespann ein ganzes Leben, um sich über die Beziehung als solche und ihre Unverbrüchlichkeit klarzuwerden. Du hast dafür noch einiges vor dir, und dein Gefährte auch. Lerne, alles zu nehmen, was aus dieser Beziehung entsteht, ohne dein Selbst darüber aufzugeben, und mit dem Ausdruck »Selbst« meinen wir keineswegs das, was ihr als Ego bezeichnet.

Frage: **Ich bin eine Alte Seele und fühle mich sehr allein. Außerdem bin ich chronisch krank. Ich suche und suche und weiß nicht, wonach. Oft denke ich, daß ich vom Leben gar nichts mehr zu erwarten habe. Was nützt mir all meine Spiritualität und feine Energie?**

Quelle: Dein Suchen ist kein Suchen ohne Ende. Wenn du auch oft verzweifelt bist und ungeduldig mit dir und dem Schicksal, wenn du auch oft nicht verstehst, wozu deine Empfindsamkeit, dein Leid, deine Durchlässigkeit dienen sollen, mögest du doch wissen: Das ist ein Übergangsstadium, das dich von einer großen Unsicherheit in eine gelassene Sicherheit hinübergleiten läßt. Wir können dich nur mit einer Perspektive auf eine fernere Zukunft in diesem Leben trösten. Jetzt allerdings wollen und müssen wir dir sagen: Es gibt keinen Weg, der ein Umweg um das herum wäre, was du jetzt erlebst und lernst. Wir sagen nicht, du mußt hindurch. Wir wissen nur: Du willst hindurch. Und alles, was du erlebst, ist Ergebnis einer massiven Umstrukturierung deiner gesamten Befindlichkeit. Du bist immer noch eine Genesende. Du bist immer noch ein Mensch, der sich von einer tiefgreifenden, alle Aspekte seines körperlichen Seins umfassenden Neuorientierung erholt. Und diese Erholung geht – wie alle Ärzte wissen – nach Krankheiten nicht kontinuierlich voran, sondern hat oft den Anschein neuerlicher Krisen, den Anschein von Rückfällen und Rückschlägen, und doch geht es bergauf, merklich für den Experten, wenn auch für den Patienten oft unmerklich, weil er vor lauter Angst vor den Rückfällen und Rückschlägen nur wie gebannt auf sein Befinden starrt und jede Veränderung zum Negativen angstvoll registriert und darüber kaum wahrnimmt, daß ein Zuwachs an Kräften mit diesen Stadien einhergeht.

Wir wollen noch einmal von deiner Zukunft sprechen, damit meinen wir eine Zeit, in der du dich fühlen wirst wie ein Mensch, der aus einem Bad auftaucht, das seine ganze Haut mit einem wunderbaren Schimmer vergoldet hat. Während er in dem Bad lag, konnte er die Wirkung auf seine Haut nicht wahrnehmen. Erst das Auftauchen und der Blick in den Spiegel werden ihm gestattet, die Veränderung wahrzunehmen. Konkret gesprochen wirst du dich, sowie dieser Umstrukturierungsprozeß und die anschließende Genesungsphase abgeschlossen sind, körperlich wieder kräftiger, seelisch erfüllter, psychisch stabiler und geistig klarer fühlen. Du hast mit großem Mut dir vieles aufgebürdet. Wir sehen, daß es schwer ist. Du mögest auch sehen, daß du es dir in freiem und vollem Bewußtsein schwergemacht hast, damit du deine seelische Muskulatur kräftigst. Du trainierst wie mit schweren Hanteln, aber du wirst dadurch stark werden.

Und noch etwas stellen wir dir in Aussicht für die Zeit nach deiner Rekonvaleszenz, wenn du begonnen hast, dir deines eigenen Leuchtens bewußt zu werden. Du wirst in diesem Leben noch deiner Dualseele begegnen, und es wird für dich ein unendliches Glück bedeuten, einem Menschen zu begegnen, der dein entsprechendes Gegenstück bildet und zugleich ein identisches Wollen mit dem deinen hat, ein Mensch, der in jeder Beziehung anders und in jeder Beziehung gleich ist. Du wirst das erst verstehen, wenn du es erlebst. Aber wisse, was das bedeutet: Du wirst in deinem Alter nicht allein sein, du wirst in deinem Alter ein großes seelisches Glück erleben, und du wirst mit einer Erfülltheit aus diesem Leben scheiden, die wir dir jetzt nur in den schönsten Farben in die Wolken malen können. Das Bild jedoch muß dir selbst vor Augen stehen, damit du dich daran erfreuen kannst. Vorher wird es schwierig sein, aber nicht vergeblich. Denn deine Dualseele macht dieselbe Entwicklung durch wie du. Sie reinigt sich in dem Bad der Erkenntnis und wird dir in ebenso goldenem Licht erscheinen wie du ihr.

Wichtig ist in diesem Zusammenhang nur, daß du bei der Begegnung mit diesem Menschen, der zuerst gar nicht deinen Vorstellungen entsprechen wird, wie sie durch persönliche und gesellschaftliche Prägung entstanden sind, deine Ablehnung nicht in vollem Maße und ohne weiteres unbedacht aussendest. Halte die Augen und dein Herz offen, und verliere nicht zugleich deine wunderbare Unterscheidungsfähigkeit, denn nur sie wird dir ermöglichen, die richtige Person herauszufinden und alle anderen auszusortieren.

Frage: **Ich bin seit zwanzig Jahren mit meinem Seelenzwilling verheiratet. Es ist immer schön, aber nie einfach. Ich stehe ständig unter einem subtilen Streß und habe einen erhöhten Cholesterinspiegel, obwohl ich nicht viel Fett esse. Nun möchte ich die »Quelle« fragen, ob da irgendein Zusammenhang besteht.**

Quelle: Für diese Stoffwechselprobleme gibt es bei dir zwei Gründe: ein Mangel an Bewegung einerseits und eine beständige innere Anspannung andererseits. In gegenseitiger Interdependenz hängen diese beiden Gründe miteinander zusammen, denn wer ständig unter Anspannung steht, möchte sich entspannen können und wird deshalb träge; wer aber sich nicht bewegt, steht unter größerer Anspannung als jemand, der den Körper auf einer rein körperlichen Ebene in Bewegung bringt, um damit eine physische Entspannungsfähigkeit zu fördern. Davon abgesehen arbeitet die Leber in jeder Hinsicht besser, wenn ein gesundes Maß an Bewegung mit einem gesunden Maß an Entspannung einhergeht.

Da nun die meisten äußeren Streßfaktoren im vergangenen Jahr nach und nach beseitigt oder gemildert wurden, fragst du dich mit Erstaunen, woran die Belastung denn jetzt noch liegen könne. Wir möchten darauf hinweisen, daß die äußeren Faktoren – das heißt die äußere Arbeitsbelastung – bei weitem nicht der Hauptgrund für die bestehende Dauerspannung ist, sondern eine innere Verkrampfung, die durch keinerlei äußere Maßnahmen beeinflußt oder gemindert werden kann, da sie mit Arbeit oder Forderungen nach Leistung gar nichts zu tun hat. Diese innere Spannung entsteht nämlich aus einer ständigen unbewußten Bedrohtheit, die darauf zurückzuführen ist, daß Zweiheit nur gelebt werden kann, wenn Einheit aufgegeben wird, daß diese Zweiheit notwendig ist, um wiederum eine Einheit mit sich selbst herstellen zu können, anstatt sie bei einem anderen Menschen oder in entgrenzten Bewußtseinszuständen zu suchen.

Einheit in sich selbst und mit sich selbst zu kennen bedeutet, eine autonome und integrierte Persönlichkeit zu haben. Und diese kann nur entwickelt werden, wenn Zweiheit ohne ein erhebliches Maß an Angst und ohne eine ständige tiefe Bedrohtheit erfahren wird. Nun bemühst du dich seit einigen Jahren aus schmerzlicher Erkenntnis um diese Zweiheit, die zu einer neuen Einheit führt, stößt dabei jedoch auf zweierlei Widerstände: Der erste liegt in dir selbst, der zweite liegt in deinem Seelenzwilling.

Da du in diesem Leben einen Zustand der wirklichen und wahrhaftigen Getrenntheit nicht kennst, weil du immer mit einem anderen Menschen symbiotisch verbunden bist, hast du davor eine Angst, die namenlos und unbeschreiblich ist und so tief im Leben verwurzelt, daß sich jegliche Zweiheit bisher nur darüberlegen konnte. Dein Seelenzwilling bemüht sich auf seine Weise um Zweiheit, das heißt um das Aufbrechen der Symbiose. Und ihm ist, weil die Zweiheit in seinem Leben bereits so manifest zu sein scheint, nicht bewußt, wie sehr er auf Einheit pocht, wenn die erlangte Zweiheit an Bereiche zu rühren versucht, die von Einheit besetzt worden sind.

Ihr habt nun eure ineinandergreifende Gestimmtheit in der Weise zu leben versucht, daß ihr Zweiheit auf einer oberflächlichen, in gewisser Weise auch befreienden Ebene hergestellt habt, nur um dafür Einheit auf einer anderen, existentielleren Ebene um so stärker zu betonen. Die Dualseelenschaft bindet euch viel stärker und tiefer, als es ein partnerschaftliches Zusammenleben tun könnte. Wir haben oft gesagt, daß die tatsächliche Zusammenführung und das gelebte Zusammensein von Seelenzwillingen eine große Belastung für die Psyche darstellt, da es unmöglich ist, die Bindung in dieser Hinsicht von einer Einheit in eine Zweiheit zu überführen.

So beglückend nun diese Einheit sein kann und ist auf rein seelischer Ebene, so bedrohlich ist sie jedoch für beide Zwillinge im Hinblick auf ihre notwendige psychische Autonomie. Das Verschmelzen, Ineinanderfallen und symbiotische Existieren – der eine stets auf Kosten des jeweils anderen, was die psychische Stabilität betrifft, und immer gleichzeitig – stellt nun einen Streßfaktor dar, der keinesfalls nur dich betrifft, der aber von dir zur Zeit stärker gefühlt und ins Bewußtsein gehoben wird. Die Konflikte der letzten zwei Jahre mögen euch ein Hinweis auf die Dynamik dieser Aspekte sein. Ihr setzt euch mehr und mehr miteinander auseinander, und das ist gut. Ihr gewinnt dadurch in jeder Hinsicht mehr Sicherheit, mehr eigene Kraft, die euch auch unabhängig voneinander existieren läßt. Zu beobachten ist jedoch, daß eure Bedürfnisse nach Freiheit, Getrenntheit und Autonomie auf eine Art Gestalt annehmen, die sie paradoxerweise fast wieder zunichte macht, und das wiederum verursacht einen neuen, erheblichen Streß durch die emotionale Aussichtslosigkeit, die sich daraus abzuleiten scheint.

Wenn also du manchmal mit Zittern und Zagen wagst, eine Abweichung im Fühlen oder Denken, was eure Vergangenheit betrifft, festzustellen, versuchst du dies zu artikulieren und eine

Zweiheit durch Kritik oder Abgrenzung herzustellen. Sogleich aber wird dir von deinem Seelenzwilling entgegengehalten, daß du diese Gefühle nur dann haben darfst und diese Äußerungen nur tun sollst, soweit sie ihn nicht in seiner eigenen Sehnsucht nach Verstandenwerden und Angenommenwerden verletzen. Er schreibt dir bewußt oder unbewußt vor, wie du zu fühlen, zu denken oder zu äußern habest, was dich so zögerlich bedrängt – zögerlich, weil es dir angst macht, Konflikte wahrzunehmen. Und dadurch, daß er sogleich alle Schwingungen und Andeutungen korrigieren möchte, die ihm tiefe Gefühle von Nichtgesehenwerden, Nichtgehörtwerden, Nichtwahrgenommenwerden und Nichtverstandenwerden auslösen, behindert er eine wahre Auseinandersetzung, die ohne ein »Auseinander« nicht wirklich fruchtbar sein kann. Die Angst vor einem – auch nur vierundzwanzig Stunden währenden – echten Getrenntsein ist bei euch beiden viel größer, als ihr euch eingestehen mögt, da es mit euren bewußten Bemühungen und auch mit eurem Erleben von Zweiheit nicht übereinstimmt.

Du machst die Erfahrung, daß du bei Trennungsangeboten, die von dir ausgehen, zunächst ein positives, klares und gesundes Empfinden entwickelst. Wenn aber dein Freund mit einem sehr plötzlichen entsprechenden Kappen der energetischen Bindung reagiert, entstehen in dir heillose Ängste, ein Zustand, der kaum zu ertragen ist und schnellstmöglich wieder in die ursymbiotische Einheit zurückgeführt werden muß. Was weniger klar zutage tritt, ist, daß auch dein Seelenzwilling nur mit dem vollständigen Kappen der innersten Bindung und ihrer sichtbaren Demonstration reagiert, weil er ebenfalls aus seiner Angststruktur und seiner eigenen Ursehnsucht nach ungelöster Verbindlichkeit heraus handelt. Und so ergänzen und verquicken sich beide Reaktionen erneut auf eine Weise, die im bewußten Erleben zwar zu einer Beruhigung führt, im Innersten jedoch zu einer Angespanntheit, die auf das vegetative Nervensystem beider Beteiligten unangenehme Auswirkungen hat.

Wenn wir euch nun einen Rat geben dürfen, so möchten wir

euch sagen: Ihr könnt euch auf alle Bande der Seele und des Herzens verlassen und dabei auch die geistigen Verbindungen bestehen lassen. Und ihr dürft euch trotzdem zanken und streite,, ganz gleich, ob euch dies sinnhaft oder sinnlos erscheint, um die Zweiheit zu fördern. Es geht also darum, Zweiheit zu lernen. Zweiheit – das bedeutet, eine deutliche Trennung von Ich und Du bei einem gleichzeitigen Bewußtsein des Wir – aufrechterhalten zu können. Die Schwierigkeit bestand bislang darin, daß beide auf ihre Weise während einer Auseinandersetzung zugleich versucht haben, Einheit beizubehalten oder mit jedem Atemzug wiederherzustellen. Was dieser Vorgang für Anstrengungen erfordert, mag euch jetzt klarer werden. Wie so oft versucht ihr, das Unmögliche möglich zu machen, und das ist nicht nur deine persönliche Gewohnheit. Wenn also dein Zwilling nicht länger darauf besteht, daß du mit ihm nach seinen Regeln streitest, ihm also ein Gegenüber bist, ohne ihn in seinen Trennungsängsten zu berühren, wird einiges in eurer Beziehung besser werden. Wenn du selbst zur Zweiheit stehen kannst, ohne gleichzeitig auszustrahlen, daß du dich von Zweiheit bedroht fühlst, und sie im selben Augenblick wieder aufhebst, wird vieles besser werden, nicht nur mit eurer Liebe, sondern auch mit eurer Gesundheit.

✳

Frage: **Mir geht der Schmerz um meine alte Liebe seit Jahren nach. Warum läßt mich dieser Mensch innerlich nicht los, und wie soll ich mit diesem Gefühl umgehen?**

Quelle: Er ist dir begegnet, und jetzt ist er einfach nicht mehr da. So empfindest du das. Er ist jedoch immer noch da und, so möchten wir dir auch sagen, er wird immer bei dir sein, allerdings nur im Geiste und mit einigen Fasern seines Herzens. Sein Lebensplan führt ihn notwendigerweise in eine Partnerschaft. Die Partnerschaft ist jedoch nicht mit dir, sie soll und kann nicht mit dir sein. Liebe ist von einer Partnerschaft nicht abhängig. Du wirst nach und nach verstehen, daß du diesen Menschen lieben kannst und er dich auch lieben kann, ohne daß ihr euch berühren oder miteinander leben müßt. Wir wissen jedoch auch, daß dieses Nichtkönnen, Nichtdürfen immer für beide in unterschiedlichem Maße schmerzhaft sein wird. Ihr sehnt euch nacheinander, und doch spricht so viel dagegen, daß ihr zusammen seid.

Diese Seele steht dir sehr nahe, sie ist für dich wie ein Bruder, eine Schwester. Daher kommt es, daß der Verlust immer fühlbar sein wird. Aber wir können euch, euch beiden, auch in Aussicht stellen, daß es andere Existenzen, andere Lebenszeiten geben wird, in denen ihr euch untrennbar vereinen werdet. Es handelt sich um eine Beziehung, die derjenigen gleicht, die deine Seele ursprünglich angestrebt hatte, als du gezeugt wurdest und im Mutterleib heranwachsen konntest. Du sehnst dich nach einem Zwilling, du sehnst dich nach einem Menschen, der dir gleicht und der dich versteht ohne Worte, ohne Anstrengung. Du vermißt einen Zwilling auf der körperlichen Ebene, und du sehnst dich nach einem Zwilling auf der seelischen Ebene. Diese Sehnsucht kann niemand anderer beheben als deine alte Liebe, aber du lebst in diesem Leben nicht, um untrennbar mit ihm zusammenzusein. Du lebst, um die Sehnsucht zu spüren. Ihr kennt euch gut, ihr wart bereits nicht als Mann und Frau, sondern als Geschwister beisammen. Ihr liebt euch, auch wenn eure Lebensfäden euch auseinanderziehen, und du wirst wieder mit ihm leben in einer Form, die euch beide glücklich macht. Trennen und wiederfinden, auseinandergehen und zusammenfinden, das ist ein Thema, das Dualseelen immer wieder und immer wieder beschäftigen wird. Jetzt ist eine Phase der Trennung, dann kommt eine Phase des Wiederfindens. Du wirst dich unendlich freuen und das Gefühl von unauflöslicher Zusammengehörigkeit, das du jetzt erahnst, wird für dich Realität sein.

Seelisches Teamwork am Beispiel einer Großküche

Frage: **Wird unsere ganz normale Zusammenarbeit auf der Erde – im Beruf, im Team, in der Gruppe – auch von den Seelenrollen geprägt? Und haben Gruppen von Menschen einen eigenen Energiekörper?**

Quelle: Ihr seid nicht allein. Das gilt für eure körperlichen ebenso wie für die außerkörperlichen Dimensionen. Ihr seid nicht allein, und das bedeutet auch, daß ihr euer Energiegefüge und das eurer Umwelt nicht aus der Kraft der Fragmentierung allein aufrechterhalten müßt. Die Fragmentierung macht euch zu vielen, zu einer Vielheit, die aus einer Ganzheit entspringt. Die Erinnerung an die Vielheit ist in jedem von euch auf beiden Ebenen, auf der körperlichen und der nichtkörperlichen, stets vorhanden.

Eine irdische Gruppe oder eine Organisation, der ihr euch wahrhaftig zugehörig fühlt, ist das Abbild einer solchen Vielheit. Die kleinste Gruppe ist eure Familie. Eine Familie, ganz gleich, ob sie liebevoll und harmonisch oder abweisend und lieblos miteinander umgeht, ist eine wichtige Komponente eures Lebens. Sie ist von großer Bedeutung, und alles, was für die Familie gilt, kann für alle Formen erweiterter Familie angewandt werden.

Erweiterte Familie nennen wir Interessenvereinigungen, kleine bis mittelgroße Firmen, karitative Organisationen, Reisegesellschaften, Clubs, kurzum, alle Gruppen, die dem Individuum ein gewisses Maß an gleichen Interessen und an Geborgenheit vermitteln. Diese Geborgenheit mag angestrebt sein oder nicht – sie stellt sich ein, wenn zwei Dinge vorhanden sind. Das eine ist ein gemeinsames Ziel, und das andere ist die Tragfähigkeit einer bestimmten Zusammensetzung von Essenzen oder Seelenrollen, die die Verfolgung eines solchen Ziels erst ermöglicht.

Wenn wir von einem Ziel sprechen, so meinen wir nur in einer oberflächlichen Hinsicht das Ziel, das sich Menschen in einer Gruppe oder einer Organisation bewußt setzen. Unter dem be-

wußt und absichtlich zweckorientiert angestrebten Ziel verbirgt
sich eine innere Zielsetzung, die durch das, was wir innerhalb der
Matrix Entwicklungsziel nennen, bestimmt wird. Diese Zielsetzungen sind aber nicht im selben Maße gültig, wenn eine Gruppe
oder eine Organisation eine gewisse Anzahl von Individuen
überschreitet, die für den einzelnen nicht mehr recht erfaßbar
wird oder ihn emotional überfordert. In der Regel ist das bei
einer Zahl von Personen, die über hundert hinausreicht, gegeben. Eine unüberschaubar große Familie, ein Clan, in dem keine
persönlichen Kontakte mehr stattfinden können unter allen seinen Angehörigen, eine Firma, in der sich nicht einmal alle Ab-
teilungsleiter kennen, erfüllt also nicht mehr die Kriterien, die
wir an eine Gruppe oder eine Organisation, die ein eigenes Energiegefüge besitzt, stellen.

Nun kommen wir zum Kern dieser Frage: Besitzt eine solche
Organisation oder Gruppe einen eigenen Energiekörper? Wir
sagen nein, sie besitzt keinen eigenen Energiekörper, sie verfügt
jedoch – und das tritt an die Stelle eines Energiekörpers, der nur
einem Fragment mit einer Einzelseele eigen sein kann – über ein
kollektives Wollen und Schubkraft. Diese Schubkraft nennen
wir Dynamik. Dynamik ist etwas äußerst Bewegtes und Bewe-
gendes und hat eine eigene energetische Wirkung.

Unter Energiekörper hingegen verstehen wir die verschiedenen Schichten des Bewußtseins, die eine fragmentierte Seele in
jedem Augenblick ihres inkarnierten Daseins mit sich trägt. Das
sind zum einen die Schichten der Erinnerung ihrer Verbundenheit mit dem Ganzen, die Schichten der Erinnerung an frühere
Existenzen, die Schichten der Erinnerung an alles, was sie bislang in ihrer Jetzt-Inkarnation erlebt hat, und zum anderen auch
die Schichten dessen, was sie erahnt und was sie in Zukunft gestalten möchte.

Diese Schichten bilden verschiedene Bereiche der Aura und
verbinden ein Fragment mit der Seelenfamilie, der es entstammt,
und auch mit einem historischen Kollektiv sowie mit der eigenen
Rasse und den genetischen Eltern. Viele dieser Schichten sind

vorhanden, es sind nicht nur drei oder sieben, wie viele annehmen. Die Aura ist ein hochkomplexes Gebilde und verfügt sowohl über Konstanten als auch über Variablen.

Die Dynamik einer Gruppe oder einer Organisation kann ebenfalls außerordentlich stark sein. Sie entwickelt und bewegt sich zwischen den Kräften der vereinigten Energien einzelner Seelenrollen, die an einem Projekt oder einer Willensbildung beteiligt sind, und ihrer inneren Zielsetzung. Es handelt sich um die Bewegung eines raschen Austausches zwischen den Erfordernissen der Essenzen und den zwingenden Maßnahmen, zu denen die Entwicklungsziele einen Menschen drängen.

Wir geben euch ein Beispiel, und dieses Beispiel kann euch auch zeigen, daß die Abbilder solcher Gruppen und Organisationen vom Kleinen bis ins Große hinein strukturell den Aufgaben und Zusammensetzungen von Seelenfamilien entsprechen. Eine Firma richtet eine neue Großküche ein, um ihre Angestellten zu verköstigen. In dieser Großküche sind achtundvierzig Personen beschäftigt. Von diesen achtundvierzig Personen sind gut zwanzig Künstler und Krieger, und diese Künstler und Krieger halten sich vorwiegend dort auf, wo es viel zu tun gibt. Sie kreieren den Speiseplan, schwingen den Kochlöffel, schwenken die großen Töpfe und sorgen dafür, daß mit großem Einsatz jeden Mittag zu einer bestimmten Zeit alles bereitsteht. An der Kasse und an der Ausgabe werden sich hingegen Weise am wohlsten fühlen.

Gesetzt den Fall, daß dieses Team vorwiegend aus Künstlern, Kriegern und Weisen besteht, wird sich ein bestimmtes Energiefeld bilden, das die Dynamik prägt. Die Erfordernisse einer Großküche werden wiederum bestimmte Menschen anziehen, und die Arbeit in dieser Großküche wird vor allem solchen seelischen Individuen Freude machen, die sich die Entwicklungsziele »Beschleunigung« und »Unterordnung« oder das Hauptmerkmal »Ungeduld« gewählt haben. Aber eine solche Organisation kann weder effizient arbeiten noch mit Erfolg die Notwendigkeiten erfüllen, wenn nicht eine straffe Führung vorhanden ist.

Das bedeutet, daß an verschiedenen Schlüsselfunktionen auch einige Seelen mit dem Ziel »Herrschen« ihr Tätigkeitsfeld finden.

Wenn wir nun alle diese Matrixelemente gemeinsam betrachten und auf der einen Seite die Seelenrollen und auf der anderen Seite die Ziele untersuchen, werden wir gemeinsam feststellen können, daß sich bestimmte Schwerpunktbildungen gar nicht ergeben können, während andere zwingend sind. Die Energie, die Willensbildung, die Schubkraft, die sich aus der Dynamik zwischen den Essenzen und den Zielsetzungen, die wiederum zu äußeren Zielsetzungen führen müssen, bilden, ergeben eine Bewegung und eine Beweglichkeit, die wiederum eine starke Wirkung auf die Umgebung hat und eine Strahlung verbreitet, die sich aus dem Gesagten ableitet.

Gewiß wird jede größere Organisationseinheit auch Elemente beinhalten (und in der Regel brauchen), die eine Ruheposition und eine neutrale Haltung einnehmen. Wenn wir bei unserem Beispiel der Großküche bleiben, wird es hier auch jemanden geben müssen, der sich gern zurückzieht, um die Materialberechnungen und die Buchführung zu machen, doch wird dies für die Gesamtausstrahlung einer solchen Gruppe nicht ins Gewicht fallen.

Nicht alle Aspekte eines Seelenmusters tragen somit zu der bezeichnenden und identifizierbaren Art bei, wie die seelische Dynamik einer Gruppe oder Organisation von der Familie bis hin zu einer wichtigen Firma beschrieben werden kann. Und weil euch die Familie als Gruppe so vertraut ist, möchten wir auch auf diesen Faktor noch einmal eingehen, um euch die Gegebenheiten klarer vor Augen zu stellen.

Die klassische Konstellation aus Vater, Mutter und zwei Kindern soll dafür erweitert werden durch eine Tante und einen Großvater. Wir erhalten dadurch sechs Personen, die miteinander in einer engen biologisch ableitbaren Beziehung stehen. Die Zusammensetzung der Essenzen wird ab einer Gruppe von sechs Personen stets einen Schwerpunkt bilden, das bedeutet, von einer der sieben Seelenrollen werden mindestens zwei, in der Regel sogar drei Exponenten vorhanden sein. Also zwei bis drei Krieger oder drei Priester oder drei Weise, und diese werden mit der jeweils zweitgrößten Gruppe einen Konsensus finden über die Art, in der zusammengelebt wird, wie dieses Leben organisiert wird. Und auch die Ziele, die sich eine Familie bewußt oder unbewußt steckt, werden durch Schwerpunktbildung innerhalb der Matrix bestimmt.

Dadurch erscheint eine Familie mehr als nur über das allgemein bewußte Faktum einer Blutsverwandtschaft nach außen hin als Einheit – sowohl in positivem als auch in einem negativen Sinn, das bedeutet: als eine abgrenzbare, oft auch isolierte Gruppe. Die Familienzugehörigkeit im Sinne einer Ausstrahlung oder einer Dynamik wird eher an der Matrixzusammensetzung als an den inneren neurotischen Absprachen als solchen zu erkennen sein. Vielmehr sind diese Absprachen auf die jeweilige Zusammensetzung der Essenzen und die Zielsetzung im Sinne der Matrix zurückzuführen. Die Kämpfe und Auseinandersetzungen, die dadurch entstehen, können eine gewinnbringende, wärmeerzeugende oder schmerzhafte Reibung hervorbringen. Diese Reibung wiederum ist ein Teil der Dynamik, die wir beschrieben haben und die eine Art Strahlung um die Gruppe herum bildet.

Wenn ihr jetzt ein Interesse daran habt, die besondere Qualität, die eigenartige Dynamik einer Gruppe oder Organisation wahrzunehmen und sie gegebenenfalls für eure Interessen zu nutzen, ist es vor allem hilfreich, die Wirkung einer solchen Gruppenenergie auf euren eigenen Körper, der euer primäres Resonanzfeld darstellt, zu prüfen. Spürt ihr also primär neutrale Gelehrten-Energie, könnt ihr euch anders darauf einstellen, als wenn in erster Linie kommunikative Energie auf euren Körper trifft.

Beobachtet, welche Bereiche, welche Chakren, welche Drüsen in eurem Körper angeregt werden oder sich beruhigen. Das ist viel leichter, als ihr euch vorstellt, denn euer Körper reagiert unmittelbar, und zwar nicht nur über die euch schon bekannten

Reaktionsmuster. Alle Bereiche eurer Physis reagieren auf Schwingungen, sofern sie mit einer gewissen Ballung ausgesandt werden. Sollte also euer Magen anfangen zu knurren, wißt ihr, daß die Bauchspeicheldrüse anfängt zu arbeiten und die Verdauungssäfte fließen, und ihr erkennt: Hier ist kriegerische, aktive, aggressive, herrscherliche und ausdauernde Energie vorhanden. Sie wird von der Mehrheit der Komponenten einer bestimmten Gruppe produziert. Wenn ihr hingegen das starke Bedürfnis spürt, etwas zu sagen, was ihr sonst nicht sagt, oder einen Druck im Hals oder bestimmte Hustenanfälle oder das Gefühl, einen Frosch im Hals zu haben, wißt ihr, daß kommunikative Energie vorwiegt, ganz gleich, ob gesprochen wird oder nicht. Auch die Unterdrückung von Kommunikation, nicht gesagte Dinge, die im Raum stehen, werden bei euch unmittelbar ankommen, wenn ihr auf diese Signale achtgebt.

Wir können jetzt nicht alle Rektionen im einzelnen durchgehen. Ihr könnt übertragen und Analogien herstellen. Uns geht es um das Prinzip, und wenn ihr einmal euer Instrument geeicht und verfeinert habt, wird es euch ein leichtes sein, mit Hilfe dieser Wahrnehmungskanäle einen Zugang zu der inneren Dynamik von Gruppen und Organisationen zu finden. Jede Gruppe hat ihre bestimmte Eigenart. Sie ist jedoch nicht immer identisch mit der Selbstdefinition, die eine Gruppe sich zuschreibt. So gibt es Friedensorganisationen, in denen das Kämpferische und das Kriegerische bei weitem überwiegen, und Militäreinheiten, die primär auf Kommunikation achten, so daß ihr veranlaßt seid, im einzelnen die Ausstrahlung zu überprüfen und nicht nur den oberflächlichen Bekundungen Glauben zu schenken. Spürt, was euch wirklich angeht, spürt die Wahrheit und Direktheit von energetischen Mitteilungen. Dadurch wird mehr Klarheit, mehr Kraft in euer Leben kommen. Ihr könnt euch nach inneren Wahrheiten richten, anstatt euch auf etwas zu verlassen, das euer Empfinden Lügen straft.

VI.

Religio – die spirituelle Rückbindung

Die persönliche, fast private Spiritualität erlebt seit knapp dreißig Jahren eine bedeutsame Renaissance, nimmt aber vollkommen andere Formen an als in früheren Jahrhunderten. Vielfach wird sie gespeist von religiösen Traditionen des Ostens, von Meditation, Yoga, Gurus und Ashrams. Besonders im »Westen« aber sucht der »aufgeklärte« Mensch nach einem religiösen Bezugssystem, das ihm eine ganzheitliche Vision seiner Existenz vermittelt, ohne seine naturwissenschaftlich geprägte Weltsicht außer Kraft zu setzen. Wir wollen am Computer arbeiten und auch Tarot legen, zum Mars fliegen und uns trotzdem geborgen fühlen unter Gottes Sternen.

In diesem Kapitel geht es um ein neues Verständnis urmenschlicher Bedürfnisse. In der Schöpfungsgeschichte, wie sie die Bibel schildert, erleben wir anschaulich den Konflikt zwischen einer kindlichen Sehnsucht nach ungebrochenem Vertrauen in die Allmacht eines höheren Wesens und dem brennenden Wunsch nach Erkenntnis. In Buddhas Kindheitslegende wird geschildert, wie sein königlicher Vater versuchte, ihn von der Welt fernzuhalten – in einem unwissenden, unschuldigen, paradiesischen Zustand. Als er zum ersten Mal vor die Tore des Palastes trat, gingen ihm die Augen für das Leid der Welt auf, und er wurde ein Wissender.

In unserem Begehren nach Wissen unterstützt uns die »Quelle«. Der moderne Mensch des Westens hat ein doppeltes Verlangen: Er möchte seine urtümlichen, lebensnotwendigen Mythen nicht verlieren, aber auch verstehen, was sie in der Sprache seines Zeitalters bedeuten. Seine Religiosität braucht Anschauungsformen und Inhalte, die ihm begreifbar sind und seine aktuellen Bedürfnisse nach transzendenter Wahrheit befriedigen. Dennoch darf die innere Anbindung an die gewachsenen Traditionen unserer Zivilisation nicht ganz verlorengehen.

Die »Quelle« weiß um die historische Wandelbarkeit der

menschlichen Gottesbilder. Sie weist darauf hin, daß Religionen für Menschen da sind und ihnen Trost bringen sollen. Gott braucht keine Anbetung. Die Abschnitte über Gott als die allmächtige, allwissende Vaterfigur, über Gebet, Meditation und kultische Symbole der Menschheit führen diese Gedanken weiter aus.

Ein uraltes Symbol religiöser Erfahrung ist die Begegnung mit einem Engel. Zu Beginn dieses Kapitels wird erklärt, was nach der Aussage der »Quelle« unter Engelsmacht zu verstehen ist. Zu dem vielen Menschen vertrauten Gefühl, einen Schutzengel zu haben, meint die »Quelle«, daß es sich bei den Schutzwesen um seelische Instanzen aus der eigenen Seelenfamilie handelt, die aus einer zwar transpersonalen, aber doch noch durchaus seelischen Dimension stammen. Engel hingegen, so hören wir, sind Vertreter von Kräften, die den Welten jenseits des Seelischen angehören.

Engel setzen sich für einen Ausgleich der Kräfte ein, wann immer das übergeordnete Energiegefüge ins Ungleichgewicht gerät. Engel sind demnach nicht etwa liebreizende geflügelte Wesen, wie wir sie uns traditionell vorstellen, sondern sie stiften auch Unfrieden, wenn es nötig ist, um einer größeren, uns unbegreiflichen universellen Harmonie willen. Wir erfahren, daß die sieben Grundenergien auch in diesem Zusammenhang walten.

Und wenn das Allganze einen globalen Energiewechsel vollziehen muß, gibt es zugleich immer große Helfer in Menschengestalt, deren Körper allerdings von einer Seelenstruktur belebt wird, die anders ist als die unsrige. Es handelt sich um Transliminale Seelen (kausale Energien fahren in den Körper einer Seele ein, die ihre letzte Inkarnation beendet hat), die mit einer globalen Mission kommen und notwendige spirituelle Angebote machen, damit der Mensch seine Zuversicht angesichts einer ihm unbegreiflich erscheinenden Welt nicht verliert. Das bei uns bekannteste Beispiel für eine solche Wirkung ist Jesus. Wir haben in »Archetypen der Seele« davon berichtet (S. 349ff.). Transpersonale Wesen (die gesamte Seelenfamilie belebt den Körper einer Alten Seele, damit wird sie von einer Einzelseele zu einer Kollektivseele) kommen häufiger vor, wenn die Seelen der Menschen sie herbeisehnen. Wir hören nun von einer solchen Gestalt, Sathya Sai Baba genannt. Die »Quelle« erläutert uns aber auch die Eigenartigkeit des kleinen Jungen Flavio aus Argentinien. Er hat in einer anderen physischen Welt seinen Inkarnationszyklus abgeschlossen und hat sich nun bereit erklärt, sich auf der Erde als Mensch einmal zu inkarnieren, um uns von seiner seelischen Gemeinschaft berichten zu können. Dies ist ein gutes Beispiel für die Vernetzung alles Seelischen.

In einem Abschnitt über das Pfingstwunder (ein kollektives Erleuchtungserlebnis) erfahren wir Neues über die Funktion besonderer Erscheinungen im Gefüge der Seelengemeinschaft.

Religiöse Gruppierungen, ganz gleich welcher Art, brauchen Symbole und kultische Gegenstände, die sie als heilig verehren. Die »Quelle« erklärt uns, was Heiligkeit bedeutet und wie wir Menschen selbst die Schwingung von Objekten auf eine höhere Frequenz anheben können – allein durch unsere Anbetung. Auch Schamanismus und Besessenheit sind Energiephänomene, die in diesem Zusammenhang erörtert werden.

Doch wehe, wenn kultische Anbetung aus dem gesellschaftlich akzeptierten Rahmen fällt! Wirkt sie bedrohlich auf die Glaubens- und Moralvorstellungen der Mitmenschen, läßt man Kulte und Sekten nicht mehr gelten und verfolgt ihre Anhänger – oft bis in den Tod. Ein Unterkapitel ist deshalb dem Thema der nichtoffiziellen spirituellen Suche gewidmet und beantwortet auch eine Frage nach der Funktion der katholischen Kirche in unserer Welt an der Wende zum einundzwanzigsten Jahrhundert nach Christi Geburt.

Da spirituelles Heilen in der jüngsten Zeit wieder eine hohe Bedeutung bekommen hat, beantwortet die »Quelle« auch Fragen zum Schamanismus, zur Besessenheit und zur Heilkraft inkarnierter Seelen.

Engel – Verwalter kosmischer Energien

Frage: **Neuerdings erscheinen viele Bücher über Engel. Die großen Religionen berichten auch alle davon. Ich möchte wissen, ob es wirklich Engel gibt. Was ist denn ein Engel?**

Quelle: Erscheinungen, die ihr Engel nennt, sind die Botschafter des Allganzen, die Träger der Bewußtheit von einer Sphäre zur anderen und die Vermittler zwischen dem Ganzen und dem Fragmentarischen. Das Große Ganze ist – auch für uns – so unermeßlich, daß es keinem einzigen Wesen im Kosmos begreiflich oder erfaßbar wäre. Um es aber zu vermitteln, entsendet die jeweils umfassendere Energie oder Bewußtheitsdimension Abgeordnete, Sendboten, Botschafter an die jeweils weniger erweiterte Schicht des Mentalen und des Sensualen, um sich mitzuteilen. Wie ein Stein, der ins Wasser fällt, viele konzentrische Kreise bildet, winzige Wellen, die endlich am Strand auflaufen und so auch das kleinste Sandkorn benetzen können, gibt es Impulse, die vom Allganzen ausgehen und auch die Einzelseele erreichen.

Engel also sind Träger der Bewußtheit. Dem, was wir euch aus unserer jeweils noch eingeschränkten Wahrnehmungsweise mitzuteilen versuchen, könnt ihr entnehmen, daß es Botschafter oder Sendboten unterschiedlichster Energieformen gibt und daß nicht alle die gleichen Bewußtseinsformen vertreten. Sie haben nicht alle dieselben Aufgaben, sondern erfüllen unterschiedliche Funktionen. Je näher die Sendboten des Großen Ganzen eurer eigenen Bewußtseinsschicht stehen, um so wahrnehmbarer sind sie für euch. Deshalb nehmt ihr die wesenhaften Bewußtseinsstrukturen, die zum Beispiel von Aspekten eures Höheren Selbst gebildet werden, auch am häufigsten und am deutlichsten als engelhaft wahr. Ihr bezeichnet und empfindet sie als eure persönlichen, euch zugeordneten Schutzwesen oder Schutzengel. Wir aber würden sie nicht im eigentlichen Sinne als Engel bezeichnen, da sie jeweils ein energetischer Teilaspekt von euch selbst sind. Wollten wir sie also als Engel bezeichnen, müßte man einen jeden von euch, ein jegliches seelisches Fragment, ebenfalls als Engel bezeichnen. Wenn ihr es so wünscht, könnt ihr es tun! Doch verunklärt es das, was ihr eigentlich von uns wissen möchtet.

Auch Verstorbene sind nicht zu verwechseln mit Engeln, selbst dann nicht, wenn sie ihre jüngste Inkarnation in Gestalt eines kleinen Kindes, und sei es noch so unschuldig, beendet haben. Ein Verstorbener entledigt sich seiner letzten Gestalt, und es ist der vom Körper befreiten Seele fast gleichgültig, welchen Körper sie vorher bewohnt hat. Wenn euch also ein verstorbener Mensch im Traum oder in einer Vision erscheint, wird und kann er nicht die Imago eines Engels bekleiden. Eine engelhafte Gestalt nehmen, wenn überhaupt, nur Wesenheiten an, die euch anders nicht erreichen können als über eine visuell-spirituelle Erscheinung. Doch viel häufiger noch spürt ihr eine Präsenz, ohne daß ihr eine Gestalt erblicken könnt. Und wir sagen euch: Je feiner, höher und reiner die Bewußtseinssphäre ist, aus der der Sendbote in eure Dimension eindringt, um so weniger und um so seltener ist er tatsächlich materialisiert. Sichtbar wird er nur werden, wenn er – wir könnten auch »sie« oder »es« sagen – es für unumgänglich hält, wenn diese Sichtbarkeit also eine wie auch immer geartete Funktion für die Wirkung besitzt. Engelhaft und sendbotenhaft ist alles, was euch erreichen kann, aber von jenseits der Welten der Seele kommt. Es bringt euch in Verbindung mit Schichten der Bewußtheit, die weit über eure seelische Identität hinausreichen.

Wir sprechen von Bewußtseinsordnungen und Dimensionen der Bewußtheit. Das bedeutet jedoch keine spirituelle Hierarchie, das heißt, eine Rangfolge der Heiligkeit unter denen, die wir euch als Engel beschreiben. Wir behaupten also nicht, es gebe bessere und geringere Engel, stärkere und schwächere. Wir sagen: Es gibt Sendboten aus verschiedenen Sphären. Manche sind weiter oder dichter, und andere sind begrenzter oder transparenter. Das jedoch ist, wie wir auch in allen anderen Dingen stets betonen, kein Unterschied in der Qualität, sondern nur in der Funktion und in der Trägerschaft.

Das Große Ganze oder Allganze nennt ihr bisweilen auch Gott. Wie immer ihr es aber benennt – es ist das, was alles bewegt. Es erfüllt alles mit Sinn, ohne selbst einen Sinn zu haben. Es ist unbeschreiblich und unbegreiflich, es sei denn, es manifestiert sich in irgendeiner Form oder Gestalt. Sie kann mental, sensual oder materiell sein. Und so wie ihr die Liebe nur erfahren könnt über die Verbindung, die zwischen zwei Menschen zu irgendeinem Zeitpunkt in einer inkarnierten Existenz hergestellt wird – im günstigsten Falle bereits vor der Geburt – und so wie diese Liebe euch über ein unsichtbares Band an die göttliche Instanz anbindet, könnt ihr auch das Engelhafte, das Sendbotenhafte, die Vermittlung der göttlichen Energie – die nicht nur Liebe, aber auch Liebe ist – nicht anders erfahren, als durch die Berührung mit einer Kraft, die sich euch manifestiert. Sie muß sich manifestieren. Sie kann nicht anders, als sich durch eine von euch erfahrbare Berührung im Mentalen oder Sensualen zu manifestieren.

Wir nennen immer wieder diese beiden Bereiche und möchten dazu sagen, daß sie die großen Trichter sind, in die die grenzenlose Energie einfließen kann, um sich zu kanalisieren. Das Mentale ist das Prinzip der geistigen Erkenntnisfähigkeit. Das Sensuale ist das Prinzip der reinen Empfindung. In den außerkörperlichen Dimensionen besteht weiterhin die Möglichkeit energetischer Kommunikation. Doch fließen hier nicht nur telepathische Mitteilungen oder Einsichten hin und her. Auch Empfindungen wie Liebe, Verständnis und Nähe werden übermittelt. In allen Bewußtseinswelten werden zwei Pfade beschritten, die jedoch nicht im Gegensatz zueinander stehen, sondern sich dual ergänzen: der Pfad der Erkenntnis und der Pfad der Liebe.

Engel sind weder männlich noch weiblich, sie sind nicht einmal sächlich. Wie aber wolltet ihr sie begreifen, wenn wir sie nicht in euren Kategorien erfassen und beschreiben würden? Alles, was ihr an engelhafter Wirkung erfahrt, an Erweiterung eu-

res Bewußtseins von der Eingebundenheit eures Seins in das große Sein, muß also in einer mentalen und in einer sensualen Form
in euch eindringen. Und alle Erscheinungen müssen für euch in
irgendeiner Weise assimilierbar sein, sei es, daß ihr sagen könnt:
»Ich war angerührt«. Oder: »Ich sah ein Licht«. Oder: »Ich hörte
eine Musik«. Oder: »Ich lauschte der Stille«. Oder: »Ich war nicht
da und kam zurück.« Das, was ihr euch wie ein Flügelrauschen
oder den sanften Flügelschlag von Engeln vorstellt, hat mit wirklichen Flügeln nichts zu tun. Flügel sind die sensuale Vorstellung, die ihr mit dieser Empfindung, dieser Berührtheit verbindet.

Selbst die Erfahrung von Licht, von Lichtgestalten oder -er-
scheinungen ist nur eine Hilfskonstruktion für das, was ihr erlebt. Es ist nichts anderes als ein Kontakt mit einer andersartigen
Energieform, und das ist stets zugleich eine Bewußtseinsform,
die euch ungewohnt, fremd und doch unendlich angenehm ist,
weil sie euch Dimensionen eröffnet, die euch existentiell zuste-
hen und eure Existenz hervorbringen. Sie binden euch an die
göttliche Kraft, so daß ihr nicht allein seid, euren Mut nicht verliert und gespeist werdet mit einer Speise, die durch nichts zu
ersetzen ist.

Wenn ihr annehmt, daß Engel grundsätzlich die Funktion haben, euch zu behüten und zu schützen, müssen wir euch sagen:
Dies ist keineswegs der Fall. Was euch schützt und behütet, das
sind seelische Anteile eures Selbst, das, was ihr euer Höheres
Selbst nennt, oder das seelische Kollektiv, dem ihr zugehört – die
Seelenfamilie. Sie wacht aus in bestem Sinne eigennützigen
Gründen darüber, daß ihr in der inkarnierten Gestalt so lange
existieren könnt, wie es nötig ist, um eure jeweiligen Aufgaben
im Sinne des Großen Ganzen zu erfüllen.

Das Engelhafte, die vielen unterschiedlichen und doch einer
einzigen Kraft entspringenden energetischen Instanzen, haben
andere Aufgaben, andere Wirkweisen, als den Schutz des eingekörperten Fragments vor dem Verlorengehen. Vielmehr sind
diese Vermittler zwischen den unterschiedlichen Energieschich-

341

ten Transmitterstoffen vergleichbar, die einen Organismus erst befähigen zu funktionieren. Sie sind übrigens auch diejenigen, die biologisches Leben und seelisches Leben miteinander verknüpfen, denn Leben ist Energie. Physisches menschliches Leben ist eine Energie, die einen Teilaspekt der überwältigenden Energie der Großen Kraft abbildet. Die verkörperte Energie kann ohne die entkörperte nicht sein. Wird die Übermittlung unterbrochen, verliert der Körper sein Leben.

Wir werden einen Vergleich benutzen, der euch profan erscheinen mag; aber er ist sehr anschaulich. Engel sind auf verschiedenen Ebenen der energetischen Kompetenz die Buchhalter, Prokuristen und Verwalter, die Inspektoren der Energie, die sie trägt und die sie verteilen. Und so wie ein Imperium bis hinunter zum letzten Beamten durchorganisiert werden muß, um zu funktionieren, handlungsfähig zu bleiben und der Gesellschaft zu dienen, damit alle Wege von oben nach unten bis in die feinsten Verästelungen und wieder zurück beschritten werden können, ist es auch mit den Sphären des Bewußtseins.

Und ein Letztes möchten wir euch berichten. Die sieben Grundenergien, die euch jetzt bereits ein wenig vertraut sind, haben auch im Bereich der Bewußtheitsboten ihre Gültigkeit. Wir können also mit Fug und Recht behaupten: Es gibt unter den Sendboten solche, die euch vorwiegend unterstützen und dienen (Energie 1), andere wieder, die euch mit kreativer Kraft erfüllen (Energie 2) und wiederum solche, die auf Kontakte und kommunikative Prozesse achten und sie fördern (Energie 5); dann solche, die euch mit ihren Kräften anstacheln oder verteidigen oder stärken (Energie 3), solche, die euch führen und leiten (Energie 7), und solche, die eure Liebesfähigkeit fördern und unnötige Begrenztheit auflösen (Energie 6), dann wieder gibt es Engel, die euch lehren (Energie 4) – und dies jeweils aus der von ihnen vertretenen Bewußtseinsschicht heraus.

Es ist nicht selten so, daß auch die engelhaften Sendboten erwartungsvoll beben und zittern in der Hoffnung, daß ein Mensch oder ein anderes beseeltes Wesen im Kosmos sich öffnet, um sie zu empfangen. Wenn aber, und das kennt ihr aus euren Sagen, Legenden und heiligen Schriften, eine menschliche Gemeinschaft sich verschließt oder allzu lange in einem angstvoll-spannungsvollen Zustand verharrt, ohne Hilfe zu finden, dann sind die Sendboten bisweilen bereit, ihre sonst übliche Zurückhaltung zu überwinden, um ihrerseits zu den Seelen zu kommen, zu all den Fragmenten, die sich verirrt oder verloren haben, um sie durch ihren Flügelschlag wieder an die vielen anderen Möglichkeiten zu gemahnen, die ihnen stets offenstehen. In solchen Fällen aber müssen sie allerdings Gestalten annehmen, die sehr viel Energie kosten, denn eine Bewußtseinsenergie braucht eine erhebliche Anstrengung, um sich optisch oder in anderer Form so zu verdichten, daß es zu einer sogenannten Erscheinung kommen kann, die einer Materialisation gleichkommt. Nur wenn es unumgänglich ist, werden die Kräfte des Kosmos, die Sendboten des göttlichen Prinzips, diesen Schritt auf euch zu tun.

Wir, die wir zu euch sprechen, sind gewiß auch Übermittler. Dennoch würden wir uns nicht in dem soeben definierten Sinne als Engel bezeichnen. Wir gehören noch den Welten der Seele an, der kausalen Bewußtseinswelt. Ihr versteht unter Engeln etwas Fremdes, Numinoses, Heiliges – Kräfte, die ihr nie erfassen oder auch nur kennenlernen könnt, unantastbar, ehrfurchtgebietend. Und wir geben euch recht. Gerade so aber möchten wir für euch nicht sein.

Es würde sich für euch alle, die ihr auf eurem Planeten in menschlichen Körpern weilt, vieles ändern, wenn ihr die Bewußtseinskräfte der unendlich vielen Mittler, wie wir es sind – der Heerscharen, wir ihr sie nennt –, normaler, selbstverständlicher und häufiger in Anspruch nehmen könntet, so als seien sie ein Teil eures Alltags. Ihr könnt sie fragen, ihr könnt sie bitten, ihr könnt euch an sie wenden, je nachdem, ob ihr Unterstützung, Belehrung, Kommunikation, Erweiterung eurer Liebeskräfte, Führung oder neue Impulse oder eine Vertiefung eurer Kreativität benötigt. Seid nicht so schüchtern! Traut euch mehr zu, denn wir und viele, die so sind wie wir, sind ja da – für euch! Wir sind zwar nicht nur für euch, aber auch für euch da. Wir existieren einerseits, weil wir existieren, und andererseits, weil wir eine Funktion haben. Wenn kein Mensch uns ruft oder allzu wenige von euch diese Möglichkeit in Anspruch nehmen, verkümmern unsere Funktionen wie Muskeln, die man nicht benutzt. Energie bleibt frisch und fließt munter nur, wenn man sie fließen läßt. Energie führt zu einem Spannungszustand, wenn sie nicht fließen darf.

Für euch als vereinzelte Fragmente des Allganzen ist es wesentlich leichter, schöner und beglückender, wenn der Kontakt ohne Anstrengung von der einen oder der anderen Seite zustande kommt. Energieübermittler wie wir sind stets da, bei euch, neben euch, über euch und unter euch. Fürchtet uns nicht, betrachtet uns nicht als Fremde. Verehrt uns nicht, sondern betrachtet uns als Freunde! Wir sind zwar nicht wie ihr, doch für euch sind wir die Brücke, die ihr überqueren könnt, um in die Dimensionen des Transpersonalen und Transzendenten zu gelangen. Wir körperlosen Wesenheiten aus der kausalen Welt der Seele sind die Himmelsleitern. Wir dienen euch gern mit den verschiedenen Sprossen, die unsere Energien darstellen, und die niederste Sprosse ist nicht weniger wichtig und wertvoll als die höchste.

Unsere Kraft ist keine Engelskraft. Der Begriff »Engel« ist erst sinnvoll, wenn das Seelische als engere oder erweiterte Existenzform keine Gültigkeit mehr besitzt – also jenseits der drei Welten der Seele. Die Fragmentierung ist wohl auf der kausalen Bewußtseinsschicht bereits aufgehoben, doch besteht noch eine Erinnerung an diese Fragmentierung weiter, die es uns ermöglicht, direkt und ohne Umschweife zu euch zu sprechen, da wir euch aufgrund unserer Erfahrungen in Zeit und Raum sehr nahe sind. Engel hingegen, die eigentlichen Engel im engeren und strengeren Sinn, sind und waren niemals inkarniert. Sie sind auch keine Seelen, denn sie haben keine Seelen. Das Seelische ist ein Teilbereich des Kosmischen, aber nicht das Ganze. Die Bewußtheitswelten der Seele sind Manifestationsformen, die keineswegs mehr als ein Segment des übergeordneten Ganzen ausmachen.

Wenn ihr die Kontakte mit der kausalen Welt zu nutzen versteht, könnt ihr sie nutzen für alle Belange und alle Bereiche eures Lebens. Keiner ist zu groß oder zu gering. Wir möchten damit sagen: Mit uns könnt ihr intim werden! Mit Engeln hingegen werdet ihr einen Kontakt erleben, der mit dem, was euer Leben, euren Alltag ausmacht, nichts gemein hat. Es handelt sich um eine so einschneidend andere, umfassende Bewußtseinserweiterung, daß sie nicht länger als nur einen Augenblick, einen Flügelschlag lang, erträglich bliebe. Auch werdet ihr begreifen, wenn wir sagen: Das Berührtwerden durch eine Engelkraft kann kein Teil des Alltags werden. Das wäre nicht notwendig, das wäre nicht sinnvoll. Um seine Wirkung zu entfalten, muß das Engelhafte sich in einer Ausnahmesituation manifestieren. Die Bewußtheitskraft ist so überwältigend, daß sie einen Nachhall erzeugt, der über die Jahre und Jahrzehnte hinweg gültig ist. Andere, weniger entgrenzende und erweiternde Energieübermittler übernehmen dann die Aufgabe, diesen Nachhall zu pflegen.

Frage: **Könnt ihr uns von einem historischen Engelkontakt berichten, an dem wir dies nachvollziehen können?**

Quelle: Während der Friedensverhandlungen zum Ende des Dreißigjährigen Krieges in Münster, die scheinbar den erwartungsgemäßen Verlauf nahmen, trat plötzlich eine Stille unter den Beteiligten ein, so daß den Anwesenden der Atem stockte und das Herz fast stehenblieb. In einem Moment, als jeder gemäß seinem politischen Auftrag seine Partikularinteressen erbittert vertreten wollte und nur scheinbar zu einer wirklich friedenstiftenden Lösung bereit war, erfuhren plötzlich alle Beteiligten eine Bewußtseinserweiterung und ließen einen Blick in die Runde schweifen, der ihnen zeigte, daß sie auf ihrem ursprünglichen

Vorhaben nicht mehr beharren konnten. Sie erkannten, daß auch kein anderer mehr in der Lage war, darauf zu bestehen oder das durchzuführen, was ursprünglich heimlich geplant war.

Da es sich aber um eine innere Berührtheit handelte, von der zu sprechen nicht opportun war, über die aber zugleich unter allen Beteiligten ein unausgesprochener Konsens herrschte, ist dieses Erlebnis nicht in die Annalen eingegangen, obgleich die Wirkungen ungeheuerlich stark waren und auch für lange Zeit gültig blieben. Keiner von den damals Anwesenden konnte jemals wieder so begrenzt, so beschränkt denken und handeln wie zuvor. Wann immer eine größere Gemeinschaft sich für lange Zeit der Bewußtheit, der Liebe und den Interessen des Großen Ganzen verschließt, werden Boten entsandt, die die Verhärtung unter großen Anstrengungen wieder auflösen. Diese Boten sind Verwalter und Hüter der großen Gesamtenergie, und wann immer eine spezielle Erscheinungsweise von Energie nicht mehr im Gleichgewicht ist, sei es durch zuviel Frieden oder auch zuviel Unfrieden, und das über allzu lange Zeit, wird ein Eingriff vorgenommen.

(Varda: »Bevor ich ganz draußen bin, möchte ich sagen, daß ... diese Engelsenergie in Münster aus einer Bewußtseinsschicht der Barmherzigkeit [Energie 6] kam, daß aber der Ausbruch jener Feindseligkeiten in Europa ebenso von einer Engelskraft bewirkt wurde, und zwar von einer Kraft der Energie 3, der kriegerischen Grundenergie, von der vorher gesagt wurde, daß sie anstachelt. Das nur, um begreifbar zu machen, daß Engelskräfte nicht in dem üblichen Sinne immer nur friedenstiftend und liebend sind, wie wir es verstehen, sondern daß auch Geschehnisse, die uns unangenehm erscheinen und starke Turbulenzen auslösen, die feindselig und destruktiv wirken, ebenso in großem Stil auf Einwirkung von kosmischen Engelskräften zurückgehen können, ohne daß sie im geringstem Maße diabolisch genannt werden sollten.«)

Das Wunder des Pfingsttages

Am Pfingstwochenende 1993 übermittelte uns die »Quelle« im Rahmen einer persönlichen Durchsage für einen Seminarteilnehmer eine Botschaft über die Bedeutung des Pfingstfestes. Im folgenden Jahr trafen wir uns am Pfingstsonntag mit einigen Freunden zu Trancesitzungen, und Franks Wunsch war es an diesem Tag, die »Quelle« zu dem Pfingstereignis noch einmal zu befragen. Er las zunächst auf griechisch die Passage aus dem Neuen Testament vor. Wir anderen verstanden zwar nicht die Sprache, aber ihr Wohllaut versetzte uns doch in eine besondere Stimmung. Ich war bereits in Trance und versuchte, mich auf die Schwingung des Textes einzulassen, indem ich Franks bewegter, vertrauter Stimme lauschte. Mir war ganz feierlich zumute, und ich konnte die Resonanz meiner priesterlichen Seelenrolle in mir spüren. Auch während der Durchsage, die erst begann, nachdem wir den deutschen Wortlaut gehört hatten, hielt diese besondere Vibration an. Seitdem die »Quelle« zwei Jahre zuvor über Jesus und die Kreuzigung zu uns gesprochen hatte, fühlte ich mich der christlich-religiösen Tradition und ihrem Begründer auf neue Weise verbunden. Ich entwickelte auch eine andere Beziehung zu einigen vergangenen Leben, in denen der Christenglaube für mich eine viel wichtigere Rolle gespielt hatte als in meiner jetzigen Inkarnation. Diese Botschaften über das »Reden in Zungen« betreffen außerdem unsere mediale Arbeit ganz direkt und stellen sie in einen erweiterten Zusammenhang.

Pfingsten 1993

Quelle: Wir möchten eure Erinnerung wecken und euer Bewußtsein dafür stärken, daß ihr im Rahmen eurer Religion den Pfingsttag begeht. Dieser Pfingsttag wird gefeiert zum Gedenken an die Ausgießung des Geistes und seine Manifestation durch das Lösen der Zungen.

Wir erinnern euch heute daran, weil wir euch sagen möchten: Jeder von euch kann sein eigenes Pfingstwunder zelebrieren, wenn er sich öffnet dafür, daß seine Zunge gelöst wird. Und auch dadurch öffnet ein Mensch sich, daß er Fragen stellt, die die Zungen der unsichtbaren göttlichen Kräfte lösen.

Das Pfingstwunder ist Ausdruck einer Gnade, die Empfänger und Spender gleichermaßen segnet. Ihr Menschen macht euch in diesem Austausch zu klein, wenn ihr darauf beharrt, daß ihr die Unbedeutenden, Unwürdigen seid, denen etwas zuteil wird, was sie nicht verdient haben. Wir aber, die wir euch auch etwas spenden und etwas sagen wollen, sind nicht nur dankbar, sondern darauf angewiesen, daß ihr uns fragt. Eure Fragen lösen unsere Zungen. Und wir sind viele. Wir können euch stets zur Verfügung stehen, nicht nur an einem Tag im Mai, sondern alle Tage und alle Nächte, wenn ihr euch öffnet, so daß das kleine alltägliche Wunder geschehen kann.

Offenheit ist kein Zustand an sich. Offenheit ist nicht Selbstzweck. Lernt ebenfalls, euch zu verschließen. Ihr könnt die Zungen des Göttlichen nur dann hören, wenn ihr auch einen so sehr verschlossenen Zustand kennt, daß ihr gar nichts vernehmen könnt. Denn wenn ihr lange eure Ohren zugehalten habt, werdet ihr anschließend das feinste Wispern des Windes, das zarteste Rauschen der Blätter und den Atem der Großstadt hören können – in einer Weise, die nicht möglich ist, wenn ihr ständig lauscht und eure Ohren nie verschlossen haltet.

Pfingstsonntag 1994

Frank liest vor: »Und während der Tag des Pfingstfestes voll wurde, waren sie alle zusammen an demselben Ort. Und es geschah plötzlich vom Himmel ein Brausen wie eines daherfahrenden gewaltigen Windes und erfüllte das Haus, in dem sie saßen. Und es erschienen ihnen sich zerteilende Zungen wie von Feuer, und sie setzten sich auf einen jeden von ihnen, und sie wurden erfüllt alle mit heiligem Geist. Und sie begannen zu reden wie mit anderen Zungen, wie der Geist es ihnen gab auszusprechen.«

✴

Frage: Wie sollen wir das Brausen vom Himmel, das sich anfühlt wie das Dahinfahren eines gewaltigen Windes, verstehen?

Quelle: Verwunderlich ist jedes Geschehnis für alle, die es nicht erwarten, nicht verstehen und nicht teilen. Wundervoll ist jedes Erlebnis für alle, die es mit sich geschehen lassen, ohne verstehen zu wollen, und die sich mit allem, was sie sind und haben, darin mitteilen.

Der Wind, das Brausen, von dem die Rede ist, gibt nichts anderes wieder als die ungeheure Bewegtheit, die Ergriffenheit, das Erfaßtwerden eines jeden einzelnen jener Menschen, die zusammengekommen waren. Es spricht von einer gemeinsamen, auch gemeinsam erzeugten und gemeinsam empfangenen Schwingung, die dadurch entstand, daß sich die Anwesenden zusammengefunden hatten, um etwas Vertrautes, das sie über die Maßen verband, wieder zu spüren; aber auch dadurch, daß diese Bereitschaft zu spüren, zu fühlen, zu erinnern, die Schwingung aller, auch der nicht unmittelbar Beteiligten, so anhob, daß eine andere, sonst wenig manifeste Schwingung mit den Mitgliedern dieser Versammlung, dieser Gruppe, in Berührung treten konnte.

Ihr wißt aus eigener Erfahrung, daß ein innerer Tumult, ein Aufruhr, eine Bewegung sich auch bei euch oder in Gruppen von Gleichgesinnten wie ein Sturm ausdrücken kann durch Entladung von Gesten, von Lauten, von Tränen. Das ist auch in diesem Fall geschehen. Wenn alle bewegt sind und tiefer und voller atmen, um dieser Bewegung Herr zu werden, und es doch nicht gelingt, weil es gar nicht gelingen soll, dann entsteht ein Raunen, ein Rauschen, ein Wind, der wie ein Wirbel die Räume erfüllt. Die Energiezentren öffnen sich alle gleichzeitig durch die kollektive Vernetzung, die alltäglichen Funktionen der Sinne erfahren eine Entgrenzung und Ausweitung, alles wird lauter wahrgenommen und intensiver gespürt. So könnt ihr euch vorstellen, daß das Angerührtsein in der Bewegung wie ein brausender Wind empfunden werden kann, der wie mit einem Sog eine neue und fremde, für viele befremdliche Schwingung herbeiführt. Doch dies ist erst der Anfang.

Frage: Der Text fährt fort, von sich zerteilenden Zungen wie von Feuer zu sprechen, und sagt aus, daß sich eine solche Zunge auf jeden der Anwesenden setzte. Was bedeutet das in unserer Sprache?

Quelle: Die Intensität eines solchen gemeinschaftlichen Verzückungserlebnisses ist euch schwer begreiflich zu machen, da ihr es am eigenen Leibe erlebt haben müßtet, um es zu verstehen. Und doch wissen wir, daß einige von euch auf eine solche oder ähnliche Erfahrung zurückgreifen können und sich erinnern werden, daß gemeinschaftliche Erlebnisse eine potenzierte Wirkung auch auf das eigene, individuelle Gemüt haben und zu einer Entgrenzung führen können, die von vielen als Hysterie ängstlich abgetan, von wenigen als beglückend, mitreißend und tiefgreifend verändernd empfunden wird.

Wann immer eine Gemeinschaft von einer Woge emotionalen und mentalen Gleichklangs simultan ergriffen wird, ist sie bereit, Dinge zu erfahren, Informationen zu empfangen, die ihnen unter anderen Umständen schwerlich gegeben werden können. Wir meinen damit nicht die Berührung des Individuums durch das Individuum, der Einzelseele durch die Einzelseele, sondern einer großen Anzahl seelischer und außerseelischer Kräfte, die sich an eine größere Gemeinschaft von miteinander vernetzten, verbundenen und verschwisterten Seelen wendet.

Die Manifestation von Flämmchen über den Köpfen der Anwesenden ist eine Empfindung, keine physikalische oder optische Realität. Das Sichverzehren der persönlichen Ängste für einen begrenzten Zeitraum wird von vielen, die sich bewußt oder getragen von einer größeren Energie in diesen Zustand begeben, als ein Lichtstrahl, eine Helligkeit, ein Gleißen, ein Verzehrtwer den auf angenehme oder beängstigende Art empfunden. Und wenn ihr sehen könntet, wie eine von gemeinschaftlichem innerem und äußerem Geist ergriffene Gruppe um sich herum und zwischen sich ein Energiefeld von extremer Intensität bildet, und wenn ihr zugleich die Aura dieser Gruppe wahrnehmen könntet, würdet ihr sie auch als ein bläulich zuckendes Licht erfahren.

Und da ihr so etwas für möglich haltet oder es schon kennt, würde es euch nicht so verwundern oder verstören wie die Zeugen des damaligen Ereignisses, sondern ihr würdet es als ein wundervolles Leuchten erfahren, das eure Herzen und euren Geist mit ebendiesem Licht erfüllen kann. Denn das Energiefeld weitet sich überall dorthin aus, wo es eine Resonanz findet und eine Berührung der Energien stattfindet.

Die Öffnung des siebten Chakras auf dem Scheitel eines Menschen ist oft wie eine Fontäne, eine Krone, ein Lichtfeuerwerk beschrieben worden. Und wenn eine Versammlung von zwanzig oder mehr Menschen sich simultan öffnet und das Scheitelchakra zum Empfang aktiviert, dann steigt die gestaute Energie wie eine Fontäne aus dem Kopf nach oben und bildet Felder, die sich mit den Feldern anderer wiederum berühren. Dies geschieht gerade dann, wenn dieser Zustand nicht willentlich, wissentlich, absichtlich und bewußt herbeigeführt wird, sondern als ruckartige, plötzliche, unerwartete Entgrenzung erlebt wird.

Solche Magnetfelder steigern gegenseitig ihre Spannung, und es ist nicht verwunderlich, daß dieses Phänomen als ein Zucken von geteilten Lichtzungen beschrieben wurde. Viel verwunderlicher ist es, daß Menschen, mehr oder weniger stark beteiligte Beobachter, diese Erscheinung überhaupt wahrnehmen konnten. Denn vergeßt nicht, weder die Jünger noch die anderen Aramäer, Juden, Galiläer und Jerusalemer Bürger, die anwesend waren, hatten sich jahrelang in stiller Meditation oder östlichen Bewußtseinstechniken geschult. Sie waren keine Esoteriker, sie hatten keine Vorstellung, keine Theorien, keine Techniken. Alles war recht spontan und innerlich. Die Menschen, die diesem

Ereignis beiwohnten, hatten einen Lehrer, doch sie hatten keine Lehre, die das, was ihnen so unmittelbar vermittelt wurde, in einen theoretischen und einen praktischen Teil unterschied. Niemand hat die Lehre für sie gedeutet. Sie waren die ersten, die sie empfingen, und sie waren angesichts der direkten Übermittlung und des unmittelbaren Vorbilds ratlos, verwirrt und überfordert.

Gerade diese Überforderung ist es, die viele von ihnen dermaßen geöffnet hat, daß sie nicht mehr denken wollten, konnten und mochten und dafür Dinge an sich heranließen, denen sie sonst verschlossen geblieben wären. Unter ihnen war keiner, der so klar denken konnte wie Paulus. Unter ihnen war keiner, der abstrahieren wollte, denn um mit dem Menschen Jesus einen innigen Kontakt herzustellen, mußten sie in der Lage sein, mit seiner Seelenessenz, dem emotional geprägten Heiler, eine Verbindung herzustellen. Diese Verbindung ging nicht über die Kräfte des Intellekts, sondern über die Kraft des Emotionalen, des Unmittelbaren, Bildhaften, Unterstützenden, Berührenden, Sinnlichen – der Energie 1.

Frage: **Es war jetzt eben mehrfach von einer Botschaft, die empfangen wurde, die Rede. Worin bestand sie?**

Quelle: Dieses Ereignis war ein Berufungserlebnis für all die verwundeten, verwirrten Gemüter, die sich ihres Zentrums, ihres geliebten Lehrers beraubt sahen. Sie hatten ihr Leben auf einen Menschen gebaut, der plötzlich entschwunden war, sie hatten aufgegeben, was sie aufgeben konnten und standen jetzt vor den Trümmern ihrer Existenz – ein entscheidender Augenblick für alle, die etwas Neues geschehen lassen möchten. Sie waren zusammengekommen, um sich zu trösten, den Jammer in der Gemeinschaft zu erleben, zu klagen, sich die Brust aufzureißen und die Haare zu raufen.

Sie wollten bei den anderen Ratlosen Rat holen, und der

Schmerz, der sie zusammengeführt hatte, war es auch, der sie öffnete für eine Weisung, für diese Berufung, die alle gleichzeitig vernahmen, ohne sie in Worten zu hören. Sie wurde empfunden und erkannt, sie wurde ihnen enthüllt durch eine plötzliche, nicht für jeden dauerhafte, aber doch einige Jahre andauernde Erleuchtung, die jeden einzelnen befähigte, von seinen Bedenken, kleinlichen Vorstellungen, Gebundenheiten und Verstricktheiten, Argumentationen, Entschuldigungen und Rationalisierungen Abstand zu nehmen und mit einer mitreißenden Unbeirrbarkeit einer bekennenden, verbreitenden Aufgabe nachzugehen, die ihnen zuvor nicht möglich gewesen wäre, da jeder für sich allein so viele Zweifel, so viel Trauer, so viele Sehnsüchte, so viel Verlassenheit und Einsamkeit spürte, daß die Möglichkeit für ein Fortwirken aus der verwaisten, beraubten Mitte heraus ohne das Pfingstwunder nicht gegeben gewesen wäre.

Die Botschaft also war für alle und jeden einzeln: Du bist es, der berichten kann, du kannst erzählen, du kannst bezeugen! Du weißt, weil du weißt, du fühlst, weil du fühlst. Es gibt nichts zu erklären, du kannst durch dein Sein eine Mitteilung machen, die dir jeweils im Moment gegeben wird. Es ist nicht nötig, daß du nachdenkst, es ist nicht nötig, daß du aus dir heraus etwas entwickelst. Du hast jetzt erlebt, wie dir ein Geschenk gemacht wird, wie dir ein Zugang eröffnet wurde, der offenbleibt. Du kannst dich zur Verfügung stellen, und der Raum, der sich durch deine Hingabe, dein Vertrauen ergeben hat, wird weiterhin gefüllt im Überfluß mit Überfluß. Nichts anderes gibt es zu tun, als deinen Mund zu öffnen, dein Herz strahlen zu lassen und dich an diesen Tag zu erinnern. Wenn es einmal möglich war, wird es immer möglich sein.

Frage: Ich möchte noch genauer wissen, was diese angerührten Menschen auf den Marktplätzen der Städte inhaltlich sagen sollten oder wollten.

Quelle: Zunächst einmal war da wenig Inhalt. Da war Entrückkung, Ekstase, ein Verwandeltsein, ein Leuchten, das jeden Menschen umgibt, der, wenn auch nur für einige Minuten, seine Angst fahren läßt. Das allein hatte bereits eine Wirkung, die nicht zu unterschätzen ist. Wenn ihr einen Menschen seit längerer Zeit kennt und er plötzlich vor euren Augen verwandelt ist und eine andere, neue Strahlung besitzt, dann werdet ihr nicht fragen: »Wieso, warum, woher und wozu?« Ihr werdet erst einmal ergriffen sein von dieser Strahlung. Und ihr werdet sie zunächst einmal erfahren und genießen wollen. Das Jauchzen, das Jubeln, mit und ohne Worte, die Verzückung, die einen Nachklang und ein weites Echo erzeugt, sind genug. Erst später wird jemand der ein solches Entgrenzungerlebnis erfahren hat, versuchen wollen, davon zu berichten und es zu verstehen.

Ihr dürft auch davon ausgehen, daß jeder der Anwesenden, der in diesen Zustand der Entrückung verfallen war, aus seinem Schmerz, aus seiner Liebe heraus eine überaus deutliche, niemals mehr zu bezweifelnde und verneinende Präsenz des entschwundenen Meisters erfahren hatte, die eine unerschütterliche Gewißheit erzeugte. Auch eine solche Gewißheit hat eine Wirkung auf – ihr dürft es nicht vergessen – die vielen schlichten Gemüter der Anwesenden. Sie fragten sich nicht, welches physikalische oder psychische Phänomen, welche pathologische Verformung oder welches Irresein dort vorliegen müßte, sondern sie erhielten aufgrund der Schlichtheit ihrer Herzen und ihrer unverbildeten Mentalität einen direkten Impuls, einen unmittelbaren Eindruck von dem, was geschah.

Ihr wißt auch aus eigener Erfahrung, daß unter Menschen, die wenig von den Methoden von Dialektik oder Scholastik, den wissenschaftlichen Fragetechniken und dem westlich-analytischen Denken geprägt sind, kaum mentale Zweifel in der euch vertrauten Form aufkommen, daß viel weniger in Frage gestellt wird. Ein einmal empfangener Eindruck bleibt ein solcher Eindruck. Er wird von Generation zu Generation weitergegeben und behält seine eigene, unmittelbare Qualität bei. Seine Deutung ist eine spätere und ebenfalls wichtige, gültige Form des Denkens, aber unter den damaligen Zeitgenossen gab es nur wenige, die über die Verzückung der Anwesenden lachten oder das Ereignis deuteten, zum Beispiel indem sie meinten: »Sie sind alle betrunken.«

Frage: **Von welcher energetischen Schwingungsebene wurden die Menschen bei diesem Erlebnis berührt?**

Quelle: Ihr könnt es als eine Verbindung von kausal-seelischen Kräften mit machtvollen Engelskräften in der von uns beschriebenen Weise verstehen. Wir haben von Engeln als Verwaltern kosmisch-göttlicher Energie gesprochen, und dieser Energien gibt es viele. Sie müssen, um von Menschen empfangen zu werden, eine Transformation durchlaufen, und sie bedienen sich, um Menschen zu erreichen, der Zwischenträger und Boten, die mit Menschenseelen unmittelbar in Kontakt stehen. Das sind die Mitglieder der einzelnen Seelenfamilien, die in aller Regel wiederum Verbindungen haben zu anderen Seelenfamilien, die bereits ihren Inkarnationsweg abschließen konnten. Diese wiederum sind mit weiteren, bereits länger in der Kausalwelt existierenden Seelen verbunden, und dort endlich gibt es solche, die im Begriff stehen, ihre Seelenqualität aufzulösen und sich dem Übergang zu einer nichtseelischen Schwingung hinzugeben.

Frage: **Wurde demnach die Entstehung des Christentums durch diese beiden Energieströme – also einerseits durch das konkrete Auftauchen der Transliminalen Seele Christus, wie die Evangelien es schildern, und andererseits durch diese Berufungserlebnisse und die dadurch ausgelösten Energien – vorangetrieben?**

Quelle: Auch eine Transliminale Seele kann nicht allein arbeiten, wenn sie Menschen erreichen will. Sie braucht die Unterstützung der übergeordneten Energien und auch die Unterstützung materieller, manifester, verkörperlichter Helfer. Der gesamte Vorgang, wenn wir ihn denn als solchen bezeichnen wollen, ist innerhalb der irdischen Gesetzmäßigkeit von Kausalität ein Prozeß, der Energien und geistige Schwingungen in Konkretes umwandelt, in Handlungen, in Wirkungen, in Einsichten, die auch physisch ihre Folgen haben. Energie wandelt sich im irdischen Prozeß zu Historie und bedarf dafür einer großen und immer größer werdenden Anzahl von verkörperten Einzelseelen.

Und so erlebt ihr, daß diese ursprüngliche, für Menschen nicht faßbare und wahrhaft unerträgliche Schwingung heruntertransformiert wird bis hin zum einfältigsten Pfarrer und seinen Schäfchen. Wer jemals von einem Quant, einem winzigen Teilchen, dieser ursprünglichen Energie auch nur für eine Mikrosekunde berührt wurde, wird sie auf seine Weise und unabhängig von ihrer Qualität weitertragen, da sie erhalten bleibt. Und das gilt ebenso für alle anderen Energien.

Wir möchten euch übrigens daran erinnern, daß nicht nur dieses Energiephänomen eurer Religionsgründung, dessen Ausdruck der Gesalbte ist, Gültigkeit besitzt. Die Christusenergie setzt keineswegs andere Energien außer Kraft, wie so oft erwartet oder erhofft wird. Vielmehr verhält es sich so, daß jeder, der zum Beispiel mit Krieg und Gewalt in irgendeiner Form, sei es über persönliches Erleben oder Lektüre, über den Bericht eines anderen, durch ein Foto oder wodurch auch immer in Berührung gekommen ist, das weiterträgt, was er empfangen hat. Wie er die empfangene Energie nutzt und transformiert, das unterscheidet sich nicht grundsätzlich davon, wie er das Christusbewußtsein benutzt und transformiert. Es ist seine eigene Sache, seine Verantwortung, seine freie Entscheidung.

✳

Frage: **Was bedeutet real in unserer Sprache dieses berichtete »Sprechen in Zungen«?**

Quelle: Wenn ein Mensch seine Angst losläßt, sein Hauptmerkmal und andere essentielle Ängste transzendiert, löst er sich aus seiner Blindheit und verläßt die Schiene seines begrenzten Zeitempfindens. Er erhält unmittelbaren Zugang zu seiner seelischen Vergangenheit, und da dieser Zugang wiederum eine Begrenzung durch die aktuelle Zeit erhält, in der er existiert, nicht die, in der sein Bewußtsein weilt, können die Erinnerungen, die früheren Ereignisse aus vergangenen Leben nur nach und nach freigegeben werden.

Die ersten Erinnerungen, die auftauchen, sind jene Geschehnisse, die einen besonderen, starken, manchmal traumatischen, manchmal beglückenden Eindruck hinterlassen haben. Und so geschieht es und geschah es, daß die Zeugen des Pfingstwunders in Leben zurückfielen, in denen sie andere Sprachen gesprochen hatten, um sich verständlich zu machen, und daß sie unmittelbar in die Ausdrucksweise solcher vergangener Leben verfielen, daß sogar viele sich aus früheren Leben wiedererkannten, die sich vorher nur aus dem aktuellen Leben gekannt hatten. Sie erlebten ihre Vieldimensionalität, ihre Essenz, den Kern und schauten das Ganze ihrer Existenz. Während dieses überwältigenden Ereignisses konnten sie sich plötzlich untereinander ansprechen in den verschiedenen Sprachen, die sie zu anderen Zeiten miteinander gesprochen hatten.

Und nachdem diese erste Stufe wie eine Hürde genommen war, erkannten sie, daß sie sogar sprechen konnten, ohne zu reden. Sie entwickelten eine energetische Metasprache, die in ihren Inhalten und Gehalten auch von anderen, Nichtbeteiligten, vernommen werden konnte. Die Zuhörer hatten unmittelbaren Zugang zu dem Gesagten, weil diese Metasprache wiederum Erinnerungen in ihnen auslöste. Sie hörten; sie verstanden nicht, und doch begriffen sie.

Wenn es heißt »Gehet hinaus und redet zu allen Völkern«,

dann bedeutet dies vieles. Es bedeutet: Teilt euch mit allem mit, was ihr seid und habt! Vertraut darauf, daß ihr aus der Fülle heraus reden könnt, daß ihr auch Sprachen sprechen könnt, die nicht eure Muttersprache sind. Es genügt, in diesen Trancezustand zurückzugehen mit offenen Augen, um angeschlossen zu sein an die Quellen eures kollektiven und individuellen Bewußtseins. In der Gewißheit dieses Auftrags und dieser Berufung wird es euch leichtfallen, ein solches Vertrauen zu entwickeln und diese seelische Leistung zu vollbringen.

Es handelt sich also bei dem Pfingstereignis, wie es überliefert wurde, um eine stufenweise Befreiung des eingeengten Bewußtseinsstroms. Und wenn ihr euch klarmacht, wie leicht es ist, ohne die Begrenzung des einengenden Verstandes alle jemals gehörten Laute und Sprachen zu aktivieren, von denen ihr glaubt, daß ihr sie nicht sprechen könnt, von denen aber jede einzelne als Eindruck in eurem Bewußtsein gespeichert ist, dann wundert ihr euch nicht mehr, wie dies möglich ist nach einem solchen Erlebnis, das ein für allemal eine spezifische, nicht von jedem erreichbare oder auch nur wiederholbare Prägung hinterlassen hat bei den seinerzeit Beteiligten.

Frage: Ich wundere mich aber trotzdem! Ihr habt von Erleuchtung gesprochen, ihr habt aber auch an anderer Stelle gesagt, wie schwierig es ist, den Energiezustand der Erleuchtung zu ertragen, und welche energetischen Voraussetzungen ein Mensch zum Beispiel vom Seelenalter mitbringen muß. Wie war es denn für diese Jesusjünger, die doch bestimmt nicht alle Alte Seelen auf der Stufe 5 oder älter waren, überhaupt möglich, über viele Jahre hin ein solches entgrenztes Bewußtsein zu ertragen?

Quelle: Wenn wir euch gesagt haben, daß ein solcher Zustand nicht jederzeit für jeden erreichbar ist, dann meinen wir »erreichbar« in dem Sinne, daß man sich um ihn nicht bemühen kann, selbst wenn man alle Kräfte einsetzt, die einem Individuum zur Verfügung stehen: Ausdauer, Fleiß, Erkenntnis, Bildung, Meditation, Ehrgeiz, Egolosigkeit und was immer. Diesen Zustand kann man vor einem bestimmten Seelenalter nicht aus eigener Kraft erreichen.

Etwas anderes ist es, wenn er gesandt wird – gesandt von transpersonalen Kräften zu einem bestimmten Zweck und Ziel. Die unmittelbare Prägung durch Jesus und Christus, die direkte körperliche, seelische und geistige Berührung mit diesem Träger und Boten der Göttlichkeit, machte es möglich, daß gerade solche Menschen, die sich nie bewußt, ehrgeizig, zielstrebig und nachhaltig um einen solchen Erleuchtungsweg bemüht hatten, geöffnet werden konnten, und daß gerade sie, die es nicht erwarteten – wir erinnern euch an unsere Eingangsworte –, in einer Weise erreicht werden konnten, die so stark beeindruckte, veränderte und mit Gewißheit erfüllte, daß sie daran niemals wieder irre wurden, auch als dieser Zustand von Erleuchtung bei einigen nach Jahren verblich wie ein heller Tag, der in den Abend und in die Nacht übergeht.

Kultische Symbole, Schamanismus und Besessenheit

Frage: **Sind kultische Objekte und Gebäude, wie zum Beispiel die alttestamentliche Bundeslade oder die Pyramiden, von globaler spiritueller Bedeutung – wegen ihrer Schwingung?**

Quelle: Wenn tausend Menschen aufgrund einer geistigen Übereinkunft beschließen, ihre mentalen und emotionalen Impulse auf einen beliebigen Stein, den sie im Felde finden, zu richten, gewinnt dieser Stein unmittelbar an Bedeutung und beginnt, sich mit den empfangenen Impulsen aufzuladen. Jeder einzelne Gedanke, jedes einzelne Gefühl, das auf ihn gerichtet wird, ist wie ein Strahl, der die Atome, Moleküle und Ionen mit einer neuen Ladung füllt. Und obgleich sich äußerlich oder optisch nichts an ihm verändert, wird er doch eine Bedeutung erlangen, die weit jenseits von simpler Zuschreibung oder Aberglauben liegt.

Dies ist die Macht des Geistes und der Gefühle. Es ist der Zauber, die Magie der Bündelung seelischer Kräfte. Sie bringt nicht nur im wahrsten Sinne Steine zum Erweichen – sie kann auch die Kraft erzeugen, die von einem solchen Stein ausgeht, wenn er zunehmend zum Zentrum eines kultischen Vorgangs wird. Wieviel mehr, wieviel stärker ist dieser Vorgang von Bedeutung, wenn es sich nicht um einen von der Natur zunächst beliebig gestalteten Gegenstand handelt wie einen Feldstein, sondern um einen bereits mit Hilfe des menschlichen Geistes und der symbolgeschwängerten Emotionen hergestellten, geprägten, gezeichneten und bearbeiteten Gegenstand! So ist schon jeder Ring, der vom Goldschmied mit einigen guten, liebevollen Gedanken gefertigt wurde, ein Gegenstand von größter Bedeutung und Tragweite. Wird er dann als Treuering vergeben und getragen, erhält er eine persönliche, unverwechselbare Schwingung. Viel mehr gilt dies noch, wenn die zentralen Kultobjekte eines Volkes von Zehntausenden oder gar Millionen verehrt und mit der frommen Schwingung ihrer Herzen aufgeladen werden. Die energetische Ladung, die dem Objekt zuteil wird, geht nicht verloren. Sie verändert die molekulare Struktur in einer Weise, die von euren Physikern noch nicht beschrieben ist, weil sie nach einer solchen Veränderung noch nicht gesucht haben. Das bedeutet jedoch nicht, daß sie nie meßbar sein wird oder nicht existiert.

Kultgegenstände und symbolträchtige Objekte, vom kleinsten bis zum allgemeinsten, sammeln die gebündelten, geistig-emotionalen Energien und speichern sie von der Zeit an, wo sie für heilig gehalten werden. Menschen können alles mit geistigen Kräften anreichern. Von dem trockenen Blütenblatt der ersten Rose des Geliebten, das die Liebende aufbewahrt, bis hin zu Gesetzesbüchern und heiliggehaltenen Schriften, bei Grundsteinen und Totems, der Kaaba, dem Goldenen Kalb oder der Bundeslade sowie den gefeierten, kultisch verehrten Reliquien der Religionsgründer und Heiligen handelt es sich um Träger energetischer Frequenzen.

Gegenstände haben keine Bedeutung an sich. Die Menschen sind es, die sie ihnen zuschreiben. Eure Kräfte sind viel selbsttätiger und direkter auf Objekte gerichtet, als ihr es euch im allgemeinen vorstellen könnt. Ihr selbst erfüllt die Gegenstände mit ihrer Bedeutung und ihrer Magie. Sie haben in ihrer ursprünglichen Daseinsform keinerlei Bedeutung. Aber menschliche Verehrung, kultische Anbetung und symbolische Zuschreibung sind nicht ohne physikalisch meßbare energetische Folgen. Wenn nun also ein unbekannter oder lange vermißter kultischer Gegenstand wieder aufgefunden wird, eine neue Gedankenkraft die alte Flamme wieder entzündet und damit einen Kontakt herstellt, der die latente Frequenz wieder in lebendige Schwingung versetzt, kann eine große und nicht zu vernachlässigende Wirkung von ihm ausgehen. Die Bedeutung von Objekten ist nicht unabhängig vom Menschen. Sie bedarf der aktiven Bewußtseinskräfte.

Die Schwingung jener Individuen und Gemeinschaften, die solche Gegenstände verehren, und auch das Seelenalter der Verehrenden und Anbetenden sind entscheidend für die Frequenz der Aufladung, die ein solcher Gegenstand erhält. Es gibt auch negative Ladungen. Ihr mögt gehört haben, daß ein spiritueller Meister nur mit einer bestimmten Mentalität oder Seelenstruktur von Schülern in Berührung kommt und auch bestimmte Schüler sich einen bestimmten Lehrer suchen müssen. Niemand kann für alle dasein. So ähnlich verhält es sich auch mit der Beziehung von kultischen Gegenständen zu ihren Verehrern. Unterschiedliche Strukturen suchen und brauchen unterschiedliche Objekte. Menschen verschiedenen Seelenalters suchen jeweils andere Formen der Anbetung und der Gegenständlichkeit.

Für heute mag es genügen, euch dieses anzudeuten. Eure Vorstellungen und Gedanken werden sich in dieser Richtung fortentwickeln, und ihr werdet auch, wenn es euch recht und gut erscheint, bisweilen eure Aufmerksamkeit von den großen allbekannten Ikonen der Glaubensgemeinschaften abwenden und euch euren eigenen innigen, privaten, persönlichen Kultgegenständen zuwenden, die oft eine leicht zu bauende, gangbare Brücke zwischen euch selbst und eurer Bereitschaft zu lieben darstellen. Ihr könnt darin eure Kraft spüren und eure Liebesmagie in bestimmte Objekte hineinlenken, um sie zu heiligen.

✳

Frage: **Es bleibt mir unklar, welche energetische Wirkung von solchen aufgeladenen Gegenständen nun wieder ausgeht, wie zum Beispiel von der Kaaba.**

Quelle: Die erzeugte Heiligkeit, von der wir sprechen, wirkt zurück, indem sie eine Heiligkeit in den Herzen und Hirnen der Menschen freisetzt. Das, was ihr verspürt, wenn ihr euch von Orten oder Gegenständen angerührt fühlt, ist der Hauch der Heiligkeit, die Millionen frommer Menschen in sie hineingefühlt haben. Ihr selbst in euren vergangenen Leben habt dazu beigetragen. Nichts ist heilig an sich, es sei denn das Leben selbst. Die Heiligkeit, die ihr heute mit eurer Strahlung, die ebenso real ist wie Röntgen- oder Atomstrahlung, in Plätze oder Gegenstände hineingebt, strahlt unmittelbar auf alle wieder zurück, die einst zur Aufladung beitrugen, aber auch auf andere Seelen.

Das bedeutet, daß unter euch nicht wenige sind, die sich von einer bestimmten Buddhastatue oder einem islamischen Heiligtum oder einem hinduistischen Tempel, einem Totempfahl oder anderen Kultgegenständen angezogen fühlen, weil sie dieselben oder ähnliche bereits früher mit ihrer Verehrung aufgeladen hatten. Die energetischen Verbindungen bleiben bestehen, auch wenn das Bewußtsein einer neuen Inkarnation vergißt. Kultische Objekte sind jedoch keine Heilsobjekte – magische Gegenstände in dem Sinne, daß von ihnen das Heil der Welt ausgehen wird oder daß eine Wiederaufwertung eines Kultobjekts, die glühende Verehrung eines für heilig erklärten Gegenstands irgendeine Gefahr für die Menschheit abwenden könnte.

Vergeßt nicht: Es geht nicht um Fetische oder Totems, sondern um die Spiegelung und Bündelung von Energien, die von einzelnen Seelen ausgehen und von denen sie auch wieder profitieren können.

Frage: **Was ist Schamanismus?**

Quelle: Schamanismus ist einerseits ein enger und andererseits auch ein äußerst weit gefaßter Begriff. Die religiösen Ausdrucksformen, die unter dieser Bezeichnung zusammengefaßt werden können, beschreiben den Wunsch nach Aktivität, Beteiligung, unmittelbarer Wirksamkeit und Dramatik innerhalb eines religiös motivierten Geschehens.

Schamanismus fordert die Priester und die Gläubigen gleichermaßen zu einer kultischen Zusammenarbeit auf. Diese Zusammenarbeit fördert vor allem die Entgrenzung des Bewußtseins über das Ungewöhnliche. Außergewöhnliche Bewußtseinszustände, ungewohnte Bewegungsabläufe, fremdartige Laute und Gerüche tragen dazu bei, daß alle, die an der Beschwörung des Unsichtbaren teilhaben, ergriffen werden von Kräften und Mächten, die ihnen im Alltag fern bleiben.

In diesem Zusammenhang möchten wir andeuten, daß die rituellen Abläufe einer katholischen Messe, einer Feldprozession, einer taoistischen Geisterbeschwörung, die Abläufe einer kultischen Ahnenverehrung und andere vergleichbare Praktiken der großen Weltreligionen aus unserer Sicht ebenfalls schamanistische Züge enthalten, auch wenn sie von den Priestern ihrer Kulte nicht als solche bezeichnet würden. Schamanismus in jeglicher Form also spricht unter den Seelen besonders diejenigen an, die starke Komponenten ihres Seelenmusters auf der Aktionsebene der Lebendigkeit haben, aber auch die Expressionsebene spielt eine erhebliche Rolle. Alles, was in religiöser Hinsicht mit Bewegung und Ausdruck am glücklichsten zu verbinden ist, nähert sich schamanistischen Ritualen.

Diese Neigungen sind weitgehend unabhängig vom Seelenalter, obgleich sehr alte Seelen sich nicht mehr in gleicher Weise vom Zauber dramatischer Situationen einnehmen lassen. Aber auch ihnen tut es bisweilen gut, sich zu verlieren, sich hinwegtragen zu lassen von Kräften, die ihnen wenigstens vorübergehend ihre Ängste vor Auflösung abnehmen, weil diese Auflösung in einem kollektiven Rahmen geschieht und rituell so geordnet ist, besonders durch den schamanistischen Priester selbst, daß nach der Auflösung wieder ein Zusammenfügen erfolgt.

Frage: **Wer kann schamanistischer Priester sein, welche Voraussetzungen muß man mitbringen?**

Quelle: Die Seelenessenzen des Weisen, des Künstlers und des Königs eignen sich besonders für die Ausübung schamanistischer Funktionen – der Weise, weil er in der schamanistischen Trance Weisheiten verbreiten kann, die er als Mensch in vollem Bewußtsein weder erfassen noch weitergeben könnte und die ihm auch in seiner alltäglichen Qualität als Mensch niemand glauben würde. Der Künstler, weil er als Schamane all seinen ungewöhnlichen, merkwürdigen, verrückten und originellen Ideen Ausdruck verleihen kann und magische Situationen zu gestalten vermag, die die Energien der Zuschauer, Zuhörer und Beteiligten nachhaltig verändern. Der König, da er in der Lage ist, für das gesamte magisch-rituelle Geschehen eine Verantwortung zu übernehmen, die ihm gestattet, eine weitsichtige Führung walten zu lassen in Bewußtseinszuständen, die für alle Beteiligten mit gewissen Gefahren verbunden sind, besonders aber mit der Gefahr der Ich-Auflösung.

Frage: **Wir würden gern noch mehr über diese Gefahren hören und wie man mit ihnen umgehen sollte.**

Quelle: Die Auflösung des Ichs, sofern sie vorübergehend vollzogen wird, ist nur eine scheinbare Gefahr. Sie wird subjektiv als bedrohlich empfunden, da Menschen sich im allgemeinen über ihre festgefügte Persönlichkeit und deren Grenzen definieren. Religiosität ist jedoch stets und ständig Ausdruck eines sehnsüchtigen Wunsches, diese Ich-Grenzen wenigstens vorübergehend zu sprengen und dadurch Zugang zum Selbst und seinen unterschiedlichen Ausdrucksformen zu gewinnen. Die Gefahr besteht also weniger darin, eine dauerhafte Entfremdung vom eigenen Ich, die in den Wahnsinn führt, zu vollziehen, sondern vielmehr darin, nicht mehr die altgewohnte Persönlichkeit mit ihren engen Grenzen aufrechterhalten zu können. Dies ist für die Beteiligten zunächst nicht unangenehm, da es zu einer wundersamen Ausweitung des Erlebens führt, wohl aber wirkt es befremdlich für diejenigen Freunde, Angehörigen und Außenstehenden, die eine solche Bewußtseinserweiterung mit ihren Folgen nicht nachvollziehen können, weil sie ihr nicht beiwohnten. Die anderen also sind es, die Schwierigkeiten haben, die veränderte Persönlichkeit mit ihren neugestalteten Ich-Grenzen zu akzeptieren. Das zieht Probleme nach sich und macht angst. Jegliche Art der Bewußtseinsveränderung und Erweiterung wirkt für die Beengten bedrohlich.

Der Schamane selbst ist deshalb ein Schamane, weil er für sich selbst diese Gefahr zu bannen weiß. Er ist kraft seines Amtes von der Gemeinschaft abgesondert. Niemand erwartet von ihm, daß er normal ist. Er ist dazu befugt, seine Arbeit zu verrichten. Die kultische Gemeinschaft erteilt ihm den Auftrag, anders zu sein als das Kollektiv. Ein Schamane öffnet sich den Kräften, die er zu nutzen trachtet. Er stellt Kontakte her mit Energien, die ihm für seine Zwecke hilfreich erscheinen, doch geschieht es höchst selten, daß er sich in diesem Kräftespiel auf Gebiete begibt, die er nicht beherrscht, oder daß er seine eigenen Kräfte und Grenzen überschätzt. Es besteht also für den Schamanen selbst nur eine minimale Gefahr, die er mit fortschreitendem Alter und wachsender Erfahrung zu erkennen versteht. Er wird sich ihr nicht aussetzen. Nur in der Lehrlingszeit wird er sich diesen Grenzen unbefugt nähern und sie auch überschreiten, und das gehört dazu. Er wird in diesen Jahren einem Lehrmeister anvertraut sein, dem es gelingt, ihn vor den wesentlichen Bedrohungen zu bewahren.

Ein Schamane, ganz gleich ob Mann oder Frau, verfügt über persönliche Macht und bestimmte Führungsqualitäten, die bereits von seinem Meister in ihm identifiziert wurden, bevor er in die Lehre aufgenommen wurde. Die Tradierung der schamanistischen Geheimnisse erfolgt nur nach ritueller Prüfung und verschiedenen nach Stufen geordneten Initiationsriten. Und gerade deshalb, weil solche Ausbildungen langwierig sind und sehr gründlich vorgenommen werden, besteht eine psychische Garantie, daß nichts endgültig Überwältigendes und für den Schamanen selbst Schadenstiftendes eintreten kann.

Anders verhält es sich mit denen, die aus eigenem Willen oder durch kollektiven Zwang an der Ausübung schamanistischer Rituale beteiligt sind. Sie haben nicht dieselben Initiationsriten vollzogen, sie kennen ihre Grenzen nicht in der Weise, wie der Schamane sie kennt. Und falls jemand bei einer kultischen Handlung aus reiner Neugier, aus touristischem Interesse oder Sensationslüsternheit anwesend ist, kann es durch das ungeschützte Ausgesetztsein innerhalb eines hochenergetischen Kontextes zu Bewußtseinsverschiebungen kommen, die allzu heftig sind und nicht leicht verkraftet werden können, weil sie das geistige Weltbild und das energetische Gefüge einer unvorbereiteten Persönlichkeit in einer Weise beeinflussen können, die eine Nachbehandlung erfordern würden. Die Ängste, die durch einen plötzlichen Energieschub und durch die Konfrontation mit dem völlig Unbekannten und daher Verstörenden ausgelöst werden können, sind nicht leicht zu bewältigen. Wenn man sie verdrängt, anstatt sie zu verarbeiten, sind manchmal in der Tat bleibende psychische Schäden zu verzeichnen.

✳

Frage: **Ihr habt gesagt, Religiosität habe grundsätzlich mit Entgrenzung zu tun. Inwiefern ist Schamanismus denn anders als sonstige Ausdrucksformen von Religiosität?**

Quelle: Wir können die Vorgänge in Kontrast setzen mit einem stillen, inbrünstigen Gebet, durch das sich ein Gläubiger, allein in einer Kapelle, mit Herz und Geist den Kräften des Göttlichen öffnet. Eine solche Entgrenzung geschieht auf der Inspirationsebene der Lebendigkeit. Wenn aber ein Mensch zu tanzen beginnt und dabei bewußtseinserweiternde Dämpfe einatmet oder durch Trommeln in einen entgrenzten Zustand gebracht wird, ein Trommeln, das seine unbewußten Empfindungen aufrührt und Schwingungen in ihm erzeugt, die ihn in Zustände versetzen, die keineswegs seiner Alltagserfahrung entsprechen, dann handelt es sich um Entgrenzungszustände auf der Aktionsebene, eben um Schamanismus. Wenn hingegen durch rituelle Gesten, durch Schreie und Masken, durch Lallen und Imitation tierischer Laute eine Expressivität im Bereich des Verbalen und Averbalen, der Mimik und Gestik herbeigeführt wird – und auch dies kann durch bestimmte Drogen geschehen oder mittels einer kollektiven Ekstase –, dann handelt es sich um eine Entgrenzungspraktik auf der Expressionsebene.

Alle drei Formen sind gleichermaßen gültig, aber nur der christliche Westen sowie der Hinduismus kennt die einsame Versenkung. Fast alle anderen religiösen Ausdrucksformen auf eurem Planeten sind kollektive Erlebnisse. Sie erfassen die anderen Bereiche der menschlichen religiösen Disposition. Die christlichen Kirchen stellen für entsprechend strukturierte Seelen auch Passendes zur Verfügung: Gemeinsames Singen und Beten zum Beispiel vollzieht sich auf der Expressionsebene; einige christliche Gruppierungen pflegen die kollektive Ekstase.

367

Und wenn Mönche und Nonnen dazu angehalten werden, mitten in der Nacht gemeinsam laut zu beten und zu singen, handelt es sich, obgleich dieser Begriff nicht verwendet wird, um eine schamanistische Praxis, die der Entgrenzung dient.

Frage: **Man hört immer wieder, daß Schamanismus mit Heilen zu tun hat. Welche Verbindung besteht da?**

Quelle: Schamanismus wirkt auf die Energiezentren beziehungsweise Chakren aller Beteiligten und ihrer Körper. Es gibt bei einem vollständigen und geglückten schamanistischen Ritual keine Zelle des Körpers, die nicht einbezogen wäre. Die Leidenschaftlichkeit der Ergriffenheit, die den ganzen Körper und all seine Energien erfaßt, führt zu der beschriebenen Entgrenzung.

Wir möchten in diesem Zusammenhang noch einmal auf die schamanistischen Aspekte der euch bekannten Religionen zurückkommen. In Wallfahrtsorten und auf langen Pilgerfahrten geschieht nichts anderes, als daß Menschen über die Grenzen ihres Alltagserlebens getragen werden durch das gemeinschaftliche religiöse Erleben im Kollektiv, durch gemeinsame körperliche Bewegung, auch durch Bewegungen des Gemüts, durch visuelle Beiwohnung, zum Beispiel wenn ein Geheilter seine Heilung bekennt und erkennt.

Alle Anstrengung, die in einem religiös geprägten Geist vorgenommen wird, kann zu solchen heilsamen Vorgängen führen. Wenn ein Mensch erlebt, wie all seine Energiezentren vom Basischakra bis zum Scheitelchakra gleichzeitig für Sekunden oder Minuten aktiv und offen sind, dann vollzieht sich Heilung; und ein Schamane weiß um Praktiken, Techniken und Methoden, wie er eine solche Öffnung bei sich und auch bei anderen, die seinem Ritual beiwohnen, herbeiführen kann.

Frage: Was wir traditionell als Hexenwesen bezeichnen, würde das unter den Oberbegriff »Schamanismus« fallen?

Quelle: Selbstverständlich.

✳

Frage: Welche Art von Schamanismus ist das?

Quelle: Ihr müßt unterscheiden lernen zwischen der Realität menschlich geprägten Hexenwesens und den verdrehten Vorstellungen von Hexen, die aus euren Legenden, Märchen, aber auch aus der Geschichtsschreibung abgeleitet wurden. Wenn ihr also nach wirklichen Hexen und Hexenmeistern fragt, nach Zauberinnen und Zauberern, so handelt es sich dann jeweils um schamanistische Priester und Priesterinnen, wenn sie ihre Künste im Bereich religiöser Vorstellungen und Wirkungen ausüben. Wenn jedoch eine Hexenkraft im Sinne einer Schwarzmagie ohne religiös geprägten Kontext, ohne den Wunsch nach Erkenntnis und unabhängig von einer Sehnsucht nach Bewußtseinserweiterung angewandt wird, zum Beispiel um eine Leibesfrucht abzutöten, einen Geliebten zurückzuholen, der die Liebe aufgekündigt hat, oder um eine Krankheit zu erzeugen, die dem Erkrankten nur Schaden bringen kann, dann handelt es sich um einen Mißbrauch schamanistisch-magischer Möglichkeiten, der einer gesonderten Untersuchung bedarf. Der Mensch, ganz gleich ob Hexe, Zauberer oder Schamane, verfügt über eine große Bandbreite von Fähigkeiten, die Realität seines Umfeldes zu beeinflussen. Er kann andere, alternative Wirklichkeiten gestalten. Es ist nicht unmöglich, Energien zu beeinträchtigen oder zu verändern. Ihr seid aus Fleisch und Blut, und gleichzeitig seid ihr Träger von Kräften, die nicht der Materie zugeordnet werden können. Diese Kräfte können im guten und im schlechten Sinne manipuliert werden.

✳

Frage: **Läßt sich dieser Prozeß irgendwie physikalisch beschreiben?**

Quelle: Wir können diesen Prozeß mit den begrenzten Kenntnissen, die euch zur Verfügung stehen, nicht physikalisch beschreiben. Wohl aber können wir euch einen energetischen Hinweis geben. Es handelt sich, im Vergleich zu eurer Alltagserfahrung, um eine kolossale Kontraktion und Expansion von Energien. Die Vorstellungen der physikalischen Ordnung und ihrer chaotischen Aspekte werden bei einem schamanistischen Prozeß gezielt miteinbezogen. Es bedeutet, daß vorübergehend ein energetisches Chaos erzeugt und in Kauf genommen wird. Es muß ertragen werden, daß jegliche Ordnung durcheinandergewirbelt wird, um am Ende zu einer neuen Ordnung zu finden. Dem Chaos werden neue Grenzen gesetzt, und dieser Vorgang erfordert simultan eine kunstvolle, überaus starke Konzentration und die Fähigkeit zur erneuten Expansion, die auf diese Konzentration folgt. Wenn wir euch bereits bekannte Begriffe verwenden dürfen: Es handelt sich bei einem geglückten schamanistischen Ritual um die Mikrosimulation eines Urknalls.

Frage: **Wir bitten euch um eine allgemeine Aussage zum Thema »Besessenheit«.**

Quelle: Das Phänomen »Besessenheit« wird man nicht begreifen und einordnen können, wenn man den Besessenen, der allgemein als Opfer verstanden wird, von jeglicher Verantwortung ausgrenzt, ihn also befreit oder befreien will von dem Anteil, den er in seinen Zustand hineinträgt. Besessenheit ist wie eine Sucht. Und ihr würdet auch nicht auf den Gedanken kommen, einen Alkoholiker freizusprechen von der Verantwortung, die er gegenüber dem Alkohol hat. Das ist eine Frage des Respekts und der Achtung. Wenn ihr den Menschen, der sich besessen glaubt, sich besessen fühlt oder auch wirklich besessen ist, lostrennt von dem, was ihm geschieht, ihn zum Opfer degradiert, werdet ihr ihm nicht helfen können.

Besessenheit also ist eine Sucht. Sie ist eine Krankheit. Diese Suchtkrankheit ist in engster Verbindung zu sehen mit dem Thema der inneren Abhängigkeit. Wir sehen also bei denjenigen, die sich besessen fühlen, einen großen Wunsch nach Abhängigkeit. Das meinen wir nicht im oberflächlichen Sinne, sondern als einen unbewußten Wunsch.

Viele von euch sind süchtig, und viele von euch sind besessen. Ihr laßt euch besitzen und besetzen von Dingen, von Ideen, von Menschen. Das nennen wir eine Besessenheit, die eine Selbstbesessenheit ist. Davon möchten wir unterscheiden eine Fremdbesessenheit, die jedoch viel weniger häufig vorkommt, als ihr es euch vorstellt. Es gibt aber dieses Phänomen der Fremdbesessenheit tatsächlich. Die Bereitschaft, sich besetzen und besitzen zu lassen, ist immer dann vorhanden, wenn das körperliche und geistige Energieniveau sehr stark abgesunken ist. Das kann sich manifestieren, wenn ein Mensch krank wird, große Angst hat oder wenn er geistig sehr schwach entwickelt ist. Dann passiert es, daß es so niedrig schwingt, daß diejenigen körperlosen Wesen, die sich auf der Astralebene befinden, sich von seinen Schwingungen angezogen fühlen, weil sie ähnlich sind oder denen gleichen, die sie auch ausstrahlen.

Auf dem zweiten Territorium der astralen Welt befinden sich Seelen, die während der Inkarnation, die hinter ihnen liegt, nur einen geringen geistigen Fortschritt gemacht haben. Es sind vor allem Seelen, die nicht begreifen und nicht wahrhaben möchten, daß es so etwas gibt wie den Tod. Sie können sich schwer oder gar nicht lösen von dem Leben, das hinter ihnen liegt. Sie versuchen deshalb, eine stellvertretende Lebendigkeit für sich in Anspruch zu nehmen, weil sie Angst vor dem Nichtsein haben. Diese Wesen suchen sich angstvolle Menschen, die ihren eigenen Angstschwingungen entsprechen. Sie verführen sie und sorgen dafür, daß sie Einlaß finden. Ihr sprecht manchmal von illegalen

Hausbesetzern. Was hier vorliegt, ist eine Menschenbesetzung. Diese Astralwesen sind Menschenbesetzer.

Aber es gibt eben auch Menschen, die sich besetzen lassen wollen. Es tut ihnen wohl, dadurch plötzlich wichtig zu sein und aufzufallen, ohne die eigene Persönlichkeit in den Mittelpunkt stellen zu müssen. Es tut ihnen wohl, beachtet zu werden. Wenn man einem Besessenen helfen möchte, ist es deshalb sehr wichtig, daß man ihm Beachtung schenkt, daß man ihn ernst nimmt, daß man das, was er erlebt, keinesfalls als Spinnerei abtut. Achtung und Liebe sind es, die allein helfen können, einen Menschen von einem unerwünschten astralen Gast zu befreien. Dafür ist es notwendig, mit beiden Betroffenen, dem Besessenen und dem Besetzer, gleichermaßen achtungsvoll zu kommunizieren. Und nichts ist unangenehmer für beide, als mißhandelt und verachtet zu werden. Denn dann fühlen sie sich in ihren Ängsten und Wünschen bestätigt. Diese Wünsche sind aber fehlgeleitet, die Ängste sind übergroß. Es bedarf extremer Sorgfalt, um zu erkennen, wie man mit dem besetzenden Geist zu verfahren hat.

In alten Zeiten wurde allgemein das Rezept empfohlen, den Teufel mit dem Beelzebub auszutreiben. Wir möchten euch allerdings sehr nachhaltig davor warnen, einen Menschen, der mehr oder minder unter einer Besessenheit leidet, als jemanden mißzuverstehen, der mit dem »Teufel« im Bunde steht. So wie wir es euch vermitteln möchten, gibt es »den Teufel« nicht. Es gibt wohl Menschen im Körper und menschliche Seelen ohne Körper, die weniger entwickelt und deshalb im geistigen Sinne weniger entfaltet sind als andere. Sie haben große Angst vor Strafe. Der Versuch, den Teufel mit dem Beelzebub auszutreiben, also brutale, gewaltsame Methoden anzuwenden, vermittelt dem Suchtkranken eine dunkle, angsterregende und negative Schwingung, die nicht hilft.

Das exorzistische Verfahren arbeitet mit Angst und Strafe. Es nützt nichts. Wir haben schon darauf hingewiesen, daß es notwendig ist, beide – den Besessenen und den Besetzer – ernst zu nehmen. Um einen Erfolg zu erzielen, muß man jedoch von jeglichem Hohn, jeglicher Verspottung absehen. Ein Gespräch mit dem besetzenden Wesen, in dem es darauf hingewiesen wird, daß es nicht oder nicht mehr unter den Lebenden weilt, ist von größerer Wirkung, und es bewirkt eine nachhaltigere Befreiung als jegliche Mißhandlung. Dazu ist es auch gut, wenn der Kranke von Menschen umgeben ist, die eine höhere Schwingung haben als er selbst. Das ist deshalb angebracht, damit der beruhigte und zum Verlassen des unfreiwilligen Gastgebers bereite Besetzer keine Gelegenheit findet, sich eine neue menschliche Heimstatt zu suchen.

✳

Frage: In Berichten von besessenen Menschen hört und sieht man, daß diese Geister der Astralebene Gott beschimpfen, Gott verfluchen. Wie kommt das?

Quelle: Die angstvollen Schwingungen des Besessenen, der unter einem Mangel an Beachtung leidet, verleiten ihn manchmal dazu, genau die Äußerungen hervorzustoßen, die ihm innerhalb seines Kulturkreises die Gelegenheit verschaffen, Skandal zu erregen und zu provozieren. Das sind anfallartige Ausbrüche, die von derselben Person unter anderen Zuständen als unbegreiflich und auch unerhört empfunden werden. Aber es sind nicht die Geister selbst, die diese Verwünschungen ausstoßen. Die Geister verführen Menschen, die extreme Beachtung brauchen, zum Fluchen. Noch einmal: Beide sind an diesem Vorgang beteiligt.

Aber Menschen mit Energiefrequenzen, die denen in der niederen Astralwelt entsprechen und die sich deshalb als zu Besetzende eignen, sind sehr selten. Und wir machen euch erneut darauf aufmerksam, daß sie die Besetzung zunächst einmal unbewußt auch so gewünscht und sich den Geistern zur Verfügung gestellt haben. Das bedeutet aber nicht, daß sie für den Rest ihres Lebens in diesem Zustand verharren möchten. Wenn also ein Besessener um Hilfe bittet, ist der Moment gekommen, um ihm zu helfen.

Besessenheit, wie wir sie geschildert haben, äußert sich sowohl in körperlichen als auch in mentalen Krankheiten. Besessene sind mental krank. Sie leiden an ihrem astralen Geist. Ihr werdet sie dennoch nicht als geisteskrank in landläufigem Sinn bezeichnen wollen. Deshalb ist eine Behandlung in dem beschriebenen Sinne in jedem Falle erleichternd. Das heißt aber nicht, daß sie immer ganz geheilt werden können. Häufig, wenn der exorzistische Austreibungsvorgang allzu heftig und dramatisch ist, wird zwar genau das Ziel erreicht, das der Betreffende sich wünscht: Er erhält endlich alle Aufmerksamkeit, alle Beachtung, die er in seinem Leben vermißt hat, aber auf eine schädigende Weise. Unser Vorschlag einer ernsthaften, liebevollen Zuwendung wirkt dem Zwang entgegen, sich auf ungute Art Aufmerksamkeit sichern zu müssen. Anschließend dürfen die Veränderungen des Körpers nicht vernachlässigt werden. Wenn der astrale Gast, so unerbeten er auch immer gewesen sein mag, die Stätte seines Wirkens freiwillig verlassen hat, wird der Suchtkranke sich zunächst einmal nicht mehr besetzt fühlen, sondern nur ein großes Entsetzen verspüren. Er wird sich völlig leer und hohl vorkommen, so als habe sein Leben keinen Inhalt mehr und keinen Sinn. Notwendig ist also eine weitere Betreuung, die dieses innere Vakuum wieder auffüllt. Mit einem einmaligen Akt der Erleichterung ist dem Besessenen nur vorübergehend geholfen.

Religiöse Gemeinschaften, Kirchen und Sekten

Die christliche Religion, die Jesus als Jude seiner Zeit in der Gewißheit des nahen Weltenendes wohl kaum bewußt zu gründen trachtete, hat sich seit ihrem Bestehen in etwa zwanzigtausend Kulte, Kirchen, Denominationen und Sekten aufgespalten. In den übrigen Weltreligionen verhält es sich nicht anders. Es gibt mit Sicherheit mehr Glaubensrichtungen als Sprachen auf der Erde. Sie sind die Dialekte der Religiosität. Unzählige Menschen mußten ihr Leben lassen, weil eine heillose Angst vor dem andersartigen Glauben oder den spirituellen Irrtümern ihrer Mitmenschen zu allen Zeiten zu aggressiven Handlungen geführt hat. Es scheint, als könnten wir unseren Nachbarn nicht in Frieden beten lassen.

Auch in unserem modernen, demokratischen Land, wo zur Zeit, nach der jüngsten blutigen Vergangenheit, kaum jemand wegen seines Glaubens ums Leben kommt, ist es nicht einfach, ein wie auch immer geartetes Bekenntnis offen zu vertreten, ohne zumindest einer moralischen Verfolgung ausgesetzt oder der Lächerlichkeit preisgegeben zu sein. Wer meditiert, gilt vielen als weltfremd, wer konvertiert, sieht sich von seinen Freunden verlassen, wer sich einer sogenannten Sekte anschließt, gilt als verloren. Das Wort von der »Gehirnwäsche« und der »Zerstörung der Persönlichkeit« muß herhalten, wenn es um Überzeugungen und Praktiken geht, die viele schwer nachvollziehen können. Gewiß liegt manches im argen. Das Machtstreben und die Gewinnsucht mancher sich als religiös definierender Gruppen sind offensichtlich. Aber auch sie bestehen aus Menschen, die solches mittragen und die entsprechenden Erfahrungen vielleicht sogar brauchen. Die »Quelle« lehrt uns wieder einmal, eine neutralere, übergeordnete Perspektive einzunehmen. Sie gibt ein Plädoyer ab für das Verständnis, das jenseits der Angst vor dem Andersartigen wartet.

Eine in Deutschland kaum bekannte Religionsgemeinschaft aus dem Vorderen Orient liefert ein Beispiel für die Verfolgung und das Selbstverständnis von Menschen, die sich in einer islamisch geprägten Umwelt behaupten müssen. Die Frage nach der Funktion der katholischen Kirche heute wird ebenfalls neu beantwortet: Sie ist ein lebendiger Organismus, der – ebenso wie wir Menschen – eben nicht vollkommen ist, aber vielen jüngeren und älteren Seelen ein willkommenes spirituelles Angebot macht: die Idee der Nächstenliebe, die sich – wie in unserem persönlichen Alltag – zwischen hehrem Anspruch und dürftiger Verwirklichung zerreibt.

Frage: Ich möchte heute etwas fragen zur spirituellen Lage unserer Gesellschaft. Ich beobachte, daß zum Beispiel in den Medien einerseits beklagt wird, daß die herkömmlichen Kirchen für viele Menschen kein sinnvolles spirituelles Angebot mehr bieten, andererseits besteht aber zugleich eine mehr oder weniger ausgesprochene Angst vor den Alternativen, besonders aber vor den kleinen, neuen spirituellen Gruppierungen, denen einzelne suchende Menschen sich zuwenden. Dazwischen scheint so eine Art Loch zu sein. Könnt ihr euch bitte zu dieser Situation äußern?

Quelle: Alle Menschen suchen. Alle suchen nach einer Wahrheit, und diese Wahrheit hat viele Gesichter. Alle suchen nach dem Grund ihrer Existenz und nach einem Sinn in ihrem Leben. Aber dieser Grund, dieser Sinn sieht für verschiedene Menschen sehr unterschiedlich aus. Warum ist es so schwer, die Suchenden gewähren zu lassen? Es geht allen immer nur um die Wahrheit. Aber die Wahrheit zerfließt ihnen allen auch stets zwischen den Fingern.

Es handelt sich bei dem in eurer Frage formulierten Phänomen um einen echten Konflikt der Interessen. Wer von den offiziellen Kirchen und ihren Vertretern erwartet, sie mögen zugeben, daß ihr spirituelles Angebot nicht alle befriedigen kann, erwartet zuviel. Und wer davon ausgeht, daß gerade diese Statthalter ihrer Religion sich freuen sollten oder die Tatsache unterstützen müßten, daß gewisse Menschen etwas anderes wollen, anderes suchen, verlangt wirklich zuviel. Geht also davon aus, daß sie nicht anders können, als diejenigen zu verurteilen oder zuweilen sogar zu brandmarken, die eine persönliche Spiritualität suchen und ablehnen, was ihnen traditionellerweise geboten wird.

Aber nicht die von ihrer Spiritualität erfüllten Pfarrer, Ordensleute, Priester und Gläubigen sind es, die die Suche nach Neuem am meisten bekämpfen, sondern gerade jene, die ihren persönlichen Glauben verloren haben oder keinen Sinn und keinen Grund für ihre Existenz erkennen können. Bei dieser Problematik geht es vor allem um jene, die sich in einem natürlichen

Akt der Selbstfindung und Selbstbehauptung dem Nichtglauben und der Leugnung ihrer spirituellen Dimension verschrieben haben. Es sind Seelen, die sich zu einer inneren Haltung des Nichtwissens durchgerungen haben und sich für eine Weile sehr wohl in dieser Position fühlen. Der Trost liegt für sie darin zu denken: Es gibt nichts, außer dem, was ich bin und erlebe – kein Vorher und kein Nachher, keinen Sinn, keinen Zweck und kein Ziel. Junge Seelen auf der sechsten und siebten Stufe ihrer Entfaltung dürfen im Rahmen ihrer Weltanschauung nicht zulassen, daß es irgend etwas auf der Welt gibt, das mehr vermag, mehr weiß oder mehr bewirkt als sie selbst und ihre Gemeinschaft von Gleichgesinnten.

Deshalb müssen sie eine Phase des Agnostizismus oder des Widerwillens gegen alle religiösen Gemeinschaften durchmachen. Um zu einer vollen Selbstbehauptung zu finden, die allerdings mehr einer Blüte ihrer Ich-Kraft als einer Verbindung mit ihrem wahren Selbst gleicht, ist es notwendig, daß sie alle religiöse Abhängigkeit sprengen und sich ihrer Gestaltungs- und Wirkkraft in höchster Weise versichern. Erst durch diese Verankerung im Ich kann die existentielle Verunsicherung auf der darauffolgenden Stufe »Reif 1« eintreten und die Thematik von Abhängigkeit und Freiheit bearbeitet werden.

Nun kommen Mitmenschen, die behaupten, der Sinn liege woanders, der Zweck sei erkennbar, das Ziel sei deutlich. Wer aber nichts sieht, muß denjenigen, der ihm von unsichtbaren Dingen erzählt, für verrückt halten! Es handelt sich ja um eine tiefe Bedrohung all dessen, was ein Mensch sich durch Erfahrung erkämpft hat. Die Agnostiker können die Angebote der Kirchen nicht mehr wahrnehmen, sie lehnen sie oft nicht einmal ab. Sie können auch das Neue nicht annehmen, aber sie bekämpfen es, weil sie es als noch wesentlich bedrohlicher empfinden als alles, was sie hinter sich gelassen haben.

Ihr müßt nun verstehen, daß jene Zeitgenossen, die nach neuen Dimensionen, nach anderen Facetten der Wahrheit suchen und sich bemühen, diese inneren Dimensionen zu erkunden, ohnehin schon in aller Regel nicht wenige Werte der Gesellschaft, in der sie leben, verneinen oder sich den Konventionen ihrer Gemeinschaft nicht ohne weiteres beugen wollen. Sie sind also – unabhängig von ihrer religiösen Haltung – schon ein wenig exzentrisch, sie gelten als Originale, sie wollen bereits im Alltag etwas, was anderen überflüssig erscheint, und lehnen Dinge ab, die andere begehren. Und nun kommt eine merkwürdige Hinwendung zum Numinosen hinzu.

Ihr wißt zudem auch, daß Menschen, die gerade etwas Neues gefunden haben, was sie erfüllt und begeistert und ihnen einen Einblick in die letzten Wahrheiten verspricht, gern von einem kollektiven Enthusiasmus erfüllt werden und daß sie sich mit ihrer Gruppe von Gleichgesinnten von allen anderen abgrenzen, die nicht dieselben Vorstellungen und Weltanschauungen haben. Die spirituell Konventionellen werden ausgegrenzt. Solches schafft Feinde. Wir reden nicht von den Inhalten der einzelnen Glaubensvorstellungen. Es geht um die grundsätzliche Andersartigkeit. Wer immer die Verhältnisse von etablierten Religionen versus Sekten, die es in allen Gesellschaften und Kulturen gibt, untersucht, wer immer sie aus einer gelassenen übergeordneten Perspektive betrachtet, wird also Dynamiken erkennen, die in ihren Strukturen überall und immer gleich sind. Wer anders ist, wird nun einmal abgelehnt. Wer nicht die spirituellen Vorstellungen und Sehnsüchte der Mehrheit teilt, wirkt befremdlich.

Die größte Angst bereitet all jenen, die mit skeptischen, kritischen oder verurteilenden Haltungen jeglicher Abspaltung, ketzerischer Gruppierung oder fremdartiger Sekte begegnen, die Befolgung ungewohnter, ihnen okkult und unheimlich erscheinender Rituale. Denn wer sich in seinem eigenen gesellschaftlich anerkannten und kulturell verankerten religiösen Rahmen bewegt, weiß die seit Jahrhunderten gültigen Rituale einzuordnen und psychisch zu verarbeiten. Kommen nun unbekannte Rituale auf, die einer kleinen Schar von Eingeweihten, Wissenden und sich Abgrenzenden vorbehalten sind, werden diese Riten als außerordentlich beunruhigend und angsterregend empfunden, ganz gleich, ob es sich dabei um Meditationsformen, um Gebete, Arten der Zusammenkunft, andere Zeichen, Gewänder, Tänze, Taufen, Bestattungsriten und ähnliches handelt.

Rituale sind im Bedürfnis und Bewußtsein aller Menschen auf einer Ebene verankert, die weit ins kollektive Unbewußte hineinreicht. Alles, was daran verändert wird oder neuartig ist, alles, was die kollektive Sicherheit stört, muß zunächst abgelehnt werden, da Menschen in ihrer inneren Struktur unendlich viel konservativer sind, als sie es sich zugestehen wollen. Solange die neuen Gruppen und Gemeinschaften sich hinter verschlossenen Türen treffen, keine Fremden zulassen und ein großes Geheimnis um ihre neuen Erkenntnisse machen, werden sie als Feinde betrachtet. Solange es notwendig ist, in diese Gruppen Spione einzuschleusen, um zu beobachten, was dort überhaupt vor sich geht, ist es verständlich, daß eine unwissende Mehrheit sich unangemessene Gedanken und Phantasien macht. Wo die seelische Erkenntnisstufe für die Bejahung neuer Rituale nicht vorhanden ist, müssen sie verteufelt werden.

Wenn nun Menschen auf ihrer Suche nach den letzten Wahrheiten in ihrer Begeisterung sich der einen oder anderen Gruppe, einem Lehrer, einem Meister, einem Guru oder einem Scharlatan anschließen, so könnt ihr gewiß sein, daß es sich bei dieser Zugehörigkeit fast immer nur um eine Phase im Leben des Betreffenden handelt. Und auch dieses wirkt wieder befremdlich, wirkt verunsichernd. Da ist also jemand zehn oder fünfzehn Jahre lang bei den Theosophen aktiv und läßt sie dann hinter sich, spricht vielleicht kritisch über sie. Die Freunde schließen daraus, daß es nicht das Wahre für ihn war. Sie schließen möglicherweise daraus, daß es nichts Wahres daran gibt. Oder ein anderer tritt einer indischen Sekte bei und wendet sich nach einigen Jahren wieder von ihr ab. Auch das kann ein Signal für diejenigen enthalten, die einer solchen Sekte skeptisch oder ablehnend gegenüberstanden, daß er endlich wieder zur Vernunft gekommen ist. Lieber soll er gar nichts glauben als etwas Falsches. Die inneren

Prozesse, die mit dem Einlassen auf eine Weltanschauung und dem Ablassen von ihr verbunden sind, bleiben dabei für Unbeteiligte unsichtbar. Daß sowohl das Sichanvertrauen als auch das Verarbeiten einer Enttäuschung und Trennung individuelle Wachstumshormone sind, wird darüber vergessen.

Die traditionellen Kirchen hingegen – und nicht nur eure Kirchen, sondern auch die Organisationen anderer Religionen – bieten eine lebenslange Zugehörigkeit, die nicht zeitgebunden ist. Wer als Moslem geboren wurde, kann nie etwas anderes sein als ein Moslem. Ein Buddhist kann kein Nichtbuddhist werden. Er kann zwar einer anderen Religion beitreten, aber die Buddhisten entlassen ihn nicht offiziell aus ihren geistigen Zusammenhängen. Ein Christ kann aus der Kirche austreten, aber für die Würdenträger der Kirche bleibt er ein abtrünniger Christ. Es ist aus der Perspektive der etablierten religiösen Gemeinschaften nicht möglich, diese zu verlassen, ohne ein Feind zu werden, während es sehr wohl möglich ist, einer nichtoffiziellen, nichtetablierten, weltanschaulichen oder religiös geprägten Gemeinschaft beizutreten und aus ihr wieder auszutreten, ohne sich der Gesamtgesellschaft zu entfremden. Selbstverständlich wirkt dieses Austreten für alle, die in der verlassenen spirituellen Gruppierung verbleiben, ebenfalls bedrohlich und erscheint eigentlich nicht zulässig.

Spirituelle Angebote, ganz gleich welcher Art, sind für die Menschen geschaffen. Und Menschen müssen diese Angebote annehmen. Der eine sucht dies, der andere jenes. Das ist nichts Neues, und eure Frage hat viel größere und weitere Bedeutung, als lediglich ein Phänomen eurer Zeit zu beschreiben. Wir möchten euch im Rahmen unserer Antwort auf eine Parallele hinweisen, die noch über das hinausgreift, was wir euch bisher gesagt haben.

Denkt einmal an die unglaubliche Vielfalt religiöser Gemeinschaften und weltanschaulicher Gruppen, Sekten und spiritueller Strömungen, die vor zweitausend Jahren die gesamte damals bekannte Welt des Vorderen Orients, des Römischen Reiches und seiner angrenzenden Gebiete erfüllte. Wann immer sich eine Verschiebung im globalen Gefüge der Seelenalter ankündigt, wie es nicht nur seinerzeit der Fall war, sondern ebenso in der Zeit, in der ihr lebt, entsteht eine Vielzahl kleinerer und größerer Suchbewegungen, von denen viele ins Leere stoßen, andere hingegen einen Zipfel der Wahrheit ergreifen, wieder andere einen größeren Bereich erfassen, der nicht nur mehr Anhänger anzieht, sondern auch eine weitere Entfaltung in der Zeit mit sich bringt. Isis- und Mithraskulte, die germanischen und keltischen Religionsformen, die vorderasiatischen Sekten sind untergegangen, das Christentum hat sich verbreitet und sofort die Wahrheit unter sich aufgespalten.

Erst aus einer Vielfalt und Verwirrung der persönlichen Spiritualität entwickelt sich mit der Zeit eine neue umfassendere Strömung des Bewußtseins, und nur auf der mannigfachen Sehnsucht und vor allem auf der spirituellen Unzufriedenheit vieler Menschen kann ein Religionsgründer als Träger transpersonaler Energien seine Arbeit aufbauen.

Die Widersprüche also, die ihr beklagt, und die Spannung zwischen dem, was keine Befriedigung mehr verschafft, und den zeitweiligen Befriedigungen neuentwickelter seelischer Bedürfnisse sind in der Tat eine Erscheinung eurer Zeit und eine Auswirkung gesellschaftlicher Interessenkonflikte. Aber das ist gut so. Sie dienen vor allem der Vorbereitung auf eine neue riesige Welle veränderten Verständnisses von Welt und Wirklichkeit. Sie gehen der Begründung einer neuen Weltreligion voraus. Diese Vorbereitungen werden noch einige Jahrzehnte, wenn nicht Jahrhunderte in Anspruch nehmen. Es gibt in diesem Zusammenhang keine Zeitplanung, weil Zeit dort, wo die Planung stattfindet, keine Rolle spielt. Wenn der Energiepegel der hungernden Seelen einen Stand erreicht hat, der eine Speisung willkommen erscheinen läßt, ist die Fürsorge derer, die sie verteilen, zum Einsatz bereit.

Reife und Alte Seelen sind gehalten, ihre ureigene Wahrheit zu suchen, und sie dürfen sich vor Irrtümern und Enttäuschungen nicht schützen wollen. Sie müssen sich sehnen, und sie müssen Unpassendes ablehnen. Ihre Impulse treiben das Rad der spirituellen Geschichte an. Und jüngere Seelen, die der Führung bedürfen, werden mitgezogen durch die dynamische Entwicklung derer, die von fern das Licht sehen oder es zu sehen glauben.

Frage: Ich bin einem Mann aus dem Libanon begegnet. Ich erfuhr, daß er nicht Muslim ist, sondern zu den Drusen gehört. Sie glauben an die Wiedergeburt, ähnlich wie die Tibeter. Mir ist unklar, wer die Drusen eigentlich sind und woher sie kommen. Inzwischen las ich, daß ihre Gemeinschaft angeblich im elften Jahrhundert zur Zeit der schiitischen Fatimiden im Niltal entstanden ist und daß ihre geistigen Väter die Mystiker Hamza und Darisi gewesen sein sollen, unter dem Fatimidenkalifen Hakim. Ich möchte gern mehr darüber wissen.

Quelle: Die geistige Bewegung, die hinter dieser kleinen religiösen Gemeinschaft steht, ist viel älter. Im elften Jahrhundert drängte eine bereits seit Jahrhunderten konstituierte, im Verborgenen wirkende Gruppe auf eine offene Abspaltung, da die beiden genannten Führer nach fünf Jahrhunderten der Islamisierung keine Möglichkeit mehr sahen, ihre Glaubensinhalte weiterhin so vertreten zu können, daß die Gruppe – sie war damals nur wenige hundert Köpfe stark – sich ohne Gefahr um Leib und Leben friedlich vermehren konnte.

Wir sagten, die Gemeinschaft war wesentlich älter. Sie setzte Traditionen fort, die aus zwei Quellen gespeist wurden, zum einen die gesamte Lehre der alten ägyptischen Jenseitsreligionen und zum anderen die Einflüsse des frühen Christentums, die sich mit noch älteren Schichten der spätantiken Gnosis vermischten und sich zu einer nicht offiziell anerkannten, als Geheimlehre weitergegebenen Überzeugung herausbildeten. Wenn wir dabei von Christentum sprechen, so nur in der Hinsicht, daß die

Vorstellung eines Erlösers verbunden wurde mit anderen geistigen Erkenntnissen des Judentums und einer durch Jesus neu geformten, anschaulichen und praktikablen Form mitmenschlicher Liebe.

Diese neue Liebesphilosphie verband sich aufs innigste mit dem überlieferten Wissen um die Unsterblichkeit der Seele, allerdings in einem anderen Sinne, als sie das Judentum kannte. Da jedoch der Glaubensrahmen der sich etablierenden christlichen Kirchen sehr früh die eigentliche Liebesbotschaft einengte und nach und nach die nicht genehmen Vorstellungen von einer realen Unsterblichkeit der Seele und ihrer ständigen Wiederkehr in unterschiedliche Körper unterdrückte, war es nicht länger möglich, ein öffentliches Bekenntnis zu einer solchen Überzeugung zu leisten. Diejenigen aber, die gewiß waren, etwas Wesentliches entdeckt zu haben, und wußten, daß diese Wahrheit nicht zum Wissen für jeden werden konnte, schlossen sich zusammen und gaben ihre Gewißheit lediglich an die Mitglieder einer kleinen Gemeinschaft weiter.

Doch wie in jeder Gruppe, die auf Geheimhaltung angewiesen ist, gab es auch hier Verräter, die später um des Vorteils willen und aus Habgier ihre Glaubensbrüder anzeigten, die in ihrer islamischen Umwelt nicht »rechtgläubig« waren, und so wuchs die Gefahr, daß die Gemeinschaft, die dieses Wissen pflegte und hütete, zerstört werden könnte. Es wäre ein leichtes gewesen, sie mit Stumpf und Stiel auszurotten, und als die beiden Führer dies erkannten, zogen sie es vor, sich aus dem Niltal zu entfernen – ganz so, wie zu altägyptischen Zeiten Menschen, die sich religiös verfolgt sahen, in das tolerante Niltal geflohen waren, solange dort vor den Jahrhunderten des übermächtigen islamischen Einflusses noch große religiöse Freiheit herrschte. Die Drusen entfernten sich also, siedelten in unwegsamen, gebirgigen Gebieten des Vorderen Orients und machten ihre religiöse Überzeugung zum Inhalt einer vorbildlichen Staats- und Gemeinschaftsform. Es gibt kaum eine Vereinigung religiösen Gepräges, die so stark geneigt ist, ihre wesentlichen Erkenntnisse für sich zu behalten wie die Gemeinschaft der Drusen. Diese Zurückhaltung ist begründet auf der Einsicht der Ältesten, daß eine Lehre von der essentiellen Unsterblichkeit weder missionarisch verbreitet werden muß, noch für alle Menschen die geeignete Form religiöser Anschauung sein kann. Die ständige Angst vor Pogromen kommt hinzu.

Frage: **Ist also die Gemeinschaft der Drusen ein Zufluchtsort für Reife und Alte Seelen?**

Quelle: Vorwiegend Alte und Reife Seelen inkarnieren sich in dieser Gemeinschaft, doch gibt es hier wie überall auch Junge Seelen, deren Bewußtsein auf etwas vorbereitet wird, was ihnen erst in weiteren Inkarnationen zur Gewißheit werden kann. Keineswegs verhält es sich so, daß die Drusen durchwegs Reife und Alte Seelen sind. Im Gegenteil – es ist notwendig für den Fortbestand dieser Gemeinschaft, daß viele jüngere Seelen sich innerhalb dieser Gruppe mit den Belangen und Aspekten des Überlebens und mit dem Kampf um Erfolg auseinandersetzen, damit diejenigen, die die spirituell-kulturelle Gemeinschaft führen, ihrerseits von den unmittelbaren Pflichten der Verteidigung entlastet sind.

Ganz wie ein guter Vater für jedes seiner Kinder den richtigen Rahmen zu schaffen weiß, in dem es sich entwickeln kann, und nicht darauf drängt, daß alle gleichermaßen seinen Beruf ergreifen und seine Ideale teilen, sondern zuläßt, daß der eine oder andere in die Welt hinauszieht oder eine Tätigkeit ausübt, die nicht den Traditionen und gesellschaftlichen Gepflogenheiten der Familie entspricht – aus Achtung vor der Individualität des Kindes –, so sind auch die jeweils in die Führungspositionen hineinwachsenden Väter der Drusengemeinschaft weise genug, alle Möglichkeiten zu fördern, die den verschiedenen seelischen Stufen und Entwicklungen ihrer Glaubensbrüder gerecht werden.

Frage: Welche Funktion kann denn eine solche Gemeinschaft innerhalb ihrer größeren politisch und religiös zerrissenen Umwelt haben?

Quelle: Die Drusen nehmen alles, was um sie herum und mit ihnen geschieht, nicht im selben Maße ernst wie die Mitglieder der meisten anderen Religionsgemeinschaften. Wenn wir sagen »sie nehmen es nicht ernst«, meinen wir damit, daß sie nicht der Überzeugung sind, daß sie jeweils nur für dieses Leben kämpfen. Deshalb sind sie nicht so verbissen, sie sind nicht so absolut, verfügen über einen wesentlich erweiterten Horizont, können sich geistig erheben, ohne allzu arrogant zu sein, über diejenigen, die miteinander streiten, wie Hunde sich um einen Knochen balgen würden. Ein Druse sieht leichter als ein Christ oder Moslem, daß die spirituellen Fleischtöpfe gefüllt sind. Sie wären auch für diese hungrigen Hunde da, wenn sie nur aufhören könnten, sich gegenseitig das Fell zu zerbeißen.

Sie sind somit ein geistig stabilisierendes Element, das allerdings auch Ärger und Unwillen hervorruft bei denen, die nicht verstehen, warum die Mitglieder dieser Gemeinschaft sich nicht in gleicher Weise in den Krieg hineinziehen lassen, in einen Kampf, der aus ihrer Sicht um Leben und Tod und Wahrheit geht, während er aus der Sicht der Drusen vornehmlich um die machtpolitische Vorherrschaft im Land geführt wird.

Frage: Ich war in Peru und Mexiko sehr beeindruckt von den alten Tempeln. Ich wüßte gern mehr über das, was nicht in den Reiseführern steht – über die versunkenen Religionen dieser Länder.

Quelle: Die Spiritualität des alten Amerika ist stets eine Spiritualität gewesen, die nicht viele Worte macht. Sie kennt eine Mystik der Orte, der Gegenstände, der Gebäude – eine Mystik des

Schweigens, die auch hier und heute auf viele Menschen anziehend und bereichernd wirkt.

Viele unter euch, die eine solche Möglichkeit wortarmer Spiritualität suchen, wenden sich nach Indien, nach Japan, nach Nepal und Tibet. Die Spiritualität Lateinamerikas wird übersehen, da sie sich nicht mit Gurus oder mit alten, geheimnisvollen Schriften schmückt. Eine Religiosität, die nicht mit Worten Zugang zum Göttlichen schafft, wird vom Westen verkannt. Dennoch gibt es dafür einen großen Bedarf und authentische Bedürfnisse.

Wir sprechen von der Aussagekraft von Statuen und Gebäuden, von Orten, Landschaften, von Pflanzen und von Tönen. Was sie miteinander verbindet, ist der Verzicht auf Predigt und Priester, auf Gebet, auf Ermahnung und Forderung, auf das Konzept von Sünde und Verfehlung. Deshalb kommen euch spirituelle Botschaften solcher Art nicht religiös vor, denn ihr seid anderes gewohnt. Bezeichnend für diese Art Religiosität ist es, daß der mystische Ansatz auf energetische Vereinigung bedacht ist, auf stilles und stummes Sein in der Gewißheit unmittelbaren Kontakts, der nicht auf Mittler angewiesen ist. Bestimmte Orte, bestimmte Gebäude aufzusuchen, sich mit steinernen Statuen, mit Pflanzen und Landschaften in Kontakt zu bringen und dadurch eine Ausweitung zu erfahren, die nicht auf Glauben beruht, sondern auf erfahrener Verbundenheit, kennzeichnet diese Religiosität.

Wir sprechen nur bedingt von der christlich-katholischen Überformung dieser uralten Mystik. Dennoch enthalten auch neuere kultische Gegenstände, Musikinstrumente und Gesänge im lateinamerikanischen Kulturkreis viele der alten Elemente, und sie eröffnen noch immer und immer wieder Zugang zu dem, was ursprünglich gemeint war.

Wichtiger aber ist es, Menschen – auch über Ferienreisen – hinzuführen an Orte, die sie nicht nur als Sehenswürdigkeiten bestaunen können, sondern denen sie sich öffnen. Dort erkennen sie ihre eigenen Bedürfnisse nach emotionalem Kontakt und gefühlsmäßiger Gewißheit in der Verbundenheit mit dem Allganzen. Es gibt viele Organisationen, die spirituelle Sucher nach Ägypten, nach Indien, nach Tibet führen, sehr wenige jedoch, die die Spiritualität des südamerikanischen Kontinents als eigenen Wert erfahren und bereit sind, aus ihrer inneren und innersten Kenntnis heraus, sie bekannt zu machen. Ebenso gibt es kaum einen Zugang zur wortlosen Geistigkeit der Eskimovölker und anderen stummen, steinernen Kulten des hohen Nordens. Auch vom dort Entstandenen wird vieles verkannt, weil sich diese Religiosität nicht im Schrifttum, nicht in heiligen Büchern ausgewiesen und überliefert hat.

Frage: **Welche Aufgabe erfüllt die katholische Kirche heute?**

Quelle: Religionsgemeinschaften, ganz gleich in welcher Kultur sie sich bilden, sind für den Menschen da, für seine Bedürfnisse, für seine Fragen, für die Bewältigung seiner Existenz. Der Mensch ist nicht für die Kirchen da. Wenn ihr also fragt, wie ihr fragt, müssen wir zurückfragen: Heute – für wen?

Als Jesus seine Lehre entwickelte und verkündete, hat er bereits damals – ohne es so streng zu formulieren – eine bestimmte Betrachtungsweise der späteren Grundfesten der Kirchen angeboten. Die drei Säulen des Christentums lauten: Liebe, Glaube, Hoffnung. Sein Anliegen war es, heranreifenden Seelen eine neue Möglichkeit zu eröffnen, Liebe, Vertrauen und Hoffnung zu erfahren und diese Erfahrungen weiterzugeben. Liebe, Glaube und Hoffnung sind heute für viele von euch noch die Bereiche, in denen sie die Kirche wirksam werden sehen oder zumindest hoffen, daß sie wirksam werden möge. Wir sehen aber, daß manche Menschen gerade darüber ihren Glauben, ihre Liebe und ihre Hoffnung verlieren. Wenn sie sehen, daß die Priester, Ordensleute und Gläubigen diese Prinzipien nicht unverfälscht, rein und getreu vorleben, meinen sie, daß die Kirche in ihren Funktionen versagt habe, und wenden sich von ihr ab.

Wir möchten euch eine neue Betrachtungsweise anbieten, eine Perspektive, mit der ihr die Dynamik einer zweitausendjährigen Entwicklung besser verstehen könnt. Wir behaupten: Religionen sind von Seelen für Seelen geschaffen worden. Und Seelen haben unterschiedliche Bedürfnisse, unterschiedliche Ziele. Wenn nun also eine Seele auf dem Weg zu ihrer Reife in Konflikt gerät mit ihrem traditionellen Glauben und mit den Glaubensinhalten, die ihr angeboten werden, so ist das aus unserer Sicht keineswegs von Übel. Im Gegenteil, sie befaßt sich dadurch, daß sie den Glauben verliert, an ihm zweifelt oder sich auf bestimmte Dogmen oder Inhalte nicht mehr einlassen kann, sehr intensiv mit den Aufgaben, die ihre Seele in diesem Zyklus der Reife erfüllen will.

Jede Kirche, insbesondere aber die katholische Kirche, hat also Aufgaben und Funktionen außerhalb der von ihr selbst bewußt vertretenen. Sie will die Statthalterorganisation ihres göttlichen Begründers im irdischen Bereich sein und seine Prinzipien verkünden, seine Lehren erfüllen. Im übergeordneten Sinne, das heißt im Hinblick auf das Große Ganze, hat sie die Aufgabe, ein spirituelles Angebot zu machen, an dem Seelen sich reiben müssen, an dem sie sich entwickeln können, dem gegenüber sie Position beziehen sollen, um weiterzukommen. Darüber hinaus gibt es noch eine Reihe weiterer seelisch begründeter Aufgaben und Funktionen, die solche Religionsgemeinschaften in weiten Teilen eures Planeten erfüllen.

Viele, viele Menschen auf der Erde haben Priester-Seelen, und diese Seelen wollen sich in besonderem Maße mit religiösen Inhalten, Lebensformen und Gewohnheiten auseinandersetzen. Das ist notwendig auch schon für Kind-Seelen oder Junge Seelen. Gäbe es die Institutionen der katholischen Kirche in Südamerika oder in Afrika zum Beispiel nicht, hätten diese heranreifenden Seelen nirgends die Gelegenheit, zum Beispiel im Rahmen einer Kirchengemeinschaft tätig zu werden, die das Konzept von Nächstenliebe auf ihr Banner schreibt, und es in dieser spezifischen christlichen Ausprägung zu erkunden. Sie könnten außerdem auch weder Mönch noch Nonne werden, weil solche Möglichkeiten in vielen anderen kulturell-religiösen Gemeinschaften nicht existieren. Zum Beispiel gibt es in afrikanischen Gesellschaften mit ihren traditionellen Naturreligionen die Vorstellung des Einsiedlertums oder eines monastischen Lebens nicht. In Südamerika wiederum haben sehr viele Reife Priester-Seelen durch die Angebote der katholischen Kirche die Gelegenheit bekommen, sich von den Vorstellungswelten der Kind-Seele und der Jungen Seele zu lösen und sich einer ungewohnten, nach innen orientierten Erfüllung zuzuwenden.

Wir sprechen immer nur von spirituellen Gelegenheiten und Angeboten. Sie sind überall reichhaltig vorhanden für alle, die jemals auf irgendeine Weise mit den Lehren des Christentums und mit der katholischen Kirche in Berührung gekommen sind. Sie sind nicht die einzigen, sie sind nicht immer die besten, aber sie sind wirksam. Und jeder, der sich in irgendeiner Weise mit der Lehre der katholischen Kirche und auch mit der Organisation, die diese Lehre vertritt und verkündigt, auseinandersetzt, kann für sich persönlich einen spirituellen Gewinn erlangen. Es ist nicht wichtig, daß fest geglaubt wird. Es ist hingegen wichtig, daß ein Mensch sich mit seiner Fähigkeit zu glauben auseinandersetzt, sich damit anfreundet oder auch seine Glaubenshaltungen überprüft. Was er im einzelnen glaubt, ist nicht von Belang. Es mag euch zwar so scheinen, als sei der »wahre Glaube« eine irdische Realität, aber er ist es nicht.

Wenn nun die katholische Kirche heute von vielen angegriffen oder mit Vorwürfen bedacht wird, liegt es vor allem daran, daß durch die erlebte Diskrepanz zwischen dem Anspruch und der Durchführung dessen, was gepredigt wird, eine große Unzufriedenheit eingetreten ist. Wir aber sagen, das sind zwei Seiten derselben Medaille! Spirituelle Unzufriedenheit ist der Sinnsuche förderlich.

Anspruch und Durchführung gehören zusammen. Ihr alle wißt aus eurer persönlichen, privaten, individuellen Existenz, daß ihr eurem Schatten nicht davonlaufen könnt. Wieso sollte eine von Menschen für Menschen geschaffene Institution ihren Schatten meiden können? Das ist nicht nötig, das ist nicht möglich, das ist auch nicht sinnvoll. Wenn ihr also am Anspruch der katholischen Kirche und an seiner Durchführung Zweifel hegt oder unzufrieden seid, grämt euch nicht. Solltet ihr das Bedürfnis verspüren, euch von den traditionellen kirchlichen Prägungen zu lösen, nehmt um eurer selbst willen Abschied mit einem eher liebevollen Blick auf das Vergangene, auf das Unvollkommene, auf alles, was ihr heuchlerisch nennt. Es gehört so sehr zu eurem Menschsein! Und es wäre ganz unmenschlich von euch zu verlangen, daß eine weltumspannende Institution, die versucht, so vielen unterschiedlichen Bedürfnissen und Seelenzyklen gerecht zu werden, auf spirituellem Gebiet alle eure übertriebenen ideellen Forderungen erfüllen sollte. Perfektionismus führt zu nichts Gutem.

Gesteht also diesem ungeheuer großen Organismus seine Schmerzen, seine Schwierigkeiten, seine Unzulänglichkeiten zu. Dann könnt ihr es euch selbst auch gestatten, einmal inkohärent, unzuverlässig, einfach menschlich zu sein und heute so und morgen so zu reagieren. Es ist ein Teil eurer Wirklichkeit, daß keiner von euch vom ersten bis zum letzten Tag seines Lebens konsequent edelmütig und liebend sein kann. Ein solcher Anspruch würde euch starr und lieblos machen. Vollkommenheit gibt es nirgends. Verlangt sie also auch nicht von einem Organismus, der jetzt immer noch so lebendig ist wie die katholische Kirche.

Meister, Lehrer und kosmische Botschafter

Wenn, wie in unserem Jahrzehnt, eine Jahrtausendwende naht, ist es verständlich, daß die Menschen von einem feierlichen Gefühl ergriffen werden, und auch von einer gewissen Unruhe. Die Angst vor einem Weltenende wächst und wird von manchen Gruppierungen und religiösen Führern auch geschürt.

Nun handelt es sich selbstverständlich zunächst einmal um ein simples Kalenderdatum. Und doch löst es die heftigsten Emotionen aus. Daten sind eben auch Symbole, und der Mensch braucht seine bedeutungsvollen Bezugssysteme, um seiner Sinnsuche einen Rahmen zu verleihen. Millenarische Bewegungen gibt es nachweislich zu jeder Jahrtausendwende, und die Berichte aus der Zeit um das Jahr 1000 ähneln in verblüffender Weise den Nachrichten aus den Hochburgen der Esoterik im ausgehenden zwanzigsten Jahrhundert. Endzeitliche Vorstellungen prägten ebenfalls die »Zeitenwende« vor Christi Geburt. Und immer traten in solchen Epochen auch geistige Führerpersönlichkeiten, Lehrer, Meister und Religionsgründer auf den Plan, um die spirituellen Bedürfnisse der verängstigten Zeitgenossen aufzufangen und in eine neue Richtung zu lenken.

Sollte es sich dabei nur um einen zeitlichen Zufall handeln? Haben die Kalenderdaten vielleicht doch eine übergeordnete Bedeutung? Oder prägt das Bewußtsein der Menschen durch Sinnzuschreibungen die Zeitläufe und das Geschehen? Die »Quelle« weist uns auf diese und weitere interessante Zusammenhänge hin. Besonders berührt hat uns die Erkenntnis, daß sogenannte Transliminale Seelen bei der Gestaltung unserer Bewußtseinsgeschichte eine so bedeutsame Rolle spielen.

Auskünfte über einige andere sehr ungewöhnliche spirituelle Gestalten, wie zum Beispiel ein tibetischer Rimpoche, einen Meister wie Bhagwan (Osho), eine Transpersonale Seele wie Sathya Sai Baba und einen Botschafter aus anderen physischen Welten wie den Knaben Flavio aus Argentinien helfen uns, die Zusammenhänge zwischen der Entwicklung der Einzelseelen im Inkarnationszyklus und den Geschicken unserer menschlich-seelischen Gemeinschaft besser zu verstehen. Es läßt sich beobachten, daß der Wunsch nach Selbsterkenntnis, nach Selbstfindung und nach einer spirituellen Geborgenheit in großen Teilen der Erdbevölkerung immer stärker wird.

✳

Frage: Wie kommt es zur Entstehung neuer Weltreligionen?

Quelle: Es ist uns ein Anliegen, euch zu sagen, daß ihr alle, die ihr jetzt den Planeten Erde bevölkert, bereits mehrfach von einem transliminalen Bewußtsein berührt wurdet und seine Auswirkungen erlebt, auch wenn ihr euch darüber keine Gedanken macht. Dies geschah nicht nur früher, sondern vollzieht sich auch heute.

Die Erdbevölkerung hatte zum Beispiel in Indien und im Vorderen Orient zum jeweiligen Zeitpunkt der Erdgeschichte, kurz vor der sogenannten Zeitenwende, eine Dichte angenommen, in der es sinnvoll war, jeweils miteinander verbundene und abgestimmte Beeinflussungen vorzunehmen, die dadurch notwendig wurden, daß die Kommunikation zwischen den Menschen in den weit entfernten Erdteilen noch nicht in der Weise entwickelt war wie in eurer Epoche. In diesem Zeitraum von mehreren hundert Jahren wurden einige Transliminale Seelen wie Buddha und Christus ausgesandt. Krishna kam in einer vergleichbaren Phase, jedoch gut 2000 Jahre früher.

Bewußtheit ist eins. Sie kann sich jedoch in unterschiedlichen Ausprägungen manifestieren. Krishnabewußtsein, Buddhabewußtsein, Christusbewußtsein sind ein und dieselbe Energie, die sich mehrerer Träger bedient, um sich zu vermitteln.

Frage: Wie kann man die Wirkung erklären, die der indische Meister Sai Baba auf so viele Menschen aus aller Herren Länder ausübt?

Quelle: Sai Baba oder der, den ihr Sai Baba nennt, hat einen menschlichen Körper. Er geht wie ein Mensch, er schläft wie ein Mensch, er ißt wie ein Mensch – und doch ist er nicht in jeder Hinsicht ein Mensch wie jeder von euch. Denn in seinem Körper wohnt nicht nur eine Seele, sondern dieser Körper ist zu einem

Behältnis geworden für seine gesamte Seelenfamilie. Und die Energie, die diese vereinte Seelenfamilie erzeugt und die in seinen zarten, fragilen Körper einfließt, unterscheidet ihn von der anderer Menschen. Sie unterscheidet ihn von denen, die ihn lieben, und unterwirft ihn – wenn wir denn von ihm als einer Person sprechen wollen, um uns euch besser verständlich zu machen – Bedingungen von Leben und Existenz, die nicht die üblichen sind. Er stellt sich zur Verfügung, um einer Aufgabe gerecht zu werden, die die Seele desjenigen, der diesen Körper kreiert hat, zwar mitträgt, die jedoch von einem größeren und bedeutenderen Kollektiv von Seelen ausgeübt wird.

Diese energetische Ballung hat daher auch eine geballte Wirkung. Und daß eine Gestalt wie Sathya Sai Baba so überaus viele, so überaus unterschiedliche Menschen, vom einfachsten indischen Bauern bis hin zum raffiniertesten Mannequin aus New York für sich begeistern kann, das heißt mit seinem Geist erfüllen kann, ist eine Auswirkung dieser vielfältigen, vielschichtigen und auf tausendfach unterschiedliche Weise geprägten Liebes- und Seelenenergie.

Wenn ein Körper von einem seelischen Kollektiv bewohnt wird und dieses seelische Kollektiv mit vereinten Kräften ein Vorhaben unterstützt, das diese Seele als Seelenfragment, als vereinzelte Energie nicht bewältigen kann, dann gewinnt sie für diese Bewältigung auch Kräfte, die ihr Möglichkeiten eröffnen, die Einzelseelen nicht gegeben sind. Die Seelenfamilie, die einen Körper bewohnt, kann sich zum Beispiel jederzeit in einer Weise ab- oder aufspalten und unterteilen, daß diese selbe Gestalt mit einer Teilbeseelung an verschiedenen Orten erscheinen kann und einen Anschein von materieller Wirklichkeit erweckt, der durchaus so täuschend ist, daß es scheint, als sei die Person an sich anwesend. Und abgesehen von diesen oftmals eindrucksvollen und nicht selten spektakulären Fähigkeiten und den berühmt und bekannt gewordenen Materialisationen von Gegenständen darf eines nicht übersehen werden: Eine große Gruppe von über tausend Seelen kann ein Energiefeld von Liebe erzeugen, wie es einer Einzelseele niemals, auch nicht im letzten Stadium ihrer letzten Inkarnation, möglich ist.

Viele der Anhänger von Sathya Sai Baba verehren ihn als einen Gott oder wie Gott. Dies ist nicht richtig und dies ist nicht verkehrt, denn Menschen können das, was ihnen so lieb und doch so fremd, so fremd und doch so lieb ist, nicht begreifen und nicht anders beschreiben als mit den Begriffen, die ihnen geläufig sind für das Geliebte und zugleich Fremde. Deshalb werden alle, die in der hinduistischen Tradition aufgewachsen sind, ihren verehrten Meister und Führer als eine vergöttlichte Gestalt erkennen und anerkennen. Andere wiederum, die von ihrem Gott enttäuscht wurden, werden sich einen neuen Gott in ihm suchen. Wiederum andere werden ihn hauptsächlich in seiner Menschlichkeit erfahren und verehren.

All dies ist gut und in Ordnung, auch wenn die Prinzipien voneinander abweichen, doch nichts davon trifft die eigentliche seelische Realität, die den meisten Menschen ohnehin mental unbegreiflich bleibt und die sie allenfalls emotional erfassen können. Emotional erfassen bedeutet zu spüren, was von dieser Gestalt, dieser Seelenfamilie in einem menschlichen Körper, ausgeht, was sie bewirkt, was sie in jedem einzelnen und in einem Kollektiv von vielen Millionen auslöst, was sie verändert, wohin sie geleitet, aber auch, welche Phantasien sie hervorbringt, welche Sehnsüchte und Enttäuschungen, welche Vorstellungen und Träume. Solltet ihr selbst aber bestrebt sein, diese Art transpersonaler Bewußtheit zu erlangen, werdet ihr unweigerlich an die Grenzen eurer Möglichkeiten als inkarnierte Einzelseelen stoßen. Ihr könnt euch natürlich an der Vorstellung einer solchen Grenzüberschreitung erfreuen.

In dem Moment, wo als Behältnis für eine ganze Seelenfamilie ein menschlicher Körper gewählt wird, kann sich diese Seelenfamilie natürlich nicht den Grundbedingungen körperlicher Existenz entziehen. Das bedeutet also – selbst wenn es euch widersinnig und verstörend vorkommt –, daß ein menschlicher Körper, sei er mit einer oder mit vielen Seelen bevölkert, den vier

Gesetzen der Lebendigkeit unterliegt, außerdem aber auch den Prinzipien von Polarität und Dualität. Kein Körper kann zum Beispiel vollständig angstfrei sein.

Es mag manchen von euch wie Ketzerei vorkommen, wenn wir behaupten: Auch der, den ihr Sathya Sai Baba nennt, kennt die Angst. Er erkennt seine Angst, doch er unterwirft sich ihr nicht. Er akzeptiert sie als eine Gegebenheit, die ihm dienlich sein kann, um die Angst seiner Schüler und Verehrer zu begreifen. Denn wer die Angst nicht kennt, kann sie bei anderen Menschen niemals weder sehen noch verstehen. Nur wer seine Angst tief und gründlich erkundet hat, kann mit der Angst anderer Mitmenschen so umgehen, daß er sie nicht schürt, sondern mildert.

Und dies eben tut Sathya Sai Baba. Er stellt einen großen energetischen Radius zur Verfügung, der es vielen ermöglicht, zunächst einmal mit ihren massivsten Ängsten in Berührung zu kommen und dann zu erleben, daß sich diese Ängste wie durch einen magischen Akt in Nichts auflösen, so daß sie sich ihm einige Stunden, Tage oder Wochen ganz hingeben können, ganz auflösen können. Die Angst kann dann ebenso unvermutet in veränderter Form oder Gestalt wiederauftauchen, wenn das gewohnte Leben am Heimatort wieder aufgenommen wird. Und glaubt uns, das gilt nicht nur für Europäer oder Amerikaner, sondern ganz genauso für die Inder, die wieder in ihr Dorf ziehen oder in die Welt der Großstädte zurücktauchen.

Sathya Sai Baba verkörpert also eines der Wesen, die wir als Transpersonale Seele bezeichnet haben, und er stellt insofern etwas ganz Besonderes, eine Ausnahme unter den Menschen dar. Aber dies bedeutet nun nicht, daß alle, die sich dieser Energie nähern oder hingeben, aufgerufen sind, ihm zu folgen oder nachzueifern, bis sie so werden wie er. Sie versuchen, dieselbe Liebe auszustrahlen, dieselben Kunststückchen zu vollbringen und sich der Bilokation zu befleißigen. Das ist aber nicht der Sinn, das ist nicht das Ziel. Denn niemand von euch kann jemals so werden wie er! Sollte aber tatsächlich in seiner Nähe eine weitere Seelenfamilie in einen anderen Körper einfahren und sich in ihm verwirklichen, so wäre die Ausstrahlung dieses menschenähnlichen Wesens völlig verschieden von der Ausstrahlung, die Sai Baba verbreitet.

Wir können auch nicht, wie ihr es gewünscht habt, von der Seelenmatrix berichten, die Sai Baba in sich trägt, denn mit dem Einfahren einer Seelenfamilie, eines seelischen Kollektivs in einen menschlichen Körper, gibt dieser Körper seine ursprüngliche Matrix auf und verfällt in einen Zustand, der nicht mehr in der Spannung zwischen den ursprünglich vorhandenen Polaritäten verharrt. Das bedeutet jedoch keineswegs, daß eine Erscheinung wie dieser Sai Baba keine Charakteristik, keine spezifische Wesensart oder Identität hätte. Sie ist nur nicht zu verwechseln mit einem Seelenplan oder Seelenmuster, wie wir ihn mit dem Namen Matrix belegen, mit diesem besonderen Aspekt von Individualität.

Die Eigen- und Wesensart einer Transpersonalen Seele ergibt sich aus der Zusammensetzung und der Zielsetzung der in ihrem Leib beherbergten Seelenfamilie. Die Seelenfamilie dessen, der dieser Gemeinschaft seinen letzten Körper zur Verfügung gestellt hat, besteht aus Heilern, Weisen und Künstlern. Die Heiler sind bei weitem in der Überzahl. Künstler und Weise sorgen für eine einfallsreich gestaltende und gütige Komponente. Sie führt dazu, daß Sai Baba alle, die zu ihm gelangen – ganz gleich aus welchem Grund –, akzeptiert und akzeptieren kann, und auch daß – unabhängig von der persönlichen Seelenstruktur – die allermeisten, die zu ihm gelangen, sich auch akzeptiert fühlen auf die eine oder andere Art.

Viele möchten von ihm mehr Beachtung. Aber die Weisen in Sathya Sai Baba spüren, wohin es führt, wenn ein Mensch, der mehr will, als er verkraften kann, das bekommt, wonach ihn gelüstet. Er wird nicht gesund, sondern krank, und daher verweigern sie solchen Menschen die Aufmerksamkeit, nach der sie gieren und erzeugen dadurch eine kraftvolle Energie, die wiederum zu den Zielen des übergeordneten Vorhabens beiträgt. Die Sai Baba belebende Seelenfamilie hat ein gefühlsgeprägtes Anliegen, das der Energie 1 (Heiler-Energie) zugeordnet werden kann. Und dieses Anliegen ist ein ganz anderes, als die meisten sich vorstellen. Es zielt vor allem darauf ab, über die Öffnung der Herzen und die vorübergehende Reduktion von Angst Kontakte herzustellen zwischen denen, die sich mit und unter Sai Baba verbunden fühlen. Auf diese Weise bringt Sai Baba Menschen miteinander in Berührung, die sich sonst niemals begegnen würden. Dadurch wiederum spannt sich ein energetisches Netzwerk, das sich um den ganzen Erdball ziehen kann. Und mit diesem Vorhaben ist Sathya Sai Baba nicht der einzige, der am Werke ist. Auch andere Transpersonale Seelen befleißigen sich dieser Aufgabe, die oft nur an der Oberfläche eine religiös gefärbte Hülle aufweist. Darunter jedoch ist nichts als Liebe, und wenn ihr Liebe zu einer Religion erheben wollt, sei euch dies unbenommen. Sie ist jedoch keine Religion, sondern eine Seinsweise, die jenseits aller Religiosität ihren Ort hat.

Wenn also die in Sai Babas Körper beherbergte Seelenfamilie zwei Menschen zum Beispiel aus verschiedenen Kulturkreisen oder auch aus unterschiedlichen sozialen Schichten, von Herz zu Herz miteinander in Berührung gebracht hat, dann ist ihre Aufgabe erfüllt – unabhängig davon, wie lange der Kontakt dauert, sei es eine Sekunde oder zehn Jahre. Und solange dies geschieht, auch über den Tod des menschlichen Wesens hinaus, das die leibliche Wohnstatt zur Verfügung stellt, ist die Aufgabe dieser Seelenfamilie aktiv. Sie findet ihr Ende erst, wenn kein Lebender, keine lebendige Einzelseele sich mehr an Sathya Sai Baba erinnert und ihr Herz in seinem Namen oder als Auswirkung seiner Liebe öffnen kann. Aber dann wird es andere geben, die ähnliche Aufgaben erfüllen.

Sai Baba ist nicht Mensch, und er ist nicht Gott. Seine Erscheinung ist durch ein seltenes Zwischenstadium charakterisiert, ein Stadium der seelischen Manifestationsfähigkeit, das nur dann in Funktion und Erscheinung tritt, wenn eine geeignete Resonanz bei vereinzelten Seelen zu erwarten ist. Das bedeutet auch: Wer sich nach der Öffnung seines Herzens sehnt, ist es, der ein solches Phänomen herbeirufen und zustande bringen kann. Energie, ganz gleich wo und wie, drängt auf Vervollständigung, und zugleich ist Energie immer vollständig. Es gibt keine Isolation in dem Bereich energetischer Phänomene.

Sathya Sai Baba ist ein Teil von denen, die ihn lieben. Und wenn sie ihn verehren, so entfernen sie sich ein wenig von der Liebe, die er erzeugt und die ihr verdient. Verehrung schafft Distanz, Verehrung schafft Trennung. Wenn ihr ihn lieben könnt, dann liebt ihn! Wenn ihr ihn aber verehren wollt, dann verehrt besser einen anderen. Ihr seid bei ihm nicht am rechten Ort. Er hat euch, wenn ihr ihn verehrt, nichts zu geben.

Frage: **Nach allem, was mit der Sannyas-Bewegung geschehen ist, quält mich immer wieder der Zweifel, ob Bhagwan (oder Osho, wie er sich später nannte) wirklich ein Meister war. War er eine integere Person, oder billigte er die kriminellen Machenschaften mancher seiner vertrautesten Anhänger? Welche Bedeutung hat sein Wirken? Hat er tatsächlich die spirituelle Entwicklung seiner Schüler gefördert?**

Quelle: Die Gruppe von Menschen, die das von Shree Rajneesh ausgehende Angebot an Energie, dieses vielfältige Angebot angenommen haben, haben zwei essentielle Bereiche ihres Wesens kennenlernen und sichtbar machen können: die Fähigkeit, ihre Arme und ihr Herz so weit zu öffnen, daß sie die Welt und vor allem ihre Ängste umspannen können. Solche Erfahrungen hätten sie ohne den prägenden Einfluß ihres Meisters nicht machen können, oder sie hätten viele Jahre oder Jahrzehnte für einen derartigen Öffnungsprozeß gebraucht, anstatt bereits in jüngerem Alter die Liebe des Herzens und seine Wirkung aktiv und passiv zu erfahren. Liebe ist ihnen in einer neuen Qualität begegnet dadurch, daß sie sich vollkommen anvertraut haben, und sei es nur für Minuten.

Aber von noch weittragenderer Bedeutung ist die Begegnung mit der Angst. Nur umhüllt von Liebe kann sich ein Mensch auf seine Angst einlassen, auch auf seine Existenzängste. Und Rajneesh war es wert, sich auf ihn einzulassen. Er gehörte zu den wenigen und seltenen Menschen, die das Leben einfach geschehen lassen können. Er gab Impulse und immer wieder Impulse, so wie ein Verhaltensforscher, der seine kostbaren Versuchstiere, die sein ein und alles sind, immer wieder neuen Gefahren aussetzt, mit ihnen verschiedenartige Experimente anstellt und sie am Ende vielleicht sogar seziert, um etwas über das Leben und über die Gesetzmäßigkeiten der Existenz zu erfahren. Aber anders als der durchschnittliche Forscher war dieser Meister, dem sich so viele hingegeben haben, von einer urmenschlichen Liebe erfüllt. Gerade dies hat ihn bewegt, denen, die sich ihm anvertrauten, die Gelegenheit zu geben, von seiner seltenen Begabung einen einzigartigen, wenn auch oft mißverstandenen spirituellen Profit zu ziehen. Einfach dadurch, daß er geschehen ließ, was geschehen sollte, hat er der Menschheit Impulse gegeben. Dadurch geschah viel mehr, als er sonst jemals hätte geschehen machen können.

Dieser Mensch war an Phänomenen interessiert, an Gesetzmäßigkeiten, an Potentialen, die noch nicht ausgeschöpft waren. Er förderte eine spirituelle Erneuerung, die nur dann zustande kommen kann, wenn alte eingefahrene Bahnen des Denkens, Handelns und Fühlens verlassen werden. Er hat sich an niemandem persönlich versündigt. Was immer geschah, nachdem er willkürlich den Stein ins Rollen gebracht hatte, entzog sich weitgehend seiner Kenntnis und seiner Verantwortung. Er besaß die seltene Größe, sich nicht für alles, was in seinem Namen vollzogen wurde, schuldig zu fühlen. Über vielem lag aber auch ein Dunkel der Desinformation und Verschleierung. Nur die Naiven unter seinen Anhängern glaubten an seine Allwissenheit.

✳

Frage: Ich habe einen Film gesehen, »Die Reinkarnation des Khenso Rimpoche«, der mich sehr beeindruckt hat. Ich wüßte gern, ob hier tatsächlich eine Reinkarnation eines früheren Lama stattgefunden hat. Der ganze Film, angeblich ein Dokumentarfilm, hat für mich von meinem Gefühlseindruck her eine große menschliche Stimmigkeit. Andererseits ergibt es, soweit ich die Entwicklung der Seele nach den Lehren der »Quelle« bisher verstanden habe, keinen Sinn, daß eine Seele sich zum zweiten oder x-ten Mal in eine sehr ähnliche Situation als Lama begibt, denn daraus wäre ja wohl wenig zu lernen. Wie ist dieser Widerspruch, falls es einer ist, zu erklären?

Quelle: Daß es sich überhaupt um eine Reinkarnation handelt, ist in eurem und in unserem Sinne unstrittig. Hier wurde ein Mensch geboren, der eine Seele beherbergt, die nicht zum erstenmal auf dem Planeten weilt. Diese Seele hat ihren Inkarnationszyklus fast abgeschlossen. Aber das ist nichts Besonderes. Wer immer in einer religiösen Gemeinschaft eine führende Rolle übernimmt und diese Rolle nicht nur als Führer in einem verwaltungstechnischen oder politischen Sinn ausfüllt, sondern mit seinem Herzen, wird dies nicht tun können und tun wollen, wenn er nicht bereits viele Male einen Körper bewohnt hat.

Nun ist folgendes zu beachten und zu verstehen, wenn es um die Tradition tibetischer Rimpoches geht. Die Gemeinschaft der Mönche entwickelt sich auch deshalb häufig zu hoher Spiritualität und Intensität, weil sie gefördert wird durch ein geistliches Oberhaupt, das als auserwähltes Wesen betrachtet wird. Wir wollen euch also den Vorgang und die damit verknüpften Erwartungen und Traditionen so erklären, daß weitentwickelte Seelen mit einer Inkarnation als Rimpoche, oder in einer anderen vergleichbaren Position, für ihre körperliche Existenz als sehr alte Seele eine wundervolle Gelegenheit ergreifen, Liebe zu erwecken und Liebe zu geben, Verantwortung zu tragen und Verantwortung zu fördern. Und deshalb wählen sie mit Bedacht den entsprechenden Kulturkreis, die passende Umgebung, einen

Körper, der die Erwartungen der Gläubigen erfüllt und die Vorstellungen der religiösen Gemeinschaft befriedigt.

Dadurch ist gewährleistet, daß sowohl die Sache insgesamt unterstützt wird, als auch die individuellen Belange dieser bestimmten Einzelseele gefördert werden. Geeignete Umstände für eine solche Seele, ihre Bedürfnisse zu befriedigen, sind ja auf der Erde, sofern sie den allerletzten Stufen des Alt-Seelen-Zyklus angehört, nicht besonders häufig gegeben. Dieser kleine Rimpoche lebt auf der seelischen Entfaltungsstufe »Alt 6«. Seine Aufgabe ist es, »durch Sein zu wirken und auf Tun zu verzichten«. Solche Alten Seelen brauchen entsprechende Schutzräume. Sie brauchen, wenn sie noch aktiv und verantwortungsvoll am Leben der menschlichen Gemeinschaft teilnehmen wollen, außergewöhnliche Bedingungen, um ihre Botschaft der Erkenntnis vermitteln zu können. Und wir sagen euch sowohl mit einem Augenzwinkern als auch in tiefem Ernst, daß einer solchen Seele, die unter einer gewissen Inkarnationsnot steht, alles recht ist, was keinen Schaden anrichtet. Wenn es die Glaubens- und Vertrauensfähigkeit und die Bereitschaft zu lieben bei vielen Menschen unterstützt, sich als immer wiederkehrende seelische Identität und Lama auszugeben, so unterstützt es auch die Vervollkommnung der Humanität als ganzer. Nur in dieser Rolle kann sich die Seele dieses kleinen Knaben bedingungslos lieben lassen und mit einer nichtpersönlichen Qualität. Ein hoher tibetischer Lama zu werden bietet alle Voraussetzungen, die eine so uralte Seele braucht, um ihre Aufgaben zu erfüllen.

Frage: Ich möchte etwas wissen zu einem Buch, das wir kürzlich in die Hand bekommen haben über das Kind Flavio. (Flavio Cabobianco, »Ich komm' aus der Sonne«, Ch. Falk Verlag). Es ist ein Buch, dessen Texte uns sehr angerührt und sehr erstaunt haben. Der kleine Junge berichtet von den Schwierigkeiten, ein Mensch zu sein, und auch von seiner Seelenfamilie und der Struktur des Kosmos. Was für ein Wesen steckt dahinter?

Quelle: Beseelte Wesen aus anderen Bewußtseinsdimensionen entsenden Botschafter zu euch, ebenso wie große Seelenverbände von beseelten Wesen, die euren Planeten bevölkern, Botschafter in andere Dimensionen entsenden. Es handelt sich um Wesen, die Brücken schlagen zwischen Einheiten von 7 hoch 7 Seelenfamilien (= 823 543 Seelenfamilien à ca. 1000 Seelen), um ein dichtes Netz der Kommunikation unter beseelten Wesen aller Bewußtseinswelten zu erschaffen.

Es ist sehr selten – und kommt doch immer wieder einmal vor –, daß ein Mensch, der offensichtlich aus Fleisch und Blut besteht und offensichtlich seelisch weitentwickelt ist, noch niemals vorher einen menschlichen Körper bewohnt hat. Er wirkt wie eine Alte Seele, hat jedoch keinen Inkarnationszyklus auf der Erde hinter sich. Und ein solches Wesen ist sein Leben lang wie ein neugeborenes Kind und wie ein tausendjähriger Greis zugleich. Denn ihr könnt euch wohl vorstellen, daß nicht gerade Säugling-Seelen zu Botschaftern ernannt werden. Es bedarf besonderer Eigenschaften und Funktionen, um eine solche Aufgabe als kosmischer Gesandter zu erfüllen.

Selbstverständlich muß sich ein Wesen aus einem anderen Bewußtseinssystem auch den bei euch vorherrschenden Bedingungen der Existenz unterwerfen. Wozu sollte es sonst kommen? Und daher muß es auch eine Matrix annehmen, die es ihm erlaubt, in menschlicher Gestalt seinem Vorhaben entsprechende Eigenschaften und Fähigkeiten zu entwickeln. Flavio ist Weiser und repräsentiert daher die Energieform 5. Er ist also nicht nur deshalb weise, weil er sein Bewußtsein mit dem kollektiven Bewußtsein und außerkörperlichen Bewußtheitsströmungen verknüpfen kann, sondern auch, weil er als Mensch unter Menschen in dieser Seelenrolle die Fähigkeit der Mitteilung und der Kommunikation in höchstem Maße beherrscht. Dadurch ist er geeignet, Informationen nach beiden Parteien weiterzuleiten, zu denen also, die ihn entsandt haben, und zu denen, die ihn als Gast aufnahmen – den Eltern und Freunden, den Lesern und Hörern seiner Botschaft.

In dem Moment, den ihr jetzt erlebt, gibt es auf eurem Planeten wenig mehr als zwanzig solcher Botschafter. Sie sind nicht etwa alle Kinder oder Jugendliche. Viele sind bereits alt geworden, um auch diese merkwürdige Dimension des Irdischen, nämlich das Altern und das kontinuierliche Vergehen von Zeit, zu erforschen, um davon berichten zu können. Manche der Gesandten sind weiblich, manche sind männlich. Und sie stammen nicht alle aus derselben Dimension, sondern sämtlich aus verschiedenen.

Flavio kommt nicht von einer existentiellen Erfahrung in eurem Sonnensystem her. Es ist für uns schwierig, euch die Vielfalt und Weite der kosmischen Wirklichkeiten nahezubringen. Es handelt sich durchaus um existentielle Gegebenheiten, die der Raum-Zeit-Achse unterworfen sind, jedoch auf völlig andere Art, als ihr sie kennt. Auch das ist für euch schwer vorstellbar. Nur weil ihr inzwischen wißt, daß eine Fahrt mit dem Raumschiff euer Zeit-Raum-Gefüge durcheinanderbringt und daß es ein Phänomen wie die Lichtjahre gibt und gleichzeitig ein anderes Phänomen wie Telepathie, das sogar auf Lichtgeschwindigkeit nicht einmal angewiesen ist, könnt ihr einen allerersten Vorgeschmack von diesen anderen Zeitqualitäten erhalten.

Aber wir möchten euch sagen: Auch wenn andere beseelte Wesen Fähigkeiten besitzen oder Dinge vermögen, die ihr nicht könnt, heißt dies doch nicht, daß sie weiter sind als ihr! Es bedeutet nur, daß sie andersartige Erfahrungen machen. Und deshalb sind sie neugierig und möchten wissen, was sie von euch lernen können. Auch die Erde sendet einige, die als Menschen alle Inkarnationen hinter sich gebracht haben, noch als Botschafter in andere Erlebenswelten, um dort Informationen über neuartige Lernwege für die Seele einzuholen.

Schon immer hat es solche Brückenbauer gegeben. Es ist nichts Neues. Nur die Botschaft ist eine andere. Diese Gesandten aus anderen Dimensionen wollen gut behandelt und mit allen Ehren empfangen werden. Sie tragen eine Botschaft, die beachtet werden sollte.

Auch die körperliche Dichte dieser Botschafter, die energetische Dichte, ist anders als die von Menschen, welche all ihre Inkarnationen auf der Erde gemacht haben. Sie mögen nur sehr vorsichtig und sachte berührt werden und brauchen viel Schutz, mehr Kleidung, leichtere Nahrung, mehr Geborgenheit. Sie sind sehr verletzlich, weil ihre energetische Ausrüstung so delikat ist und sein muß. Sie haben nicht in Jahrtausenden gelernt, wie man sich auf der Erde zu verhalten hat. Mitmenschlichkeit ist ihnen völlig neu. Sie verfügen jedoch vor allem nicht über den Angstpanzer, der durch die schmerzlichen irdischen Erfahrungen über viele Leben und Epochen gebildet wurde. Sie wissen noch nicht, daß sich eine Hornhaut bildet, wenn man die Hand immer wieder ins Feuer legt und sich verbrennt.

Die persönliche Spiritualität:
Sehnsucht, Empfänglichkeit und Krisen

Die Verbindungen und Kontakte zwischen den verschiedenen Schichten der menschlichen Persönlichkeit und ihren transpersonalen Aspekten zu erforschen ist das Anliegen vieler Sucher. Esoterische Techniken der Wahrheitsfindung erfreuen sich zunehmender Beliebtheit, in jeder Stadt gibt es mindestens ein Channeling-Medium. Viele spüren heilende Kräfte in sich wachsen, und Zigtausende von Menschen praktizieren Reiki. Die Begeisterung über die vielfältigen Möglichkeiten, Energien zu übertragen, vom höheren Selbst oder von außerirdischen Quellen, aus dem Jenseits oder von fremden Planeten Informationen zu erhalten, die dem durchschnittlichen Tagesbewußtsein nicht zugänglich wären, ist außerordentlich und dringt auch in die Bereiche der Wirtschaft, der Börse und der Politik vor. Immer wie-

der aber ergeben sich auch Probleme mit den Grenzen der Er-
mittlungsfähigkeit.

Die »Quelle« vertritt die Ansicht, daß stimmige Übermittlun-
gen auf Dauer nur dann zustande kommen können, wenn das
Ich, die Persönlichkeit, der Charakter eines Mediums im psycho-
logischen Sinne weitgehend gefestigt sind. Nur der kann sich ent-
grenzen, der seine Grenzen kennt. Persönliche Sicherheit scheint
die Voraussetzung für eine Reise in die Unsicherheit transperso-
naler Sphären zu sein. Aber es wird wohl niemandem, der sich
auf diesen Weg ohne Wegweiser begibt, erspart bleiben, seine ei-
genen, oft bitteren Erfahrungen zu machen mit den Verirrungen,
Irrtümern und Selbstüberschätzungen in einer Beziehung zu den
Kräften der verschiedenen Bewußtseinswelten.

In diesem Zusammenhang wollten wir wissen, was eigentlich
in seelischer Hinsicht unter »Ich« und »Selbst« zu verstehen sei.
Und es interessierte uns, in welcher Hinsicht sich die Aufspaltung
oder »Entselbstung« der Persönlichkeit während einer medialen
Empfangssituation von einer psychotischen Bewußtseinsspaltung
unterscheidet. Was ist Wahrheit, und was bildet man sich nur
ein? Wie arbeitet das Dritte Auge im Erfassen der Multidimen-
sionalität? Wo geht die außergewöhnliche Informationsfülle be-
züglich der tieferen Zusammenhänge der kosmischen Ordnung
in eine Wahnhaftigkeit über? Und was ist eine spirituelle Krise?

Unser Buch über die Weisheit der Seele wird abgerundet durch
Texte mit ungewöhnlichen Einsichten zum Thema des Gottesbil-
des, des Gebets, der Meditation, der inneren Wahrheit und der
menschlichen Vollkommenheit.

Frage: **Was ist der Unterschied zwischen »Ich« und »Selbst«?**

Quelle: In der Zusammenarbeit mit uns, die wir zu euch sprechen, sind diese beiden Bereiche des Ich und des Selbst stets aktiviert und stets auch in Frage gestellt. Und weil dies so ist,

möchten wir diese Form von Zusammenarbeit zum Beispiel nehmen, um die beiden Begriffe voneinander abzugrenzen, zu definieren und wieder zu vereinen.

Das Selbst beschreibt den umfassenderen Bereich. Und das Ich eines jeden Menschen ist ein Teilbereich seines Selbst. Manche von euch nennen es Ego und glauben, das Ego sei etwas Schlechtes, etwas Schlimmes, vielleicht sogar etwas Böses. Sie setzen viele Anstrengungen in den Versuch, sich von ihrem Ego zu befreien oder es zu transzendieren. Wir sagen euch: Dies ist nicht möglich. Es ist auch nicht sinnvoll. Denn jeder, der lebt, braucht sein Ich, braucht ein Empfinden von Identität. Das bedeutet jedoch nicht, daß man, um sich und seine Identität, sein Ich zu spüren, auf sein Selbst, auf die Einbindung in ein größeres Ganzes, verzichten muß. Wer immer nun mit einer astralen oder einer kausalen Informationsquelle in Berührung ist, sieht sich genötigt, einen Teilbereich seines Ich beiseite zu stellen, um sein Selbst für diesen Kontakt zugänglich zu machen. Um es sehr einfach auszudrücken: Um etwas zu erfahren, was das Ich nicht weiß, muß dieses Ich von seinem Angstanteil ein wenig befreit werden, wenn auch nicht vollständig. Angst und ein Kontakt mit den Quellen außerhalb des Ich und des Selbst ist nicht möglich. Angst kann nicht gleichzeitig mit einer Öffnung und Entspannung einhergehen. Und je weniger Angst zurückbleibt, um so stärker und bedeutsamer ist die Verbindung mit den transpersonalen Dimensionen.

Wenn dieses Ich so eng zu eurem Menschsein gehört und so innig mit eurem Gefühl von Sein verknüpft ist, werdet ihr verstehen, daß ihr nicht gern einen Teil davon – wenn auch nur für kurze Zeit – abgebt. Denn wer sein Ich und seine Ich-Grenzen auflöst oder auch nur ein wenig verschiebt, weiß nicht mehr, wer er ist. Und alle Medien, alle Menschen, die Kontakte zu unsichtbaren Dimensionen oder zu außerirdischen Informationen suchen, haben dieses Problem. Sie wissen nicht mehr recht, wer sie sind, wenn sie sich diesen Kräften öffnen. Sie verlieren ihr Ich-Gefühl. Nun haben wir euch gesagt: Das Ich, das Ego, ist nichts

Böses. Wir fordern euch auf, es erst einmal kennenzulernen, anstatt es überwinden zu wollen. Dieses Ich, ohne das niemand von euch leben kann, hat wie alles, was der physischen Welt angehört, zwei Pole. Euer Gutsein ist ebenso in diesem Ich umfangen wie euer Schlechtsein, eure Angst ebenso wie eure Liebe. Das Selbst, das dieses Ich umhüllt, ist allerdings nicht mehr in gleicher Weise in dieser Polarität gebunden. Euer Selbst ist mehr als jeder einzelne von euch, aber es ist trotzdem nicht das Ganze. Wenn wir das Selbst schlüssig und kurz beschreiben wollten, würden wir es die Seelenfamilie nennen, denn euer Selbst ist viel weiter, viel umfassender als euer Ich, und es umfaßt auch einen Großteil eurer Seelengeschwister, die zur aktuellen Zeit nicht auf der Erde weilen, sondern sich in der astralen Welt aufhalten.

Wir unterscheiden, wenn wir das Selbst beschreiben, zwischen einem persönlichen beziehungweise personalen Selbst, also der Seelenfamilie, die jedes Individuum ergänzt, und einem überpersönlichen beziehungsweise transpersonalen Selbst und meinen damit jene Aspekte des Selbst, die mit dem Begriff »kollektives Bewußtsein« – wir möchten es nicht »Unbewußtes« nennen! – gemeint ist. Dies sind unter anderem die Seelenfamilien anderer Individuen und ihre entsprechenden Seelenverbände mit all ihren Erlebnissen und Erfahrungen in Raum und Zeit. Es gibt darüber hinaus noch Instanzen, die ebenfalls zu eurem Selbst gehören, jedoch eine weitere Reise hinter sich haben, nicht nur durch viele Inkarnationen auf der Erde, sondern auch Erfahrungen besitzen, die nicht auf dem Planeten Erde zur Verfügung stehen.

Wir kommen nun wieder auf die Probleme von Ich und Selbst in der Zusammenarbeit mit einer Informationsquelle zu sprechen, die kein Ich besitzt, also auch kein Du darstellt. Menschen sind gewohnt, mit einem konkreten oder imaginären Du zu verhandeln. Sie machen auch ihre Götter zu einem Du mit den Zügen eines Ich in menschlicher Gestaltung. Nun sind inzwischen einige weit genug entfaltet, intelligent genug oder erfahren genug, um zu wissen, daß wir kein solches Du repräsentieren. Das hat jedoch zur Folge, daß das Ich im Kontakt mit uns keinen

Resonanzboden findet, daß es sich verloren fühlt und in mehr als einer Weise in Frage gestellt. Und eine der grundsätzlichen Fragen, die ein Medium stellen wird, aus dem Ich heraus stellen muß, ist: »Wenn dieses also mit mir geschieht und die Transpersonalen mit mir machen, was sie wollen, wo bleibt dann mein Ich in der Definition meines Willens, meiner Absicht, meiner Fähigkeit zu verweigern? Was macht dann noch mich aus?«

Und des weiteren bangen Medien um ihre Ich-Leistung in dieser Zusammenarbeit. Sie befürchten, daß sie nur ein mechanisches Instrument oder ausführendes Organ sein könnten, daß sie sich für diese scheinbar nur umsetzende Tätigkeit nicht genügend achten können und auch von anderen und von der Nachwelt dafür nicht ausreichend gewürdigt werden. Dies verstehen wir sehr gut, und wir erkennen solche Regungen nicht nur als aus der Angststruktur des Ich geboren, sondern als ein grundsätzliches Problem menschlich-kausaler Zusammenarbeit. Solange Menschen existieren, gab es unter ihnen solche, die inspiriert wurden von verschiedenen Energien und Kräften des Kosmos. Und immer wieder zeigte sich, daß sie nicht wußten, wie ihnen geschah, daß sie sich ohnmächtig fühlten und eine Weisung auszuführen sich genötigt sahen, die ihnen angst machte oder die nicht mit ihrem durch das Ich geprägten Verständnis von der Welt übereinstimmte. Sollen sie sich einer solchen Zusammenarbeit voll und ganz hingeben, sich zum Instrument machen und damit scheinbar ihr Ich aufgeben, oder wäre es richtig und wichtig, eine Gegenposition zu bewahren, also zu opponieren, in Frage zu stellen oder zu kritisieren? Von den entsprechenden inneren Regungen, die Orakel, Heilige, Propheten in dieser Arbeit bewegten, ist selten oder nie etwas überliefert, und auch das ist ein Grund, warum sich Menschen, die diese Aufgabe erfüllen, heute so allein fühlen, allein mit ihrer Sorge, die Konturen ihres Ich zu verlieren, und mit ihrem Bemühen, diese Konturen aus eben dieser Angst heraus zu verfestigen. Auch ist die Angst, sich zu verlieren, in einer Epoche verstärkter Betonung der Individualität besonders stark.

Euer Ich, zusammengesetzt aus den Eckdaten des Seelenmusters und der Entwicklung in einer aktuellen Inkarnation mit allem, was dazugehört, ist das, was wir suchen und brauchen, um uns verständlich zu machen. Daß dieses Ich ergänzt und umhüllt wird von einem größeren Selbst, in das es sich widerspruchslos einfügt, nutzen wir. Aber dieses Selbst ist für uns eine Selbstverständlichkeit. Mit Selbst-Gebilden dieser Art gehen wir unmittelbar um, und wir selbst sind auch ein solches. Aber wir besitzen kein Ich mehr, obwohl wir es aus früheren Stadien unserer Entfaltung kennen. Interesse haben wir deshalb am Individuum, am Ich und an der Erweiterung eurer Ich-Grenzen, und wir wissen, daß diese Erweiterung auch in eurem Sinne ist.

Ein Ich, sagten wir, besteht aus allen Aspekten der Matrix, doch der darüber hinausgehende Bereich von Seelenfamilie bis hin zum Verbund von sieben Familien und deren Großverband von siebenmal sieben Familien ist das Selbst. Das Ich in einer von gewissen Einschränkungen der Leiblichkeit befreiten Gestalt geht auch auf der Astralebene nicht verloren, solange nicht die Seelenfamilie mit ihrem letzten Mitglied verschmolzen ist. Das Ich ist im übrigen mehr als nur die Angstseite der Matrix. Es umfaßt die ganze Person, auch ihre Liebe. Es ist vollkommen unmöglich, daß jemand sein Ich mit allem, was es darstellt, an uns verlieren könnte. Die Zusammenarbeit mit uns und allem, was wir geben können, ohne allzu großen Konflikt mit dem jeweiligen Ich-Willen zu erleben, ist für uns und auch für das Medium von Vorteil. Wir wiederholen, was uns daran wichtig erscheint: Ohne dieses Ich könnten wir euch in keiner Weise erreichen, ohne dieses Ich mit allen seinen Verästelungen könntet ihr uns nicht erreichen. Euer Ich ist es, das die Fragen entwickelt, das Ich ist es, das wissen will. Es drängt auf Erweiterung, ist in bewußten und unbewußten Anteilen getragen von dem dynamischen Impuls, mehr und mehr von dem, was wir mitzuteilen haben, in Erfahrung zu bringen.

Euer Selbst, das so viel größer ist als ihr, unterstützt euer jeweiliges Ich zu jeder Zeit und mit aller Kraft. Ihr seid wie Ventile für die Bewegung dieser kollektiven Aspekte eures Seins. Wir könnten also auch folgendes Modell aufstellen: Das Ich zweier Menschen ist voneinander so verschieden, wie ihr es von der jeweiligen Matrix, dem Seelenmuster, her kennt. Die darübergebreitete Schicht der jeweiligen Seelenfamilien ist ebenfalls noch unterschiedlich, zusammengefaßt werden sie aber bereits durch eine Hülle von Gleichartigkeit, durch den Verbund der Seelenfamilien mit seinem übergreifenden Anliegen. Hier ist es, wo ihr nicht mehr unterschieden seid, wo euch ein und dasselbe Wollen trägt. Von entscheidender Bedeutung ist in allem das Wechselspiel von Unterschiedlichem und Gleichem, zwischen Ich und Selbst. Es handelt sich um eine stets existente Dualität des Seins. Solange ein Mensch inkarniert ist, gibt es für ihn kein Ich ohne Selbst und kein Selbst ohne Ich, keine Individualität ohne kollektive Aspekte und kein Kollektiv ohne individuelle Ausprägung.

Wir haben an anderer Stelle von dem Unterschied zwischen innerem und höherem Selbst gesprochen.* Wir möchten die verschiedenen Begriffe, die bei euch kursieren, in diesem jetzt erläuterten System unterbringen. Das innere Selbst, also die Stimmen der Angst, der inneren Wahrheit und der Intuition, gehört ganz dem Ich an. Es ist Teil der Matrix, der Pole und der Spannung zwischen den Polen und der irdischen Erfahrung. Die Stimme der Angst ist den Minuspolen der Matrix zuzuordnen, die Stimme der inneren Wahrheit und der Intuition den Pluspolen. Mit dem höheren Selbst ist das noch personale Selbst der Seelenfamilie gemeint, während die darüber hinaus existente Hülle des Selbst, das sogenannte Große Selbst, nichts mehr mit dem höheren Selbst, so wie ihr es kennt und benennt, zu tun hat.

Das Große Selbst ist jedem von euch in jeder Sekunde eines irdischen Lebens ebenfalls zugänglich. Aber wir bitten euch, nicht den Anspruch zu stellen, es möge dabei immer bewußt zugänglich sein! Bewußte Kontakte mit diesem großen Bereich

* Siehe *Welten der Seele,* S. 165ff.

410

des personalen und transpersonalen Selbst sind äußerst selten, und das ist gut so. Ihr seid auf der Erde, um euer Ich zu erfahren, seine Möglichkeiten und seine Grenzen, seine irdischen Dimensionen im Kontakt mit anderen Ichs, die ihr Du nennt. Und euer Selbst gibt euch Anweisungen, gibt euch den einen oder anderen Rat oder Impuls, wie ihr diese Kontakte von Ich zu Ich gestalten könnt. Ein weiteres ist für einen inkarnierten Menschen, für eine Seele in menschlicher Gestalt, von großer Wichtigkeit: mit dem eigenen Bewußtsein dem eigenen Ich begegnen zu können. Das bedeutet, einen Schritt neben sich selbst zu machen und sich als Mensch zu begreifen.

Von Anbeginn seiner Inkarnationsreise versucht jeder einzelne Mensch, Millionen von Methoden anzuwenden, um zu begreifen, daß er ein Mensch ist. Das bedeutet unter anderem zu begreifen, daß sein Ich festdefinierte Grenzen hat, die durch sein Menschsein bestimmt sind. Und deshalb können wir auch mit Fug und Recht behaupten, daß kein Ich auf eurer Erde dem anderen gleicht. Jedes ist absolut und relativ verschieden von jedem anderen Ich. Dies ist eine der entscheidenden Dimensionen von Menschsein. Einen Körper zu haben gehört natürlich auch dazu, aber daß dieser Körper von einem individuellen Ich, einem absolut einmaligen Ich gewählt und bewohnt ist, das ihn von allen anderen Ichs fundamental unterscheidet, das macht für eine Seele auf dem Weg ihrer Entfaltung eine der interessantesten Seiten der Inkarnationserfahrung aus.

Es unterscheidet euch Menschen auch von den Tieren. Tiere haben ein Selbst, aber sie besitzen kein Ich, auch wenn es euch so scheinen mag. Ihr habt vielleicht ein Haustier, einen Hund, einen Vogel oder einen Igel, und ihr glaubt, ihr würdet in diesem Tier einem Individuum begegnen, einem unverwechselbaren Tier-Ich. Dies ist jedoch nicht der Fall. Allenfalls spiegelt sich euer eigenes Ich in diesem Tier, das ihr liebt und das euch liebt, und es ist kein Zufall, daß manche sagen: Der Herr wird wie der Hund und der Hund wie der Herr. Tiere existieren nur im seelischen Kollektiv und können nicht wie der Mensch eine Einzelseele mit einem Einzel-Ego verbinden. Wenn es um Säugetiere geht, will euch dies nicht sofort einleuchten, aber denkt an die Bienen, und denkt an die Ameisen. Da gibt es nur das Kollektiv und das Teil des Kollektivs, aber kein Ich und kein Ego.

Wenn also die großen Lehrer und Meister euch predigen: »Überwindet das Ego«, dann meinen sie vor allem: »Überwindet die Angst, zu eurem Ich zu stehen.« Ihr aber versteht es anders! Sie sagen: »Überwindet die Angst, euer So-sein zu sehen, es zu achten, es anzuerkennen, es zu lieben, mit allem, was es ausmacht, mit seinem Angstpol und mit seinem Liebespol.« Und in der Tat ist dies ein guter Weg, wenn ihr ihn richtig versteht. Über das Ich, das sich selbst erkennt, gelangt ihr zum Selbst. Das Selbst ist immer da, aber das Bewußtsein vom Selbst ist nicht immer vorhanden. Wenn jeder von euch seinem eigenen, seinem ureigenen, unverwechselbaren Ich, so wie seine Seele es für eine bestimmte Inkarnation mit Fleiß erschaffen hat, voll Interesse begegnet und sich fragt, sich immer wieder fragt: »Wer bin ich? Wer bin ich?«, dann ist dies keine Nabelschau und nichts, was der Verurteilung wert wäre, sondern ein gültiger Weg zu Gott.

Frage: **Was ist eigentlich eine spirituelle Krise? Wie läßt sie sich abgrenzen gegen andere Krisensituationen?**

Quelle: Was im allgemeinen mit dem Begriff »spirituelle Krise« belegt wird und was wir gern von der Vorstellung einer Krise entlasten möchten – doch davon später –, unterscheidet sich von anderen krisenhaften Situationen dadurch, daß der Wunsch einer Seele nach einer deutlichen Veränderung und Entfaltung die unbewußte Motivation und den Auslöser für die psychische Ausnahmesituation darstellt. Andere Krisen – Lebenskrisen, Existenzkrisen – werden, obwohl ihr es oft anders empfindet und es auch anders scheinen mag, stets von außen induziert. Es gibt einen Grund oder viele Gründe, es gibt einen Anlaß oder viele Anlässe. Zum Beispiel kann man eine solche Krise erleben durch einen gravierenden Verlust oder durch Traumata oder durch erhebliche Angst, die aus den Lebensumständen und aus der persönlichen Situation ableitbar sind. Diese Krisen sind nicht nur ableitbar, sondern aus den gegebenen Umständen her auch für andere durchaus verständlich und nachvollziehbar.

Eine sogenannte spirituelle Krise ist dies nicht. Sie kommt nicht durch äußere, von anderen Menschen oder durch Umstände, in die ein Mensch gestellt ist, beeinflußte Gegebenheiten zustande, sondern ist einzig und allein auf eine innere Dynamik, in der Psyche und Seele zusammenarbeiten, zurückzuführen; und sie besitzt immer Aspekte einer neuartigen Behauchtheit, die anderen Krisen abgeht, obgleich diese nicht weniger tief, umfassend und umwälzend sein können. Was meinen wir mit »Behauchtheit«? Es ist die Berührung mit spirituellen Dimensionen und Schichten des Erlebens, die zuvor nur erahnt wurden oder sich theoretisch angekündigt hatten. Eine spirituelle Krise wird in aller Regel erweisen, daß sich die Vorstellungen von göttlichen oder menschlichen Zusammenhängen, die ein Mensch – gleich auf welcher Stufe der seelischen Entfaltung er sich befindet – sich gemacht hat, sehr plötzlich und sehr schmerzhaft als nicht überzeugend, nicht stimmig herausstellen. Sie sind ganz anders. Sein Weltbild bricht zusammen. Und mit diesem ganz Andersartigen muß ein Mensch plötzlich fertig werden.

Auch er selbst ist plötzlich ganz anders, nicht mehr der, als der er sich gesehen hat. Alles, was vorher sicher erschien, ist jetzt nicht mehr sicher. Alles, was vorher klar erschien, ist jetzt unklar. Fühlte er sich vorher gottverlassen, ist er nun verbunden. War er zuvor im Glauben geborgen, fühlt er sich jetzt verloren. Dieser Zustand ist nach außen als Krise zu erkennen. Sie ist eine Identitätsveränderung, die mit großen Erschütterungen einhergeht.

Wichtig ist für uns, euch einen Einblick zu geben in die Dynamik dieser inneren Krisensituation, denn diese Dynamik lebt aus der Dualität, in die eine jede inkarnierte Seele gestellt ist. Was also vorher so war, ist jetzt anders. Aber die Dualität kann verfeinert und dadurch deutlicher gemacht werden. Was vorher klar war, ist jetzt unklar, was vorher sicher war, ist jetzt unsicher. Und danach kommt eine neue Phase: Was unsicher war, wird jetzt wieder sicher, was unklar war, wird jetzt wieder klar. Wer ich war, bin ich nicht mehr, und wer ich in der Krise bin, werde ich nie wieder sein. Meine Gedanken folgen nun anderen Wegen, meine Bedürfnisse sind anders als zuvor, mein Aussehen verändert sich, meine Weltsicht verändert sich. Das alles erlebt ein Mensch, der durch eine sogenannte spirituelle Krise hindurchgegangen ist. Eine nicht-spirituelle Krise, so wie sie ein Mensch erlebt, der in Schwierigkeiten gerät oder Angst um sich und seine Welt bekommt, wird bewirken, daß er aus der Krise erleichtert, aber im wesentlichen als derselbe wie vorher hervorgeht. Ein wenig gereift – ganz gewiß, ein wenig klüger – mit Sicherheit, ein wenig vorsichtiger – auch das gehört dazu. Doch er wird sich nicht verändert finden in der Tiefe seiner Identität, und er wird auch von anderen nicht als im wesentlichen verändert empfunden.

Eine spirituelle Krise ist also immer eine seelische Krise im engsten, eigentlichen Sinne. Der vom göttlichen Geist behauchte Anteil eines Menschen, sein unvergänglicher Kern, fordert sein Recht auf Entfaltung. Diese Krise geht mit psychischen Manifestationen einher. Sie sind mehr oder weniger verstörend, denn Seele kann sich nur über Psyche manifestieren. Sie existiert nicht an sich in einer erlebbaren Form. Menschen können ihre Seele nur spüren, wenn sie an ihre Psyche und ihren Körper angebunden ist. Der anfänglichen Verwirrung folgt eine große, nie gekannte Klarheit. Der Verunsicherung folgt eine neue Sicherheit. Entscheidend aber ist, daß eine solche Form des Erlebens, die eine zuvor bereits gesicherte Identität vollkommen in Frage stellt und eine neue Identität an ihre Stelle setzt, einen Sinn und ein Ziel hat. Andere Krisen scheinen auch im nachhinein oft sinnlos und ziellos. Sie sind etwas, was überwunden werden will und soll. In eine spirituelle Krise fällt ein Mensch hinein, er weiß nicht wie. Er fühlt sich berührt von Kräften, die er nicht kennt und von denen er nichts ahnte, und er geht aus dieser Berührung hervor mit einem Empfinden, daß er nunmehr zu neuen Aufgaben bereit ist.

Diese Ereignisse im seelischen Bereich geschehen niemals ohne einen besonderen Sinn, der sich mit einer Aufgabe, mit einer Funktionalisierung innerhalb der Gemeinschaft verbindet. Sie sind zweckorientiert und unausweichlich. Wenn also ein Mensch wirklich durch eine spirituelle Krise gegangen ist und nicht durch eine der vielen wichtigen und völlig normalen menschlichen Krisensituationen, die jedes Leben zu beinhalten hat, dann werdet ihr es daran erkennen können, daß er anschließend eine neue Sehnsucht verspürt und auch Möglichkeiten und Fähigkeiten entwickelt, das Gewonnene, das dadurch Erfahrene umzusetzen und für die Gemeinschaft nutzbar zu machen.

Diese Krisen sind deshalb selten, weil sie einen Menschen, der sie erlebt, zu einer bewundernswerten und großartigen Leistung in Bereichen auffordern, in denen eigentlich keine Leistung und kein Leistungsdenken und auch keine Übung und keine Vorbereitung möglich ist. Es wird also einem Menschen von den Kräften seiner eigenen Seele etwas abverlangt, was er aufgrund der Erfahrungen in der Welt während einer spezifischen Inkarnation allein nicht lernen und nicht leisten kann. Dadurch unterscheiden sich spirituelle Krisen von anderen Krisen.

Doch nun möchten wir noch ein Wort zu dem Begriff »Krise« sagen. Wir möchten, wie wir ankündigten, das beschriebene Phänomen von dem Wort »Krise« entlasten, denn Krise bedeutet für euch, die ihr dieses Wort kennt und benutzt, immer etwas Unangenehmes. Und gewiß wollen wir das Erleben, das wir soeben beschrieben haben, nicht beschönigen. Es ist nicht angenehm, und doch ist es wunderbar. Es ist sinnvoll und bereichernd und will im nachhinein nicht als Krise, sondern als Wandlung gesehen und verstanden werden. Wir möchten auch davon sprechen, daß ein Mensch dabei durch eine Wand aus Feuer geht, sich und sein altes Ich verbrennt und einer anschließenden Häutung ausgesetzt ist. Wohl werden andere, die ihm zuschauen und seinen Feuerlauf erleben, Angst um ihn haben und sich mit dieser Angst auseinandersetzen müssen. Aber in ihm selbst ist bei aller Furcht auch eine Gewißheit, daß er gestärkt aus dieser Herausforderung hervorgehen wird.

Die Situation wird also von den Angehörigen, den Pflegenden, den Heilenden, die dem in der Krise Befindlichen helfen wollen, als solche empfunden, nicht aber von demjenigen, der sie erlebt. Es gibt für ihn – für den Mann oder die Frau –, der durch diese Wand aus Feuer geht und bereit ist, seine alte Haut, seine Identität abzulegen, sich zu häuten, um eine neue Haut, eine neue Identität wachsen zu lassen, ein Empfinden von Klarheit in der Unklarheit, von Sicherheit in der Unsicherheit. Die Dualität scheint aufgehoben, obgleich der betroffene Mensch die Grundbedingungen der Dualität in der eingekörperten Existenz weiterhin erfüllt.

Wenn ihr einen Menschen seht und erlebt, der eine solche Phase der Wandlung in seinem Leben durchmacht, werdet ihr sie als psychische Krise, als Krankheit verstehen und verstehen müssen. Der Betroffene jedoch wird es anders empfinden und anders sehen, und er wird sich dagegen verwahren wollen, daß mit ihm etwas nicht in Ordnung sei. Wenn euch also ein Mensch entgegenkommt und euch noch in die Augen schauen kann, klar und deutlich in die Augen schauen kann und euch sagen kann: »Alles, was mit mir geschieht, ist eigentlich ganz in Ordnung«, dann wißt ihr, es handelt sich um eine spirituelle Wandlung und nicht um eine der anderen Lebenskrisen.

Wir möchten euch diesen Begriff der Wandlung als Alternative vorschlagen. Er nimmt dem Geschehen ein wenig von dem Krankhaften, dem Besorgniserregenden, dem Angsterregenden. Das Ergebnis ist eine Heilung auf seelischer Ebene, eine unwiderrufliche, bewußte Rückbindung an das göttliche Ganze. Eine spirituelle Wandlung ist nicht leicht, aber sie ist schön.

Heiligkeit, Göttlichkeit, Gebet und Meditation

Frage: **Wir lesen immer wieder, daß das Zentrale in der Religion oder Religiosität das Heilige ist, das manchmal auch das Numinose genannt wird. Und wir würden gern besser verstehen, was das eigentlich ist.**

Quelle: Um zu euch über das Heilige sprechen zu können, müssen wir zunächst eine Unterscheidung vornehmen zwischen dem objektiv Heiligen und dem subjektiv Heiligen. Unter »objektiv« verstehen wir nichts Absolutes. Um der Begriffserklärung willen bezeichnen wir alle Gegenstände, Handlungen, Personen und Gefühle, die von den Religionen und ihren priesterlichen Vertretern den Gläubigen offiziell angeboten oder verordnet werden, als objektiv heilig. Dazu gehören auch die Feiertage, Rituale wie Taufen, Initiationsriten und Sterberituale und die Dogmen der verschiedenen Religionsgemeinschaften. Eure Frage aber zielt auf das subjektiv Heilige hin, und über dieses wollen wir zu euch sprechen; denn das objektiv Heilige ist eine Ableitung aus diesem Subjektiven.

Im Ursprung des Heiligen steht eine besondere Qualität menschlichen Erlebens. Es handelt sich um ein Ergriffensein, das dann entsteht, wenn zugleich das emotionale Zentrum (1) und das ekstatische Zentrum (6) aktiv sind und von Energien berührt werden, die von innerhalb oder von außerhalb des Personalen herrühren können. Wenn also das Herzchakra und das Scheitelchakra gleichzeitig spontan und unvermutet geöffnet sind, empfindet der Mensch ein Ereignis, ein Erleben als heilig.

Dabei kommt es zunächst einmal nicht darauf an, wodurch eine solche Empfindung, ein solches energetisches Ereignis, ausgelöst wird. Denn die Auslösung kann sowohl anläßlich einer ganz persönlichen, fast banal erscheinenden Erinnerung als auch durch die Berührung mit Engelskräften geschehen. Die Bandbreite der Gefühle und Gegenstände, der Ereignisse und Energien ist groß, die Möglichkeiten sind vielfältig. Sie hängt von der kulturellen Eingebundenheit eines Menschen ebenso ab wie von seiner individuellen Gestimmtheit, von seiner psychischen Disposition ebenso wie von seinem Seelenalter.

Wenn das emotionale Energiezentrum zugleich mit dem ekstatischen Zentrum angerührt wird und sich öffnet, gerät ein Individuum in einen Zustand der Empfindung, der in seiner Reinheit und Ungebrochenheit keinem anderen physischen Zustand vergleichbar ist. Die Funktionen des Verstandes mit seiner Tendenz zur Beurteilung und Einordnung sind ausgeschaltet. Die übrigen körperlichen Funktionen werden nicht mehr kognitiv wahrgenommen. Aus diesem Grunde sind die angedeuteten Ausnahmezustände nicht von Dauer und können es nicht sein.

Dem Gesagten könnt ihr bereits entnehmen, daß es sich bei dem Empfinden von Heiligkeit um eine Erlebnisqualität auf der Inspirationsebene handelt, die aus der Verschmelzung der Energien 1 und 6 herrührt. Diese Qualität kann auch als inspiriert-emotional beschrieben werden.

Unsere Worte und Erläuterungen mögen euch zunächst ein wenig dürr erscheinen, denn ihr würdet bei einer Rede über das Heilige erwarten, daß ihr dabei in einen dem Beschriebenen entsprechenden Zustand geratet. Wer vom Heiligen hört oder über das Heilige spricht, kann dies – soweit er einen menschlichen Körper bewohnt – nur dann in überzeugender Weise tun, wenn zugleich sein Herzzentrum und sein ekstatisches Zentrum zumindest ein wenig angerührt sind. Doch wollen wir heute davon Abstand nehmen, euch in dieser Weise anzurühren und eure Emotionen ins Spiel zu bringen – um der Sache willen, damit ihr besser verstehen könnt, was wir (als eine nichtkörperliche Wesenheit, die das, was euch heilig ist, nur aus der Erinnerung kennt) zu dieser Analyse beitragen können.

Das Ergriffensein durch das Empfinden von Heiligkeit ist eine Reaktion und kann nur mit Hilfe eines zeitlich begrenzten, ungewöhnlichen Reaktionsmusters beschrieben werden.* Wir hin-

* Zu den Reaktionsmustern siehe *Archetypen der Seele*, S. 253ff.

gegen agieren nur noch, wir reagieren nicht mehr. Dies ermöglicht uns, euch die Frage aus einer nichtergriffenen Position zu beantworten. Denn wären wir ergriffen, könnten wir uns nicht zugleich mitteilen.

Während der Öffnung und energetischen Aktivität der zwei genannten Chakren sind die Verstandeskräfte außer Kraft gesetzt. Ein von Heiligkeit ergriffener Mensch versteht deshalb nicht, wie ihm geschieht. Dieses Nichtbegreifen, dieses Nichteinordnen-Können macht angst. Der Zustand ist neu und vollkommen unvertraut. Das Erlebnis ist bedeutungsvoll, doch die Bedeutung selbst geht über den Verstand hinaus. Er kann an nichts anknüpfen, um eine solche Erfahrung zu begreifen. Höchste Seligkeit ist hier gepaart mit tiefstem Erschrecken. Der in diesem Zustand befindliche Mensch ist entzückt und entsetzt zugleich. Eine starke Ausweitung der Energie wird unmittelbar begleitet von einer schmerzlichen Kontraktion. Was das Erlebnis unvergeßlich, zeichenhaft und bedeutungsvoll macht, ist diese besondere Verbindung von sonst unvereinbaren Gegensätzlichkeiten.

Das Bewußtsein erlebt eine tiefgreifende Veränderung, und dies führt dazu, daß das Zeitempfinden von einer kausalen Reihung auf eine synchrone Ebene gehoben wird. Die Synchronizität als Gleichzeitigkeit ist ebenfalls eine Funktion von Zeit. Sie hebt Zeitlichkeit nicht auf, stellt aber die wahrgenommenen Ereignisse und Zusammenhänge in eine andersartige Beziehung und schreibt ihnen eine Bedeutung zu, die sie in der kausalen Reihung oder Beziehung nicht haben können.

Obgleich also Zeit nicht aufgehoben ist – denn dies würde eure Menschlichkeit aufheben –, ist doch das Zeitempfinden so tiefgreifend verändert, daß Menschen es wie einen Hauch von Zeitlosigkeit erfahren. Diese Empfindung einer Sprengung der Zeitgrenzen erinnert einen solchermaßen Ergriffenen an die wahren Dimensionen der Zeitlosigkeit, in denen seine Seele beheimatet ist. Deshalb glaubt ihr, den Hauch des Göttlichen zu spüren. Und tatsächlich ist es so, daß das göttliche Prinzip euch niemals inniger und unmittelbarer berührt als in solchen Augenblicken.

Das außergewöhnliche Reaktionsmuster mit seiner Verbindung der Energien 1 und 6 dient nicht, wie die üblichen Reaktionsmuster, dem physischen Überleben, sondern dem Brückenschlag zu nichtphysischen Welten. Durch diesen Brückenschlag verbindet sich das begrenzte menschliche Bewußtsein mit der grenzenlosen kosmischen Bewußtheit. Die Bedeutung, die ihr den auslösenden Faktoren einer solchen Empfindung zuschreibt, ist subjektiv, zuweilen sogar beliebig. Denn alles ist heilig, wenn ein Mensch es als solches empfindet. Alles wird heilig, wenn es aus der Verbindung des Herzchakras mit dem Scheitelchakra wahrgenommen wird.

Aus unserer Perspektive gibt es nichts Heiliges. Doch setzen wir nicht voraus, daß ihr Menschen dies ebenso erfahren könnt. Für euch muß das mit dem Heiligen verbundene Erleben selektiv sein und für Ausnahmezustände vorbehalten bleiben. Allerdings sind den auslösenden Faktoren keine objektiven Grenzen gesetzt, obgleich die Vertreter eurer Religionen dieses gern vorschreiben möchten.

Unter dem Aspekt der subjektiven Heiligkeit ist es gleichermaßen gültig, ob eure Chakren oder Energiezentren sich beim Gebären eines Kindes, beim Anblick eines schönen alten Baums, beim Gebet in einer Kirche, beim Opfern in einem Tempel, in der Meditation oder beim Betrachten eines persönlichen Gegenstands öffnen. Eine Musik oder ein Gemälde kann das ungewöhnliche Reaktionsmuster hervorrufen. Ihr könnt das Heilige subjektiv empfinden als ein euch durchströmendes Wohlgefühl an sogenannten heiligen Orten, bei der Verehrung sogenannter heiliger Menschen oder bei der Anbetung sogenannter Gottheiten.

Das Heilige kann euch aber auch überkommen bei der Betrachtung eines geliebten Menschen ebenso wie bei einem Unwetter, das ein eingreifendes Naturschauspiel darbietet, oder beim Erleben einer Katastrophe, die euch zeigt, wie begrenzt eure menschlichen Planungen und Kontrollen sind. Für das Empfinden subjektiver Heiligkeit gibt es weder Vorschriften noch Tabus. An anderer Stelle haben wir bereits erläutert, daß die Heiligkeit kultischer Objekte oder Handlungen durch die Bewegtheit, das Angerührtsein und die Gläubigkeit der Menschen selbst erzeugt wird. Nichts ist heilig an sich. Heiligkeit ist in einem umfassenden Sinn ein Energiephänomen und keine faktische Eigenschaft. Was dem einen heilig ist, kann dem anderen profan sein.

Wenn aber ein Mensch sich in der Weise, die wir beschrieben haben, angerührt fühlt und diesem Angerührtsein eine Bedeutung zuschreibt, die ihm persönlich und seinem Erleben einen neuen Sinn gibt, hat sich etwas Entscheidendes vollzogen. Es handelt sich in der Regel um einen individuellen Vorgang. Sind jedoch viele Menschen simultan von einem ähnlichen Gefühl ergriffen und sind sie gleichermaßen angerührt von der Zeichenhaftigkeit eines Geschehens, so wird das Erleben und das, was dieses Erleben ausgelöst hat, allgemein als heilig verstanden. Je inniger Menschen sich mit den heilerischen und priesterlichen Energien 1 und 6 vereint fühlen und von ihnen ergriffen sind, um so mächtiger wirkt auf sie die Heiligkeit des Gegenstands, der Person oder des Vorgangs. Eine solche kollektive Erfahrungen bleibt unvergeßlich; sie wird festgehalten, verankert sich im kollektiven Gedächtnis und in der Geschichte. Dadurch entsteht ein Übergang zur Bildung von Dogmen, Glaubensinhalten und religiösen Ritualen, die an ursprünglich heiligmäßige Ereignisse gemahnen.

Doch wird dieses Heiligmäßige nur dann erneut heilige Energie erzeugen, wenn es immer wieder Menschen gibt, die während der Beiwohnung an einer kultischen Handlung aufs neue ergriffen und angerührt werden. Das Ausmaß einer solchen Berührtheit und Ergriffenheit kann sehr unterschiedlich sein. Es kann von einer Bewegtheit oder einem Gerührtsein bis hin zur ekstatischen Entrücktheit und Ohnmacht reichen. Ein Berührtsein durch das Heilige kann auch keine Dauererfahrung darstellen. Es kann nicht den Alltag prägen. Ebenso ist die Bildung des genannten Reaktionsmusters 6-1 nicht absichtlich oder willentlich zu vollziehen. Disposition und Situation müssen eine energetische Verbindung eingehen. Es kommt selten vor, daß ein Mensch von mehr als drei bis fünf Erlebnissen im Laufe seines Lebens berichten kann, in denen er vom Heiligen ergriffen wurde. Wenn Menschen gerührt, bewegt oder emotional ergriffen sind, halten sie dies manchmal so lange für eine heilige Ergriffenheit, bis sie den eigentlichen, wesentlich stärkeren Zustand einer Verbindung von Herz- und Scheitelchakra erlebt haben. Die Berührung mit dem Heiligen im eigenen Sein und zugleich im Ganzen, im Personalen und im Transpersonalen ist wesentlich intensiver und verändert die gesamte Lebenserfahrung nach der Vergangenheit und nach der Zukunft hin.

Das entscheidende Erlebnis kann als eine Entgrenzung und Vereinigung zugleich verstanden werden. Ein Mensch, der Heiligkeit verspürt, erkennt mit einer Einsicht, die jenseits seines Verstandes liegt, daß Heiligkeit auch ihn selbst umfaßt und ihn dadurch an die Heiligkeit des Allganzen anbindet. Ein von Heiligkeit Ergriffener wird mit sich selbst ganz eins und sprengt damit augenblicklich die Grenzen zu seinen transzendenten Dimensionen. Im Heiligen begreift die Seele sich selbst als Fragment des Großen Ganzen. Sie erkennt zugleich ihre Endlichkeit und ihre Unendlichkeit, ihr Kleinsein und ihr Großsein. Menschlichkeit und Göttlichkeit verschmelzen. Die Wahrheit des menschlichen Seins und der eigenen Existenz wird auf unauslöschliche Weise offenbar.

Frage: Gibt es einen persönlichen Gott, der die Anliegen jedes einzelnen Wesens registriert? Existiert ein Gott, der jeden einzelnen von uns wahrnimmt, der das Ziel unserer Sehnsucht ist und dem wir nach unseren Inkarnationen persönlich begegnen werden?

Quelle: Einen solchen Gott gibt es nicht. Wir wissen nicht alles über das, was du wissen möchtest. Aber wir möchten deine Frage beantworten, indem wir dir mitteilen, was wir erfahren haben.

Alles, was du suchst und wonach deine Sehnsucht strebt, ist vorhanden. Jedoch besitzt es nicht die Gestalt eines persönlichen Gottes oder einer definierbaren Gottheit. Es gibt eine Instanz, die dich begleitet. Es existiert eine Kraft, die an dir Anteil nimmt, weil du ein Teil von ihr bist. Sie nimmt dich wahr, sie will von dir etwas. Und du bist ihr nahe, nicht erst nach deinem Ableben, sondern schon jetzt. Diese Instanz nennen wir das göttliche Prinzip – in dem Bewußtsein, daß die neutralste aller Bezeichnungen die beste ist, um diesem essentiellen Phänomen, das auch wir nur unvollkommen erfassen können, gerecht zu werden. Jede Zivilisation hat ihre eigenen Namen für das Prinzip, das wir dir nahebringen wollen. Die einen nennen es Tao, die anderen das höchste Bewußtsein, die dritten das All-Eine. Wir verwenden gern das Wort »Allganzes«, weil es das Wesentliche beschreibt, wonach die Menschen suchen.

Wir verstehen deine Frage aus der Sehnsucht nach einer bestimmten, dir notwendig erscheinende Form der Nähe. Das Allganze ist jedem von euch und jedem von uns nahe und fern zugleich. Es gibt nichts Näheres, und es gibt nichts Ferneres. Du glaubst nun, wie viele andere mit dir, daß Nähe beglückt und Ferne erschreckt. Wir wissen, und vielleicht weißt du auch, daß es sich ebenso umgekehrt verhalten kann. Nähe kann angst machen, und Ferne kann beruhigen.

Du bist Mensch. Jeder Mensch spürt in sich und außerhalb seiner selbst das Prinzip der Göttlichkeit. Und jeder Mensch lebt, weil er Mensch ist, unter dem Gesetz der Dualität. Wenn du also nach einem persönlichen Gott suchst, suchst du nach Nähe. Nähe kennst du aus deinem Alltag. Wenn du dir hingegen vorstellst, daß der Gegenstand deiner Sehnsucht unendlich weit entfernt von dir ist, spielst du vielleicht mit dem Gedanken und dem Gefühl, dich auf diese Ferne einzulassen. Du stellst dich damit auch der Angst, daß du dich in der Leere, die mit der Ferne verbunden ist, verlieren könntest.

So wie du selbst in deinem Bewußtsein mit den Vorstellungen von Nähe und Ferne spielst, so geht es auch deinen Mitmenschen. Sie wollen ihr Götterbild zum Greifen nahe fühlen und möchten doch keinesfalls, daß es sich so verhält wie die Mitmenschen, die ihnen zum Greifen nahe sind. Ihr Gott soll anthropomorphe Züge tragen, er soll lächeln oder strafen, er soll verzeihen und verstehen, er soll rächen und ausgleichen – und doch darf er nicht dieselben Verhaltensweisen zeigen, die ihr von euren Mitmenschen zur Genüge kennt! Er soll genauso sein wie ihr und doch ganz anders.

Unter dem Gesetz der Dualität erlebt ihr das göttliche Prinzip als Nähe und als Ferne. Aber die Kraft des Allganzen ist objektiv gesehen tatsächlich nah und fern zugleich. Wir möchten euch erklären, daß es nur einen scheinbaren Trost bedeutet, euch das göttliche Prinzip in personaler Gestalt vorzustellen. Denn mit dieser Personalität zieht ihr in eure Gedankenwelt auch all die schmerzhaft empfundenen, negativen und schattenreichen Aspekte des Persönlichen zugleich hinein. Falls es sich so verhielte, wie die meisten von euch glauben, daß es also einen Gott gibt oder viele Götter, die persönlich über euch als Personen wachen und in einer Du-Beziehung zu euch stehen, dann würde dies auch bedeuten, daß ihr alle Fehlbarkeit, alle Ungerechtigkeit und Unberechenbarkeit einer solchen göttlichen Person erleiden müßtet. Wenn ihr euch das göttliche Prinzip so wie eine ideale Mutter oder einen vollkommenen Vater vorstellt, werdet ihr immer aufs neue enttäuscht werden. Was ihr zum Beispiel als das gütige und oder gestrenge Wesen Gottes anseht, ist ein Aspekt seines neutralen Geschehenlassens. Niemand mischt sich ein. Niemand verurteilt euch, niemand registriert eure Taten und schreibt sie in ein großes Buch mit zwei Sparten. Ihr selbst seid eure Richter, ihr Menschen seid es, die als einzige Lob und Tadel, Lohn und Strafe verteilen, und das ist gut so.

Es ist bestürzend für euch und wird gleichzeitig eine heilsame Wirkung ausüben, wenn ihr versucht, Neutralität – das bedeutet das Heraustreten aus der Dualität – als einen spirituellen Gewinn zu betrachten. Allerdings ist ein solchermaßen neutrales göttliches Prinzip nicht daran interessiert, euch zu loben oder euch zu strafen, und das verunsichert euch. Das neutrale Allganze freut sich nicht an euren guten Taten und rächt sich nicht für eure Missetaten. Dadurch entsteht in eurer Gefühlswelt eine tiefe Unsicherheit. Wozu lebt ihr denn dann, wenn niemand dort oben es sieht? Wozu existiert ihr, wenn niemand da ist, der diese Existenz begutachtet und sie für gut oder für schlecht hält?

Eine solche kindliche Betrachtungsweise entsteht ausschließlich aus der menschlichen Perspektive. Sie ist verständlich. Aber die Liebe, die ihr in allem Göttlichen und hinter allem Göttlichen vermutet, bedeutet gerade, nicht zu urteilen. Liebe bedeutet, aus einem neutralen Interesse geschehen zu lassen. Ihr Menschen hingegen müßt urteilen, ihr müßt euch verwickeln und verstricken. Aber in dem geistigen Universum, dem ihr angehört, gibt es auch das Nichtverstrickte, das Nichtanteilnehmende. Es ist die reine Betrachtung, die nicht einmal wohlwollend ist. Und gerade dadurch ist sie so liebevoll.

Das Allganze zu beschreiben will uns nicht gelingen, denn es ist nicht zu beschreiben. Es hat keine Formen, es hat keine Konturen und keine Charakteristiken. Das macht es für uns so schwierig, denn wie sollen wir für euch in Worte fassen, was nicht zu beschreiben ist? Und doch können wir es empfinden. Und auch ihr könnt es empfinden.

Frage: **Soll man denn unter diesen Umständen noch beten? An wen wendet man sich dann im Gebet – wenn es in Wirklichkeit gar nicht so ist, wie man immer dachte?**

Quelle: Es ist nichts dagegen einzuwenden, wenn Menschen sich ein Bild machen oder eine Vorstellung, an die sie sich wenden können, um Nöte und Gefühle auszudrücken. Ein Gebet ist für dich da, nicht für Gott! Ein Gebet, ganz gleich an wen es gerichtet ist, dient dazu, *dein* Herz zu öffnen, *deine* Not in Worte zu fassen, *deinen* Hoffnungen und *deiner* Dankbarkeit Ausdruck zu verleihen. Wir möchten euch darin unterstützen und bestärken, daß ihr euch, sooft euch danach zumute ist, dem Gebet widmet.

Gebete sind jedoch um so wirksamer und wertvoller, als ihr euch klarmacht, daß niemand euch hört, außer eurer eigenen Seele und mit ihr alle, die zu dieser Seele gehören. Jedes Gebet ist ein Appell an euer höheres Selbst, an die Geschwister eurer Seelenfamilie, an alle potentiellen Kräfte, die in euch schlummern und die zugleich einen Aspekt des Allganzen darstellen. Dieses Allganze, das ihr Gott nennt, kann sich euch nur mitteilen, indem es sich in irgendeiner Gestalt oder Vorstellung manifestiert. Es wäre also im Grunde genommen nicht unangemessen, wenn jedes eurer Gebete an eine Fotografie von euch selbst oder an ein Bildnis eines eurer Mitmenschen gerichtet wäre. Denn das Göttliche stellt sich für die Erkenntnisfähigkeit von Menschen nur in menschlichen Gesichtern dar.

Ihr habt große Angst, daß niemand da ist, wenn ihr Angst habt. Menschen genügen euch nicht. Gott, das Göttliche, das Allganze, hat keine Not. Das Allganze kennt keine Angst. Gerade deshalb kennt es nur die Liebe, aber in einer Weise, die ihr nicht begreifen könnt. Denn für euch ist Angst das Gegenteil von Liebe und Liebe das Gegenteil von Angst. Daß diese Gegenteiligkeit aufgelöst werden kann, ist euch nicht vorstellbar, selbst wenn ihr euch Mühe gebt – eben weil ihr Menschen seid. Deshalb ist es für euch so schwierig, ohne Bildnisse auszukommen. Ihr fühlt euch erst getröstet, wenn ihr dem göttlichen Prinzip die Züge eines Buddha, eines Jesus oder einer anderen vergöttlichten Gestalt verleihen könnt. Eure Heiligen und Religionsstifter sind die Vermittler, an die ihr euch wendet.

Darum betet, ohne euch mit Skrupel und Zweifeln zu plagen, ob euer Gebet tatsächlich die allmächtigen Instanzen erreicht, die ihr zu erreichen wünscht. Es ist die Energie, die durch aufrichtige Gebete erzeugt wird, die etwas bewirkt. Wenn ein Gebet aus vollem Herzen kommt und die Energie aus tiefster Not oder größter Dankbarkeit erzeugt wird, bewirkt es immer etwas.

Macht euch nicht so viele Gedanken, ob euch jemand hört oder nicht. Es ist schon sehr gut, wenn ihr selbst euch hört, während ihr betet.

✳

Frage: **Ich bin aus der Kirche ausgetreten, und ich möchte meinen eigenen Weg zum Glauben finden. Hat meine Frau meinen Kirchenaustritt verkraftet? Was kann ich tun?**

Quelle: Der Austritt aus der Kirche war für dich ein richtiger und wichtiger Schritt mit weitreichenden Konsequenzen, über die wir noch sprechen werden. Nicht nur für deine Frau ist dieser Schritt schwer zu verkraften, sondern manchmal auch für dich. Aber die Loslösung von der Amtskirche entspricht der Entwicklungsstufe, auf der deine Seele sich jetzt befindet. Du kannst nicht mehr zufrieden sein mit einem verwalteten Glauben. Du wirst nie mehr zufrieden sein mit irgendeiner Form des Kontakts mit Gott, der sich auf die Aussagen anderer stützt, die du zu übernehmen angehalten wirst, anstatt daß du dich deiner eigenen Wahrnehmung, deinen eigenen Empfindungen und deinen ureigensten Überzeugungen zuwendest.

Du hast dich einer spirituellen Vereinigung zugewandt und hast nach einiger Zeit auch dort ein Gefühl von Unwohlsein entwickelt, das dich bewogen hat, dich von den Menschen, die diese Vereinigung tragen, wieder zu entfernen. Die Menschen in diesem Kreis sind alle guten Willens. Sie sind der festen Überzeugung, etwas Rechtes zu tun und sich Christus auf dem richtigen Weg zu nähern. Lasse sie in dieser Haltung, aber übertöne nicht deine eigenen Zweifel mit Selbstvorwürfen. Horche auf die innere Stimme, die dir sagt, ob etwas für dich richtig ist oder nicht. Weder du noch wir wollen darüber befinden, was der rechte Weg zum Glauben sei. Wir sagen vielmehr: Jeder einzelne Mensch muß seinen Weg finden. Und dieser Weg muß der Entfaltungsstufe entsprechen, auf der sich seine Seele befindet. Wir sagen zu dir persönlich: Du befindest dich jetzt an einem Punkt deiner Entwicklung, wo dir das, was andere dir anbieten können, nicht mehr genügt. Du bist jetzt aufgerufen, deinen Weg zu suchen. Und diesen Weg kannst du nur finden, wenn du dich aus eigener Kraft bemühst, die Stimme deiner inneren Wahrheit zu vernehmen.

Zu Christus hast du eine besondere Beziehung. Und diese Beziehung solltest du nicht schmähen. Du solltest sie hüten und pflegen, denn sie wird dir noch viel Kraft spenden. Aber sei bereit, eigene Inspirationen zu vernehmen und deine Wahrheit zu entdecken, die dir klarere und deutlichere Hinweise geben kann auf das, was Christus, Jesus, gemeint hat und gesagt hat. Wenn du uns also fragst: »Werde ich zu meiner Glaubensgemeinschaft zurückfinden?« sagen wir dir: Du wirst nicht zurückfinden. Du wirst dich dorthin wenden, wo du Inspirationen und Erkenntnisse findest, die aus dir kommen und doch nicht aus dir. Vertraue darauf, daß du, wenn du dich öffnest und wirklich eine persönliche Hingabe übst, erreicht werden kannst von denen, die dir sagen wollen: »Das ist für dich persönlich das Richtige.« Du wirst dich jetzt mehr und mehr an der Echtheit deiner eigenen Empfindungen orientieren. Und du wirst wahres Christentum mehr und mehr in denen finden, die wenig darüber reden und viel dafür tun.

Die körperlichen Beschwerden deiner Frau hängen mit deinem individuellen Weg zu Gott sehr eng zusammen. Wenn du ihr helfen willst, dann mußt du zunächst erkennen, was euch trennt. Und wenn du ihr helfen willst, ist es wichtig, daß du zunächst durch den Schmerz dieser Trennung hindurchgehst. Die Trennung besteht darin, daß sie – weil sie ein anderer Mensch ist, sich seelisch auf einer anderen Entwicklungsstufe befindet – andere Bedürfnisse hat, andere Bedürfnisse in bezug auf die Orientierung an ihrem Glauben. Die Trennung besteht aber auch darin, daß deine Frau deinen Weg und deine Bedürfnisse nicht anerkennen kann, weil sie ihr angst machen. Du bist ihr mehr und mehr unheimlich. Das weiß sie nicht so recht, und sie kann es nicht bewußt empfinden. Aber du bist ihr unheimlich. Und deshalb zieht sie sich von dir mehr und mehr zurück. Wenn du ihr helfen willst, sich wohler zu fühlen, muß du das zunächst einmal anerkennen, auch wenn es dir weh tut.

Du bist ihr unheimlich. Und sie versucht, da sie dies nicht bewußt wahrnimmt, die Distanz, die sie zu dir herstellen möchte, auf der körperlichen Ebene zu bilden. Du fragst auch, ob sie dir verziehen hat, ob sie es verkraftet hat, daß du aus der Kirche ausgetreten bist. Sie hätte es gern verkraftet. Sie hat sich darum bemüht. Aber ihre Angst, daß damit ein unüberwindbarer Bruch zwischen euch eingetreten ist, ist tiefer gesunken und äußert sich jetzt auf der Ebene des Körpers. Für dich wird es nicht leicht sein, mit dieser Form der Ablehnung liebevoll umzugehen. Wir wollen dir deshalb helfen, sie besser zu verstehen. Die Ablehnung deiner Frau entsteht aus der Angst, daß du ihr und ihrem Seelenheil Schaden zufügen könntest.

Deine Frau hat nicht nur Angst vor dir, sie hat Angst um sich, Angst, daß sie schuldig ist an dir dadurch, daß sie dich von deinem Kirchenaustritt nicht abhalten konnte, und auch dadurch, daß sie dich nicht in dem halten konnte, was sie für den wahren und einzigen Glauben hält. Als Seele ist deine Frau ein wenig jünger als du. Und sie braucht den festen Rahmen einer Amtskirche, um sich orientieren zu können. Du hingegen brauchst diesen festen Rahmen nicht mehr. Im Gegenteil: Er hindert dich an deiner Entwicklung.

Das erste, was du also für deine Frau tun kannst, um ihr zu helfen, ist, daß du ihre Bedürfnisse und ihre Notwendigkeiten wirklich von Herzen anerkennst. Das Wort »Liebe deinen Nächsten wie dich selbst« bedeutet auch: »Liebe deinen Nächsten so, wie er ist; so, wie er jetzt gerade ist.« Denn auch du willst so geliebt werden, wie du jetzt gerade bist. Und die zweite Hilfe, die du ihr geben kannst, wenn sie sie annehmen will – und das ist sehr wichtig: nur wenn sie sie annehmen will! –, ist, daß du mit ihr zusammen zurückgehst zu den Quellen; daß du mit ihr zusammen die Bibel aufschlägst; daß du es ihr überläßt, worüber sie sprechen möchte; daß du dieses Gespräch zum Anlaß nimmst, ihr und Jesus zugleich ein wenig näherzukommen, und daß du dich löst von der Angst, nicht das Rechte zu tun.

So könnt ihr gemeinsam dem, was euch bewegt, ein wenig näher kommen und euch auch gegenseitig annähern, ein jeder auf seine Weise. Kehrt zurück zu den Quellen, die euch speisen. Und nehmt, trinkt jeder davon soviel, wie ihr mögt. Das Wasser dieser Quelle wird für jeden von euch einen unterschiedlichen Geschmack haben. Aber das ist gut so.

Es wird schwer für dich sein, diese Ängste deiner Frau zu bewältigen. Denn du hast ja deine eigenen, die dir auch zusetzen. Toleranz bedeutet, dem anderen Menschen seine Ängste zu lassen, solange er sie braucht. Liebe bedeutet, sie als Ängste wahrzunehmen. Liebe bedeutet auch, genau die Hilfestellungen zu geben, die von anderen angenommen werden können.

Wenn du mit deiner Frau darüber sprechen kannst, was Jesus gewollt und gesagt hat, so wie es überliefert wurde, ohne sie von etwas überzeugen zu wollen, was jetzt nicht zu ihr paßt und was sie auch nicht begreifen kann, dann wäre ein wenig gewonnen. Aber wichtig ist auch, daß du sie ihre eigenen Wege gehen läßt – genauso wie du dich nicht mehr auf Kompromisse einlassen kannst, wenn es darum geht, deine eigenen Wege zu beschreiten.

Frage: **Was ist eigentlich Meditation?**

Quelle: Meditation ist ein Zustand der inneren Ruhe. Diese Ruhe führt unmittelbar zu einer Entgrenzung. In der Entgrenzung entsteht ein Kontakt. Dieser Kontakt ist verschieden von allen Kontakten, die in anderen Ruhezuständen hergestellt werden. Er unterscheidet sich vom Traum; er unterscheidet sich auch von einer intuitiven Einsicht, die gewonnen werden kann, wenn zwei Menschen miteinander durch Worte oder durch Berührungen kommunizieren.

Meditation ist in jedem Fall ein Zustand der Entspannung, der nicht in den Schlaf führt, sondern zu einer erhöhten Aufmerksamkeit, einer verschärften Wachsamkeit und Bewußtheit, die dem Tagesbewußtsein des Alltags, mit dem ihr eure Arbeiten verrichtet und eure Vergnügen genießt, einen neuen Aspekt abgewinnt.

Meditation heißt auch geschehen lassen – geschehen lassen in diesem Zustand der Ruhe und Entspannung, was immer geschehen will. Das bedeutet: Wenn ihr euch zwingt stillzusitzen, obgleich Bewegung geschehen will, wenn ihr euch zwingt, die Augen geschlossen zu halten, obgleich sie sich öffnen wollen, wenn ihr euch zwingt, eine unbewegte Miene zu zeigen, obgleich ihr bewegt seid, handelt es sich nicht um Meditation, sondern um eine Übung in Disziplin.

Wir wollen damit sagen: Meditation ist ein natürlicher Impuls, der jedem Menschen innewohnt und den man zulassen oder unterdrücken kann. Eine Technik ist nicht vonnöten, um diesen natürlichen Zustand herbeizuführen. Eine Technik ist nur dazu da, eine Erkenntnis dessen herbeizuführen, was euch natürlich ist. Und die Techniken sind beliebig. Es gibt keinen Königsweg, es gibt keinen Bettlerweg. Die Techniken sind so beliebig und so vielfältig, wie ihr selbst es seid. Für jeden von euch wäre eine andere Technik, eine andere Vorbereitung, ein anderer Weg sinnvoll. Doch wissen wir wiederum, daß ein solcher Vorschlag, wie wir ihn euch machen, nicht praktikabel ist. Also meinen wir, daß es Methoden gibt, die für eine große Anzahl von Menschen zu einer Ruhe und einer Entspannung führen, die ihnen vorher nicht bekannt war; eine andere Methode ist wiederum für eine andere Gruppe von Menschen geeignet, einen entspannten Zustand herbeizuführen, der ihnen angenehm ist und sie zu einer Erkenntnis ihrer selbst bringt.

Wenn wir aber sagen, daß Meditation ein natürlicher Zustand ist, bedeutet dies auch, daß Millionen, ja Milliarden von Menschen täglich in diesem Zustand verweilen, ohne je zu »meditieren« oder überhaupt je von Meditation gehört zu haben. Wer immer Augenblicke der Ruhe kennt oder sucht und die ihm gemäße Form findet, einen Kontakt mit sich selbst, mit seiner Seelenfamilie oder mit anderen Instanzen seines Inneren herzustellen, ist in Meditation.

Dies kann bei der Hausarbeit geschehen, auf dem Felde, auf dem Krankenlager, am Fließband, beim Lesen eines Buches, beim Sport. Es gibt keine Einschränkung, es gibt kein Verbot oder Gebot, um diesen Zustand zu erreichen. Alkohol kann helfen, Drogen können helfen, diese Augenblicke zu verlängern. Allerdings ist es selten möglich, die gewonnenen Kontakte und Einsichten im Bewußtsein dauerhaft zu verankern, wenn der entgrenzte Zustand durch künstliche Mittel der Bewußtseinserweiterung erreicht wurde. Manche Menschen müssen ruhen, um Ruhe zu finden, andere wiederum müssen sich bewegen. Dies hängt ab von ihrer Seelenstruktur, von ihrem Bedürfnis, das eine oder andere zu tun, und von ihren Zielen – zum Beispiel ob sie nur ihre Nerven beruhigen wollen oder einen Kontakt zu ihren Gefühlen herstellen möchten, ob sie sich selbst finden wollen oder einen Kontakt zu ihrem Gott herstellen möchten oder Zugang zu einem anderen Menschen suchen. Nichts ist geboten, und nichts ist verboten. Es handelt sich um einen natürlichen Zustand, der in jedem von euch latent vorhanden ist.

Ebenso wie das Schlafbedürfnis läßt sich das Bedürfnis nach Meditation auf Dauer gar nicht unterdrücken. Nur ist es so, daß die einen ihre innere Ruhe Meditation nennen und gern diesen Zustand pflegen, und die anderen nennen ihn nicht Meditation und pflegen ihn genauso. Und dann gibt es ganz besonders in eurer westlichen Hemisphäre eine große Anzahl von Menschen, die versuchen, auf Meditation ebenso zu verzichten wie auf Schlaf. Ihr kennt nicht wenige, die unter Schlaflosigkeit leiden oder ständig zu wenig nächtliche Ruhe oder zur falschen Tageszeit Ruhe finden. Ebenso verhält es sich auch mit der Meditation. Vergleichbar mit einer Schlaflosigkeit gibt es auch eine Meditationslosigkeit oder einen angespannten Zustand, der einem Meditationsmangel gleichkommt.

Und so wie gegen Schlaflosigkeit nicht immer ohne weiteres

schnell etwas auszurichten ist, weil sie nicht selten ihren Sinn in einer Ökonomie der Psyche hat, so läßt sich auch gegen die Meditationslosigkeit nicht immer mit Gewalt, mit Techniken und Methoden etwas unternehmen. Allerdings – wenn der Tag gekommen ist, daß die Meditationslosigkeit sinnvoll behoben werden kann, gibt es zwei wichtige Ansätze. Und wiederum vergleichen wir das Vorgehen mit der Therapie der Schlaflosigkeit. Meditationslosigkeit kann man begegnen, indem man für eine Weile einen Wandel in der Lebensführung vornimmt. So wie ein Schlafloser oft im Urlaub oder wenn er lange Zeit von der Arbeit und von der Familie nicht in Anspruch genommen wird, in der Regel besser schläft, so kann auch ein meditativer Zustand in natürlichem Sinne wieder eintreten, wenn ein Mensch, der überspannt ist und von seiner Natürlichkeit abgetrennt, sich eine Entspannung gönnt, die seinem normalen Lebenswandel entgegengesetzt ist. Je länger die Meditationslosigkeit bestanden hat, um so länger muß anschließend die Beruhigungsphase dauern.

Wie es denn zuweilen notwendig ist, eine Schlaflosigkeit mit Medikamenten zu behandeln, so ist es auch notwendig, eine Meditationslosigkeit zuweilen mit Meditationstechniken zu behandeln. Seht also Techniken, die sehr stark angespannte Menschen brauchen, um ihre Natürlichkeit wiederzugewinnen, wie ein Schlafmittel, wie eine Tablette, die sie einnehmen müssen, um überhaupt wieder zu erkennen, was Schlaf ist. Sie hatten ja vergessen, was Erholung bedeutet, wie gut sie sich fühlen können, wenn sie eine ganze Nacht ruhig durchgeschlafen haben und in ihre natürliche Rhythmik wieder eintreten. Eine Meditationstechnik hat dieselbe Wirkung. Wer also spürt, daß er angespannt ist und nicht von selbst wieder in Ruhe zurückpendelt, die die Anspannung dual ergänzt, braucht eine Technik. Aber die Technik ist nicht die Meditation selbst, ebensowenig wie die Schlaftablette nicht der Schlaf selbst ist.

✳

Frage: **Wir haben jetzt viel über Methoden gehört. Um das jetzt praktisch auch auswerten zu können, wäre es wichtig zu wissen, wie das Seelenmuster eines Menschen mit den möglichen Techniken oder den natürlichen Meditationsformen zusammenhängt.**

Quelle: Säugling-Seelen und Kind-Seelen sind auf ganz natürliche Weise meditativ. Erst Junge Seelen, die sich bis an die Grenzen ihrer Möglichkeiten ehrgeizig fordern und auch überfordern, werden zum ersten Male nervös. Kind-Seelen und Säugling-Seelen kennen keine Nervosität, sie kennen höchstens Nervenkrankheiten. Wer aber nicht nervös ist, verspürt kein Bedürfnis nach irgendwelchen strukturierten Meditationsformen. Wenn man ruhig ist, braucht man keine Ruhe zu suchen. In der Entspannung ist es nicht nötig, entspannte Zustände außerhalb des Tagesablaufs zu kreieren. Wer müde ist, legt sich schlafen. Eine Junge Seele, die zum erstenmal ihre eigene Anspannung feststellt, wird mit einer Technik, die in erster Linie die Bewußtheit und die Selbstbeobachtung fördert wie Zen, nicht viel anfangen können. Was ihr guttut, ist meditatives Malen, das Singen von Mantras, Gehmeditationen, Gartenarbeit und Rudern. Disziplin und Regelmäßigkeit sind für Junge Seelen sehr hilfreich.

Eine Reife Seele braucht für die Meditation einen inneren Gegenstand. Dieser Gegenstand, dieses Objekt kann bestehen in einem Gedanken, in einem Gefühl, in einem Vorbild, in einer Idee, sogar in dem Wunsch, einen bestimmten Zustand zu erreichen, aber auch zum Beispiel in der Vorstellung, bestimmte Teile des Körpers in besonderer Weise zum Zentrum des Interesses zu machen – den Bauch, das Herz, das Dritte Auge, die Füße, die Hände. Reife Seelen lieben Meditationsformen und -techniken, die ihnen helfen, ihre Konzentrationsfähigkeit, die sie ohnehin besitzen, auf bestimmte innere Bereiche zu richten, um sie besser zu erkennen und Einsichten zu gewinnen, die ihnen helfen, ihr Leben besser zu gestalten. Was innerhalb solcher Momente der Einsicht geschieht, ist vor allem Überraschung. Der unerwartete Kontakt mit der inneren Wahrheit, der sich durch solche Überraschungsmomente unmittelbar ergibt, wird durch zentrierte Aufmerksamkeit hergestellt. Das Nachdenken, Nachfühlen, Nachsinnen über bestimmte Inhalte, Probleme, Gedanken, Menschen und Objekte ist in dieser Phase der seelischen Entfaltung besonders wohltuend. Es handelt sich um kontemplative Methoden.

Wie dies geschieht, ob in einem körperlichen Ruhezustand oder in Bewegung, durch Aktivität verschiedenen Ausmaßes oder den Wechsel von Bewegung und Ruhe, das ist gleichgültig. Die Arbeit, die ein jeder in seinem Leben leistet, ist förderlich, wenn sie mit der Betrachtung von Vorstellungen, Ideen, Gedanken und Vorbildern verknüpft wird. Es gibt keinen Bereich des Lebens, der von Meditationen ausgeschlossen bleiben muß. Da es sich um einen natürlichen Zustand handelt, der alle Aspekte von Lebendigkeit begleitet und latent unablässig vorhanden ist, durchwebt er auch alle Bereiche des Lebens und ist nicht reserviert für die eine Stunde oder die eine Minute, die ein Mensch für diese kontemplative Bewußtseinshaltung reserviert.

Alte Seelen haben ein zentrales Interesse, und dieses Interesse nimmt mit fortschreitendem Seelenalter zu. Sie wollen ihre eigene Identität erkennen, um sie zugleich zur Auflösung zu bringen. Dies ist ein schrittweiser Prozeß, der sich ebenfalls unablässig vollzieht. Es gibt für eine Alte Seele gar nicht die Möglichkeit, sich ihm zu entziehen. Die Selbsterkenntnis durch Geschehenlassen und die Auflösung durch Geschehenlassen sind ihr Lebenselixier. Wir möchten euch jedoch vor einem Mißverständnis warnen. Nur wenige, auch unter den Alten Seelen, vollziehen diesen Prozeß mit Hilfe einer bewußten Lenkung oder durch kognitive Einsichten. Alte Seelen meditieren mit größter Befriedigung durch Augenkontakt mit einem anderen Menschen, denn darin erkennen sie sich selbst als Teilaspekt einer gewaltigen Ganzheit. Auch die Betrachtung der Wunder der Schöpfung mit offenen oder geschlossenen Augen beglückt sie sehr. Je älter eine Seele wird, um so unkonventioneller werden ihre Mittel und Methoden, sich mit ihr selbst, ihrer Seelenfamilie und dem Großen Ganzen zu verbinden.

Frage: Welche Funktion hat ein Leiter oder Meister bei der Meditation?

Quelle: Er stellt seine innere Ruhe und seine Fähigkeit zur Entspannung und Selbstbetrachtung all denen zur Verfügung, die sich emotional, mental oder technisch auf seine Führung einlassen. Die Erfahrung mit den vielfältigen Kontaktmöglichkeiten, die ein wahrer Lehrer und Meister mitbringt, stellt er liebevoll zur Verfügung. Er kreiert einen Energiebereich, in dem mehr Ruhe und Entspannung, mehr Selbsterkenntnis und mehr Kommunikation, mehr Freude und mehr Ernsthaftigkeit ermöglicht werden. Jüngeren Seelen bietet ein Lehrer einen Rahmen für innere Disziplin.

✳

Frage: Manche östliche Traditionen legen großen Wert darauf, daß die Meditation ein Königsweg zur Erleuchtung ist. Was meint ihr dazu?

Quelle: Wer in den Zivilisationen der »westlichen« Erde verankert ist, denkt seit jeher über sich und die Welt nach. Dem Menschen der östlichen Hemisphäre ist dieses Nachdenken, dieses Reflektieren, dieses Zweifeln und Rechten, das Hadern und Wünschen weitgehend fremd. Er nimmt die Welt, wie sie ist. Seine Zivilisation erzieht ihn nicht dazu, Fragen zu stellen. Dafür wird ein ebenso wichtiger Teilbereich der menschlichen Existenz in einer Weise gelebt und betont, der wiederum den Menschen des Westens immer unzugänglicher wird – die Grundphänomene des irdischen Lebens, besonders Vergänglichkeit, Krankheit, Tod und der unmittelbare Genuß von Nahrung als Nahrung – nicht das Verzehren von Luxusgütern, wenn es ein Uhr mittags ist –, die Wahrnehmung der natürlichen Rhythmen des Tages- und Jahresverlaufs usw.

Wenn nun – und darauf wollen wir hinaus – ein Mensch gar nicht gewohnt ist, über sich nachzudenken und das eigene Sein, das Handeln und Erleben zu befragen oder an dem Realitätsgehalt seiner Wahrnehmungen zu zweifeln, wird ihm jede wesentliche kognitiv-analytische Bereicherung, ganz unabhängig von seiner Intelligenz, wie eine Erleuchtung vorkommen. Wenn ein Mensch nicht gewohnt ist, mit Widersprüchen bewußt zu leben und Gegensätze zu pflegen, wird ihm die Aufhebung von Gegensätzen, das Ineinanderfallen von Widersprüchen nicht als etwas Besonderes vorkommen. Für den Menschen der östlichen Hemisphäre, ganz allgemein gesprochen, ist alles eins. Wenn er eine spirituelle Einsicht in das Große Ganze erhält, geht ihm in aller Regel die Zweiheit als etwas Neuartiges auf. Dem Bewohner der westlichen Hemisphäre hingegen tut sich ein ekstatischer Blick in die Einheit auf. Er erlebt ebenfalls das ganz wesentlich andere. Beide komplettieren ihre duale Struktur.

Frage: **Wir interpretieren diese östlichen Meditationstechniken zum Teil als etwas sehr Großartiges und sehr Wertvolles und knüpfen auch gewisse Erwartungen daran, die auch durch östliche Traditionen genährt werden. Nach meinem Eindruck setzt dann häufig eine Enttäuschung ein, wenn Meditation nicht so funktioniert, wie es versprochen wurde, und man immer noch nicht erleuchtet ist.**

Quelle: Wir müssen ein wenig ketzerisch argumentieren, um euch eine Hilfe zum Verständnis dieses Faktums zu geben. Wenn Menschen gewohnt sind, miteinander über Buschtrommeln zu kommunizieren, kommt ihnen ein Telefon wie etwas Überirdisches oder Göttliches vor. Wenn ein Mensch nach langem Herumirren im Nebel eine Kerze brennen sieht, ist dieses Licht für ihn eine Erlösung. Aber es gibt auch Scheinwerfer, die ein ganzes Fußballfeld erleuchten können. Es gibt den Mond, der eine ganze Erdhälfte in fahles Licht taucht. Und es gibt die Sonne.

Es kommt also stets für jeden Menschen darauf an, wo er mit seiner Erkenntnis beginnt. Jeder von euch kann solche Erleuchtungserlebnisse, wie wir sie beschreiben, erleben und für sich in Anspruch nehmen. Dieses jedoch als etwas Entgültiges zu verstehen, ein ultimatives Erlebnis, das einer Seele gestattet, aus ihrem sinnhaften Inkarnationszyklus unvermittelt auszuscheiden, wäre genauso, als wollte derjenige, der endlich im nebligen Dunkel die Kerze erblickt, dieses Licht für die Sonne halten. Geht davon aus, daß ein jeder von euch – auf jeder Stufe seiner seelischen Entwicklung und mit jeglicher Variation des Seelenmusters – eine eigene temporäre Empfindung von Erleuchtung entwickelt und daß niemand mehr Licht ertragen kann, als seine augenblickliche Empfindlichkeit erlaubt.

Wenn ihr lange in einem dunklen Raum eingeschlossen wart, wird euch schon ein winziger Lichtstrahl, der plötzlich durchs Schlüsselloch dringt, vollkommen blenden. Gleichzeitig gibt er euch Hoffnung, eine Hoffnung, die ihr schon aufgegeben hattet. Andere können am Äquator tagtäglich die sengende Sonne ertragen, ohne zu erblinden. Es gibt aber keinen Unterschied in der Qualität des Erlebens. Für den einen ist es so, und für den anderen ist es anders. Wenn ihr beginnt, zu vergleichen und andere um ihre Fähigkeit zu beneiden, dies oder jenes ausgehalten zu haben, dann enthebt ihr euch der Möglichkeiten, das schätzen zu lernen, was ihr selbst erleben könnt.

Stellt euch bitte unter Erleuchtung nichts Konkretes, Definiertes oder Definierbares vor. Strebt danach, eure eigenen Erkenntnisse zu erlangen. Nur sie sind gültig, nur sie sind wertvoll. Die Erkenntnisse eines anderen Menschen sollten euch gestohlen bleiben.

Frage: **Wie kann ich am besten mein Chakra zwischen den Augen entwickeln?**

Quelle: Das Dritte Auge, das spirituelle Zentrum oder Stirnchakra, kann jeder Mensch, der es wünscht, trainieren wie einen Muskel, der um so kräftiger und stärker wird, je häufiger man ihn benutzt. Aber das ist nicht das einzige, und es ist nicht das Wichtigste. Wir wollen euch vor einer Überreizung dieses Chakras warnen.

Wenn ein Mensch bestimmte Muskeln immerzu ohne Unterlaß trainieren will und diesen Muskeln keine Zeit läßt, sich zu regenerieren, sich zu entwicklen und sich so zu erholen, daß die nächste Stufe der Kräftigung erreicht wird, bekommt er nichts als Schmerzen, vielleicht einen Muskelriß oder eine Entzündung. Und so ist es auch, wenn man das Dritte Auge allzu häufig trainiert. Wenn wir dir also eines raten dürfen, dann überanstrenge dieses spirituelle Zentrum nicht! Wenn du dir jedoch täglich zehn Minuten Zeit nimmst, um das Öffnen und das Schließen zu trainieren, wirst du bald ein Gefühl von Macht und Kraft erwerben – nämlich die Macht über deine eigenen Fähigkeiten, das Dritte Auge zu öffnen und zu schließen, und die Kraft, etwas damit zu bewirken.

Wir sprechen von einer Macht, und das mit Vorbedacht, denn das Dritte Auge kann auch für Machtzwecke eingesetzt werden. Man kann Menschen damit beeinflussen, auch gegen ihren Wunsch. Aber wesentlicher scheint uns, daß jeder, der mit den darin enthaltenen Kräften umgeht, bestimmt, wann es geschieht und wann es unterbleibt. Dazu gehört ein gewisses Maß an Selbstbeherrschung und auch die feste Absicht, nichts hineinzulassen in dieses Zentrum, was man dort nicht haben will. Es geht also nicht nur darum, es zu aktivieren und damit nach außen zu dringen, sondern auch um eine Fähigkeit, mit dem Dritten Auge Informationen zu empfangen. Wer immer nur herausgibt, schwächt diesen Bereich. Wer aber einen rechten und regelmäßigen Wechsel zuläßt zwischen dem Senden und dem Empfangen, ist gut beraten. Du aber mußt lernen zu bestimmen, was du senden willst und was du empfangen willst, und alles andere blende aus.

Du fragst nun: »Wie kann ich dies tun?« Werde dir bewußt, daß es sich dabei eindeutig und ausschließlich um telepathische Fähigkeiten handelt. Andere sind in diesem Bereich nicht angesiedelt. Zur Telepathie gehört jedoch nicht nur die Gedankenübermittlung, sondern auch das Empfangen der Gedanken anderer. Es ist ein mentaler Bereich, in dem du dich bewegst. Wir nennen es spirituelles Zentrum, weil es darin um eine Fähigkeit des Geistes geht, sich mit dem Großen Ganzen in seinen verschiedenen Teilaspekten in Verbindung zu setzen.

Telepathie kann stattfinden sowohl zwischen menschlichen Individuen, die einmal Sender und einmal Empfänger sind, als auch zwischen nichtkörperlichen Instanzen und einem Menschen. Du lerne unterscheiden. Wichtig ist, daß du dich zur Verfügung stellst, aber nicht länger als zehn Minuten pro Tag. Wenn du etwa ein Jahr diese Übung gemacht hast, dann wirst du zunächst ein guter Empfänger werden.

Die Übung besteht aus nichts anderem, als einfach deinen Mittelfinger auf dein Drittes Auge zu legen, die Wärme zu spüren, die von deinem Mittelfinger in den Bereich deines Kopfes dringt, der darunterliegt, und möglichst an gar nichts zu denken, gar nichts zu wollen, alles nur geschehen zu lassen. Das übe 5 Minuten lang. Und die restlichen fünf Minuten ist es gut, wenn du mit einem anderen Menschen zusammenarbeitest. Er muß nicht anwesend sein, er sollte sich nur zur selben Zeit zu einem Empfänger machen. Und dann kannst du ihm etwas senden. Hinterher ist es natürlich gut, wenn du überprüfst, ob deine Sendung angekommen ist. Wenn du also diese Übung zehn Minuten jeden Tag machst (und das gilt nicht nur für dich, sondern für alle, die dieses Dritte Auge trainieren wollen), wirst du feststellen, daß du bald sehr genau unterscheiden kannst, ob du auf Sendung oder ob du auf Empfang geschaltet bist, und du wirst auch unterscheiden können, ob du von einem anderen Menschen etwas empfängst oder von einer transpersonalen Quelle.

Nun gehört noch etwas zu dem Training. Wenn du empfängst, was du nicht haben willst, wenn du hörst, was du wirklich nicht hören willst, dann stelle den Sender ab, und stelle dein Empfängerorgan auf eine andere Frequenz neu ein! Sprich mental mit derjenigen Person, dem Verstorbenen oder der Kraft oder Instanz, die du nicht empfangen möchtest, und teile unzweideutig mit deiner ganzen Energie mit, daß du auf dieser Frequenz nicht mehr erreichbar bist. Darin sei ganz fest und konsequent, sonst wird dir bald der Kopf so schwirren, als seist du ein Radio ohne Möglichkeit zum Einstellen.

Werde dir sodann klar darüber, was du mit deinem Training überhaupt bezwecken willst. Willst du stärker im Senden werden oder stärker im Empfangen? Nach einem Jahr triff deine Wahl – nicht vorher. Zuvor stelle dich zur Verfügung, und stehe zur Verfügung. Du wirst viele Überraschungen erleben, wenn du diese Übung machst. Sie ist einfach und schwer zugleich. Nichts zu denken, nichts zu wollen, nichts bewirken zu können, auch nur fünf Minuten lang, fällt den meisten Menschen furchtbar schwer. Aber wenn du diesen Bereich deines Dritten Auges wirklich stärken möchtest, solltest du dich darauf einlassen können.

✳

Frage: **Besitzt jeder Mensch die Kraft zur energetischen Heilung? Kann eine solche Fähigkeit von einem Lehrer auf seine Schüler übertragen werden?**

Quelle: Wer immer Mensch ist, besitzt eine heilende Kraft. Wer immer Mensch ist, ist auch von dieser Kraft erfüllt. Denn jeder Mensch ist mit einer Hälfte seiner Existenz ein transzendentes Wesen. Die Seele, die den Körper belebt, ist angebunden an die unendliche Kraft, die alles Leben spendet und alles heil machen kann, ohne daß es irgendeiner Voraussetzung bedarf. Jeder Mensch also verfügt über die Möglichkeit, in irgendeiner Weise heilend, ganzmachend und auch heiligend auf einen anderen

Menschen einzuwirken. aber wie dies geschieht und welche Wirkung es hat, ist sehr unterschiedlich.

Doch bevor wir auf die einzelnen Möglichkeiten eingehen, möchten wir betonen, daß die heilsame Fähigkeit, einen anderen wohltuend zu berühren, ihm das Herz zu öffnen oder zu beruhigen, ihm ein wenig wohler werden zu lassen, wirklich jedem einzelnen, der auf der Erde als Mensch weilt, gegeben ist, ganz gleich ob er klug ist oder dumm, offen oder verschlossen, brutal oder sanft, gebildet oder ungebildet, jung oder alt – das alles spielt keine Rolle! Nur die Intensität des heilenden Vorgangs, seine Motivation und sein Ziel unterscheiden sich im einzelnen von Mensch zu Mensch. Und um ein Beispiel zu geben, sagen wir euch: Wenn ein Mörder, der vor Gericht steht, der Mutter des ermordeten Menschen auch nur den Bruchteil einer Sekunde lang einen guten Gedanken oder ein mitfühlendes Lächeln sendet, dann hat er eine heilende, eine wärmende, eine heilmachende Wirkung ausgeübt. Und wenn ein Kind einem anderen das zerbrochene Spielzeug mit einem Ausdruck der Reue und des Bedauerns zurückgibt und dabei vielleicht auch noch den Arm um den traurigen Spielgefährten legt, dann ist Heilung geschehen.

Eure Frage an diesem Abend bezieht sich jedoch insbesondere auf die Fähigkeit, Krankheiten zu heilen oder eine deutlich beruhigende heilsame Wirkung auszuüben auf einen Menschen, der sich dieser Behandlung durch einen, der diese Handlung bewußt ausübt, bewußt unterzieht. Und ihr wollt wissen, ob es denn möglich sei, die Fähigkeit, Krankheiten zu heilen, mittels einer Initiation von einem Menschen auf den anderen zu übertragen. Wir antworten, daß dies möglich ist, aber es bleibt doch eine Ausnahme. Es geschieht keineswegs in allen Fällen, wo es versucht wird oder wo man daran glaubt. Wir beziehen uns dabei vor allem auf die Methoden spirituellen Heilens durch Gebet, auf das Handauflegen, die Fähigkeit, Reiki weiterzugeben, aber auch auf die Möglichkeit, Krankheiten rituell zu »besprechen« oder durch bestimmte Manipulationen an den Energiekörpern einer Person die Aura zu reinigen und damit einen Menschen von einer Last, oft sogar auch von einer Besetzung zu befreien.

Es ist also möglich, daß ein Mensch, der diese Fähigkeiten nachweislich besitzt, einen anderen darin unterweist und jemanden, der ihm geeignet erscheint, diese Möglichkeiten zu lernen und auch auszuüben, mit seiner eigenen Kraft und Energie berührt. Die Übertragung kann stattfinden, sofern sich der »Lehrer« bewußt ist, daß seine eigene Kraft nur das Abbild einer größeren Kraft ist. Aber in den meisten Fällen muß doch auch vorausgesetzt werden, daß der Empfangende wirklich in der Lage ist zu empfangen und daß der Gebende wirklich in der Lage ist zu geben. Nur dann kann dieser Austausch, diese Übertragung, wirklich stattfinden. Wenn ein Mensch aber nur heilen möchte oder sich einbildet, bereit zu sein, oder lediglich den Wunsch hat, dazu befähigt zu sein, dann wird die Übertragung von Heilkraft nicht stattfinden. Wenn jemand außerdem nur den Wunsch hat, Menschen mit seinen Fähigkeiten zu beeindrucken, wenn also die Motivation aus Angst und Geltungssucht und nicht aus der Liebe kommt, dann wird es nicht funktionieren.

Im Grunde ist es sehr einfach: Heilung ist immer und in jedem Fall Liebe. Und wenn Liebe vorhanden ist, dann findet auch Heilung statt. Je mehr Liebe nun präsent ist in der Schwingung, in der Seele, im Herzen, aber auch im Geist eines Menschen, um so kraftvoller wird die heilende, die vereinende, die heiligende und ganzmachende Wirkung sein, die von ihm ausgeht. Je mehr Liebe in dem Empfänger ist, um so mehr von der heilenden Kraft wird er auch in sich aufnehmen können, um sie dann später weiterzugeben. Das Band also besteht in der liebevollen Schwingung, in der Bereitschaft, sich selbst aufzugeben, um etwas anderes in sich hineinzulassen. Heilung und das Übertragen von heilenden Kräften können also nur auf der Basis einer wahrhaftigen, liebevollen und zugewandten Grundhaltung entstehen. Und auf die Intensität kommt es auch hier an.

Jeder von euch kann also ein bißchen heilen, und jeder wahre Lehrer dieser Kunst kann manchmal sehr große Dinge vollbringen, und an anderen Tagen gelingt ihm dies nicht. Denn kein einziger Mensch, kein Mensch auf der ganzen Welt ist immer liebevoll, ist immerzu voll Weichheit und Hingabe. Dies ist nicht möglich, und so wird euch auch verständlich sein, daß ein Lehrer oder ein Meister, wie berühmt er auch immer sein mag, immer wieder einmal seine Fähigkeiten an den Schüler, der von ihm eingeweiht werden möchte, nicht weitergeben kann, weil zum Beispiel auch die entsprechenden Energien nicht wirklich zusammenpassen oder weil der Lehrer es schwierig findet zuzugeben, daß er zu dem festgesetzten Datum, an diesem bestimmten Tag über die entsprechenden Energien, die zu deren Übertragung notwendig wären, gar nicht verfügt. Dies ist nur menschlich, und wir verurteilen es nicht. Es ist jedoch gut zu wissen, daß es sich bei der Übertragung von Heilkräften nicht um eine absolute, immer präsente Fähigkeit handeln kann. Und auch wenn ein Mensch eine Kraft- oder Energieübertragung empfangen hat, so ist es wiederum gut, daß er sich daran erinnert: Sie wird einmal wirksam sein und ein andermal nicht.

Wer immer mit diesen heilenden Kräften in bewußter und absichtlicher Weise umgehen will, sollte sich jedesmal, wenn er sie einsetzt, fragen: Ist es wirklich so, daß ich die Kraft heute spüre, oder bilde ich es mir nur ein? Bin ich bereit zu sagen: »Es tut mir leid, es geht jetzt nicht«? Nur diese Form der persönlichen Wahrheit und Aufrichtigkeit wird einen Menschen zu einem echten Heiler machen. Und dieses Wort »Heiler« ist bei euch ein allzu großes Wort geworden. Jeder hofft und glaubt, heilende Kräfte in sich zu entdecken oder einen Menschen zu finden, der solche Fähigkeiten besitzt, um sich von einer Last zu befreien, die ihm unangenehm ist.

Aber wir möchten zum Abschluß noch auf eines aufmerksam machen: Kein Mensch kann einen Mitmenschen heilen, der sein Gebrechen, sei es körperlich oder geistig, im Moment noch braucht, um das Wachstum seiner Seele zu fördern. Kein Mensch kann einen anderen heilen, der nicht geheilt werden will. Kein Mensch kann einen anderen wirklich heilen, wenn er über ihn

Macht ausüben möchte. Kein Mensch kann heilen, nur weil er heilen möchte. Das alles sei euch ans Herz gelegt, und wir möchten außerdem sagen, daß wir uns wünschen, ihr möget diese Idee des Heilens in eine Vorstellung von Liebe umwandeln und von ihrer überhöhten, hehren Anspruchsvorstellung befreien. Wir sagen euch: Liebe ist heilsam, und jeder, der auch nur für einen Moment ein wenig Liebe empfindet zu sich oder zu einem anderen Menschen, der heilt. Und jeder, der dies tut, ist angeschlossen an die Große Kraft. Aber selbst wenn er es nicht tut, ist er auch noch angeschlossen, obgleich dann die Kraft nicht so fließen kann, wie es ihm angenehm wäre. Also macht nicht so eine Riesensache aus diesem Heilenkönnen oder Nichtheilenkönnen. Wir wünschen uns vielmehr, daß ihr das, wozu ihr wahrhaft fähig seid, auch wirklich praktiziert, daß ihr also das tut, was ihr tun könnt! Dann wird sich die Frage von Übertragung, von Kräften, von Heilen und Geheiltwerden, von Lehrern und von Schülern nur noch selten stellen, nämlich dann, wenn wirklich zwei Seelen zu diesem Zweck zueinandergeführt werden und etwas zum Wohle von vielen geschieht.

Innere Wahrheit und menschliche Vollkommenheit

Frage: **Vor kurzem habe ich den Satz gelesen: »Ich unterstehe keinem Gesetz außer den Gesetzen Gottes.« Was versteht ihr unter den Gesetzen Gottes?**

Quelle: Dieser Satz ist Ausdruck eines frommen Wunsches, einer nicht unbeträchtlichen Selbstgerechtigkeit und einer noch viel wesentlicheren Angst. Er klingt bedeutsam, aber er ist unwahr.

Wer dies sagt, meint mit den Gesetzen Gottes in aller Regel die Worte der heiligen Schriften: »Du sollst …, du sollst nicht!« Das Gesetz Gottes aber ist zugleich euer menschliches Gesetz. Das

Göttliche manifestiert sich in allen Erscheinungen des Existentiellen, und dazu gehören auch die menschlichen Gesetze. Das Wollen des Allganzen zeigt sich sowohl in den universellen Gesetzmäßigkeiten als auch in den Paragraphen, die ihr in euren Rechtskodices niederlegt. Ihr macht zu viele kategoriale Unterschiede! Ein solches Diktum wie der von dir zitierte Satz stellt den Versuch dar, sich aus der Menschlichkeit des Menschlichen zu lösen. Wer so denkt, will nichts anderes und niemanden sonst anerkennen als einen Gott, den es nicht gibt. Der Satz beschreibt, absolut verstanden, einen leichten Weg, einen Weg, der nirgendwohin führt.

Die Gesetze Gottes sind wirksam in jedem einzelnen von euch. Es gibt allerdings, und dahin zielt deine eigentliche Frage, noch eine weitere gesetzgebende Instanz, die wiederum eine eurer Anbindungen an das Allganze darstellt. Im Grunde ist mit diesem Satz gemeint, daß es für eine Seele, die sich in einem fortgeschrittenen Stadium ihrer Entfaltung befindet, nichts anderes mehr geben sollte als die Stimme der inneren Wahrheit, die sich jeweils an den Vorschriften der Gesellschaft, in der diese Seele sich bewegt, mißt. Die Stimme der inneren Wahrheit kann nur gehört werden, wenn auch alle anderen Stimmen sich äußern dürfen. Die Stimme der inneren Wahrheit kann nur erklingen, wenn auch andere Stimmen mit Vorschriften, Regeln, Gesetzen und Gedanken manifest sind. Sie hat keine unabhängige, von der Menschlichkeit gelöste Existenz. Das Gesetz Gottes ist also für die Menschen das Gesetz der inneren Wahrheit.

Frage: **Welche Instanz kann von uns allen befragt werden? Wohin können wir uns um Information, Rat und Trost wenden, auch ohne mediale Begabung?**

Quelle: Jeder Mensch besitzt eine Instanz, eine Quelle, eine Hilfe, die ihm zur Verfügung steht, und wir nennen sie die Stimme der inneren Wahrheit. Nun müßt ihr wissen, daß diese Stimme nicht sehr laut zu euch spricht, wenn ihr sie mit anderen Stimmen vermengt und vermischt hört. Sie ist leise, doch spricht sie eine deutliche Sprache. Und wenn ihr auf sie horcht, werdet ihr als erstes erfahren, daß sich eure individuelle, eigene innere Wahrheit auf subtile und doch denkwürdige Weise von der Wahrheit eurer Mitmenschen unterscheidet. Sie ist nur eure Wahrheit, und sie definiert sich dadurch, daß sie sich abgrenzt und überaus subjektiv ist. Sie meldet sich immer dann, wenn ihr ureigenste Ziele verfolgt, ureigenste Wünsche entwickelt auf dem Weg zu eurer Selbstwerdung. Diese Wünsche spiegeln, wenn es sich denn wirklich um die innere Wahrheit handelt, die Bedürfnisse eurer Seele.

Woher nun stammen die Bedürfnisse eurer Seele? Wenn ihr sie häufiger erkennen würdet, wäret ihr nicht so oft verstrickt in eure Schmerzen, eure Blindheit, eure Verwirrung. Die Bedürfnisse sind also da, aber ihr könnt sie nicht benennen. Die Stimme der inneren Wahrheit spricht zu euch, doch könnt ihr sie nicht hören. Und wenn ihr fragt, woher sie kommt, dann seid ihr ratlos. Wir aber sagen euch: Ihr habt, jeder von euch, eine Quelle, die ununterbrochen reichlich fließt, an der ihr euch laben könnt, die nie versiegt, die süß schmeckt! Das ist die Energie eurer Seelenfamilie. Denn was die Stimme eurer subjektiven inneren Wahrheit spricht, ist Ausdruck dessen, was euer persönliches Selbst will und was euer Ganzes braucht. Und dieses Ganze ist keineswegs so groß, unbegreiflich und unüberschaubar, wie ihr es gern hättet, um euch seinen Forderungen zu verschließen. Wenn ihr aber aus dieser Quelle trinken möchtet, so braucht ihr einen Becher. Und dieser Becher besteht aus der Gewißheit, daß die Energiequelle für euch gut verdaulich, heilsam und durstlöschend ist. Ihr könnt ihn in der Zuversicht fassen, daß er nicht übermächtig oder überwältigend ist, sondern heilsam wie ein frischer Gesundbrunnen. Ein Schluck aus dieser Quelle macht euch heil, da er euch an eure innere Ganzheit anschließt.

Lernt zu unterscheiden zwischen Realität und Wirklichkeit. Die Realität eurer seelischen Eingebundenheit in eure Ganzheit, die sich von der Ganzheit anderer Mitmenschen durchaus unterscheiden kann, ist eine andere als die Wirklichkeit, die euch im Wachbewußtsein tagtäglich umgibt und die ihr greifen und begreifen könnt. Realität könnt ihr nur empfinden. Realität in diesem Sinne, die Realität eurer Seelenfamilie, ist mental nicht leicht erfaßbar. Aber eure Sinne können sie spüren.

Und so ist auch die Stimme eurer inneren Wahrheit, eurer subjektiven Gestimmtheit, nicht durch Überlegungen des Verstandes, durch Argumentation, durch ein Hin und Her von Pro und Kontra zu fassen. Nicht dies ist der Becher, sondern eure bedingungslose Bereitschaft, in euch hineinzufühlen und jeglichen Argumenten ihren Platz zuzuweisen. Sowie ihr also spürt, daß Einwände, Gegenargumente, Kritik oder Zweifel an dem, was ihr als innere Stimme hört, auftauchen, wisset, daß ihr diese Zweifel zwar gern beachten könnt und auch stehenlassen könnt – das ist kein Problem –, doch solltet ihr euch nicht nach ihnen richten. Ihre Stimme ist viel lauter als die Stimme der inneren Wahrheit, doch nur die innere Wahrheit verbindet euch mit eurem seelischen Kollektiv. Dieses Kollektiv wiederum ist angebunden an größere Ganzheiten, riesige seelische Einheiten und an die letztendliche große und ganze Einheit.

Gebt euch also mit reiner Absicht und dem Wunsch, aufmerksam zu horchen, dieser inneren Stimme hin, und versucht nicht, sie mit den Gaben des Verstandes oder mit den Argumenten der Vernunft zu begreifen. Hört sie, das genügt. Sie erteilt euch Weisungen, die eurer Gesundheit, eurem Wohl, eurem Heil dienen. Sie kann keine schädlichen Weisungen erteilen; das ist nicht möglich. Wann immer ihr also spürt: »Das wäre das Richtige für mich!«, folgt diesem Impuls. Wann immer ihr eine innere Weisung hört, und sie trifft irgendein Empfinden von Stimmigkeit in euch, befolgt sie! Wenn es sich gut und richtig anfühlt, dann sollte kein einziges Argument und kein einziger Mitmensch auf dieser Welt euch wirklich davon abbringen können, auch wenn die Konsequenzen zunächst ein wenig angsterregend sind. Jeder von euch kann auf diese Weise aus einer Quelle schöpfen, und sie fließt reichlich. Dazu braucht ihr keine medialen Fähigkeiten.

Frage: **Warum fehlt mir seit meiner Geburt die linke Hand?**

Quelle: Deine Seele ist nun alt und fast ausgereift, und dein Körper spiegelt dies, indem er sich bereiterklärt, wie ein Lehrer in der japanischen oder chinesischen Kampfkunst seine Kräfte, die im Vergleich zu anderen übergroß sind, ein wenig zurückzunehmen; denn er hat eine Meisterschaft erreicht, die anderen noch fehlt. Wenn ein Meister mit einem Schüler kämpft und übt, ist es nicht gut, daß er seine ganzen Fähigkeiten, seine ganze Stärke einsetzt, denn er könnte seinen Schüler damit verletzen, entmutigen oder beschämen.

Du hast dein Leben lang deine körperliche Behinderung als ein Handicap gesehen, ein Handicap, das dich weniger wert macht als andere. Wir aber sagen dir: Du hast diese Behinderung nur deshalb, damit du dich nicht allzusehr von denen entfernst, die zu dir gehören und die von dir lernen wollen. Deine Seele möchte nun all das anwenden, was sie gelernt hat, ohne sich dadurch aus der Gemeinschaft ihrer Gleichgesinnten zu entfernen. Grundsätzlich gilt für dich, und nicht nur in körperlicher Hinsicht: Dieses Leben ist für dich mit der Aufgabe angefüllt, deine innere Kunst, die du bereits zu einer Perfektion gebracht hast, mit einer gewissen Zurückhaltung und mit einer Zurücknahme deiner Möglichkeiten anzuwenden.

Wir möchten noch einen Vergleich wählen, der dir und deiner seelischen Vergangenheit sehr nahe kommt. Du bist wie ein japanischer Töpfer, der ein wundervolles Gefäß hergestellt hat, ein Gefäß von bezaubernder Schönheit und Feinheit. Nun fügt er, geleitet durch seine Kunst und seine Einsicht, diesem wunderschönen Gefäß, das vollkommen ist und keinen Mangel aufweist, eine Kerbe zu, um ihm die wahre, die eigentliche Schönheit zu verleihen.

Denn nicht das Vollkommene ist wirklich schön! Das Vollkommene ist kalt, das Unvollkommene dagegen ist wärmend. In dieser Phase deiner Entfaltung befindest du dich jetzt. Dein Körper und dein Antlitz sind von exquisiter weiblicher Schönheit, und du erfüllst alle Anforderungen, die ein Mann und eine Frau an eine körperliche Schönheit stellen könnten. Nur die kleine Kerbe, die du als Mangel betrachtest, hast du dir zugefügt, um dich einer Schönheit, die durch ihre Vollkommenheit für viele erschreckend und abkühlend wirken könnte, nicht aussetzen zu müssen. Mit anderen Worten gesprochen: Das, was dich so quält und hemmt, ist Ausdruck einer höheren Form von Vollkommenheit, und wenn du deine Hemmung überwindest, kannst du in diesem Leben erfahren und erproben, wie wundervoll es ist und wie wohl es tut, geliebt zu werden und bewundert zu werden, nicht für Vollkommenheit, sondern für wahre Schönheit.

Vielleicht weißt du, daß die Tradition des Zen gebietet, eine kostbare Trinkschale zu zerbrechen und wieder zusammenzufügen, bevor sie einem hohen Gast, mit duftendem Tee gefüllt, angeboten wird. Sieh dich im Zusammenhang mit dieser Tradition, und beschäftige dich noch ein wenig mit den Bedingungen, die an Schönheit gestellt werden. Deine Vergangenheit ist sehr geprägt durch die japanische zen-buddhistische Tradition. Du wirst dort auch heute Trost und Hilfe finden, wenn du bekümmert bist. Laß dir helfen von denen, die intuitiv um deinen inneren Kampf wissen.

Frage: **Wie erlange ich Vollkommenheit?**

Quelle: Es ist dir selbst überlassen, für eine Perfektion weiter kämpfen zu wollen, für eine Vollkommenheit, die so, wie du sie definiert hast, gar nicht existiert. Du vertrittst in deinem Kopf noch ein Ideal, das die Junge Seele von sich hat, ein Ideal von

Vollkommenheit, das ein wenig naiv ist. Du bist nämlich immer noch der Meinung, daß der vollkommene Mensch schön, gesund, edel und entspannt sein muß. Das hast du dir so zurechtgelegt, und vielleicht hast du dir aus den Lehren deiner Meister auch das herausgesucht, was dieses Bild bestätigt. Und du hast darüber nicht sehen können, daß der vollkommene Mensch derjenige ist, der sich in jedem Moment so akzeptiert, wie er in diesem Moment ist. Das entspannt. Das macht heiter. Es öffnet das Herz.

Der vollkommene Mensch verzeiht sich in jedem Moment, daß er so ist, wie er ist, nämlich unvollkommen. Daß er verspannt ist, daß sein Herz verschlossen ist – das akzeptiert er. Und in diesem Augenblick wandelt sich seine innere Struktur. Es ist, als sei ein Schleier von seinen Augen fortgezogen. Es ist, als würde sich seine Aura verändern durch eine blitzartige Erhellung. Nicht das Streben nach einem anderen Zustand, sondern das Herstellen des anderen Zustandes ist seine Kunst. Er erkennt: »Aha, mein Herz ist jetzt verschlossen. Dann freut uns das! Heute feiern wir die Verschlossenheit!« Er erkennt: »Oh, jetzt bin ich wütend. Dann freuen wir uns jetzt am Wütendsein.« Und er stellt fest: »Heute nacht schlafe ich schlecht. Ich bin ganz verspannt. Dann wird eben das gepriesen! Es wird schon seinen Sinn haben.«

Diese Haltung macht euch zu Menschen, die sich selbst akzeptieren, die nicht anders sein wollen, als sie gerade sind. Und dadurch wird alles anders, in diesem Moment sind sie vollkommen. Aber nur für diesen Augenblick! Du bist ja der Meinung, daß der Zustand von Vollkommenheit, wie du ihn dir vorstellst, ein Dauerzustand sein muß. Aber das ist er nicht. Die Vollkommenheit, die wir dir nahebringen wollen und die du wirklich erreichen kannst, immer wieder, jeden Tag einmal, zweimal, bisweilen dreimal, ist eine Frage des Augenblicks. Sie ist nicht von Dauer, sondern eine Reihung einzelner Empfindungen. Sie ist eine lange Kette aus den Perlen der Erkenntnis.

Erst wenn dein Leben eine einzige lange Schnur solcher Perlen geworden ist, erlangt Vollkommenheit eine gewisse Dauer.

Glaube uns: Auch diejenigen, die nach menschlichem Ermessen erleuchtet sind, sind nicht in jedem Moment vollkommen – nach deinen Maßstäben! Auch sie kennen Zeiten der Angst. Auch sie kennen Tage und Wochen des körperlichen Unwohlseins. Sie sind überempfindlich. Sie sind zornig, aber es ist eine andere Art von Zorn als bei dir. Ihr Zorn ist nicht mit Selbsthaß verbunden. Solcher Zorn kennt keine Verurteilung. Zorn ist eine biologische Regung, eine Erscheinungsform von Energie, so wie die Gebrechen des Körpers biologisch gesehen natürliche Zerfallserscheinungen sind. Laß den Zorn über deine menschliche Unvollkommenheit bestehen. Und freue dich an ihm! Das macht dich vollkommen liebevoll.

Glossar

Diese Liste von zentralen Begriffen soll dem Leser das Verständnis für die Lehre der »Quelle« und die Lektüre des Buches erleichtern. Die Definitionen sind nicht medial empfangen. Wir als Autoren haben uns bemüht, sie nach unserem jetzigen Verständnis zu erklären.

Die hier erläuterten Ausdrücke sind im Rahmen einer Liste »statisch«. Ihre Dynamik erhalten sie erst durch ihre Verbindung untereinander, das individuelle Begreifen ihres Sinns sowie durch die geistige und praktische Anwendung der in ihnen enthaltenen Lehre von der Seele des Menschen.

Archetypen der Seele und die sieben Grundenergien

Die Urkraft des Allganzen manifestiert sich in *sieben universellen Grundenergien*. Sie sind uns Menschen in dieser Urform nicht erfahrbar. Erfahrbar sind sie jedoch durch die Matrix. Die Matrix im allgemeinen Sinne als Inventar der seelischen Archetypen besteht jeweils aus sieben Schichten: Seelenrolle, Hauptmerkmal der Angst, Entwicklungsziel, Modus, Mentalität, Zentrum, Seelenalterzyklus (mit Entfaltungsstufe). Auf jeder dieser sieben Schichten prägen sich die sieben Grundenergien in charakteristischer Weise aus. Die Grundenergien haben keinen Namen, da sie weit über die Möglichkeit des Menschen, etwas durch Namen zu bezeichnen, einzugrenzen und zu verstehen, hinausreichen. Sie werden daher mit Zahlen bezeichnet, die einen symbolischen, aber keinen im engeren Sinne mathematischen Wert haben. Ein erstes Verständnis der Grundenergien gewinnt man am leichtesten über die essentiellen Seelenrollen: Heiler (Energie 1), Künstler (Energie 2), Krieger (Energie 3), Gelehrter (Energie 4), Weiser (Energie 5), Priester (Energie 6), König (Energie 7). Ein tieferes Verständnis für die Grundenergien kann man gewinnen, wenn man alle Archetypen der Grundenergie 1 (aus allen sieben Schichten der Matrix) nebeneinanderstellt und zu spüren versucht, was der gemeinsame energetische Zusammenhang dieser Begriffe sein könnte. Dazu ist es hilfreich, die Archetypen an lebendigen Menschen zu beobachten.

Auch wenn es unserem wertenden Verstand nicht so scheinen mag: Alle Archetypen sind qualitativ vollkommen gleichwertig. Es gibt keine Hierarchie. Jeder Archetyp repräsentiert einen unverzichtbaren Teilaspekt des energetischen Ganzen. Auf seelischer Ebene manifestieren sich die sieben Urenergien jeweils in den zusammengehörigen Archetypen der

Energie 1: Heiler, Selbstverleugnung, Verzögern, Zurückhaltung, Stoiker, emotionales Zentrum, Säugling-Zyklus, Stufe 1.

Energie 2: Künstler, Selbstsabotage, Ablehnen, Vorsicht, Skeptiker, intellektuelles Zentrum, Kind-Zyklus, Stufe 2.

Energie 3: Krieger, Märtyrertum, Unterordnen, Ausdauer, Zyniker, sexuelles Zentrum, Junger Zyklus, Stufe 3.

Energie 4: Gelehrter, Starrsinn, Stillstehen, Beobachtung, Pragmatiker, instinktives Zentrum, Reifer Zyklus, Stufe 4.

Energie 5: Weiser, Gier, Akzeptieren, Macht, Idealist, spirituelles Zentrum, Alter Zyklus, Stufe 5.

Energie 6: Priester, Hochmut, Beschleunigen, Leidenschaftlichkeit, Spiritualist, ekstatisches Zentrum, transpersonale Erscheinungsform der Beseelung, Stufe 6.

Energie 7: König, Ungeduld, Herrschen, Aggressivität, Realist, motorisches Zentrum, transliminale Erscheinungsform der Beseelung, Stufe 7.

Die allgemeingültigen seelischen Archetypen können sich im lebendigen Menschen allerdings nicht in reiner Form manifestieren. Sie tauchen nur in vermischten Mustern (Seelenmuster oder Matrix) auf, und können nur auf diese Weise im körperlich-materiellen Bereich erlebt werden. Um die Energien in manifester Gestalt zu erkennen, ist es hilfreich, die verschiedenen Archetypen und ihre individuelle Musterbildung an Menschen zu beobachten.

Mit seiner während des ganzen Inkarnationszyklus konstanten essentiellen Seelenrolle erlebt jeder Mensch seine besondere Kernenergie, die er im Laufe der Jahrtausende sehr gut und unter allen möglichen Aspekten kennenlernt. Ein »Krieger« zum Beispiel drückt, unabhängig von seiner sonstigen, aktuellen, in jedem Einzelleben verschiedenen Matrix am klarsten die Energie 3 aus. Dieser Eindruck verstärkt sich noch, wenn er auf anderen Schichten der Matrix weitere Archetypen der Energie 3 hinzuwählt, zum Beispiel die kriegerische Angst »Märtyrertum«, das kriegerische Ziel »Unterordnen« oder den kriegerischen Modus »Ausdauer«. Auch der Junge Zyklus des Seelenalters und die Entfaltungsstufe 3 haben archetypische »Krieger«-Energien.

Bewußtheit und Bewußtsein

Die »Quelle« lehrt: Es gibt nur eine *Bewußtheit*. Alle materiellen und nichtmateriellen Erscheinungen haben daran Anteil. Jedes im Inkarnationszyklus befindliche Individuum hat über sein materialisiertes Bewußt-Sein auch teil an der vollkommenen Bewußtheit aller kosmischen Dimensionen und des Allganzen.

Bewußtsein ist die begrenzte Erscheinungsform der kosmischen Bewußtheit des Allganzen im Menschen. Das Bewußtsein ist notwendigerweise und sinnvollerweise beschränkt. Es unterliegt den subjektiven Grenzen des menschlichen Individuums und den objektiven Grenzen des beseelten Menschen schlechthin. Unbewußtes, Traumbewußtsein, Unter- und Überbewußtsein, Körperbewußtsein sind terminologische Hilfsgrößen, um Teilaspekte des Bewußtseins beschreibbar zu machen. Die Quelle lehnt aus ihrer Perspektive die Vorstellung des Unbewußten ab. Sie behauptet, daß der Mensch immer bewußt handelt, auch wenn er nichts davon weiß. Darüber hinaus existiert noch ein seelisches Bewußtsein, das individuelle Informationen über vergangene Leben und seelische Beziehungen sowie Wissen über das eigene Sein speichert. Bewußtsein ist mit anwach-

455

sendem Seelenalter zunehmend unabhängig von engen Zeit- und Raumvorstellungen. Es kann diese zeitweilig transzendieren und sich der allgemeineren Bewußtheit nähern.

Dualität, Polarität und Pulsation

Dualität, Polarität und Pulsation sind Funktionsprinzipien und energetische Gesetzmäßigkeiten der personal erfahrbaren Wirklichkeit sowie der transpersonalen kosmischen Realität. Der Mensch kann sich nur in dualer Erscheinungsform verwirklichen: als männlich oder weiblich. Jede dieser beiden Formen hat qualitativ absolut dieselbe Wertigkeit. Sie ergänzen sich zu einer notwendigen Einheit und sind Teile eines Ganzen. Zusammen gehören als »Duale« zum Beispiel Chaos und Ordnung, Geburt und Tod, Materie und Nichtmaterie, Spannung und Entspannung, Licht und Schatten, Yin und Yang. Als objektive Energiephänomene betrachtet sind sie weder gut noch schlecht, sondern funktional. Aus der Perspektive des lebendigen Menschen werden sie jedoch subjektiv häufig als gegensätzliche Pole empfunden, deren einer angenehm und der andere unangenehm ist. Jede der sieben Matrixschichten kennt drei duale Paare beziehungsweise komplementäre Entsprechungen und einen nichtdualen Archetyp, der immer die Energiezahl 4 hat. Am leichtesten nachzuvollziehen ist dies in der Schicht der Entwicklungsziele. Die drei Paare sind: Akzeptieren – Ablehnen, Beschleunigen – Verzögern, Herrschen – Unterordnen. Das neutrale Ziel ist Stillstehen. Ein Mensch mit dem Ziel »Akzeptieren« ist von einem anderen mit dem Ziel »Ablehnen« in besonderer Weise fasziniert. Beide befassen sich aus ergänzend-dualer Perspektive mit dem Jasagen und dem Neinsagen.

In der Archetypenlehre sind duale Entsprechungen auch in der Struktur der Ebenen der Lebendigkeit zu finden: Die *Expressionsebene* verwirklicht sich in den Grundenergien 5 und 2, die *Inspirationsebene* in den Grundenergien 6 und 1, die *Aktionsebene* in den Energien 7 und 3. Auf der *Assimilationsebene* vertritt die Energie 4 das Prinzip der Neutralität. Jedoch ist auch hier eine

Dualität vorhanden, nur ist sie »nach innen genommen«. Die Energien 1, 2 und 3 sind Yin, die Energien 5, 6 und 7 sind Yang.

Duale Entsprechungen sind nicht polar, sondern komplementär. Die Prinzipien oder Gesetzmäßigkeiten von Polarität, Dualität und Pulsation sind nicht voneinander zu trennen, doch bezeichnen sie unterschiedliche Aspekte desselben Phänomens energetischer Zusammenhänge. Dualität hebt Polarität auf insofern, als es sich dort nicht mehr um eine Spannung oder ein Pulsieren zwischen Polen handelt. Deshalb löst sich Dualität in ihrer Aufhebung der Gegensätze vom Materiellen und existiert als Dual nur im immateriellen Bereich oder in nichtmateriellen Dimensionen. Jedoch schafft Dualität auch einen Übergang zwischen Wirklichkeit und Realität, denn in der Wirklichkeit kann sich das Duale nur in seinen jeweiligen komplementären Entsprechungen manifestieren. Das Allganze steht für eine Realität jenseits von Dualität: Es ist ein Weder-Noch und zugleich ein Sowohl-als-auch.

Polarität ist ein Funktionsprinzip der Wirklichkeit. Erfahrbare Erscheinungen ordnen sich aus der Betrachtungsweise des Menschen in angenehme und unangenehme Phänomene. Es handelt sich um Gegensätze, die ohne einander nicht sein können und offensichtlich aus derselben Kraft gespeist werden. Die Gegensatzpaare beschreiben Extreme. Gut und Böse, Himmel und Erde, Gott und Teufel sind vom Menschen aus gesehen polare Phänomene, während sie rein energetisch gesehen Duale sind. Wir unterscheiden zwischen hell und dunkel, der gemeinsame Nenner ist das Licht. Gesundheit ist angenehm, Krankheit unangenehm. Angst macht eng, Liebe macht weit.

Die »Quelle« lehrt, daß außerdem auch jeder einzelne Archetyp des Seelenmusters eine polare Struktur besitzt. Der Minuspol ist von Angstenergie bestimmt, der Pluspol von Liebesenergie. Energetisch gesprochen bedeutet Angst ein Zusammenziehen (Kontraktion) und Liebe ein Ausweiten (Expansion) des verfügbaren Potentials. In diesem Zusammenhang bedeuten die Begriffe »positiv« und »negativ« keine Werturteile, sondern dienen der faktischen Beschreibung. Die meisten Menschen bewegen sich im Alltag auf einer relativ kleinen Bandbreite zwischen den beiden Polen. Es ist im übrigen weder möglich noch sinnvoll, den Minuspol ganz zu meiden, da zwischen den Polen eine mehr oder weniger starke Spannung besteht, die lebendig macht. Ein Mensch mit der Seelenrolle des Gelehrten zum Beispiel bewegt sich beständig zwischen dem Minuspol »Theorie« und dem Pluspol »Wissen« hin und her, ein Priester hingegen schwankt zwischen »Übereifer« und »Barmherzigkeit«. Das Entwicklungsziel »Ablehnen« hat einen Minuspol »Vorurteil« und einen Pluspol »Urteilskraft« usw. Polarität unterscheidet sich von Dualität dadurch, daß der Minuspol eine niedrigere energetische Frequenz aufweist als der Pluspol, also qualitativ anders (subjektiv unangenehmer) ist.

Polarität in ihrer Unterschiedlichkeit der Frequenz, die sich als Angst und Liebe beschreiben läßt, gibt es nur im materiellen Bereich. Pulsation kann zwischen diesen Polen stattfinden, ist aber auch als Phänomen sowohl der Wirklichkeit als auch der Realität zu beobachten. Materielles pulsiert, und Nichtmaterielles ebenso. Jedoch pulsiert das Nichtmaterielle nicht zwischen Angst und Liebe. Es ist nicht durch die Energien von Angst und Liebe unterschieden. Die dualen Entsprechungen können vom Menschen subjektiv oft als Polaritäten wahrgenommen werden. Dadurch ergeben sich Vermischungen von objektiven Tatbeständen und subjektiven Vorstellungen. Menschen sind jedoch Kraft ihrer existentiellen Bedingungen auf die Funktionen und Wahrnehmungen des Polaren gerichtet. Das Dual können sie nur denken oder es als Idee in ihre Weltbetrachtung miteinbeziehen. Es hat für sie keine erfahrbare Wirklichkeit.

Pulsation ist die energetische Schwankung zwischen den Polen in der körperlichen Welt, zwischen der Angstenergie und der Liebesenergie. Alle materiellen Erscheinungen pulsieren mit unterschiedlichen Frequenzen. Pulsation beschreibt den Wechsel von Kontraktion und Expansion, zum Beispiel wahrscheinlich auch bei der Entstehung des Universums. Herzschlag und

Atmung sind anschauliche Beispiele. Der Mensch pulsiert in seinem energetischen Potential. Ihm steht eine große, aber begrenzte Bandbreite von Bewegungen zwischen den Polen seiner aktuellen Archetypen zur Verfügung. Es ist keinem Menschen möglich, unablässig gut, liebevoll, selbstlos, gesund und entspannt zu sein. Auch ist niemand absolut und immer schlecht. Die »Quelle« empfiehlt für optimale Lebendigkeit ein mutiges Zulassen der natürlichen Schwankungen in der Pulsation, um die Wachstumsbedingungen unter gesunder Spannung zu erhalten. Je stärker die Pendelbewegungen zwischen den Polen von Angst und Liebe ausschlagen, um so kraftvoller ist das Wachstum. Ein Mensch mit der Seelenrolle des Königs pendelt zum Beispiel zwischen einer verantwortungsvollen Führung und einer unduldsamen Selbstherrlichkeit hin und her. Meidet er ängstlich und krampfhaft jede Selbstherrlichkeit, wird er so übervorsichtig, daß seine Führungsqualitäten nicht mehr anerkannt werden. Die Mindestspannung beziehungsweise die Höchstspannung der Pole ändert sich im Laufe der psychisch-seelischen Entfaltung.

Dualseele

Eine Dualseele oder Zwillingsseele besteht aus zwei Seelen eines Verbunds von sieben Seelenfamilien (mit gleicher Ausschüttungsposition). Sie sind energetisch weder verschieden noch gleich, sondern komplementär. Sie machen dieselben Erfahrungen aus unterschiedlicher Perspektive und betrachten verschiedene Erfahrungen aus demselben Blickwinkel. Sie sind eins und doch zwei, zwei und doch eins. Engste Form der seelischen Bindung. Da bei einer Begegnung im inkarnierten Zustand stets die Gefahr der wachstumshemmenden symbiotischen Verschmelzung besteht, ist die Beziehung zwischen Seelenzwillingen eine besondere und seltene Herausforderung.

Engel

Das Wort »Engel« bedeutet Bote. Innerhalb der drei Welten der Seele sind Boten nicht nötig. Boten verbinden aber die Welten der Seele mit den umfassenderen Bereichen des Bewußtseins jenseits des Seelischen. Sie sind keine Personen, haben keine Seelen und waren nie inkarniert. Sie erscheinen auch nicht als liebliche Pummelchen mit Flügeln oder als freundliche Ratgeber. Die »Quelle« nennt sie ein wenig prosaisch Buchhalter der universellen Energie. Sie greifen ins menschliche Leben nur dann ein, wenn bei uns, speziell im kollektiven Bereich, eine energetische Erstarrung und Einseitigkeit droht, die wir Menschen selbst nicht imstande sind zu beseitigen. Sie sind weit jenseits von Gut und Böse und gestalten die Energie neu, wenn nach zu langem Frieden ein Krieg nötig ist oder nach zu langem Krieg ein Frieden. Sie haben zum Beispiel den erstaunlichen Zusammenbruch der Sowjetunion herbeigeführt, der vielen so unerklärlich erscheint. Die Erstarrung dieses Riesenreichs war aber offensichtlich. Engel haben den Dreißigjährigen Krieg eingeleitet und auch beendet. Dies sind historische Beispiele, die uns übermittelt wurden. Es gibt Engel für alle sieben Grundenergien. Wir vermuten, daß die meisten Engelserscheinungen eigentlich Kontakte mit Kräften der eigenen Seelenfamilie sind.

Entfaltung

Die sinnhafte, unausweichliche und in sich geordnete Erfüllung des übergeordneten Inkarnationsplans und der Zielsetzung einer Einzelseele. Die »Quelle« zieht den Begriff »Entfaltung« dem Wort »Entwicklung« vor. Vergleichbar ist der Vorgang mit der Anlage einer Eichel, ein Eichbaum zu werden, und eines Margeritensamens, eine Margerite zu werden. Dadurch sind die Rahmenbedingungen des Potentials gegeben. Freiheit besteht darin, diesen Rahmen nach den jeweils vorhandenen Möglichkeiten auszufüllen. Die Entfaltung vollzieht sich in *Entfaltungsstufen*. Jeder Seelenalterzyklus (Säugling-Seele, Kind-Seele, Junge Seele, Reife Seele, Alte Seele) baut sich konsequent aus sieben Entfaltungsstufen auf, die nacheinander erfahren werden. Sie haben in allen Zyklen die gleichen spezifischen Themen. Die erste Stufe hat zum Beispiel immer das Motto: »Ich fasse neuen Mut«, die zweite: »Ich suche Stabilität«, die dritte: »Ich werde unternehmungsfreudig«, die vierte: »Ich ernte die Früchte«, die fünfte: »Ich werde unruhig«, die sechste »Ich brauche Ruhe und Harmonie«, die siebte: »Ich wende an, was ich gelernt habe«.

Fünfmal durchläuft die Seele also diese sieben allgemeinen Stufen. Die Stufen haben abwechselnd eine mehr in die Innenwelt und eine mehr in die Außenwelt gerichtete Grundenergie. Die siebte Stufe integriert jeweils alle Erfahrungen des gerade abzuschließenden Zyklus und ist wie eine selbstauferlegte Meisterprüfung, bevor ein elementarer Energiewechsel auf die erste Stufe des nächsten Zyklus vollzogen wird. Jede Stufe kann ein bis vier Inkarnationen in Anspruch nehmen.

Entfaltungsaufgaben sind die auf fünfmal sieben Stufen (= 35) zu bewältigenden Lernschritte, die eine Seele im Laufe ihres Inkarnationszyklus im Rahmen der Entfaltungsstufen beschäftigen. Auf jeder einzelnen der 35 Entfaltungsstufen ist eine Aufgabe im Zusammenhang mit anderen inkarnierten Seelen zu bewältigen. Beispiele: »Freiheit in Abhängigkeit erfahren« (Reifer Zyklus, Stufe 1) oder »Einem schlechten Herrn treu dienen« (Reifer Zyklus, Stufe 3) oder »Das Wohl der Gemeinschaft mit dem eigenen Wohl verbinden« (Alter Zyklus, Stufe 4) oder »Schenken, ohne zu empfangen, und empfangen, ohne zu schenken« (Alter Zyklus, Stufe 7). Die Auseinandersetzung mit den Entfaltungsaufgaben vollzieht sich gedanklich und praktisch, aktiv und passiv, bewußt und unbewußt. Die entsprechenden Erfahrungen gipfeln in einem Kulminationserlebnis, das die Erfahrung weitgehend abschließt. Die Bewältigung einer Entfaltungsaufgabe kann mehrere Leben in Anspruch nehmen und ist auf das Zusammenwirken der inkarnierten Seelen untereinander angewiesen.

Ich und Selbst

Das Selbst ist nach der Definition der »Quelle« ein anderer Ausdruck für die Seelenfamilie, die man auch als erweitertes Ich bezeichnen könnte in dem Sinne, daß letztlich jede Einzelseele eine untrennbare Einheit mit ihrer Seelenfamilie, ihrem Selbst, bildet. Manchmal wird auch der Begriff »höheres Selbst« benutzt, was von der Einzelseele aus gesehen den Rest der Familie, die Seelengeschwister mit ihren beratenden Funktionen, meint. Der unbewußte Zugang zum Selbst ist einerseits das Natürlichste von der Welt, zum Beispiel im Traum. Für den bewußten Kontakt ist aber in der Regel ein wenig Training nötig. Auch Traumdeutung ist zumindest in Teilen ein bewußter Umgang mit Botschaften der eigenen Familie, des Selbst. Seelenfamilien-Träume haben oft eine besondere Bedeutung, die man spüren kann. Man vergißt sie nicht so leicht. Sie sind mehr als nur Tagesreste oder Mitteilungen der Psyche.

Tiefe Entspanntheit (zum Beispiel in der Meditation) ist eine gute Voraussetzung, um Kontakt mit dem Selbst zu machen. Das Selbst ist am Ich und an seinem Wohlergehen als einem Teil von sich in essentieller Weise interessiert. Seelenfamilienmitglieder als Teile des Selbst, die ihren Inkarnationszyklus abgeschlossen haben und auf die anderen Seelengeschwister liebevoll warten, können aufgrund ihrer fortgeschrittenen Entfaltung die Funktion von Schutzwesen oder Seelenführern für verkörperte Selbst-Fragmente übernehmen.

Inkarnation, Inkarnationszyklen und Ausschüttung

1. Unter Inkarnation im allgemeinen versteht die Quelle die *Fleischwerdung* einer Seele in einem menschlichen Körper auf dem Planeten Erde. In großen Ausschüttungswellen beseelten zu Beginn der Menschheitsgeschichte Seelen aus der Astralwelt menschenartige Wesen, die geeignet erschienen, eine sinnvolle Inkarnationserfahrung dieser Seelen zu ermöglichen. Weitere Ausschüttungswellen folgten, je nachdem, wie viele Entwicklungsmöglichkeiten (auch abhängig von Schutz und Ernährung) die Erde jeweils geboten hat. Die Ausschüttung vollzieht sich in vielen Verbünden von Seelenfamilien. Hat eine Seelenfamilie als Ganzes sich aufgrund einer kollektiv-seelischen Entscheidung ausgeschüttet, vollzieht sich zugleich

ihre Fragmentierung zu Einzelseelen. Diese Einzelseelen durchlaufen gemeinsam, jedoch mit unterschiedlicher Geschwindigkeit, den gesamten Inkarnationszyklus mit seinen fünf Einzelzyklen. Sie werden analog zur Entwicklung im menschlichen Körper benannt: Säugling-Zyklus, Kind-Zyklus, Junger Zyklus, Reifer Zyklus und Alter Zyklus.

Wie viele Leben eine Einzelseele für ihren gesamten Inkarnationszyklus in Anspruch nimmt und wie lange sie zwischen den Leben in der Astralwelt weilt, ist unterschiedlich. Für ihre umfassende Erfahrung braucht die Seelenfamilie Mitglieder, die sich langsam, und solche, die sich schnell entfalten. Der Erste und der Letzte haben besondere Funktionen. Ein Inkarnationszyklus kann etwa sechzig bis hundert Inkarnationen als Mensch umfassen, das heißt etwa sechs- bis zehntausend Jahre. Er kann nicht abgebrochen werden. Wenn alle Geschwister einer Seelenfamilie alle einzelnen Inkarnationen abgeschlossen haben, ist der Zyklus beendet. Dies beendet auch die Fragmentierung, und die durch die Erkenntnisse des Inkarnationszyklus bereicherte Seelenfamilie verschmilzt zu einer erneuerten Einheit. Die gesammelten Erfahrungen ermöglichen es ihr, einen energetischen Wechsel in die Kausalwelt vorzunehmen.

2. Inkarnation im besonderen ist ein bereits abgeschlossenes, aktuelles, oder zukünftiges *Einzelleben*. Jede Inkarnation ist von einer neuen Matrix begleitet, die das geplante Inkarnationsziel energetisch unterstützt. Sie unterliegt den vier Gesetzen der Lebendigkeit: Wirken, Sein, Handeln und Erfahren.

Karma

Karma ist das Gesetz des energetischen Ausgleichs. Im Verhältnis zu gängigen Karma-Definitionen faßt die »Quelle« diesen Begriff nachdrücklich eng: Es handelt sich um eine seelische Verantwortlichkeit für die Wirkung von Handlungen, die eine andere Seele ohne vorherige Vereinbarung in der Verwirklichung ihres Inkarnationsplans nachhaltig behindern oder sie (zum Beispiel durch Tötung) endgültig davon abhalten. Der entscheidende Faktor dabei ist die bewußte oder »unbewußte« Motivation eines Menschen, dem anderen Schaden zufügen zu wollen oder Unheil nicht abwenden zu wollen, obwohl es möglich wäre. Karma entsteht nicht, wenn zwischen zwei Seelen eine Vereinbarung besteht, daß dieser zerstörerische Akt stattfinden soll, das heißt, daß das zumindest unbewußte Motiv Liebe ist, die in diesem Fall besonders mutig gelebt werden muß. Diese Unterscheidung ist für den Beobachter im Einzelfall sehr schwer zu treffen, und daher ist besondere Vorsicht geboten, den Akt eines Menschen karmisch zu nennen.

Durch einen echten karmischen Akt entsteht eine karmische Bindung oder Verstrickung. Die Wiedergutmachung erfolgt auf jeden Fall objektiv, da sonst der Inkarnationszyklus nicht abgeschlossen werden kann, und subjektiv, weil jede Seele früher oder später nach einem solchen Akt ein überwältigendes Bedürfnis spürt, etwas wiedergutzumachen. In der Regel trifft der Täter beim früheren Opfer in einem späteren Leben erst einmal auf großen Widerwillen und Ablehnung, und der Ausgleich ist nur möglich, wenn das frühere Opfer diesen Widerwillen in Kauf nimmt und dennoch einen längeren Kontakt mit dem früheren Gegner einzugehen bereit ist. Der Ausgleich besteht in der Regel darin, daß zwei Menschen jahrelang eine intensive und fordernde Beziehung pflegen, die von einer starken und beiden unerklärlichen Haßliebe getragen ist und für beide eine große Herausforderung darstellt. Durch diese Liebesleistung beider Seiten wird Karma aufgelöst, tritt Verzeihen ein, und es entsteht eine besonders tiefe Intimität. Selbstschädigung als Sühneopfer schafft keinen karmischen Ausgleich. Ein noch so großes persönliches Leid, wie zum Beispiel eine schmerzvolle Krebserkrankung, bedeutet keine karmische Wiedergutmachung, weil es einem anderen Menschen nichts Gutes tut. Karma wird auch nicht durch einen einfachen Akt des noch so gut gemeinten Vergebens ausgeglichen. Der Sinn von Karma ist es ja, die Liebesfähigkeit zu entwicklen, man könnte auch sagen: Haß und Angst in Liebe umzuwandeln, und dazu braucht es seelische Anstrengung und Zeit.

Leben und Lebendigkeit

Die »Quelle« unterscheidet zwischen Leben und Lebendigkeit. Tierseelen leben im Körper, Menschen sind zusätzlich noch »lebendig«, denn ihre spezifische Seelenstruktur unterliegt den *vier Gesetzen der Lebendigkeit:* Wirken, Sein, Handeln und Erfahren. Diese vier Bereiche entsprechen den existentiellen Ebenen der Expression, Inspiration, Aktion und Assimilation.

Matrix und Seelenmuster

Der Begriff wird in zwei Bedeutungen verwendet.

1. Das Inventar aller dem Menschen erfahrbaren energetischen Grundformen mit den seelischen Archetypen: das *System der archetypischen Grundformen* und die Lehre von den Archetypen. Die Gesamtmatrix besteht aus je sieben essentiellen Seelenrollen, Hauptmerkmalen, Entwicklungszielen, Modi, Mentalitäten, Zentren und fünf Seelenzyklen.

2. Das individuelle *Seelenmuster*, bestehend aus sieben archetypischen Bausteinen; die seelische Struktur eines aktuell inkarnierten seelischen Individuums. Beispiel: Ein Mensch kann, seelisch gesehen, in einer Inkarnation ein Priester mit dem Hauptmerkmal Gier (Angst vor Mangel), dem Ziel Herrschen, dem Modus Zurückhaltung, der Mentalität eines Stoikers und einem motorisch-emotionalen Reaktionsmuster mit dem Seelenalter Reif 7 (Reifer Zyklus, Entfaltungsstufe 7) sein. Im darauffolgenden Leben wählt er sich eine andere Matrix: Er ist wieder ein Priester (konstante Seelenrolle oder Essenz), jedoch mit anderen Variablen: Sein Hauptmerkmal ist Selbstverleugnung (Angst vor Unzulänglichkeit), sein Ziel ist Verzögern, der Modus Beobachtung, die Mentalität Idealist, das Reaktionsmuster intellektuell-motorisch, das Seelenalter Alt 1 (Alter Zyklus, erste Entfaltungsstufe). Die Matrix läßt

sich auch in einer nichtmathematischen, symbolisch-energetischen Zahlenfolge ausdrücken. Die den genannten Beispielen entsprechenden Energiezahlen sind 6 5 7 1 1 7 – 1 R 7 beziehungsweise 6 1 1 4 5 2 – 7 A 1. Die Matrix (das individuelle Seelenmuster) ist die Sinnstruktur und der Entfaltungsrahmen einer Individualseele in einer bestimmten Inkarnation, bestehend aus einer Konstante (der Seelenrolle) und sechs Variablen. Aus ihnen setzt sich die Seele ihr sinnorientiertes Muster zusammen, wenn sie eine Inkarnation plant. Die stets durch alle Inkarnationen und auch in allen seelischen Welten, das heißt auf der astralen Bewußtseinsebene und auch auf der kausalen Ebene, vor und nach dem ganzen Inkarnationszyklus erfahrene *Konstante* ist die essentielle Seelenrolle. *Variablen* sind die in jeder einzelnen Inkarnation frei wählbaren Archetypen des aktuellen Seelenmusters. Aus sieben Hauptmerkmalen der Angst, sieben Entwicklungszielen, sieben Modi, sieben Mentalitäten und fünf Zentren wird in immer neuer funktionaler Kombination je eines ausgewählt, um die jeweilig geplante neue Inkarnation sinnvoll gestalten zu können. Das Seelenalter steigt automatisch mit jeder vollzogenen Entfaltungsstufe. Es ist variabel, ohne frei gewählt werden zu können. Eine *Matrix* besteht aus:

1. Seelenrolle

Als essentielle Seelenrolle bezeichnet die »Quelle« die seelische Kernidentität einer Einzelseele sowohl im verkörperten als auch im nichtkörperlichen Seinszustand. Die Seelenrollen vertreten Energieprinzipien, die sich zu einem harmonischen Ganzen zusammenfügen. Die Seelenrollen (1. Heiler, Prinzip Unterstützen, 2. Künstler, Prinzip Gestalten, 3. Krieger, Prinzip Kämpfen, 4. Gelehrter, Prinzip Lernen/Lehren, 5. Weiser, Prinzip Mitteilen, 6. Priester, Prinzip Trösten, 7. König, Prinzip Führen) sind Teilaspekte einer umfassenderen Energiestruktur der Grundenergien. Sie spiegeln diese sieben Grundenergien auf einer Ebene der seelischen Individualität. Die Seelenrollen sind anschauliche Symbole für spezifische Erfahrungsweisen oder Perspektiven auf die physische Dimension, keine Berufsbezeichnungen oder gesellschaftlichen Funktionen. Jeder Vertreter einer essentiellen Seelenrolle leistet einen seiner Energiestruktur entsprechenden Beitrag zu seiner Seelenfamilie und zum Allganzen. Die Seelenrolle nennen wir bisweilen Essenz. Dieser Begriff betont den unverwechselbaren Wesenskern eines Menschen. Die Essenz dient auch der Speicherung aller Erfahrungen und Erinnerungen aus all ihren körperlichen Existenzen. Die Seelenrolle oder Essenz ist eine seelische Konstante. Sie hat in allen drei Welten der Seele Gültigkeit. Sie ist ein Gefäß für die Welterfahrung und stellt den immerwährenden energetischen Beitrag der Einzelseele zum Allganzen dar.

2. Hauptmerkmal der Angst

Die Auseinandersetzung mit einer von sieben Ausprägungen von existentieller Angst ist unverzichtbarer Teil des Seelenmusters. Angst gehört wesentlich zur irdischen Erfahrung, da sie nur im Körper erlebt werden kann. Das Hauptmerkmal ist die Maske vor einer sich dahinter verbergenden Grundangst. Die Maske Hochmut ist zum Beispiel viel leichter zu erkennen als die dahinter verborgene Grundangst vor Verletzlichkeit. Die sieben Hauptmerkmale der Angst sind: Selbstverleugnung, Selbstsabotage, Märtyrertum, Starrsinn, Gier, Hochmut, Ungeduld. Bei der Grundangst handelt es sich um die von den Hauptmerkmalen maskierte und verschleierte stärkste Befürchtung eines Menschen, die eine ganze Inkarnation lang thematisch bewußt oder unbewußt überprüft wird. Es gibt sieben Grundängste: Angst vor Unzulänglichkeit, Angst vor Lebendigkeit, Angst vor Wertlosigkeit, Angst vor Unberechenbarkeit, Angst vor Mangel, Angst vor Verletzbarkeit und Angst vor Versäumnis. Ein frühes Trauma dient der psychischen Fixierung des Hauptmerkmals.

Das Hauptmerkmal eines Menschen ist »die Wurzel seines großen Angstbaums« und weitgehend unbewußt. Das Hauptmerkmal wird im Laufe eines Lebens zwar in der Regel gemildert, je mehr ein Mensch sich entfaltet und sein Potential verwirklicht, aber nicht »überwunden« oder »transzendiert«, da es bis zum Tod der Sinnfindung dient und körperliche Existenz immer Angst einschließt.

3. Entwicklungsziel

Bei der Planung einer neuerlichen Inkarnation legt die Seele, unterstützt von anderen Seelen, zunächst ihr allgemeines Entwicklungsziel fest. Die anderen Bausteine des Seelenmusters dienen seiner Unterstützung. Es handelt sich bei dem Entwicklungsziel um eine umfassende Lebensthematik, die in all ihren Facetten ausgelebt wird und der man sich im inkarnierten Zustand nicht entziehen kann. Die Ziele in ihren dualen Entsprechungen sind: Akzeptieren und Ablehnen, Beschleunigen und Verzögern, Herrschen und Unterordnen. Das neutrale Ziel ist Stillstehen.

4. Modus

Die Art und Weise, in der das Entwicklungsziel von einem seelischen Individuum energetisch optimal unterstützt wird. Der Modus ist der Quell der Kraft. Die Modi in ihren dualen Entsprechungen sind: Macht und Vorsicht, Leidenschaftlichkeit und Zurückhaltung, Aggressivität und Ausdauer und die neutrale Beobachtung. Für den einen Menschen ist es also optimal, sein Ziel Herrschen mit Zurückhaltung zu pflegen, für andere mit dem gleichen Entwicklungsziel ist zum Beispiel Leidenschaftlichkeit oder Vorsicht der beste Modus.

5. Mentalität

Sie ist die geistige Perspektive eines inkarnierten Menschen auf Welt, Wirklichkeit und Wahrheit. Mentale oder geistige Einstellung, aus der die Einzelinkarnation erfahren wird. Die sieben Mentalitäten in ihren dualen Entsprechungen sind: Idealist und Skeptiker, Spiritualist und Stoiker, Realist und Zyniker und Pragmatiker. Den Mentalitäten entsprechen geistige »Wellenlängen«, die zu einer verbalen und averbalen Kommunikationsfähigkeit zwischen Menschen mit gleicher oder ähnlicher Mentalität beitragen.

6. Zentren und Reaktionsmuster

Die Seele verbindet sich mit dem Körper über sieben Energiezentren. Diese Zentren entsprechen den sieben *Chakren*. Die auch hier wirksamen Grundenergien, die sich in nichtmathematischen Zahlen ausdrücken, bewirken jedoch, daß das Herzchakra, anders als in der üblichen Zählung von unten nach oben, wo es an vierter Stelle steht, hier die Energiezahl 1 erhält. Das Halschakra repräsentiert die Energie 2, das Nabelchakra drückt die Energie 3 aus; Energie 4 entspricht dem Basischakra, Energie 5 dem Stirnchakra, Energie 6 dem Scheitelchakra und Energie 7 dem Solarplexuschakra.

Es ergibt sich also eine energetische Abfolge von 1. emotionalem Zentrum, 2. intellektuellem Zentrum, 3. sexuellem Zentrum, 4. instinktivem Zentrum, 5. spirituellem Zentrum, 6. ekstatischem Zentrum und 7. motorischem Zentrum.

Das spirituelle und das ekstatische Zentrum werden nur in Ausnahmesituationen aktiv, sind aber jedem Menschen zugänglich. Jeweils zwei der übrigen fünf Zentren bilden ein besonderes *Reaktionsmuster* als Antwort auf Streßsituationen, das als Teil der Matrix ein ganzes Leben lang gültig bleibt. Wenn spirituelles und/oder ekstatisches Zentrum arbeiten, ist das normale Reaktionsmuster außer Kraft gesetzt. Der eine Mensch kann also (in intensiven Situationen) emotional-sexuell reagieren, der andere intellektuell-emotional, ein dritter motorisch-instinktiv usw. Das Verhältnis von Zentrierung und Orientierung ist etwa siebzig zu dreißig. Das Reaktionsmuster von Mitmenschen zu erkennen ist eine große Hilfe für das gegenseitige Verständnis und läßt unnötige Konflikte vermeiden.

Beim frühen Menschen waren ursprünglich alle sieben Körperzentren gleichermaßen aktiv. Doch die Entwicklung der Menschheitsgeschichte zeigt allenthalben eine Spezialisierung und Differenzierung, so auch hier. Die Erschaffung von Kulturen scheint eine irdische Herausforderung zu sein, die es in den beiden anderen seelischen Welten nicht gibt. Die verschiedenartigen Reaktionsmuster machen die Herausbildung von zivilisierten Gesellschaften mit ihrer hochkomplexen Arbeitsteilung erst möglich.

7. Seelenalter und Seelenzyklen

Während im allgemeinen nur zwischen »jungen« und »alten« Seelen unterschieden wird, unterteilt die »Quelle« den Inkarnationszyklus in fünf aufeinanderfolgende Abschnitte, die analog zur Entwicklung des inkarnierten Menschen benannt werden. Die ersten drei decken über die Hälfte der Inkarnationen ab und sind im herkömmlichen Sinne »jung«. Die letzten zwei entsprechen der Vorstellung und dem Empfinden einer seelischen Gereiftheit; sie sind »alt«.

Die *Säugling-Seele* war noch nie zuvor inkarniert. Weil sie sich in der Körperlichkeit noch nicht auskennt, ist sie der Welt gegenüber völlig hilflos. Sie hat vor allen Dingen Angst, weiß es aber nicht. Entscheidende Funktionen des Menschseins muß sie erst erlernen: Nahrungsaufnahme und Ausscheidung, Atmung, Fortpflanzung, Blutsverwandtschaft, Verletzlichkeit, Sterblichkeit, Alterungsprozesse usw. Sie muß lernen, mit Wetter und Zeit umzugehen. Sie kann noch keinerlei Verantwortung übernehmen und sucht nach einer fast zeitlosen Geborgenheit, die dem Zustand der vertrauten Seelenfamilie, von der sie sich gerade getrennt hat, ähnlich ist. Sie zeugt möglichst viele Kinder, um möglichst niemals allein zu sein. Animismus und Geisterglaube sind die religiöse Ausdrucksform.

Die *Kind-Seele* wird bereits selbständiger. Sie versucht, die Welt neugierig zu erkunden. Das Bedürfnis nach Geborgenheit besteht in gemilderter Form weiter, doch sind die Welt und der Mitmensch bereits ein Gegenüber. Der Körper wird als Instrument entdeckt. Man kann ihn zeugen und töten. Jedoch lauern in der Welt viele Gefahren, die ängstlich vermieden werden müssen. Verantwortlichkeit haben »die anderen«, die Kind-Seele kann jedoch auf das Geschehen keinen Einfluß nehmen. Die Nachkommenschaft ist zahlreich. Familie ist wichtig, die Identität wird jedoch um den Stamm oder die unmittelbare Nachbarschaft erweitert. Die ersten karmischen Beziehungen werden geknüpft. Polytheismus, Götterpantheon oder Heiligenverehrung ist die religiöse Ausdrucksform.

Die *Junge Seele* begreift, daß sie Macht über die Welt hat, und versucht, diese Macht auszuüben. Ruhm und Reichtum sind ihr wichtig. Sie will sich die Erde untertan machen. Sie ist der Mittelpunkt ihres Universums. Ihre Identität erstreckt sich nun auch auf die Volksgruppe oder Nation. Die anderen sind die Feinde oder bleiben fremd. Kriege sind eine normale Form der Auseinandersetzung. Es geht um Sieg. In diesem Zyklus wird notwendigerweise viel Karma aufgebaut. Die Junge Seele braucht feste Regeln, eindeutige Gesetze, Moralvorschriften und religiöse Dogmen, die ihr deutlich vermitteln, was gut und was böse ist. Sie braucht festen inneren Halt, um sich unbekümmert nach außen wenden zu können. Sie ist streng mit sich und anderen. Sexualität und Ehepartner dienen dem Prestige. Die Kinderzahl geht zurück, denn Ansehen ist wichtiger, und die Beziehungsfähigkeit zum Du rückt in den Mittelpunkt. Junge Seelen sind mutig, dynamisch und tatkräftig. Die Beherrschung der Außenwelt ist ihr Ziel. Ihre Körperlichkeit ist von Kraft und Ausdauer geprägt. Die religiöse Ausdrucksform ist ein patriarchalischer Monotheismus mit einem strengen Allmächtigen. Am Ende des Zyklus bildet sich oft ein gleichgültiger Agnostizismus heraus.

Die *Reife Seele* taucht mit ihrem Bewußtsein zum erstenmal in ihre Innenwelt ein und entdeckt dort auch subjektive Angst und emotionale Probleme, mit denen sie sich, zunächst zögerlich, dann jedoch immer entschlossener auseinandersetzt. Die Distanzfähigkeit zu sich selbst setzt ein. Reife Verantwortlichkeit hat nun einen großen bis übergroßen Stellenwert. Die dauerhafte, auch konfliktbeladene, tiefe Liebe zum Partner spielt in diesem Zyklus eine zentrale Rolle, da das Ich im Du bewußter erfahren wird. Die eigenen Kinder werden weniger als Nachkommen und mehr als eigenständige Individuen erlebt, zu denen man verschiedene, auch problematische Beziehungen haben kann. Statt Macht und Reichtum sind der Reifen Seele Einfluß und Wohlstand erstrebenswert, da sie nur aus einer relativen Sicherheit und Ruhe heraus sich ihrer inneren Auseinandersetzung widmen kann. Der Mensch als solcher ist das Ziel für ihre Liebesfähigkeit. Die Reife Seele will ihren Mitmenschen verantwortlich und aufopfernd helfen und sie vor allem verstehen. Ihr Körper wird anfälliger und oft von schweren Krankheiten geplagt. Monotheismus ist weiterhin weitgehend die angemessene Religionsform, jedoch wird das Verhältnis zu Gott und Glauben problematisiert. Der Zweifel und das Ringen um die eigene Position in der Beziehung zu einem barmherzigen und gerechten Gott prägen die Auseinandersetzung.

Die *Alte Seele* bereitet sich nach und nach unter vielen Ängsten auf das endgültige Verlassen der irdischen Welt und die Auflösung ihrer Körperlichkeit vor. Während der Körper immer durchlässiger für feinstoffliche Energien wird, wird er auch anfälliger für alle möglichen störenden Einflüsse. Alte Seelen sind oft kränklich und empfindlich und haben in einer Umwelt, die auf Fitneß großen Wert legt, Schwierigkeiten mit ihrem Selbstverständnis. Sie werden in zunehmendem Maße »eigenartig«, das heißt originell und unabhängig von der Meinung anderer, leiden aber auch unter Isolierung und Unverständnis. Sie sind oft mehr mit sich und ihrem inneren Wachstum beschäftigt als mit dem Dienst am Mitmenschen, was als »Nabelschau« interpretiert wird. Sie haben ein natürliches Bestreben, diejenigen Mitmenschen zu finden, die zu ihrer eigenen Seelenfamilie gehören oder ebenfalls Alte Seelen sind. Deshalb sind nun die Beziehungen zu scheinbar wildfremden Menschen aus aller Herren Länder nicht selten weit intensiver als zur eigenen biologischen Familie. Karmische Beziehungen werden nach und nach aufgelöst. Alte Seelen sind selten (lange) verheiratet und verzichten oft auf Kinder. Sie sehnen sich danach, versorgt zu sein und nicht mehr um ihr Überleben und das tägliche Brot kämpfen zu müssen. Daher wirken sie oft auf Junge und Reife Seelen ein wenig verantwortungsscheu. Das Ziel der Alten Seelen ist es, die Menschheit als Ganzes lieben zu können, doch verzweifeln sie oft an ihren eigenen Ansprüchen. Ihre Religiosität ist ein natürlicher Pantheismus. Sie spüren mehr und mehr, daß das göttliche Prinzip in allen Erscheinungen des Lebens zu erkennen ist, auch in ihnen selbst. Als Vorbereitung auf das Verlassen der physischen Welt erkennen sie ihre selbstverständliche Verbundenheit mit den anderen Welten der Seele.

Seele und Seelenfamilie

Die *Seele* ist der transzendente, duale Aspekt eines physischen Wesens, der seine Körperlichkeit überdauert und die Sinnhaftigkeit seiner eigenen Existenz erfährt, die Brücke zwischen Lebendigkeit und lebloser Materie, zwischen Wirklichkeit und Realität, zwischen Irdischem und Göttlichem. Der Mensch hat eine Individualseele, Tiere sind Mitglieder seelischer Kollektive. Die Heimat aller Seelen ist die Astralwelt. In der Körperlichkeit manifestiert sich die Seele unter anderem als Psyche. Die menschliche Seele verkörpert sich, um Erfahrungen zu machen, die in körperlosem Zustand nicht möglich sind: Liebe mit einem Körper, Alter, Krankheit und Vergänglichkeit, Geschlechtlichkeit und Fortpflanzung, Blutsverwandtschaft, Haß, Karma, Ernährung und Ausscheidung usw. Die menschliche Seele ist geprägt von einer sinnstiftenden, vollkommen einmaligen Kombination seelischer Archetypen, die die Bausteine der Einzelinkarnation bilden. Sie ist in ihrer Struktur beschreibbar durch das Seelenmuster, die Matrix.

Die *Seelenfamilie* ist das aus etwa eintausend Seelen bestehende Selbst. Es besteht aus inkarnierten und körperlosen Seelen, die alle dieselbe Grundenergie teilen und an derselben umfassenden Aufgabe zur Erforschung des Menschlichen mitwirken, obgleich sie verschiedene Seelenrollen haben. Die Angehörigen einer Seelenfamilie sind Seelengeschwister (das heißt, es gibt keine Hierarchie), und sie sind Fragmente. Ein Fragment ist eine Ein-

zelseele, ein seelisches Individuum. Der Begriff »Fragment«
weist auf die unauflösliche Zugehörigkeit der menschlichen Seele zu einem größeren Ganzen, der Seelenfamilie, hin. Mit der
Ausschüttung in den Inkarnationszyklus ist die Fragmentierung
verbunden. Erfahrungen können auf der Erde nur aus der Vereinzelung gemacht werden. In einem weiteren Sinn ist die Einzelseele auch Fragment des Allganzen und ein Teilaspekt des
göttlichen Prinzips. Die Fragmenthaftigkeit der menschlichen
Seele ist der Motor ihrer spirituellen Sehnsucht, sich wieder mit
dem verlorenen Ganzen zu vereinigen.

Eine Seelenfamilie ist aus Vertretern von zwei, drei oder vier
Seelenrollen (zum Beispiel Weise, Künstler und Heiler oder Gelehrte, Heiler und Krieger oder Könige, Gelehrte und Priester)
in unterschiedlicher Anteiligkeit zusammengesetzt. Der über-
wiegende Anteil bestimmt die Thematik der gemeinsamen Aufgabe (zum Beispiel: »Die Kunst des aktiven Geschehenlassens
üben« oder »Kommunikation durch Konfrontation erforschen«
oder »Die Ritualisierung gemeinsamer Nahrungsaufnahme erkunden«). Jede der unzähligen Seelenfamilien ist einmalig in ihrer Energiestruktur und bleibt sowohl vor der Ausschüttung in
den irdischen Inkarnationszyklus als auch nach seiner Beendi-
gung ein energetisches Ganzes, wenn auch in unterschiedlichem
»Zustand«. Sie vereint sich, verschmilzt und wechselt auf die
kausale Bewußtseinsebene, sowie das letzte der Seelengeschwister sein letztes Leben abgeschlossen hat. Jede Seele ist mit ihrer
Seelenfamilie unauflösbar verbunden, da sie ein Fragment dieses
Ganzen ist. Sie leistet in jedem Leben einen kleineren oder größeren Beitrag zum Anliegen ihrer Seelenfamilie.

Die Kommunikation mit den Seelengeschwistern vollzieht
sich im Traum, durch Eingebungen, im Kontakt mit dem höheren Selbst, durch das Horchen auf die innere Wahrheit und in
Ausnahmesituationen. Angehörige der eigenen Seelenfamilie,
die bereits ihren gesamten Inkarnationszyklus beendet haben,
dienen ihren inkarnierten Seelengeschwistern als Schutzwesen.
Andere Bezeichnungen sind: »Großer Mensch« (C. G. Jung),

»Mahatma« (Theosophen), »Alman« (Flavio Cabobianco). Die »Quelle« ist eine vereinigte Seelenfamilie und besteht aus Gelehrten und Weisen. Ein *Verbund* ist eine energetische Einheit von sieben Seelenfamilien, die einem ihren Seelenfamilienaufgaben übergeordneten Ziel dienen und eine eigene, allgemeinere Aufgabe haben. Jede Seelenfamilie vertritt entsprechend ihrer Aufgabe im Verbund eine der sieben Grundenergien. Karmische Beziehungen bilden sich meistens zwischen den acht- bis zehntausend Einzelseelen eines Verbunds, die sich im Laufe des gesamten Inkarnationszyklus immer wieder im Körper begegnen. Eine noch größere energetische Einheit ist die von sieben solchen Verbünden, das heißt von insgesamt neunundvierzig zusammengehörigen Seelenfamilien. Dualseelen entstammen einem gemeinsamen Verbund.

Wirklichkeit und Realität

Wirklichkeit ist der physische, materielle Aspekt der umfassenden nichtmateriellen Realität. Wirklichkeit ist vom Menschen sinnlich-körperlich erfahrbar. Seine Wahrnehmungsfähigkeit ist aufgrund seiner körperlichen Natur und seiner seelischen Struktur begrenzt. Allerdings bildet die Seele eine Brücke zwischen immanenter Wirklichkeit und transzendenter Realität. Sie hat als Fragment eines größeren Ganzen Zugang zu einer gewissen Anzahl nichtmenschlicher Realitäten.

Zur Ergänzung noch einige Informationen zum Übermittlungsprozeß dieser Lehre

Unsere *Quelle* verzichtet auf einen Namen, vor allem deshalb, weil sie keine Person ist, aber auch, um jegliche Versuchung zur sentimentalen Überhöhung zu unterlaufen. Bei der außerkörperlichen Instanz, die uns diese Informationen zur Lehre von der Seele des Menschen übermittelt, handelt es sich um eine transpersonale Wesenheit auf der kausalen Bewußtseinsebene. Vergleichbar ist sie anderen kausalen Lehrern wie Seth oder Lazaris. Die Entfaltung der Seelen ist auch in der Kausalwelt nicht abgeschlossen. Solche Wesenheiten lernen, indem sie lehren.

Die kausale Welt ist nach der physischen und der astralen Welt die dritte der drei Welten der Seele. Seelen gibt es nur hier, andere Welten könnte man als außerseelisch bezeichnen. Diese drei Welten stehen in ständiger Verbindung miteinander. Die Astralwelt gilt als die »Heimat der Seelen«. Doch haben wir darüber bislang nur Bruchstückhaftes erfahren. Unsere Quelle besteht aus 1164 energetisch miteinander verschmolzenen Einzelseelen. Sie haben die Seelenrollen von Gelehrten und Weisen. Ihre Essenz veranlaßt einerseits die Gelehrten, ihr Wissen weiterzugeben und Theorien in Gewißheiten zu verwandeln, andererseits aber auch die Weisen, sich bei aller strengen Strukturierung äußerst mitteilsam und humorvoll zu verhalten. Es ist das Anliegen dieser »Quelle«, den Menschen eine wohlgeordnete, übersichtliche Lehre zu übermitteln und darüber nicht die Kunst der Kommunikation zu vernachlässigen. Deshalb erreichen uns auch die sachlichen Informationen nicht nur auf einer intellektuellen Ebene, sondern rühren auch unser Empfinden an.

Ein *Medium* ist ein Mensch im Kontakt mit einer Instanz außerhalb seiner eigenen Persönlichkeitsstruktur. Es ist ein Empfänger von psychischen, mentalen, emotionalen, astralen oder kausalen Informationen, ein Vermittler zwischen verschiedenen menschlichen oder außermenschlichen Bewußtseinsformen und

Wahrnehmungsebenen. Die Gehirnfunktionen eines Mediums arbeiten, bedingt durch Veranlagung oder Training, anders als üblich; dies bedeutet nicht, daß ein Medium ein weiter entwickelter oder besserer Mensch ist. Ein Medium hat die Fähigkeit, mit Instinkt, Intuition, Inspiration und allgemeinen Entgrenzungszuständen konsequent und bewußt zu arbeiten und Informationen zu erhalten.

Medialität ist eine spontane oder durch Übung erworbene sinnliche oder außersinnliche Fähigkeit, die Grenzen des eigenen Bewußtseins zu erweitern. Ein Medium kann einfühlende, telepathische, kinästhetische und spirituelle Qualitäten besitzen. Hellsehen, Hellfühlen, Hellhören und die Fähigkeit, verändernden Einfluß auf die Materie zu nehmen, gehören in unterschiedlichem Maß zum medialen Bereich. Zugang zu Vergangenheit und Zukunft einzelner Menschen oder ganzer Gruppen ist möglich, steht jedoch nicht im Mittelpunkt. Medialität als Disposition ist unabhängig vom Seelenalter, wird aber von bestimmten Matrixvariablen unterstützt. Vorahnungen, Déjà-vu-Erlebnisse, telepathische Verbindungen, mentale Beeinflussungen und instinktive Prognosen oder auch durch Drogen, Bewegungsübungen und Fasten erzeugte außergewöhnliche, hellsichtige Zustände sind bereits sehr jungen Seelen zugänglich. Medialität als Empathie ist auch bei schizophrenen oder psychotischen Menschen zu beobachten. Bei Durchsagen sind zunächst Botschaften aus dem astralen Bereich oder Jenseitskontakte die Regel. Mit zunehmendem Seelenalter wächst die Distanzfähigkeit, und die Angst nimmt soweit ab, daß die psychische Zensur nachläßt und auch eine Kommunikation mit der kausalen Bewußtseinswelt möglich wird.

Trance ist ein veränderter, erweiterter Bewußtseinszustand. Man unterscheidet zwischen Schlaftrance (ohne Erinnerungsvermögen) und Wachtrance (das Wachbewußtsein des Mediums ist Zeuge der Übermittlung, übt jedoch wenig oder keine Zensur aus). Die Durchsagen in diesem Buch sind in Wachtrance entstanden. Vardas Bewußtsein ist dabei von seinen normalen Bedingungen aus gesehen entgrenzt bis zur Entrückung. Alle Sinne sind überwach, Zugang zu zeitlosen und raumübergreifenden Dimensionen ist möglich. Der Körper verharrt dabei in einem tiefen Entspannungszustand, während der Geist in höchster Anspannung arbeitet. Ein gutes Medium kann während der Empfangsphase die eigene Persönlichkeit und besonders die eigene Angststruktur weitgehend ausschalten, um sich dem »ganz anderen« zu öffnen, um auch Aussagen zu machen, die es nicht versteht oder beurteilen kann. Das Ich wird auf das Selbst hin entgrenzt.

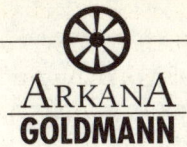